भारतीय भाषाओं में रामकथा

(संस्कृत भाषा)

बाईस भारतीय भाषाओं में रामकथा का शृंखलाबद्ध प्रकाशन

सामान्यतः लोकमान्य तिलक, महात्मा गाँधी, स्वामी दयानन्द सरस्वती, विनोबा भावे, डॉ. राममनोहर लोहिया आदि आधुनिक चिन्तक तथा मनीषी भारत के लोकतन्त्र को रामराज्य जैसा देखना चाहते थे क्योंकि देश के सम्पूर्ण राज्यों, भाषाओं, लोकचिन्तन सन्दर्भों एवं भारतीय मनीषियों के आचरणों में यह रामराज्य तन्त्र कब से वर्तमान एवं आचरणीय चला आ रहा है—किन्तु उधर हमारा ध्यान नहीं जा रहा है। भारतीय संस्कृति की इसी गौरवमयी निष्ठा की ओर हम भारतीयों का ध्यान आकर्षित करना इस योजना का लक्ष्य है।

उत्तर प्रदेश शासन के संस्कृति विभाग के अयोध्या शोध संस्थान, अयोध्या, फ़ैज़ाबाद द्वारा परिचालित यह योजना भारतीय प्राचीन सांस्कृतिक अस्मिता को पुनः प्रकाश में ले आने का कार्य कर रही है। यह योजना देश भर के लिए श्रेष्ठता का एक मानक साक्ष्य है। अयोध्या शोध संस्थान, अयोध्या, फ़ैज़ाबाद के निदेशक डॉ. योगेन्द्र प्रताप सिंह को इस गुरुतर कार्य के लिए निश्चित ही सदैव स्मरण किया जाता रहेगा।

सम्पूर्ण भारत में प्रचलित इस समय बाईस भाषाओं के मर्मज्ञ विद्वान एवं मनीषी इस दिशा में जिस निष्ठा के साथ प्रतिबद्ध भाव से इस कार्य के लिए तत्पर हुए हैं, उनका प्रतिफल सभी भाषाओं में रामकथा पर आधारित ये कृतियाँ हैं और इन पुस्तकों में विद्वान मनीषी लेखक अनन्त बधाई के पात्र हैं।

आशा है, यह रामकथा कृति माला भारतीय सांस्कृतिक अस्मिता को देश के नागरिकों को आत्मीय गौरव से निरन्तर अभिभूत करती रहेगी।

भारतीय भाषाओं में रामकथा : अवधी भाषा	सं. डॉ. सूर्यप्रसाद दीक्षित	₹300
भारतीय भाषाओं में रामकथा : पहाड़ी भाषा	सं. डॉ. निधि सिन्हा	₹250
भारतीय भाषाओं में रामकथा : बांग्ला भाषा	सं. डॉ. हरिश्चन्द्र मिश्र	₹250
भारतीय भाषाओं में रामकथा : मूल बांग्ला भाषा	सं. डॉ. हरिश्चन्द्र मिश्र	₹300
भारतीय भाषाओं में रामकथा : कन्नड़ भाषा	सं. प्रो. टी.आर. भट्ट	₹225
भारतीय भाषाओं में रामकथा : गुजराती भाषा	सं. डॉ. त्रिभुवन राय	₹395
भारतीय भाषाओं में रामकथा : राजस्थानी भाषा	सं. देवेन्द्र कुमार सिंह गौतम	₹425
भारतीय भाषाओं में रामकथा : आरण्यक	सं. डॉ. अर्जुनदास केसरी	₹495
भारतीय भाषाओं में रामकथा : बुन्देली	अतिथि सं. उदय शंकर दुबे	₹495
भारतीय भाषाओं में रामकथा : तमिल भाषा	सं. एम. शेषन	₹250
भारतीय भाषाओं में रामकथा : तेलुगु भाषा	सं. एवं अनु. प्रो. आई.एन. चन्द्रशेखर रेड्डी	₹495
भारतीय भाषाओं में रामकथा : पंजाबी भाषा	हरमहेन्द्र सिंह बेदी	₹295
भारतीय भाषाओं में रामकथा : संस्कृत भाषा	सं. डॉ. प्रभाकर सिंह	₹495

—प्रधान सम्पादक की कलम से

भारतीय भाषाओं में रामकथा
(संस्कृत भाषा)

प्रधान सम्पादक

डॉ. योगेन्द्र प्रताप सिंह
पूर्व प्रोफेसर तथा अध्यक्ष, हिन्दी विभाग
इलाहाबाद विश्वविद्यालय, इलाहाबाद

सम्पादक

डॉ. प्रभाकर सिंह
एसोसिएट प्रोफेसर, हिन्दी विभाग
काशी हिन्दू विश्वविद्यालय, वाराणसी

संरक्षक

श्री जितेन्द्र कुमार *आई.ए.एस.*
प्रमुख सचिव, संस्कृति एवं अध्यक्ष, अयोध्या शोध संस्थान

श्री शिशिर *पी.सी.एस.*
निदेशक, संस्कृति एवं उपाध्यक्ष, अयोध्या शोध संस्थान

परिकल्पना

डॉ. योगेन्द्र प्रताप सिंह
निदेशक, अयोध्या शोध संस्थान : तुलसी स्मारक भवन
अयोध्या, फ़ैज़ाबाद (उ.प्र.)

वाणी प्रकाशन

वाणी प्रकाशन

4695, 21-ए, दरियागंज, नयी दिल्ली 110 002

फ़ोन : +91 11 23273167 फ़ैक्स : +91 11 23275710

शाखाएँ

अशोक राजपथ, पटना 800 004, बिहार

कॉफ़ी हाउस कैम्पस, महात्मा गांधी मार्ग, इलाहाबाद 211 001, उत्तर प्रदेश

महात्मा गांधी अन्तरराष्ट्रीय हिन्दी विश्वविद्यालय, वर्धा 442 001, महाराष्ट्र

www.vaniprakashan.in
marketing@vaniprakashan.in
sales@vaniprakashan.in

In Association with

Ayodhya Shodh Sansthan

presents

BHARTIYA BHASHAON MAIN RAMKATHA : SANSKRIT BHASHA

Chief Editor Dr. Yogendra Pratap Singh
Editor Dr. Prabhakar Singh
Imagination Dr. Yogendra Pratap Singh

ISBN : 978-93-88684-68-2
Religion/Culture

प्रथम संस्करण

मूल्य : ₹ 595

सिटी प्रेस, दिल्ली-110 095 में मुद्रित

वाणी प्रकाशन का लोगो मक़बूल फ़िदा हुसेन की कूची से

अपनी बात

संस्कृत-साहित्य में रामकथा : व्याप्ति और विस्तार

'रामकथा' हमारी स्मृति का अनिवार्य हिस्सा है। भारतीय संस्कृति और जन-मन की आन्तरिक संरचना के ताने-बाने को रचने में 'रामकथा' की भूमिका सर्वाधिक है। मानवीय चेतना के उदात्त-मूल्यों का सृजन 'रामकथा' के मूल में है। बाज़ारवादी और उपभोक्तावादी अमानवीय मूल्यों के वर्तमान दौर में शाश्वत मानवीय मूल्यों की भारतीय छवि को इस कथा ने निरूपित किया है। इसी रूप में इस कथा की कालजयता भी सिद्ध होती है।

'रामकथा' में निबद्ध संवेदना 'औपनिवेशिक आधुनिकता' के समानान्तर 'भारतीय आधुनिकता' का विस्तार करती है। साहित्य के वृहत्तर दायित्व का निर्वहन करने वाली यह कथा प्रतिगामी मूल्यों से टकराने की ताकत देती है। समय के बदलावों में इस कथा की शक्ति कभी क्षीण नहीं हुई। 'रामकथा' की कथा संस्कृति की यह व्यापकता ही है कि इतिहास के परिवर्तन के साथ इस कथा का विस्तार होता चला गया। 'रामकथा' ने जनता की संवेदना को समृद्ध किया तो जनता ने 'रामकथा' को युगानुरूप विकसित भी किया।

रामकथा की परम्परा में वाल्मीकि कृत 'रामायण' संस्कृत भाषा की क्लैसिक कृति है। यह रामकथा की आदि रचना है। यह कथा आदिकवि वाल्मिकी के 'रामायण' के बाद ही साहित्य और समाज में प्रसरित हुई। यों संस्कृत के साथ अन्य भारतीय भाषाओं में इस कथा को स्रोत रूप में ग्रहण किया गया लेकिन संस्कृत-साहित्य में इसकी व्याप्ति अधिक है। काव्य, नाटक, कथा और अन्य साहित्यिक विधाओं में 'रामायण' को आधार बनाकर विपुल साहित्य का सृजन हुआ। रामकथा के अधिकृत शोधकर्ता कामिल बुल्के अपने शोधग्रन्थ 'रामकथा' में इस कथा की व्याप्ति और विस्तार के सन्दर्भ में सही लिखते हैं कि, ''रामकथा अनेक रूप धारण करते हुए शनैः-शनैः सम्पूर्ण भारतीय-संस्कृति में व्याप्त हो गयी है। उसकी अद्वितीय लोकप्रियता निरन्तर अक्षुण्ण ही नहीं वरन् शताब्दियों तक बढ़ती रही है। कारण स्पष्ट है– मानव हृदय को आकर्षित करने की जो शक्ति रामकथा में विद्यमान है वह अन्यत्र दुर्लभ है। इसके अतिरिक्त वाल्मीकि रामायण में कला तथा आदर्श का जो समन्वय मिलता है उससे आदर्शप्रिय भारतीय जनता प्रभावित हुए बिना न रह सकी। ...लोकसंगत का भाव एक प्रकार से रामकथा का सर्वस्व है जिससे समस्त कवि प्रभावित हुए हैं। अत्यन्त विस्तृत रामकथा-साहित्य में कथावस्तु का पर्याप्त मात्रा में परिवर्तन हुआ है किन्तु सीता का पातिव्रत्य, राम का आज्ञापालन, भरत तथा लक्ष्मण का भ्रातृप्रेम, दशरथ की सत्यसंधता, कौशल्या का वात्सल्य जैसे आदर्श ये आदर्श

समस्त रामकथाओं में विद्यमान हैं। जनसाधारण पर इन जीते जागते आदर्शों के कल्याणकारी प्रभाव की जितनी प्रशंसा की जाये थोड़ी है। फलस्वरूप काव्य की कथावस्तु मात्र न रहकर, रामकथा आदर्श जीवन का दर्पण सिद्ध हुई जिससे भारतीय प्रतिभा शताब्दियों तक परिष्कृत करती चली आ रही है।''

संस्कृत-साहित्य में महर्षि वाल्मीकि आदिकवि हैं और उनकी कालजयी कृति 'रामायण' को रामकथा की आदि रचना माना जाता है। संस्कृत आलोचना में इस रचना को 'आदिकाव्य' का दर्जा प्राप्त है। आदिकाव्य 'रामायण' से पहले रामकथा के सूत्र मौखिक परम्परा में लोककथा के रूप में भारत के अनेक अंचलों में मौजूद था; जिसको साहित्यिक रूपाकार महर्षि वाल्मीकि ने दिया। यों वैदिक साहित्य में भी 'रामायण' के पात्रों के नाम मिलते हैं लेकिन उनका 'रामायण' की कथा से सरोकार नहीं है। 'रामायण' की कथा से ही रामकथा का राजमार्ग प्रशस्त हुआ। 'वाल्मीकि' कृत रामायण में दर्ज रामकथा से जुड़ते और उसमें कुछ जोड़ते हुए रामकथा की परम्परा का विकास हुआ। संस्कृत के साथ दूसरी भारतीय भाषाओं में सृजित रामकथा का आदि स्रोत रामायण ही है। प्रो. राधावल्लभ त्रिपाठी इस सन्दर्भ का विवेचन करते हुए लिखते हैं, ''वाल्मीकि की रचना प्रथम उपलब्ध 'रामायण' है। आगे चलकर इससे प्रेरित होकर संस्कृत, प्राकृत तथा अन्य भारतीय भाषाओं में अनेक 'रामायणों' की रचना हुई। योगवासिष्ठ, अध्यात्मरामायण, आनन्दरामायण, अदभुद्रामायण, मन्त्ररामायण, भुशुंडिरामायण आदि रामायणकाव्य वाल्मीकि रामायण की प्रत्यक्ष परम्परा में ही है। जैन परम्परा में विमलसूरि का पउमचरित्र (प्राकृत में) तथा रविषेण का पद्मचरित भी रामायण काव्य है। तमिल में कंबन का तमिल रामायण, बांग्ला में कृत्तिवास का कृत्तिवासीय रामायण और हिन्दी में गोस्वामी तुलसीदास का रामचरितमानस प्रसिद्ध हैं।'' वाल्मीकिकृत 'रामायण' में 24000 श्लोक हैं। लगभग पाँच सौ सर्ग और सात काण्ड। रामायण के बालकाण्ड (4/2) में लिखा भी है–

''चतुर्विंशत्सहस्राणि श्लोकानामुक्तवानृषिः
तथा सर्गशतान् पञ्च षटकाण्डानि तथोत्तरम्''

'रामायण' के रचना काल के बारे में मत-मतान्तर है। विंटरनित्स ने 300 ई.पू., याकोबी ने 800 ई.पू., कामिल बुल्के ने 600 ई.पू. माना है तो राधावल्लभ जी इस कृति को 700 ई.पू. के लगभग मानते हैं। कहा जा सकता है कि 'रामायण' का रचना समय बौद्ध-युग के पहले का है। रामायण की रचना कर लेने के बाद महर्षि वाल्मीकि ने इस कथा को जनमानस में प्रसारित किया। यों 'रामायण' को लिखित रूप में भले ही रामकथा की आदि रचना माना जाये लेकिन 'रामकथा' के आदि सृजनकर्ता साधारणजन ही थे जो मौखिक परम्परा के संवाहक थे। कहना न होगा कि आदिकवि वाल्मीकि को इस मौखिक परम्परा की शक्ति का अहसास था तभी तो इस कृति को रचने के बाद कुश-लव को सुनाया और उन्होंने इस कालजयी कथा को मौखिक माध्यम से जन-जन तक पहुँचाया। बाद में इस कथा की व्याप्ति भारत में ही नहीं सम्पूर्ण विश्व में फैल गयी। जावा, सुमात्रा, कम्बोडिया, श्रीलंका और मलेशिया में आज भी इस कथा के अवशेष मौजूद हैं। कविगुरु रवीन्द्रनाथ ठाकुर 'रामायण' के भारतीय जन-मन में व्याप्ति पर प्रकाश डालते हुए सही लिखते हैं, ''रामायण की कथा से भारतवर्ष के क्या बालक, क्या वृद्ध, क्या स्त्रियाँ सबको केवल शिक्षा ही नहीं मिलती है, शिक्षा के साथ-साथ उन्हें आनन्द भी मिला है। भारतवासियों ने रामायण को शिरोधार्य ही नहीं माना है, उन्होंने उसको अपने हृदय सिंहासन पर स्थापित किया है।'' रामकथा का आदि स्रोत 'रामायण' ही है। यों वैदिक-युग से

ही 'राम' शब्द का वर्णन मिलता है। ऋग्वेद में 'राम' शब्द का स्पष्ट उदाहरण मिलता है लेकिन यहाँ दर्ज 'राम' का रामायण के 'राम' से कोई सम्बन्ध स्पष्ट नहीं होता। ब्राह्मण-ग्रन्थों में ऐतरेय, शतपथ और उपनिषदों में प्रश्नोपनिषद् में 'रामायण' के पात्रों का नामोल्लेख मिलता है। कुछ अलग कलेवर एवं दृष्टि से और भी 'रामायण' रचे गये हैं जिनमें युगीन परिवेश और सम्प्रदाय की झलक मिलती है। इन कृतियों में भुशुण्डिरामायण, योगवासिष्ठ, अध्यात्मरामायण, अद्‌भुत् रामायण, आनन्द-रामायण, तत्त्व संग्रहरामायण और मन्त्ररामायण प्रमुख हैं। जैन-साहित्य (प्राकृत) और बौद्ध-साहित्य (पालि) में रामकथा को विशिष्ट स्थान प्राप्त है। जैन साहित्य में रामकथा व्यापकता से रचा गया। विमलसूरि का पउमचरिउ, स्वयंभू का पउमचरियं और पुष्पदन्त का महापुराण में 'रामकथा' की व्याप्ति है। बौद्ध परम्परा के जातक कथाओं में रामकथा के चिह्न मिलते हैं। वेदों से होते हुए वाल्मीकि रामायण और बौद्ध, जैन साहित्य में रामकथा अधिक जनधर्मी और यथार्थवादी है। कालान्तर में पुराणों में रामकथा में अवतारवाद को विशेष महत्त्व मिला इसलिए रामकथा में आदर्शवाद और प्रशंसाभाव की अधिकता आयी। पुराणों में राम को विष्णु का अवतार माना गया। पुराणों में रामकथा किसी एक जगह संकलित नहीं है। अलग-अलग रूपों में व्याप्त है। मुख्य रूप से मार्कण्डेयपुराण, ब्रह्माण्ड-पुराण, वायुपुराण, विष्णुपुराण, श्रीमद्‌भागवतपुराण, ब्रह्मपुराण, गरुणपुराण, हरिवंशपुराण, नारदीयपुराण, स्कन्दपुराण, आदिपुराण और कल्किपुराण में रामकथा के अंश दर्ज हैं।

'इतिहास' की तुलना में 'मिथक' अधिक समृद्ध और जीवन्त होता है। इतिहास हमारे जीवन में परिवर्तनकारी भूमिका अदा करता है लेकिन 'मिथक' जीवन में 'संवेग' और 'सृजन' का उत्पादन करता है। प्रसिद्ध समाजवादी चिन्तक और इतिहासकार राममनोहर लोहिया 'इतिहास-चक्र' नामक पुस्तक में लिखते हैं कि ''समाज की मानसिक ऊर्जा के संयोजन इतिहास की तुलना में मिथक की बड़ी भूमिका होती है। मिथक वास्तविक इतिहास भले न हो वह शक्ति का पुंज है। इतिहास 'क्षण' का लेखा-जोखा है और मिथक उसके अन्दर व्याप्त 'शाश्वत शक्ति' ।'' रामायण और महाभारत को इसी रूप में विवेचित किया जा सकता है। 'राम' और 'कृष्ण; के मिथक हमारे जीवन संवेगो को अधिक प्रभावित कर रहे हैं। 'मिथक' के इस आलोक में रामकथा को देखना बेहतर होगा। बहुप्रतिष्ठित निबन्धकार और लेखक कुबेरनाथ राय 'रामायणमहातीर्थम्' नामक पुस्तक में रामकथा के मिथकीय संवेदना पर प्रकाश डालते हुए सही लिखते हैं कि, ''किसी भी मिथक में उसकी आन्तरिक बुनावट के भीतर समायोजित सम्बन्ध सूत्र (Associations) जितने ही व्यापक यानी बहुआयामी और विमिश्र होंगे उतनी ही उसकी प्राणशक्ति दीर्घजीवी होगी और उसी सीमा तक उसके संकल्प (Will) और संवेग (Impulse) की क्षमता भी समृद्धतर होगी। यह बात रामकथा को लेकर स्पष्ट देखी जा सकती है। रामकथा भारतीय समाज की सर्वाधिक व्यापक और सर्वाधिक संकल्प-संवेग-सम्पन्न 'मिथक' है। भारतीय समाज से हमारा तात्पर्य मात्र वर्तमान नक्शे से नहीं है। बल्कि वंक्षुधारा से लेकर पूर्वी द्वीप समूह तक के सम्पूर्ण मनोमय भारत से है। यानी 'सेरेहिन्दी', 'लघु हिन्दी', 'हिन्द खास' एवं 'हिन्देशिया' के साथ-साथ महाचीन-तिब्बत तक। इस समूचे विशाल भूखण्ड में कुरतन (खोतान) से लेकर कम्पूचिया तक रामकथा के भिन्न-भिन्न संस्करण पाये जाते हैं। इस प्रकार इस मिथक के बहुरूपी विस्तार से इसकी आन्तरिक ऋद्धि तो समृद्ध तर हुई ही है, यह तथ्य इस बात का भी संकेत देता है कि यह मिथक कहीं-न-कहीं किसी-न-किसी रूप में वास्तविक इतिहास से अवश्य जुड़ा है। केवल यह वाल्मीकि नामक व्यक्ति की कपोल कल्पना

होती है तो इतने विस्तृत भूखण्ड की प्रत्येक जाति और उपजाति की लोकस्मृति में इस तरह इसका दखल सम्भव नहीं होता। यह तो हुई इसके विस्तार की बात। उदारता और गहराई की दृष्टि से भी विचार करें तो पता चलेगा कि रामकथा भारतीय मनीषा का एक अत्यन्त विमिश्र उत्पादन है।''

'वाल्मीकि रामकथा' का सर्जनात्मक विकास संस्कृत के लौकिक और ललित साहित्य में रूपायित हुआ। महाकाव्य, नाटक, खण्डकाव्य, चम्पूकाव्य और कथा-साहित्य में रामकथा का विस्तार हुआ। वाल्मीकि रामायण को आधार बनाकर संस्कृत में कवियों ने अनेक महाकाव्यों की रचना की है। बृहद्ध र्मपुराण में रामायण को परवर्ती काव्य, इतिहास और पुराण का आदि स्रोत या आधार माना गया है—

''रामायणं महाकाव्यमादौ वाल्मीकिना कृतम्।
तन्मूलं सर्वकाव्यानामितिहासपुराणयोः।।''

भारतीय इतिहास लेखन की परम्परा में, ज्ञान और ग्रन्थ की परम्परा व्यक्ति से अधिक प्रभावी रही है। वैदिकयुग, ब्राह्मणयुग, आरण्यकयुग, रामायण और महाभारत-युग, सूत्र-युग, ग्रन्थ के आधार पर किये गये नामकरण हैं। 'रामायण' के बाद रामकथा की दृष्टि से सर्वाधिक प्रमुख आख्यान 'महाभारत' है। महाभारत के 'रामोपाख्यान' में 'रामायण' की कथा का सार मौजूद है। महाभारत में दर्ज 'रामोपाख्यान' में महाभारतयुगीन परिवेश का प्रभाव है। 'रामायण' और 'महाभारत' का संस्कृत के लौकिक साहित्य पर पर्याप्त असर है लेकिन बात 'रामकथा' की करें तो संस्कृत के परवर्ती लौकिक या ललित सृजनात्मक ग्रन्थों का आधार ग्रन्थ 'रामायण' ही है।

महाकाव्य लेखन में रामकथा

संस्कृत के ललित साहित्य में रामकथा के विस्तार को फादर कामिल बुल्के ने अपने प्रसिद्ध शोध 'रामकथा' में शोधपरक ढंग से विवेचित किया है। उन्होंने अपने ग्रन्थ में जिन महाकाव्यों में 'रामकथा' की सर्जनात्मक उपस्थिति का उल्लेख किया है उनमें प्रमुख हैं—कालिदास का 'रघुवंश' (400 ई. लगभग) भट्टि का 'भट्टिकाव्य' अथवा 'रावणवध' (500 से 650 ई. के बीच), कुमारदास का 'जानकीहरण' (800 ई. के लगभग), अभिनन्द का 'रामचरित' (9वीं शताब्दी), साकल्यमल्ल का 'उदारराघव' (14वीं शताब्दी), वामन भट्टबाण का 'रघुनाथचरित' (15वीं शताब्दी), चक्रकवि का 'जानकीपरिणय' (17वीं शताब्दी), बनारस निवासी अद्वैत कवि का 'रामलिंगामृत' (17वीं शताब्दी), और मोहन स्वामी का 'रामरहस्य' (18वीं शताब्दी ई.) हैं। बीसवीं शताब्दी में भी कई महत्त्वपूर्ण रामकथा पर आधारित संस्कृत महाकाव्य रचे गये। इनमें प्रमुख महाकाव्यों में आचार्य रेवाप्रसाद द्विवेदी का 'उत्तरसीताचरितम्' और 'अभिराज' राजेन्द्र मिश्र का 'जानकीजीवनम्' विशेष प्रशंसित हुए। इन महाकाव्यों में रामकथा को युगीन परिवेश और अपनी सृजन चेतना से कवियों ने नवीन उद्भावनायें की हैं।

महाकवि कालिदास के महाकाव्य रघुवंश का स्रोत वाल्मीकि रामायण है। इस महाकाव्य में कुल उन्नीस सर्ग हैं। रामकथा के साथ इसमें अन्य रघुवंशी राजाओं दिलीप, रघु, अज आदि के वर्णन ने इस रचना को मौलिकता प्रदान की है। रघुवंश में व्याप्त कालिदास की काव्य-दृष्टि का मूल्यांकन करते हुए आचार्य राधावल्लभ त्रिपाठी ने लिखा है कि, ''रघुवंश सामन्तीय समाज की भोगालिप्सा और राज्यलिप्सा के विरुद्ध एक प्रभावशाली काव्यात्मक प्रतिक्रिया है, जिसमें आर्य संस्कार स्पंदित है। इस संस्कार के कारण कालिदास इस देश में ऐसे राजकुमारों की उत्पत्ति चाहते हैं, जो राजपद

को भोग की भावना से स्वीकार नहीं करते बल्कि पिता की आज्ञा के अधीन रहकर कर्तव्यपालन के लिए उसे अंगीकार करते हैं।''

कुमारदास कृत 'जानकीहरण' महाकाव्य में कुल बीस सर्ग हैं। इन सर्गों में रामायण की कथा को कलात्मक वैभव के साथ सृजित किया गया है। विषयवस्तु में उन्होंने वाल्मीकि रामायण का स्रोत ग्रहण किया है तो शिल्प-सौन्दर्य में वह कालिदास से प्रभावित हैं। इस महाकाव्य में सीता और श्रीराम के अकुंठ प्रेम का उदात्त चित्रण किया गया है। रामकथा की परम्परा में भट्टि कृत 'रावणवध' का प्रमुख स्थान है। बाईस सर्ग में निबद्ध इस महाकाव्य में 'रामायण' की सम्पूर्ण कथा का सुन्दर नियोजन किया गया है। व्याकरणशास्त्र की दृष्टि से इस महाकाव्य का विशेष महत्त्व है। व्याकरण का सर्जनात्मक प्रयोग करते हुए कवि ने महाकाव्य को चार काण्डो प्रकीर्ण, अधिकार, सुबन्त और तिङन्त में विभाजित किया है। इस रूप में इसे रामकथा के बहाने शास्त्रज्ञान कराने वाला 'महाकाव्य' भी कहा जाता है। बहुमुखी प्रतिभा के धनी कश्मीर में जन्में आचार्य क्षेमेन्द्र ने रामकथा की परम्परा को समृद्ध करते हुए 'रामायणमञ्जरी' और 'दशावतारचरित' नामक दो महाकाव्यों का सृजन किया। सात काण्ड और 6400 श्लोकों वाले महाकाव्य 'रामायणमंजरी' को रामायण का संक्षिप्त रूपान्तरण कहा जाता है। 'दशावतारचरित' महाकाव्य में विष्णु के दस अवतारों का चित्रण है। इसमें कुल 1759 श्लोक हैं और रामावतार को 294 श्लोकों मे निरूपित किया गया है। महाकवि अभिनन्द शतानन्द और आर्यविलास नाम से भी जाने जाते हैं। इनके द्वारा रचित 'रामचरित' में 36 सर्ग हैं। यों यह महाकाव्य अपूर्ण था जिसमें चार सर्ग जोड़कर भीम नामक कवि नें इसे पूरा किया। संगीत और कल्पना के समन्वय से सृजित इस महाकाव्य पर कालिदास की रचना शैली का विशेष प्रभाव है। अभिनन्द के रामचरित में नारी चरित्रों का विशेष रूप से चरित्रांकन किया गया है। सीता के अतिरिक्त स्वयंप्रभा और वारांगना का चरित्र कवि अभिनन्द की मौलिक प्रतिभा की ही उद्‌भावना है। रामकथा की परम्परा में साकल्यमल्ल नामक कवि की रचना 'उदारराघव' अपनी श्रृंगारिकता के कारण अधिक प्रसिद्ध हुई। अलंकारिकता की अधिकता से काव्य में कृत्रिमता का आभास होता है। कथानक वाल्मीकि के रामायण के अनुरूप ही है। पन्द्रहवीं शती के बाद रामकथा की परम्परा में कई महाकाव्य रचे गये लेकिन उनमें कुछ एक को छोड़कर प्रायः काव्य ग्रन्थों में कथानक और रचनाशिल्प में मौलिकता कम ही है। इस दौर में उल्लेखनीय काव्य-ग्रन्थों में वामन भट्टबाण का 'रघुनाथचरित', रामपाणिवादकृत 'राघवीय', रघुनाथ उपाध्याय का 'रामविजय-महाकाव्य', चक्रकवि का 'जानकीपरिणय', अद्वैतकवि की 'रामलिंगामृतम्', अद्वैत कवि (मुरारि) का 'राघवोल्लास', मोहन स्वामी का 'रामरहस्य' उल्लेखनीय हैं। समकालीन महाकाव्यों में आचार्य रेवाप्रसाद द्विवेदी का 'उत्तरसीताचरितम्' और अभिराज राजेन्द्र मिश्र का 'जानकीजीवनम्' ग्रन्थों में रामकथा का सर्जनात्मक विकास मिलता है।

नाट्यलेखन में रामकथा–

''योऽयं स्वभावो लोकस्य सुखदुःखसमन्वितः।
सोऽवद्यभिनयोपेतो नाट्यमित्यभिधीयते।।'' (आचार्य भरतमुनि)

(लोक के सुख-दुःख आदि से समन्वित स्वभाव आंगिक, वाचिक, सात्विक और महर्षि इन चारों प्रकार के अभिनयों के द्वारा जब रंगमंच प्रस्तुत किया जाय तो वह नाट्य कहलाता है। आंगिक आदि अभिनयों के द्वारा लोक जीवन के प्रस्तुतीकरण को अनुकरण कहा गया है।)

''अवस्थानुकृतिर्नाट्यम्'' (आचार्य धनंजय)

(मनुष्य जीवन की विचित्र और विभिन्न अवस्थाओं का अनुकरण नाट्य कहलाता है।)

संस्कृत-साहित्य में यों नाटक का उद्भव वेदों से माना जाता है। संस्कृत नाटक और रंगमंच का स्पष्ट प्रमाण रामायण, महाभारत और पुराणों में मिलता है। वहीं महाभारत में प्रेक्षा, लय और ताल का प्रयोग मिलता है। संस्कृत-साहित्य में वाल्मीकीय रामायण की परम्परा महाकाव्य की तुलना में नाट्य साहित्य में अधिक सर्जनात्मकता से रूपायित हुआ है। इन नाटकों में भासकृत 'प्रतिमानाटक' और 'अभिषेकनाटक', भवभूति का 'महावीर-चरित' तथा 'उत्तररामचरित', मायुराज का 'उदात्तराघव', दिङ्नाग का 'कुन्दमाला', मुरारिकृत 'अनर्घराघव', राजशेखर का 'बालरामायण', हनुमान् का 'महानाटक' अथवा 'हनुमन्नाटक', शक्तिभद्र का 'आश्चर्य-चूडामणि', सोमेश्वर का 'उल्लासराघव', के साथ अन्य नाटकों में क्षीरस्वामीकृत 'अभिनवराघव' और यशोवर्मन का 'रामाभ्युदय' उल्लेखनीय नाटक हैं।

वाल्मीकि रामायण की कथा को संस्कृत-नाट्य साहित्य में रूपायित करने वाले नाटककारों में भास का नाम लिया जाता है। भास का समय कालिदास के पहले का है। 'प्रतिमा' तथा 'अभिषेक' दो नाटकों में उन्होंने रामकथा को संजोया है। 'प्रतिमानाटक' में कुल सात अंक हैं। इस नाटक में अयोध्याकाण्ड की कथावस्तु और सीताहरण का चित्रण किया गया है। 'अभिषेकनाटक', 'प्रतिमानाटक' का पूरक नाटक है। 'अभिषेक-नाटक' में बालिवध से लेकर राम के अभिषेक तक की कथा का वर्णन है। दिङ्नाग का 'कुंदमाला' नाटक भास के रूपकों की तरह ही रचा गया। यों दिङ्नाग को वीरनाग, नागय्य, धीरनाग और रविनाग नाम से भी जाना जाता है। दिङ्नाग भवभूति के पहले के नाटककार हैं, क्योंकि भवभूति के नाट्यशिल्प में 'कुंदमाला' का प्रभाव दिखायी देता है। 'कुंदमाला' में छह अंक हैं। नाट्यशिल्प और रंगमंचीय दृष्टि से 'कुंदमाला' एक उल्लेखनीय नाट्य रचना है। यह नाटक अपने चुस्त नाट्य-संवाद के लिए भी जाना जाता है।

भवभूति का नाम संस्कृत के महत्त्वपूर्ण नाटककारों में शुमार किया जाता है। उनके तीन नाटक हैं—'महावीरचरितम्', 'मालतीमाधवम्' और 'उत्तररामचरितम्' रामकथा पर आधारित भवभूति कृत नाटकों में 'महावीरचरितम्' और 'उत्तररामचरितम्' हैं। 'महावीरचरितम्' और 'उत्तररामचरितम्' का रचना काल 8वीं शताब्दी ई. का आरम्भिक दौर है। 'महावीरचरितम्' में सात अंक हैं। इसमें राम सीता के विवाह से लेकर राम के अभिषेक तक की कथा है। माल्यवान और राम के बीच द्वन्द्व के संयोजन ने इस नाटक को नवीन स्वरूप प्रदान किया है। मुरारि, राजशेखर और शक्तिभद्र जैसे नाटककारों ने इस नाटक से प्रेरणा ग्रहण किया है। 'उत्तररामचरितम्' भवभूति की प्रसिद्धि का आधार है। इस नाटक से भवभूति को वैश्विक नाटककार का दर्जा प्राप्त हुआ। सात अंको के इस नाटक में राम-राज्याभिषेक, सीता-परित्याग और अन्ततः राम-सीता मिलन की कथा निबद्ध है। नाटक का प्रधान रस 'करुण-रस' है...'एको रसः करुण एव निमित्त भेदात्'। उत्तररामचरितम् ट्रेजेडी है। इस रूप में इसकी तुलना शेक्सपियर के नाटकों से भी की गयी है। यहाँ तक कि भवभूति विश्व साहित्य में ट्रेजेडी, भाव-सघनता और कारुणिक संवेदना के पहले नाटककार माने जा सकते हैं। प्रसिद्ध आलोचक रामविलास शर्मा भवभूति को विश्व साहित्य में नये युग के आविर्भावकर्ता मानते हुए, 'परम्परा का मूल्याकंन' में लिखते हैं, ''भारतीय साहित्य में भवभूति का आविर्भाव विश्व-साहित्य में नये युग का सूत्रपात है। यूनानी नाटकारों की देवसापेक्ष न्यायव्यवस्था की जगह देवनिरपेक्ष न्यायव्यवस्था का चित्रण

शेक्सपियर से पहले भवभूति ने किया। निरुद्ध संवेग, चेतना की मोह-ग्रन्थि, ब्रह्मानन्द से उल्टी तीव्र शोकानुभूति चेतना की सीमान्त-भूमि में संचरण, नाटक रचना में भाव सघनता का उतार-चढ़ाव ये सब शेक्सपियर से पहले भवभूति में है। उनके अन्तर्विह्वल हृदय वाले व्यक्तित्व की छाया अनेक परवर्ती साहित्यकारों में देखी जा सकती है।''

अनंगहर्ष मायुराज के 'उदात्तराघव' नाट्य रचना में छह अंक हैं। इस नाटक का रचना समय 900 ई. के आस-पास है। राम निर्वासन से लेकर रावण-वध तक की कथा के साथ राम के अयोध्या वापसी तक की कथा है। इस नाटक में सीताहरण को नये रूप में चित्रित किया गया है। मुरारि के नाटक 'अनर्घराघव' में विश्वामित्र के प्रवेश से लेकर 'राम के राज्याभिषेक' तक की कथा है। रामकथा विषयक नाटकों में राजशेखर के 'बालरामायण' का विशेष स्थान है। इस नाटक का रचना समय 10वीं शताब्दी है। दस अंकों के इस महानाटक में रामायण की पूर्ण कथा को सृजित किया गया है। रंगमंच की दृष्टि से यह नाटक दीर्घकाय है। भाषा में वक्रोक्ति और नवीन शब्दों से यह नाटक समृद्ध है। रामभक्त हनुमान् द्वारा रचित नाटक 'हनुमन्नाटक' रामलीला की रंगमंच परम्परा का उल्लेखनीय नाटक है। लोक रंगमंच और वाचिक परम्परा में इस नाटक को अधिक लोकप्रियता मिली। दक्षिण भारतीय नाटककार शक्तिभद्र का 'आश्चर्यचूडामणि' नवीं शताब्दी का नाटक है। इस नाटक में अंगूठी और चूडामणि को केन्द्र में रखकर रामकथा का संयोजन किया गया है। वाल्मीकि रामायण के कथा स्रोत पर आधारित नाटकों में जयदेव का 'प्रसन्नराघव' एक लोकप्रिय नाटक है। सात अंकों के इस नाटक का रचना समय 1200 ई. से 1250 ई. माना गया है। काव्यात्मक वर्णन के कारण रंगमंचीय दृष्टि से यह प्रमुख नाटक है। संवाद भी नाटकीयता से भरपूर है।

स्फुट काव्य और कथा-साहित्य में रामकथा महाकाव्य और नाट्य रचना के साथ स्फुटकाव्य और कथा-साहित्य में भी वाल्मीकीय रामायण के कथा अंश मिलते हैं। यों कि इन रचनाओं में 'रामकथा' को आंशिक या सांकेतिक ढंग से ही संयोजित किया गया है इससे रामकथा की व्याप्ति का पता चलता है। रामकथा के प्रसिद्ध शोधकर्ता, कामिल बुल्के ने 'रामकथा' शोध-ग्रन्थ में संस्कृत-साहित्य के स्फुट काव्य और कथा-साहित्य में रामकथा के स्रोत की तलाश करते हुए लिखते हैं, ''साहित्य-दर्पण के रचयिता विश्वनाथकृत 'राघवविलास', मुद्गलभट्ट कृत 'रामार्याशतक', कृष्णेन्द्र कृत 'आर्यारामायण' में रामकथा की दृष्टि से नयी सामग्री तो नहीं मिलती लेकिन जिनसे रामकथा की लोकप्रियता तथा समस्त काव्यों में व्यापकता का प्रमाण मिलता है।

कथा-साहित्य की सबसे प्राचीन रचना गुणाढ्यकृत 'बृहत्कथा' में (जिसकी रचना सम्भवतः प्रथम शताब्दी ई.पू. हुई थी) रामकथा भी वर्णित थी ऐसा अनुमान किया जा सकता है। इस अनुमान का आधार यह है कि बृहत्कथा के दो विस्तृत रूपान्तर मिलते हैं इनमें रामकथा भी सम्मिलित की गयी है...अर्थात् जैनियों का 'वसुदेवहिण्डिं' (पाँचवी शताब्दी ई. अथवा इसके पूर्व) तथा सोमदेव कृत 'कथा-सरित्सागर'। गुणाढ्य की रचना का संक्षेप क्षेमेन्द्र तथा बुधस्वामी द्वारा भी किया गया है। बुधस्वामी के बृहत्कथा श्लोक संग्रह (लगभग 800 ई.) में रामकथा नहीं मिलती लेकिन क्षेमेन्द्र की 'बृहत्कथा-मंजरी' में रामकथा अति संक्षिप्त रूप में वर्णित है।''

पुस्तक के बारे में

संस्कृत-साहित्य में 'रामकथा' का अप्रतिम महत्त्व है। औपनिवेशिक आधुनिकता ने भारतीय साहित्य और इतिहास को हीन और संकीर्ण दृष्टि से विवेचित किया। भारतीय आधुनिकता, इतिहास एवं संस्कृति के उच्च आदर्श और मूल्यों के निर्माण में 'रामकथा' की केन्द्रीय भूमिका रही है। 'रामकथा' जितना 'शास्त्र' में प्रचलित है उतना ही 'लोक' में। 'रामकथा' ने भारतीय समाज और संस्कृति को संस्कार दिया है। भारतीय साहित्य में 'रामकथा' को आधार बनाकर सर्वाधिक सृजनात्मक साहित्य रचा गया है। 'रामकथा' के आदिग्रन्थ वाल्मीकि कृत 'रामायण' के प्रभाव से परवर्ती भारतीय भाषाओं में रामकथा का विकास हुआ। भारतीय भाषाओं में संस्कृत के कवियों और नाटककारों ने 'रामकथा' के कथानक का सृजनात्मक विस्तार दिया। भास, कालिदास, भवभूति, अभिनन्द और राजशेखर की रचनाओं नें 'रामकथा' की परम्परा को समृद्ध किया है।

इस पुस्तक में संस्कृत-साहित्य के प्रतिष्ठित विद्वानों, शोधकर्ताओं और अध्यापकों के 'रामकथा' सम्बन्धित वैचारिक लेखों को शामिल किया गया है। मैं आभारी हूँ प्रो. राजेन्द्र मिश्र 'अभिराज' का जिन्होंने 'वाल्मीकीय रामकथा : उद्‌भव और विकास' विषयक शोधपरक लेख में संस्कृत-साहित्य में 'रामकथा' की सृजन-परम्परा का विस्तार से विवेचन प्रस्तुत किया है। प्रो. कृष्णकान्त शर्मा ने भवभूति की नाट्य कृतियों 'महावीरचरितम्' और 'उत्तररामचरितम्' पर प्रकाश डाला है, तो प्रो. राधावल्लभ त्रिपाठी ने अभिनन्द के 'रामचरित' पर सुचिंतित लेख लिखकर इस संग्रह के गौरव को बढ़ाया है। मैं इन आचार्यों का हृदय से आभारी हूँ। प्रो. विवेकानन्द बनर्जी के लेख 'बंगीय कवियों द्वारा रचित संस्कृत राम-कथाश्रित काव्यों की परम्परा' से इस पुस्तक की गरिमा और बढ़ गयी है। यह लेख मूलतया बांग्ला में था, जिसके हिन्दी अनुवाद का श्रेय डॉ. राजेश सरकार को है। इनके साथ ही प्रो. मनुलता शर्मा, प्रो. सदाशिव कुमार द्विवेदी, डॉ. शरदिन्दु कुमार त्रिपाठी, डॉ विवेक पाण्डेय, डॉ. राजेश सरकार, डॉ. ठाकुर शिवलोचन शाण्डिल्य, डॉ. शिल्पा सिंह, डॉ. कपिल गौतम, एवं डॉ. विमल तिवारी का आभारी हूँ जिन्होनें अपने शोधपरक और वैचारिक लेखों से इस योजना को रूपायित किया है। मैं विशेष रूप से प्रो. सदाशिव द्विवेदी एवं डॉ. राजेश सरकार, संस्कृत विभाग, कला संकाय काशी हिन्दू विश्वविद्यालय का आभारी हूँ जिनके सहयोग और परामर्श से मैं यह कार्य कर पाया। आभारी हूँ मैं डॉ. योगेन्द्र प्रताप सिंह, निदेशक, अयोध्या शोध संस्थान, फैज़ाबाद, उ.प्र. का जिनके उत्साहवर्धन से काम में गति मिली। अन्ततः मैं आदरणीय प्रो. योगेन्द्र प्रताप सिंह, इलाहाबाद का हृदय से आभार प्रकट करता हूँ जिनके निर्देशन में यह कार्य सम्पन्न हो पाया।

डॉ. प्रभाकर सिंह
एसोसिएट प्रोफेसर
हिन्दी विभाग
काशी हिन्दू विश्वविद्यालय, वाराणसी
दूरभाष : 9450623078
ई-मेल : prabhakarsinghbanaras@gmail.com

अनुक्रम

वाल्मीकीय राम-कथा : उद्भव एवं विकास

प्रो. अभिराज राजेन्द्र मिश्र

रामकथा वाल्मीकीय क्यों! यह प्रश्न रामकथा के सन्दर्भ में अत्यन्त सार्थक है। इसका उत्तर अत्यन्त सरल एवं सटीक है बशर्ते सन्देहवादियों से प्रतिप्रश्न किये जायें- गंगा जाह्नवी क्यों? भागीरथी क्यों? चन्दन मलयज क्यों? अश्व का पर्याय सैन्धव क्यों? कम्बोज क्यों? रेशम क्षौम क्यों?

जह्नु एवं भगीरथ से जुड़ाव के कारण ही गंगा को जाह्नवी तथा भागीरथी कहा गया। मलय पर्वत पर उत्पन्न होने के कारण चन्दन का नाम मलयज प्रसिद्ध हुआ। 'सिन्धु' एवं 'कम्बोज' देशों की उत्तम नस्ल के कारण श्रेष्ठ घोड़ों को सैन्धव तथा कम्बोज कहा गया। क्षुमा नामक कीट-विशेष से उत्पन्न होने के कारण रेशम को 'क्षौम' कहा गया। रामकथा के भी आदि प्रवर्तक महर्षि वाल्मीकि है अतः राम-कथा को 'वाल्मीकीय' कहा गया। यह कथन, यह मान्यता हजारों वर्ष प्राचीन है। स्वयं रामायण के बालकाण्ड में ही उसे आदिकाव्य कहा गया–

'रामायणं चादिकाव्यं स्वर्गमोक्षप्रदायकम् ।'?

रामायण को 'आदिकाव्य' तथा वाल्मीकि को 'आदिकवि' मानने के बहिःसाक्ष्यों की भी एक लम्बी परम्परा है–

1. महाकवि कालिदास ने 'रघुवंशमहाकाव्य' में सीतानिर्वासन के प्रसंग में इस तथ्य को पुष्ट किया है (रघुवंश 15/33)

सङ्गृ्य वेदमध्याप्य किञ्चिदुत्क्रान्तशैशवौ ।
स्वकृतिं गापयामास कविप्रथमपद्धतिम् ।।

2. महाकवि भवभूति ने (सातवीं शती ई.) उत्तररामचरित नाटक में क्रौञ्चवध -प्रसंग निरूपित करते हुए ब्रह्मा के प्रकट होने तथा उनके द्वारा वाल्मीकि को आदेश देने की बात लिखी है–

महर्षे! आद्यः कविरसि ।

3. नवीं शती ई. में उत्पन्न आचार्य आनन्दवर्द्धन भी ध्वन्यालोक में (1/5) वाल्मीकि को आदिकवि कहते हैं–

काव्यस्यात्मा स एवार्थस्तथा चादिकवेः पुरा ।
क्रौञ्चद्वन्द्ववियोगोत्थः शोकः श्लोकत्वमागतः ।

4. दशम शती ई. में विद्यमान महामाहेश्वर अभिनवगुप्तपादाचार्य के नाट्यगुरु आचार्य भट्टतौत ने 'काव्यकौतुक' में लिखा–

तथा हि दर्शने स्वच्छे नित्येऽप्यादिकवेर्मुनेः।
नोदिता कविता लोके यावज्जाता न वर्णना।।

5. इसी शताब्दी में उत्पन्न राजशेखर भी महर्षि वाल्मीकि को प्रथम कवि मानते हैं–

बभूव वाल्मीकिभवः कविः पुरातनः प्रपेदे भुविभर्तृमेण्ठताम् स्थितः
पुनर्यो भवभूति रेखया सवर्तते सम्प्रति राजशेखरः।।

6. आचार्य क्षेमेन्द्र (1000- 66ई.) रामायणमञ्जरी में लिखते है–

स वः पुनातु वाल्मीकेः काव्यामृतमहोदधिः।
ओङ्कार इव वर्णानां कवीनां प्रथमो मुनिः?।।

इस प्रकार कालिदास (ई. पू. द्वितीय शती) से लेकर क्षेमेन्द्र तक (ग्यारहवीं शती) हम वाल्मीकि के आदिकवित्व के प्रति एक अखण्ड श्रद्धापरम्परा पाते है इसलिए रामकथा–गंगा के गोमुख वाल्मीकि ही सिद्ध होते हैं।

वाल्मीकि का समय क्या है? उसे निश्चित् करने का भारतीय मानक क्या है? पाश्चात्य मानक क्या है? हमें अपने मानक से सन्तुष्ट होना चाहिए अथवा पाश्चात्य मानक से? यदि पाश्चात्य विद्वान् हमारे मानक, हमारे प्रमाण, हमारी परम्परा, हमारी पुरा-कथा एवं इतिहास-दृष्टि से सन्तुष्ट नहीं है, उसे हेय एवं तुच्छ मानते हैं, उपहास तक करते हैं–तो हमें उनकी परितुष्टि की चिन्ता क्यों करनी चाहिए? हमारा सम्पूर्ण प्राचीन साहित्य एवं ऐतिह्य कलिसंवत् के ही प्रामाण्य पर मूल्यांकित है, जिसका पाश्चात्य विद्वान् नाम तक नहीं जानते तो फिर आज से मात्र 2012 वर्ष पूर्व उत्पन्न होने वाले ईसा मसीह को ऐतिह्य-निर्णायक मान कर हम लाखों वर्ष प्राचीन अपने साहित्य एवं इतिहास को 'काल्पनिक' क्यों और कैसे मान लें? ये कुछ महत्त्वपूर्ण प्रश्न है जो रामायण के कालनिर्धारण में बाधक है। पाश्चात्य विद्वान् विवेकी हैं। वे इन तर्को से विनत भी हो सकते हैं। परन्तु इस सन्दर्भ में 'स्वदेशी अंग्रेजों' का अधिक भय है जिन्हें भारतीयता की अवधारणा से ही परहेज़ है।

भारतीय-पारम्परिक मत सुस्पष्ट है वाल्मीकि एवं तत्प्रणीत रामायण के विषय में। अनेक पुराण तथा महाभारत एक ही बात दुहराते हैं कि मर्यादापुरुषोत्तम राम का अवतरण वर्तमान (वैवस्वत) मनवन्तर के 24 वें त्रेता एवं द्वापर युग के सन्धिकाल में हुआ। ज्ञातव्य है कि प्रत्येक मनवन्तर 71 चतुर्युग का होता है। सम्प्रति 28 वें कलियुग का प्रथम चरण प्रवर्तमान है। इसका अर्थ यह हुआ कि अब से प्रायः चार चतुर्युग पूर्व राम धराधार पर थे।

युगों की भोगावधि निश्चित् है। कलि–चार लाख बत्तीस हजार वर्ष, द्वापर–आठ लाख चौसठ हजार वर्ष, त्रेता–बारह लाख छानबे हजार वर्ष तथा कृतयुग–सत्रह लाख अट्ठाईस हजार वर्ष। चारों चतुर्युगियों का समन्वित भोगकाल (432000+864000+1296000+1728000-432000 तैंतालीस लाख बीस हजार वर्ष का है।

प्राचीन प्रमाणों के अनुसार 25 वें त्रेता के अन्तिम सात सौ तथा द्वापर के प्रारम्भिक तीन सौ वर्षों तक श्रीराम पृथ्वी पर रहे थे। सम्प्रति 28 वाँ कलियुग होने का अर्थ है राम का जीवनकाल आज से एक करोड़ इक्यासी लाख अड़तालीस हजार आठ सौ तेरह वर्ष पूर्व रहा होगा।

1. अट्ठाईसवीं से चौबीसवीं चतुर्युगी तक का समय–4320000x4=17880000 वर्ष।
2. अट्ठाईसवें द्वापर के (864000-300=) 863700) वर्ष। तथा

3. आईसवें कलियुग के 5113 वर्ष। कुल योग =28148813 वर्ष

भारतीयों के लिए रामावतरण की यह तिथि सर्वथा श्रद्धेय एवं स्वीकार्य होनी चाहिए। अरबों वर्ष पुरानी सृष्टि में एक करोड़ इक्यासी लाख अड़तालीस हजार आठ सौ तेरह वर्ष कुछ नहीं होते। वस्तुतः सौ-पचास वर्ष जीने वाला मनुष्य अपनी जीवित रहने की अक्षमता से ही आतंकित हो उठता है, इस संख्या को देखकर! परन्तु सृष्टि के विस्तार में आदमी के अस्तित्व का महत्त्व ही क्या है? वायुमण्डल में तैरते एक त्रसरेणु जैसी भी तो हमारी स्थिति नहीं। अतः मै रामावतरण की इस तिथि से पूर्ण आश्वस्त हूँ।

महर्षि प्राचेतस वाल्मीकि-रामायण के नायक राम के समसामयिक है। वह उनकी भार्या सीता के संरक्षक तथा पुत्रों, लव-कुश के शिक्षागुरु हैं। उन्होंने अपना महाकाव्य 'पौलस्त्यवध' किसी बीते युग के महापुरुष पर नहीं, प्रत्युत स्वयुगीन महामानव पर लिखा–

को न्वस्मिन् साम्प्रतं लोके गुणवान् कश्च वीर्यवान्!

अस्मिन् लोके साम्प्रतं कः 'देवर्षि नारद से किया गया महर्षि वाल्मीकि का यह प्रश्न ही राम एवं वाल्मीकि को समसामायिक सिद्ध करता है। अतएव राम, रामायण तथा वाल्मीकि-तीनों का ऐतिपह्यकाल सुस्पष्ट है। राम के रावणवधानन्तर, राज्याभिषिक्त होते ही रामायण की रचना की गयी। यह दैवयोग है कि इस पुण्य-इतिहास की रचना के बाद ही, कथा की नायिका देवी वैदेही महामुनि वाल्मीकि के आश्रम में रहने के लिये आयी। यहीं उन्होंने राम के युग्म पुत्रों को जन्म दिया, जिन्हें महर्षि ने सम्पूर्ण रामायण कण्ठस्थ करा दिया।

अभिजात संस्कृत-वाङ्मय की विविध (महाकाव्य, खण्डकाव्य, चम्पूकाव्य, नाटकादि) शाखाओं के प्रवर्तन से पूर्व ही वाल्मीकीय रामकथा, अनेक साम्प्रदायिक धाराओं में विभक्त होकर पूर्ण विकसित हो चुकी थी। निम्नलिखित विकास-वृक्ष द्वारा उसे समझा जा सकता है–

वाल्मीकीय रामकथा

वैदिकपरम्परा	सौगतपरम्परा	आर्हतपरम्परा
1. अध्यात्मरामायण	1. अनामकजातक	1.पडमचरिय(प्राकृत)
2. महारामायण (योगवासिष्ठ)	2. दशरथजातक	(विमलसूरि 60 ई.)
		2. पद्मचरित(संस्कृत) (रविषेण, 577 ई.)
3. अद्भुतरामायण		3. उत्तरपुराण (प्राकृत) (गुणभद्र, 897ई.)
4. आनन्दरामायण		4. पउमचरिउ (अपभ्रंश) (स्वयम्भू नवीं शती ई.)
5. भुशुण्डिरामायण		
6. तत्त्वसंग्रहरामायण		
7. मन्त्ररामायण आदि।		

रामकथा के विस्तार का यह दिङ्मात्र निर्देश है। ईसा की प्रथम शती से चतुर्थ शती के बीच यही रामकथा बृहत्तर भारत के भारतीय उपनिवेशों में भी पहुँची अपने शास्ताओं के साथ। उनका विवरण इस प्रकार है–

1. रामकेत्ति (रामकीर्तिः) सिंहलद्वीप, बौद्ध-परम्परा से प्रभावित।
2. रामायण ककविन्, जावा-बाली। विशुद्ध वैदिक–परम्परा। महाकवि योगीश्वर–प्रणीत। 26 सर्ग 2778 श्लोक (कविभाषा) रचनाकाल-नवीं शती ई. का अन्तिमचरण, महाराज बलितुंग का शासन (यवद्वीप)
3. रामकियेन् (रामकीर्तिः) थाईदेश, बौद्ध-परम्परा एवं जैन-परम्परा से प्रभावित। रचना 12वीं शती ई.
4. फॉ लॉक फॉ लाम (प्रिय लक्ष्मण प्रिय राम) लाओस-रामकथा, बौद्ध, जैन-परम्परा।
5. हिकायत महाराजा राम (मलेशिया) सल्तनत शासनकाल। 25वीं शती ई. के बाद।
6. रामयाठान् (म्यांमार रामकथा) रचना 2800 ई.। बौद्ध प्रभाव।

प्रस्तुत आलेख में संस्कृत में प्रणीत वैदिक-परम्परा के रामकथाग्रन्थों के संग्रहात्मक परिचय का उद्देश्य है।

वाल्मीकि रामायण में चौबीस हजार श्लोक है। फलतः इसे 'चतुर्विंशति साहस्री-संहिता' भी कहा जाता है। गायत्री मंत्र भी 24 अक्षरों का ही है। वाल्मीकि रामायण का प्रत्येक हजारवाँ श्लोक इन्हीं मंत्राक्षरों से प्रारम्भ होता है। यद्यपि सम्पूर्ण ग्रन्थ अनुष्टुप्-निबन्ध है तथापि इन्द्रवज्रा, उपेन्द्रवज्रा, उपजाति, प्रहर्षिणी, मृगेन्द्रमुख (रामा 05/3/12) रुचिरा (6.2.11) वैश्वदेवी (5.63) आदि अन्य छन्द भी कवि द्वारा प्रयुक्त है।

रामायण के दाक्षिणात्य, गौडीय तथा पश्चिमोत्तरीय पाठ क्रमशः बम्बई (निर्णयसार) कलकत्ता एवं लाहौर से प्रकाशित हुए। इन संस्करणों में प्रभूत पाठभेद हैं तथा सर्ग के सर्ग कम या अधिक मिलते हैं। उत्तरकाण्ड को अनेक कारणों से प्रक्षिप्त भी माना जाता है। उन कारणों की समीक्षा का यहाँ अवसर नहीं हैं। तथापि, इन सारे विवेच्य बिन्दुओं के बावजूद, रामायण भारतीय-अस्मिता का पर्यायभूत ग्रन्थ है। यह भारतीय-संस्कृति का जीवन्त दस्तावेज है तथा एक सीमा तक विश्ववाङ्मय का उपजीव्य-काव्य है। इसमें मूलतः छह काण्ड तथा पाँच सौ से अधिक सर्ग हैं।

महाभारतकार कृष्णद्वैपायन व्यास, वासुदेव कृष्ण के समसामायिक हैं। अतएव वर्तमान श्रीकृष्णसंवत् 5238 ई. पू. को दृष्टि में रखते हुए वेदव्यास तथा उनकी कालजयी कृति महाभारत का भी समय सुनिश्चित् हो जाता है। महाभारत के वनपर्व (अ. 273-93) तथा श्रीमद्भागवतमहापुराण के नवम स्कन्ध में (अ. 10 एवं 11) में 'रामोपाख्यान' वर्णित है।

महाभारत में रामायणकालीन गोप्ततार घाट (वन. 84/70) तथा श्रृङ्गवेरपुर (85/65) को पवित्र तीर्थ माना गया है। श्रीमद्भागवत में भी राम को साक्षात् परमेश्वरावतार माना गया है।

तस्यापि भगवानेष साक्षात्ब्रह्ममयो हरिः।
अंशांशेन चतुर्धाऽगापुत्रत्वं प्रार्थितः सुरैः।।

एकमात्र इन दो प्रमाणों से ही रामायण की भारतपूर्ववर्तिता सिद्ध हो जाने पर, उसके बुद्धपूर्व होने अथवा पाटलिपुत्र-स्थापना से पूर्व का होने या साकेत संज्ञा-प्रचलन से पूर्व के होने का कोई

महत्त्व नहीं रह जाता। रामायण, महाभारत, तथा गुणाढ्य प्रणीत बृहत्कथा की त्रिवेणी ही सम्पूर्ण भारतीय-वाङ्मय की आधारशिला है।

वाल्मीकि-प्रणीत रामायण ने ही रामकथा-प्रस्थान को जन्म् दिया। कालान्तर में, इसी प्रस्थान से वैदिक, सौगत तथा आर्हत धारायें फूटीं जो सम्पूर्ण विश्व मे व्याप्त हो गयीं। हित्ती-मितानी संस्कृति (तुर्किस्तान, बोगाजकोई ई.पू. 2500) में दशरथ का होना तथा मिस्र की राजपरम्परा में रामचन्द्र नामक तेरह नरपतियों का होना (ई.पू. 1100 वर्ष) रामकथा विश्वव्याप्ति का ही सूचक तत्त्व है।

लोकप्रियता की दृष्टि से वाल्मीकि के अनन्तर अध्यात्म-रामायण का ही स्थान है। आचार्य बलदेवोपाध्याय ने तुलसी के रामचरितमानस तथा एकनाथ के मराठी रामायण को अध्यात्म-रामायण से ही प्रभावित माना है। इसकी सम्पूर्ण कथा उमामहेश्वरसंवादात्मक है। समग्र ग्रन्थ वेदान्तदर्शन से ओतप्रोत है। रामहृदय (बालकाण्ड) तथा रामगीता (उत्तरकाण्ड, पाँच अध्याय) सरीखे वेदान्तग्रन्थ इसके अंश है—

महारामायण, आर्षरामायण, वसिष्ठ-रामायण अथवा ज्ञानवसिष्ठ के नाम से प्रख्यात योगवासिष्ठ छह प्रकरणों (वैराग्यप्रकरण-33सर्ग, मुमुक्षुव्यवहारप्रकरण-20 सर्गोत्पत्तिप्रकरण-122 सर्ग, स्थितिप्रकरण-62 सर्ग, उपशमप्रकरण-93 सर्ग, निर्वाणप्रकरणः पूर्वार्ध-128 सर्ग, उत्तरार्ध-216 सर्ग) तथा 27687 श्लोकों से युक्त रामकथा का बृहत्तम ग्रन्थ है।

इस महाग्रन्थ का संक्षेपण करने वाले काश्मीरक कवि गौड अभिनन्द का समय नवम शतक ई. मान्य है। आचार्य शंकर के अनेक प्रकरण ग्रन्थ (विवेकचूडामणि, दक्षिणामूर्तिस्तोत्र तथा शतश्लोकी आदि) योगवासिष्ठ से भावसाम्य, अक्षरसाम्य रखते हैं, ऐसा पं. बलदेवोपाध्याय मानते हैं। अतः योगवासिष्ठ का शङ्कर-पूर्व होना (आठवीं शती ई. से पूर्व) सुनिश्चित है।

12252 श्लोकों से युक्त आनन्दरामायण 25वीं शती ई. की रचना के रूप में मान्य है। रामायण इसमें अध्यात्म के पद्य उद्धृत है। काण्ड नौ हैं, नये नामों के साथ-सारकाण्ड (13 सर्ग), यात्राकाण्ड (9 सर्ग), यागकाण्ड(9 सर्ग), विलासकाण्ड (9 सर्ग) जन्मकाण्ड (9 सर्ग) विवाहकाण्ड (9 सर्ग) राज्यकाण्ड (24 सर्ग) मनोहरकाण्ड (18 सर्ग) पूर्णकाण्ड (9 सर्ग)। यह रामकथा अभद्र एवं असम्बद्ध सन्दर्भों से युक्त है।

आदिरामायण तथा महारामायण के नाम से ख्यात भुशुण्डिरामायण रामभक्ति के रसिकसम्प्रदाय में समाहत कृति है। भागवत की कृष्णकथा का प्रभाव स्पष्ट है इस पर। चित्रकूट में गोप-गोपिकाओं के साथ राम की रासक्रीडा इसका प्रमाण है। अनेक पुराणों तथा महाभारत में भी रामकथा का सन्दर्भ उपल्ब्ध है जिनमें कही मूलकथा के कुछेक प्रकरणों का परिहार भी मिलता है। श्रीमद्भागवत में ही सीता की अग्निपरीक्षा का कोई उल्लेख नहीं मिलता।

भास एवं कालिदास के साथ रामचरितात्मक महाकाव्य, खण्डकाव्य, चम्पूकाव्य एवं नाटक-परम्परा का उदय होता है। कालिदास (ई.पू. द्वितीय शती) से 29वीं शती तक प्रणीत रामकथात्मक प्रमुख महाकाव्यों की सूची इस प्रकार है—

1. रघुवंशम्, महाकवि कालिदासप्रणीत, ई.पू. दूसरी शती।
2. सेतुबन्धम् (रावणवहो) प्रवरसेन प्रणीत, पाँचवीं शती ई.।
3. जानकीहरण, कुमारदास-प्रणीत, सातवीं शती ई.।

4. रावणवधम् (भट्टिकाव्यम्) भट्टिप्रणीत, सातवीं शती ई.।
5. राघवपाण्डवीयम्, धनंजयप्रणीत, आठवीं शती उत्तरार्ध।
6. रामचरितम्, गौडाभिनन्द-प्रणीत, नौवीं शती ई.।
7. राघवपाण्डवीयम्, कविराजकृत, दसवीं शती ई.।
8. रामायणमञ्जरी, क्षेमेन्द्रप्रणीत, ग्यारहवीं शती ई.।
9. रामचरितम्, सन्ध्याकरनन्दी-प्रणीत (1084-1130)
10. रघुनाथचरितम्, वामनभट्टबाण-प्रणीत, पाँचवीं शती।
11. रघुवीरचरितम्, मल्लिनाथप्रणीत, सोलहवीं शती ई.।
12. उदारराघवम्, साकल्यमल्ल-प्रणीत, पन्द्रहवीं शती ई.।
13. राघवोल्लासमहाकाव्यम् अद्वैतकविप्रणीत।
14. रामलिङ्गामृतम्, अद्वैतकवि-प्रणीत, छठवीं शती ई.।
15. यादवराघवीयम्, वेङ्कटाध्वरी-प्रणीत, सोलहवीं शती ई.।
16. रामायणकथासारः (आन्ध्ररामायणम्) मधुरवाणीकृत् सातवीं शती।
17. जानकीपरिणयमहाकाव्यम्, चक्रकविकृत
18. राचन्द्रोदयमहाकाव्यम् वेङ्कटेश्वरप्रणीत (चौथा सर्ग मात्र) उन्नीसवीं शती।
19. राघवनैषधीयम्, हरदत्तसूरि-प्रणीत, आठवीं शती।
20. सप्तसन्धानमहाकाव्यम्, मेघविजयोपाध्यायकृत, अठरहवीं शती।
21. राघवयादवपाण्डवीयम्, चिदम्बर-प्रणीत
22. रामाभ्युदयमहाकाव्यम्, अन्नदाचरण, 1846 ई.
23. राघवीयम्, रामपाणिवाद, अठरहवीं शती ई. पूर्वार्ध।
24. सीताचरितम्, के. एस. कृष्णमूर्ति, 1953 ई.
25. श्री रघुनाथगुणोदयमहाकाव्यम्, नव्यचण्डीदास उन्नीसवीं शती ई.।
26. सुन्दररामायणम्, सी. सुन्दरशास्त्री, 1940 ई.
27. श्रीमत्प्रसन्नाञ्जनेयम्, डॉ. अर्कसोमयाजी, 2980 ई.।
28. सीतारामञ्जनेयम्, डॉ. अर्कसोमयाजी, 1985 ई.।
29. सीतारामविहारमहाकाव्यम्
30. श्रीरामचरितम्, पं. रामविशालत्रिपाठी, 1970 ई.
31. श्रीरामचरितम्, रामञ्जन, 1982 ई.
32. सुरूपराघवम्, रामास्वामी शास्त्री 1999 ई., 1824-1971 ई.। (व्याकरणज्ञानार्थ)
33. सीताचरितम् श्रीरमेशचन्द्र शुक्ल, 1989 ई.
34. सुगमरामायणम् श्रीरमेशचन्द्रशुक्ल, 1998 ई.
35. श्रीमद्वाल्मीकिरामायणम्, कालूरिहनुमन्तरावः, 1997 ई.
36. रामायणसोपानम्, रामचन्द्र शास्त्री, 1976 ई.
37. रामामृततरङ्गिणी, टी. एस. सुन्देरश शर्मा, 1938 ई.
38. रामामरचरितामृतम्, पं. त्रिपुरारिशरणपाण्डेय, 1995 ई.

39. श्रीरामचन्द्रायणम् डॉ. शिवसागर त्रिपाठी, 2002 ई.
40. श्रीमद्रामचरितमानसम्, पं. प्रेमनारायण द्विवेदी, 2005 ई. (रामचरितमानस का रूपान्तरण)
41. श्रीरामाभिरामीयम्, श्रीरामभगत शर्मा, 1950 ई.
42. सीतारामोयम्, डॉ. शंकरदेव अवतरे, 2004 ई.
43. हनूमदयनम्, डॉ. विष्णुराज आत्रेय, 2010 ई.

बीसवीं शती ई. तक प्रणीत कुछ सुज्ञात महाकाव्यों की सूची है यह स्वातन्त्र्योत्तरावधि (पिछली शताब्दी) में ही रामकथा पर दशाधिक महाकाव्य लिखे गये जिनके नाम हैं–

1. श्रीजानकीचरितामृतम्-रायसनेहीदासप्रणीत्, 1957 ई.
2. श्रीरामचरिताब्धिरत्नम्–पं. नित्यानन्दशास्त्रिप्रणीत, 2005 ई.
3. वैदेहीचरितम्–पं. रामचन्द्रद्विवेदी-प्रणीत, 1985 ई.
4. उर्मिलीयम्–श्रीनारायणशुक्ल-प्रणीत, 1973 ई.
5. उत्तरसीताचरितम्–आचार्य रेवाप्रसादद्विवेदी-प्रणीत, 1968 ई.
6. जानकीजीवनम्–प्रो. अभिराजराजेन्द्र-प्रणीत, 1988 ई.
7. रामकीर्तिमहाकाव्यम्–प्रो. सत्यव्रतशास्त्री-प्रणीत, 1990 ई.
8. भार्गवराघवीयम्–स्वामी रामभद्राचार्य-प्रणीत, 2000 ई.
9. साकेतसौरभ्–डॉ. भास्कराचार्य त्रिपाठी-प्रणीत, 2003 ई.
10. रामाश्वमेधीयम्–पं. सत्यनारायण शास्त्री-प्रणीत, 2004 ई.
11. रघुकुलकथावल्ली–डॉ. कृपाराम त्रिपाठी प्रणीत, 2004 ई.
12. जानकीजीवनम्–डॉ. दशरथ द्विवेदी प्रणीत, 2006 ई.
13. वनदेवी–आचार्य रामशंकर अवस्थी, 2011 ई.

खण्डकाव्यों का क्षेत्र विपुल एवं विविध है। 'विपुल' इसलिए कि विशालकाय महाकाव्य की रचना की तुलना में लघुकाय खण्डकाव्य की सर्जना अधिक सरल है। अतएव खण्डकाव्यों की रचना विपुल मात्रा में हुई। 'विविध' इसलिए कि स्तोत्रकाव्य, दूतकाव्य, रागकाव्य, रातकाव्य आदि के रूप में खण्डकाव्यों की अनेक रोचक विधायें हैं, जो कवित्व के सर्वथा अनुकूल हैं। रामकथापरक कुछ उल्लेखनीय खण्डकाव्य इस प्रकार है। वस्तुतः इसमें खण्डकाव्य की सभी विधाएँ (रागकाव्य, दूतकाव्य, स्तोत्रकाव्यादि) शामिल हैं–

1. रामचापस्तवः–रामभद्रदीक्षित-प्रणीत, सत्रहवीं शती ई.
2. रामबाणस्तवः–रामभद्रदीक्षित-प्रणीत, सोलहवीं शती ई.
3. रामाष्टप्रासः–रामभद्रदीक्षित-प्रणीत, सोलहवीं शती ई.
4. जानकीजानिस्तोत्रम्–रामभद्रदीक्षित-प्रणीत, सोलहवीं शती ई.
5. वर्णमालास्तोत्रम् रामभद्रदीक्षित-प्रणीत, सोलहवीं शती ई.
6. जानकीचरणचामरम्–श्रीनिवासाचार्य-प्रणीत, सोलहवीं शती ई.
7. सङ्गीतरघुनन्दनम्–महाराज विश्वनाथसिंह जूदेव, सोलहवीं शती ई.
8. रामविजयकाव्यम्–रूपनाथ उपाध्याय, 1932 ई.। 9 सर्ग, मण्डला म.प्र.
9. रामावतार (गीतकाव्यम्) सुब्रह्मण्यसूरि, 1913 ई.

10. अयोध्याकाण्डम्—महालिङ्ग शास्त्री, 1963 ई.
11. रामवनगमनम्—(नृत्यनाटिका) डॉ. वनमाला भवालकर, 1965ई.
12. रामविजयम्—एस्. वी. रघुनाथाचार्य, 1976 ई.
13. रामसङ्गीतिका डॉ. श्रीधर भास्कर वर्णेकर, 1980 ई.
14. रामचरितम्—(यमकनिबन्धनम्) मच्चाटु नारायण इलयत (1765-1843 ई.)
15. रामचरितम्-कामाक्षी रामकोटि, 1840 ई., तंजावुर के संस्कृतकवि परुयागेश की पुत्री (गणपति अग्रहार) रघुवंशम् से प्रभावित।
16. रामाष्टप्रासः—वेइट राघवाचार्य सेतलूर, 1849 ई., (चमत्कार प्रधान)
17. रामायणम्—केशव नम्बीशन, 1849-1924 ई.
18. सीतापरिणयनम्—(5 सर्ग) दधिभूषण भट्टाचार्य, 1862-1993ई., कलकत्ता
19. ताडकावधम्—गणपति वेदान्तकेसरी, 1871-1913 ई.
20. रामचन्द्रोदयम्(5 सर्ग) वेङ्कटेश वामन सोवाणी, 1882-1925 ई.
21. सीताहरणम् (विज्ञानचिन्तामणि में प्रकाशित)—सी. संगुन्ति नायर, 1942 ई.
22. रामाभ्युदयम् (उत्पत्ति से वैकुण्ठ-प्रस्थान तक)—गोपाल शास्त्री, 1853-1924 ई.
23. गायत्रीरामायणम् (चमत्कारप्रदर्शनम्)-लक्ष्मणसूरि, 1903 ई.
24. अक्षरमालिकारामायणम् (चमत्कारप्रदर्शनम्)—लक्ष्मणसूरि, 1904 ई.
25. निरोष्ठ्यरामायणसंग्रहः-एम्. सी. शठकोपाचार्य, 1900 ई., (चित्रकाव्य)
26. नीतिरामायणम्-सुन्दरराव अय्यंगार, 1842-1905 ई., (नीतिकाव्य)
27. आसेचकरामायणम्(199 श्लोक) सुब्रह्मण्यसूरि, 1850-1913 ई.
28. सीतास्वयंवरम् (यमककाव्यम्)—कुटटयल्लु चेरिय रामकुरुप्प, 1847-1900 ई.
29. सीतापरिणयनम्, सूर्यनारायण अध्वरी
30. वैदेहीपरिणयनम्-काशीनाथ
31. मन्थरादुर्विलसितम्—(खण्डकाव्य)-परमानन्दशर्मा, जयपुर
32. दशरथविलापः (खण्डकाव्य)—वही
33. मारीचवधम्(खण्डकाव्यम्)—वही
34. मेघनादवधम् (खण्डकाव्य)—वही
35. रावणवधम् (खण्डकाव्य)—वही
36. श्रीरामविजयम्, सोंठी भद्रादि रामशास्त्री, 1856-1915 ई.
37. दशाननवधम्-योगीन्द्रनाथ तर्कभूषण, उन्नीसवीं शती।
38. रामाभ्युदयम्, अन्नदाचरण तर्कचूडामणि उन्नीसवीं शती
39. जानकीहरण, कालीपद (महाराज कॉलेज जयपुर के प्राचार्य)।
40. हनुमत्काव्यम्, शतावधानी शिवराम पाण्डेयः, बीसवीं शती।
41. हनुमद्विजयम्—वही
42. रावणपुरवधम्—वही
43. हनूमद्विलासम्—सुन्दराचार्य

44. सीतास्वयंवरम्—बटुकनाथ शर्मा, 1895-1944ई.
45. परशुरामचरितम्—हेमचन्द्र रॉय
46. श्रीरामविवाहः (चित्रकाव्यम्)-लक्ष्मणशास्त्री, 1950ई.
47. सीतास्वयंवरमूः, नागरावः, 1949 ई.
48. सबीतराघवम्, गबाधरशास्त्री मंगरूलकर, 19वीं शती ई.
49. सीतारावणसंवादझरी—श्रीरामशास्त्री, 1995 ई. (रचनाकाल 1905 ई.)
50. हनुमद्दूतम्—डॉ. हरिनारायण दीक्षित, 1987 ई.
51. हनुमद्दूतम्, पं. नित्यानन्दशास्त्री, 2005 ई.
52. सीतावनवासः, (उपन्यास) रामशंकर अवस्थी, 2000 ई.
53. श्रीरामकृष्णसहस्रनामस्तोत्रम्—एम्. रामकृष्णभट्ट, 1950 ई.
54. श्रीरामकाव्यम्—के.वी. जोशी, 1989 ई.
55. श्रीरामविलापः—पं. कृष्णप्रसाद घिमिरे, 1980 ई.
56. श्रीरामशतकम्-परमेश्वर साहू, 1978 ई.
57. हंससन्देशः(दूतकाव्यम्)-वेदान्तदेशिक, पन्द्रहवी शती ई.
58. सीतास्वयंवरकाव्यम्—हरिकृष्णभट्ट
59. रामकृष्णविलोमकाव्यम्-दैवज्ञसूर्य, उन्नीसवीं शती ई.
60. रामपरिसंख्या—डॉ. रेवाप्रसाद द्विवेदी, 2008 ई.
61. रामस्तवराजः—स्वामी रामभद्राचार्य, 2001 ई.
62. रामस्तवः—आचार्य रघुनाथशर्मा, 2004 ई.
63. लघुरघुवरम्-स्वामी रामभद्राचार्य, 2000 ई.
64. वने निर्वासिता सीता-डॉ. विशुद्धानन्द मिश्र, 2004 ई.
65. जानकीकृपाकराक्षस्तोत्रम्, स्वामी रामभद्राचार्य, 2001 ई.
66. जानकीचरणचिह्नशतकम्-स्वामी रामभद्राचार्य, 2001 ई.
67. भृङ्गदूतम् (दूतकाव्यम्)-स्वामी रामभद्राचार्य,
68. श्रीसरयूलहरी-स्वामी रामभद्राचार्य,
69. श्रीरामवल्लमास्तोत्रम् स्वामी रामभद्राचार्य 2001 ई.
70. गीतरामायणम्-स्वामी रामभद्राचार्य 2011 ई.
71. गीतसीतावल्लभ, रामनाथनन्द, 1965 ई.
72. जानकीमहिम्नःस्तोत्रम्, डॉ. मिथिलाप्रसादत्रिपाठी 1998 ई.
73. हनुमन्महिम्नःस्तोत्रम्, डॉ. मिथिलाप्रसादत्रिपाठी, 1998 ई.

महाकाव्य—

74. राघवीयम् (20सर्ग) राम पाणिवाद, 1707-81 ई.
75. रामचरितम् (13 सर्ग,अपूर्ण)—कुटग्गल्लूर गोदवर्म इलयतम्बुरान
76. अभिनवरामायणम् (24सर्ग)—कामाक्षी 1800-51 ई.
77. रामरसार्णवः (19 सर्ग) 'विद्योदय' में प्रकाशित, 1919 ई.

78. रामचरितपूरणम् (गोदवर्म के महाकाव्य की पूर्ति 32 सर्गों में)

79. उत्तररामचरितम् (8 सर्ग) कविसार्वभौम कुडंगल्लूर कुच्चुरी तम्बुरान, 1858-1926 ई.।

महाकाव्य एवं खण्डकाव्य श्रव्य-काव्य के अन्तर्गत आते हैं। काव्य का दूसरा महत्त्वपूर्ण अंग है–दृश्यकाव्य, जिसके अन्तर्गत दस (नाटक, प्रकरण, भाण, व्यायोग, समवकार, डिम, ईहामृग, अंक, वीथी तथा प्रहसन) रूपक तथा अट्ठारह उपरूपक आते हैं। उन्मत्तराघवम् एकमात्र उपरूपक है प्रेक्षणक कोटि का जो विरूपाक्षकृत है इसी प्रकार हनुमन्नाटक भी संस्कृत का एकमात्र प्रकरण अथवा महानाटक है। रामकथाश्रित शेष सभी कृतियाँ नाटक ही हैं, जिनकी सूची इस प्रकार है–

1. प्रतिमानाटकम्, भासप्रणीत, ई. पू. पाँचवीं शती
2. अभिषेकनाटकम्, भासप्रणीत ई. पू. पाँचवीं शती
3. उत्तररामचरितम्, भवभूतिप्रणीत, सातवीं शती ई.
4. महावीरचरितम्, भवभूतिप्रणीत, सातवीं शती ई.
5. रामाभ्युदयम्, यशोवर्मा-प्रणीत सातवीं शती ई. (अप्राप्त)
6. अनर्घराघवम्, मुरारिप्रणीत
7. उदात्तराघवम्, मायुराजप्रणीत नवीं शती ई. (अप्राप्त)
8. कुन्दमाला, धीरनागप्रणीत, नवीं शती ई. (अप्राप्त)
9. बालरामायणम्, राजशेखरप्रणीत (880-920)
10. प्रसन्नराघवम्, जयदेव–प्रणीत तेरहवीं शतीं
11. दूताङ्गदम्, सुभटप्रणीत, तेरहवीं शतीं
12. आश्चर्यचूडामणिः–शक्तिभद्र–प्रणीत, आठवीं शती ई.
13. स्वप्नदशाननम्-भीमट–प्रणीत, नवीं शती ई. (अप्राप्त)
14. राघवाभ्युदयम्, रामचन्द्रसूरिप्रणीत ग्याहरवीं शती ई.
15. रघुविलासम्-रामचन्द्रसूरिप्रणीत ग्यारहवीं शती ई.
16. अद्भुतदर्पणम्-महादेवप्रणीत सोलहवीं शती ई.
17. रामाभ्युदयम्, रामदेवव्यास–प्रणीत
18. उल्लाघराघवम्-सोमेश्वर प्रणीत तेरहवीं शती ई., अप्राप्त
19. मैथिलीकल्याणम्-हस्तिमल्ल-प्रणीत, चौदहवीं शती ई.
20. उन्मत्तराघवम् (प्रेक्षणक) विरूपाक्ष, पन्द्रहवीं शती ई.
21. रामविजयम् (अंकिया नाट्य)–राजा शंकरदेव, 1444-1568 ई.
22. सीताकल्याणनाटकम्–वेंकटरामशास्त्री 1953 ई.
23. श्रीरामविजयम्, लक्ष्मीनारायण शास्त्री, 1901 ई.
24. सीताहरणम्–कालूरि हनुमन्तराव, 1987 ई.
25. राघवाभ्युदयम–स्वामी रामभद्राचार्य 1990 ई.
26. अभिरामराघवम–विश्वेश्वरपाण्डेय, अट्ठाहवीं शती ई.
27. उदगातृदशानम्-वाई. महालिङ्ग शास्त्री 1958 ई.
28. शम्बूकाभिषेकम्–डॉ. रामजी उपाध्याय, 2001 ई.

29. कैकेयीविजयम्—डॉ. रामजी उपाध्याय, 1999 ई.
30. रामानन्दम्-श्रीनिवासभट्ट, 1955 ई.
31. आनन्दराघवम्-यतीन्द्रविमल चौधरी, 1902 ई.
32. अभिनवहनुमन्नाटकम्-डॉ. रमेशचन्द्र शुक्ल, 1972 ई.
33. सेतुबन्धम्-गोस्वामी बलभद्रप्रसादशास्त्री, 1980 ई.
34. प्रशान्तराघवम्-अभिराजराजेन्द्रमिश्र, 2009 ई.
35. शान्तामङ्गलम्-डॉ. रामेश्वरदयालु शर्मा, 2010 ई.
36. रामराज्याभिषेकम्, (7 अंक) विराराघव, 1800-55 ई.

रागकाव्य—

1. गीतरामम्, रामपाणिवाद, 1707-82 ई. (अप्रकाशित)
2. संगीतरघुनन्दनम्-विश्वनाथसिंह (रींवानरेश)
3. संगीतराघवम्-गंगाधरशास्त्री मंगरूलकर

काव्य एव नाट्य के अतिरिक्त, चम्पूविधा में भी रामचरिताश्रित कृतियाँ प्रणीत की गयी हैं, जिनकी संख्या अधिक नहीं है। इसमें प्रमुख है—मालवेश्वर भोजदेव (1005-55 ई.) द्वारा प्रणीत रामायणचम्पू जो किष्किन्धाकाण्ड तक ही लिखा जा सका था। इस चम्पू का युद्धकाण्ड, बाद में अनेक कवियों ने लिखा—

1. भारतचम्पू (तिलक) टीकाकार लक्ष्मणसूरि
2. राजचूडामणिदीक्षित (उन्नीसवीं शती ई.)
3. घनश्याम कवि (2700-50 ई.)
4. मुक्तीश्वर दीक्षित (बीसवीं शती ई.)
5. गरलपुरी शास्त्री (बीसवीं शती ई.)

भोजदेव के अनन्तर वेङ्कटाध्वरी (वेङ्कटार्ययज्वा) ने सत्रहवीं शती ई. में रामकथापरक दो चम्पूकाव्य लिखे—उत्तरामचरितचम्पू (गोपालनारायण एण्ड कम्पनी, बम्बई से प्रकाशित) तथा यादवराघवीयचम्पू।

चम्पू के ही समान गद्यविधा में भी कुछ अर्वाचीन लेखकों ने सराहनीय प्रयास किया है। करीमनगर (आन्ध्रप्रदेश) के यशस्वी विद्वान् कालूरि हनुमन्तराव ने सम्पूर्ण वाल्मीकि रामायण को प्रवाहमय सरल गद्य में प्रस्तुत किया है, जो उपन्यास जैसा वाचन-सुख प्रदान करता है। कानपुर (उ.प्र.) के सिद्ध कवि रामशंकर अवस्थी ने 'सीतावनवासः' नाम से उपन्यास लिखा है। लखनऊ विश्वविद्यालय के युवा संस्कृत प्राध्यापक डॉ. रामसुमेर यादव ने भी शूर्पणखा को केन्द्र में रखकर 'वज्रमणि' नामक बृहत्कलेवर का उपन्यास 2011 ई. में प्रकाशित किया है।

रामकथा वाङ्मय की इस परिगणना के बाद इसकी समीक्षा का काम आता है। जहाँ तक महाकाव्यों का प्रश्न है, उसमें एक अन्तर सुस्पष्ट है। वह अन्तर 'प्रकरणवक्तता' से सम्बद्ध है। प्राचीन महाकाव्यकारों ने सीतानिर्वासन-प्रसंग को मूलकथा ही माना है, परन्तु बीसवीं शती के अनेक कवियों ने उसका 'अन्यथाख्यापन' किया है। इस अन्यथाख्यापन का भी ढंग भिन्न-भिन्न है। कहीं तो देवी वैदेही पति की लोकव्यापी कीर्ति में आत्मोत्थित अपवाद को बाधक मान, स्वयं आत्मनिर्वासन स्वीकार करती है तो कहीं कैकेयी ही राम को अलोकसामान्य महामानव बनाने के उद्देश्य से उन्हें,

क्षुद्र राज्याधिकार-सुख से वञ्चित कर वन भेजती है ताकि लोकरावण 'रावण' का विनाश हो सके। कही राम के भावी सीतापरित्याग से संक्षुब्ध कुमार लक्ष्मण एवं कुलगुरु वशिष्ठ ही इस अन्याय के विरुद्ध उठ खड़े होते हैं, तथा जनसभा के माध्यम से देवी वैदेही के पक्ष में निर्णय करा कर, इस भयावह प्रसंग को शान्त करा देते हैं।

खण्डकाव्यों में ऐसा कोई विवादास्पद प्रसंग नहीं हैं। राम-सीता सम्बन्धी स्तोत्रकाव्यों में श्रद्धा-भक्तिसंवलित प्रशस्तियाँ ही हैं। इस कोटि के कुछ काव्य (रामचापस्तव, रामबाणस्तव, जानकीचरणचामर) तो कवियों की अकुण्ठ वैदुषी एवं प्रतिभा के परिचायक हैं। 'सीतारावणसंवादझरी' नामक काव्य सभंग-अभंग श्लेष, शब्दच्छल अर्थच्छल, वक्रोक्ति एवं कूटप्रहेलिका-मण्डित एक विलक्षण चित्रकाव्य है जो मानवमेधा की अपूर्व वस्तु निर्माण क्षमता का जीवन निदर्शन है। अपने इन्हीं विस्मयावह रचनागुणों के कारण यह लघुकाव्य विद्वत्समज्या का कण्ठहार बना रहा है।

संस्कृत-नाटकों में भी अधिकांश प्रकरणवक्तता के पक्षधर रहे हैं। प्रतिमानाटक में देवकुल की कल्पना नयी है। शिवलिङ्गस्थापना में राम द्वारा रावण को पुरोहित वरण करना भी लीक से हटा हुआ प्रसंग है। उत्तरचरित में तो सब कुछ नया ही है—राम का दण्डकारण्य-पुनरागमन, वासन्ती-रामसंवाद, छायासीता की परिकल्पना, वाल्मीकि-आश्रम में गर्भाङ्गनाट्य का मरु तथा राम एवं सीता का पुनर्मिलन।

वस्तुतः वाल्मीकि सम्मत (मूल) रामकथा में प्रकरणवक्ता अर्थात् सन्दर्भ विशेष के परिवर्तन के पीछे दो प्रमुख कारण हैं—साम्प्रदायिक विद्वेष तथा साहित्यिक चमत्कार की सृष्टि। बौद्ध एवं जैन रचनाकारों द्वारा किये गये कथा परिवर्तनों को कथमपि श्लाघ्य एवं सकारात्मक नहीं माना जा सकता। दशरथ तथा अनामक-जातक में रामपण्डित एवं सीता का भाई-बहन होते हुए भी विवाहसूत्र मे बँधना, गुणभद्रप्रणीत उत्तरपुराण में सीता का रावण एवं मन्दोदरी की औरस कन्या होना, दशरथ का वाराण ासी का नृपति होना, राजा की सुबाला नामक पत्नी से राम, कैकेयी से लक्ष्मण तथा तीसरी रानी से भरत-शत्रुघ्न(यमज) का पैदा होना, लक्ष्मण द्वारा रावण का वध, राम-लक्ष्मण का सम्मिलित रूप से वाराणसी में राज्यासीन होना तथा दोनों की हजारों रानियाँ होना—यह सब क्या है? इसे हम प्रतिभा का कौशल नहीं, मात्र परमेश्वरावतार राम के प्रति साम्प्रदायिक विद्वेष ही कह सकते हैं। पउमचरिउ (अपभ्रंश रामायण) का कवि स्वयम्भू तो मर्यादा को ताख पर रख कर ही रामकथा लिखता है।

परन्तु ऐसा नहीं है कि सारे जैन कवि गुणभद्र की ही दृष्टि के हैं। आचार्य राहु के प्रशिष्य तथा विजयाचार्य के शिष्य विमलसूरि द्वारा सन् 60 ई. के आसपास, प्राकृत में प्रणीत दस हजार आर्याओं वाली रामकथा (पउमचरित) सर्वथा वाल्मीकि के अनुकूल है। न इसमें चरित्र-हनन है, न अभद्र—अमर्यादित कल्पना-विलास इसी परम्परा का पल्लवन रविषेण-प्रणीत संस्कृत 'पद्मचरित' में भी है, जिसमें अट्ठारह हजार अनुष्टुप् है। प्रकरणों में यत्र-तत्र परिवर्तन रविषेण ने भी किया है परन्तु असंगतियों के निवारणार्थ। जैसे वानरादिकों को विद्याधर-वंश का मानव बताना, हिंसाप्रसंगों की उपेक्षा, वासुदेव (लक्ष्मण) द्वारा प्रतिवासुदेव (रावण) का वध करना, अञ्जना-पवनञ्जय के पुत्र हनुमान् का वरुण के विरुद्ध रावण की सहायता करना तथा अनेक विवाह करना आदि।

'पउमचरिय' तथा 'पद्मचरित' की ही परम्परा में निम्न जैन रामकथाएँ भी आती हैं जिनमें विकृति नहीं है—

1. हेमचन्द्रप्रणीत 'त्रिषष्टिशलाकापुरुषचरितम्' के अन्तर्गत 'सीतारावणकथानकम्' (ग्यारहवीं बारहवीं शती)

2. जिनदासप्रणीत 'रामदेवपुराणम्' (15वीं शती ई.)

3. हरिषेणकृत बृहत्कथाकोश में रामायण-कथानक (संख्या 85) तथा सीता कथानक (87)

यह आश्चर्य का विषय है कि (महर्षि वाल्मीकि की तो बात छोड़ दीजिये) अपने ही सम्प्रदाय के पूर्ववर्ती कवियों विमलसूरि तथा रविषेण के कालजयी आकर-ग्रन्थों के रहते गुणभद्र ने 'अभद्र' रामकथा क्यों लिखी! उनके समक्ष वाल्मीकि, विमलसूरि तथा रविषेण की रामकथायें थी। सम्भव है कि अध्यात्मरामायण तथा योगवासिष्ठ भी रहा हो। कालिदास प्रणीत रघुवंशमहाकाव्य तथा भास एवं भवभूति-प्रणीत नाटकों (प्रतिमा, महावीरचरित, उत्तरामचरित तथा अभिषेकनाटक) से भी गुणभद्र के परिचय को नकारा नहीं जा सकता क्योंकि तत्प्रणीत उत्तरपुराण का रचनाकाल 897 ई. है। यहाँ तक कि रावणवध के (भट्टिकाव्य) रचनाकार महाकवि भट्टि भी, श्रीधरसेन प्रथम (470-500 ई.) के आश्रित कवि होने के कारण, गुणभद्र को अच्छी तरह ज्ञात रहे होंगे।

इतने सारे पूर्वसूरियों तथा उनके ग्रन्थरत्नों के रहते हुए भी गुणभद्र द्वारा मनगढ़न्त तथा अभद्र-सन्दर्भों से ओतप्रोत रामकथा लिखना उपहासास्पद प्रतीत होता है। दुर्भाग्य तो यह है कि यही अमर्यादित रामकथायें राजशक्ति के सहारे लाओस, कम्बोडिया, श्यामदेश, बर्मा एवं सिंहलद्वीपों तक जा पहुँची। इनमें उतरोत्तर अभद्रता और भदेसपन जुड़ता चला गया जो लाओस एवं थाई रामकथाओं में देखने को मिलता है।

वैदिक-परम्परा के ग्रन्थों में (विशेषतः नाटकों में) जो परिवर्तन मिलते हैं वे क्वाचित्क एवं कादाचित्क हैं। उनका एक विशिष्ट प्रयोजन भी है जिसका समर्थन आचार्य कुन्तक का वक्रोक्ति-सिद्धान्त करता है।

अनौचित्य का निवारण भी इसी प्रकरण-परिवर्तन का एक प्रमुख कारण है। मायुराज-प्रणीत उदात्तराघव का ऐसा ही सन्दर्भ आचार्य कुन्तक ने उद्धृत भी किया है जिसमें मारीचवधार्थ राम नहीं लक्ष्मण जाते हैं। फलतः बाणविद्ध मारीच 'हा लक्ष्मण'! न कह कर 'हा राम'! ही कहता है। इस क्रन्दन से राम अनुज को संकट-ग्रस्त मान, सहायतार्थ चल देते है। और तभी रावण को सीताहरण का अवसर मिल जाता है।

मायुराज ने ऐसा परिवर्तन क्यों किया! इसकी व्याख्या करते हैं आचार्य कुन्तक यह कहकर औचित्य की रक्षा के लिए। राम जैसा लोकविश्रुत धनुर्धर संकटग्रस्त हो जाये तथा सहायतार्थ (अपने से हीनबल) छोटे भाई को गुहारे! इससे अधिक अनुचित और क्या होगा? इससे तो राम का शौर्य एवं पराक्रम ही लांछित हो उठता है। इसी अनौचित्य को टालने के लिये मायुराज ने यह रोचक परिवर्तन किया।

परन्तु ऐसा ही जो प्रयास महाकवि राजशेखर ने किया वह कथमपि ग्राह्य प्रतीत नहीं होता। बालरामायणम् के 'निर्दोषदशरथ' नामक छठे अंक में राजशेखर यह प्रदर्शित करते हैं कि रावण के निर्देश पर शूर्पणखा (भगिनि) तथा मायामय (रावण का सेवक) ही कैकेयी तथा दशरथ बन कर राम को चौदह वर्ष के लिए वन भेज देते हैं (महाराज दशरथ उस समय इन्द्र के अतिथि है तथा अमरावती में रह रहे है) राजशेखर ने यह परिकल्पना (परिवर्तन) रामवनवास के दोषी कैकेयी एवं दशरथ को

निर्दोष सिद्ध करने के लिये की है। परन्तु यह परिवर्तन उपहासास्पद मात्र इसलिए प्रतीत होता है कि दशरथ तो रामवनवास के पक्ष में थे ही नहीं। रामवनवास तो मात्र कैकेयी के पुत्रमोह एवं राज्यलिप्सा का परिणाम था। दशरथ ने तो प्राणों का मूल्य चुका कर उस वनवास को स्वीकार किया।

आश्चर्यचूडामणिकार शक्तिभद्र ने भी सीताहरण-सन्दर्भ में परिवर्तन किया है जो चमत्कारिक है। रावण उसका सारथी, राम-लक्ष्मण बन कर आते हैं तथा अयोध्या में भरत को विपत्तिग्रस्त बताकर, सीता को रथ पर बैठा कर चल पड़ते है। उधर शूर्पणखा सीता बनकर राम को उलझाये रखती है। इसी बीच ऋषियों द्वारा प्रदत्त दिव्य चूडामणि का स्पर्श होते ही सीता को, रावण तथा उसका सारथी (लक्ष्मण-रूपधारी) अपने वास्तविक रूप में दिख जाते हैं और वह क्रन्दन करने लगती है।

बीसवीं शती के नाटककारों ने भी प्रकरणवक्तता का पल्ला छोड़ा नहीं हैं। डॉ. रामजी उपाध्याय-प्रणीत कैकेयीचरितम् तथा अभिराजराजेन्द्र-प्रणीत 'प्रशान्तराघवम्' इन परिवर्तनों की दृष्टि से महत्त्वपूर्ण हैं। प्रशान्तराघवकार ने सीतावनवास-प्रसंग को, कुलगुरु वशिष्ठ द्वारा आयोजित जनसभा में रजक की क्षमायाचना के कारण, स्वतः निरस्त सिद्ध किया है। लव-कुश का जन्म राजभवन में ही होता हैं। कुमार भरत उनका षष्ठी-महोत्सव बड़े धूम-धाम से आयोजित करते है। लव-कुश पाँच वर्ष के हो जाने पर, विद्याध्ययनार्थ महर्षि वाल्मीकि के आश्रम में जाते है देवी सीता के साथ। सीता बच्चों को आश्रम में व्यवस्थित कर पुनः राम के साथ अयोध्या लौट आती हैं।

वस्तुतः रामकथा एक कालजयी कथा है जैसा कि अमेरिका की विदुषी राइस डेविड्स ने स्वीकार किया है। वाल्मीकि से अब तक कितने ही कवियों ने राम की कथा लिखी-महाकाव्य, खण्डकाव्य, चम्पू तथा नाटक के रूप में। परन्तु कभी किसी भी रचना को पढ़ने में उद्वेग नहीं हुआ। आखिर क्यों? इसलिए कि परवर्ती रचनाओं में जो काव्यसंवाद मिलता भी है वह (आलेख्याकारवत् अथवा प्रतिबिम्बवत् न होकर) तुल्यदेहवत् (दो व्यक्तियों में दीखने वाला आश्चर्यजनक रूपसाम्य) होता है। अतः वह कौतुक तथा आनन्द की सृष्टि करता है। ध्वनिकार आचार्य आनन्दवर्द्धन ने इसी आधार पर काव्यसंवाद का पक्ष लिया है तथा अपना निर्णय दिया है कि कवि में यदि प्रतिभा है तो वाणी अनन्तता की प्राप्त हो जाती है। इस दृष्टि से भी, रामकथा की अनन्त सम्भवनायें अभी भी शेष हैं।

सन्दर्भ

1. त्रेतायुगे चतुर्विंश रावणस्तपसः क्षयात्।
   रामं दाशरथिं प्राप्य सगणं क्षयमेयिवान्।। वायु. 70-48
   चतुर्विंशे युगे वत्स! त्रेतायां रघुवंशजः।
   रामो नाम भविष्यामि चतुर्व्यूहस्सनातनः।। ब्रह्माण्ड. 2.3.36.30
   चतुर्विंशे युगे चापि विश्वामित्रपुरस्सरः।
   लोके राम इति ख्यातस्तेजसा भास्करोपमः।। हरिवंश. 22.1.46
   सन्धौ तु समनुप्राप्ते त्रेतायाः द्वापरस्य च।
   रामौ दाशरथिर्भूत्वा भविष्यामि जगत्पतिः।। महा. शान्ति 348.29
2. तासां तदवचनं श्रुत्वा वाल्मीकिरिदमब्रवीत्।
   सीतेयं समनुप्राप्ता पत्नी रामस्य धीमतः।।

स्नुषा दशरथस्यैषा जनकस्य सुता सती।
अपापा पतिना त्यक्ता परिपाल्या यया सदा।।
इमां भवत्यः पश्यन्तु स्नेहेन परमेण हि।
गौरवान्मम वाक्याच्च पूज्या वोऽस्तुविशेषतः।।

—रामा.उत्तर.59.16-18

3. द्रष्टव्य-सीताचरितम्, तृतीयसर्गः।
किन्तु देव! यदि सौख्यवारिभिः शीतमस्ति तव राज्यप्रक्षयम्।
तेन मादृशविगीतवृत्तिना जन्तुना किमिह तापकारिणा ॥
अस्तु मे भवदभीप्सिता स्थितिर्हन्त कुत्रचिदपि क्षमातले।
विश्वमस्तु तु विशल्यतां गतं काममद्य सह कीर्तिभिस्तव ॥
याप्ति मातर इतः स्वतस्ततो, यामि यामि विपिनं नमे व्यथा।
कीर्तिकायमवितुं सुमानुषा मृत्यतोऽपि नहि जातु बिभ्यति ॥
4. कैकयावनिभवा मनस्विनी दुःखपूरमवरुध्य चेतसि।
प्राप्य सत्त्वमिव सा शनैः शनैः राघवं समभणद्भृशार्दितम् ॥
वत्सः सर्वजगतो हितं कृतं त्वोकरावणमपास्य रावणम्।
कीर्तिराशिरतुलोर्जितस्त्वया देवकार्यमपि साधितं पुनः।।
काननेऽपि वसता त्वमोर्जितं यत् किमर्जयति सौधमास्थितः।
पश्य मां नृपतिसौधवासिनीं सर्वराज्यजनताबाहिष्कृताम्।।

भार्त्सिता पुरजनैश्च निन्दिता दूषिताऽपयशसा तिरस्कृता।
सर्पिणी तनयघातिनी तथा भर्तृनाश कलुषेण लाञ्छिता।।
मन्त्रिणः कुलगुरुश्च नागराः सौधसेवकगणाश्च लक्ष्मणः।
शत्रुहा न भरतोऽपि नाऽबुधन् चिन्तनं मम हि विश्वमंगलम्।।
विश्वलोकपरिधिस्पृशं यशः पादयोर्लुण्तु येन निर्भरम्।
तद् विचिन्त्य विपिनं प्रवासितस्त्वं हि रामः न निजार्थपूर्तये।।

—रामाश्वमेधीयम् 3.16-29

5. द्रष्टव्य-जानकीजीवनम्,सप्तदशः सर्गः।
लक्ष्मणोऽथ गवेषणैर्जते द्रुतं दुर्मुखागमनप्रवृत्तिं गोपिताम् ॥
आजुहाव स तं वरं गुप्तेचरं ज्ञातवानखिलं नु वात्याकारणम् ॥
द्राग्रपेत्य गुरुं रघूणां सम्मतं व्याजहार यथायथं वृत्तान्यसौ।
क्रोधरोषंविलीनधैर्यालम्बनो निर्भयञ्च जगाद तं भीष्मं वचः ॥
देव हे रघुवंशपूज्यास्मद्गुरो! राघवं परिसामयन्तां मूर्च्छितम्।
अन्यथा क्षयमेष्यति क्ष्मा कोसला दारुणैः किल निर्णयैस्तस्याचिरम् ॥
यत्पुना रजकाभिधेयोन्मादितो मैथिलीं जनरञ्जने बद्धाहरः।
निश्दुकोष जिघाय वाऽयोध्यापतिस्तद् भविष्यति दारुणं निश्चप्रचम् ॥

सत्यमेव वदामि देवेयां पुरीमित्वरैर्निमिषे शरैर्धक्ष्याम्यहम्।
मज्जितस्सरयूजले पश्चात्स्वययात्यदेहमपि प्रभोः नंक्ष्याममुम् ॥
मैथिली ननु मैथिली दिव्योद्भवा सूर्यवंशमहीयसी सा देवता।
साऽऽत्मजा जनकस्य राजर्षेः स्नुषा स्वर्गिणोऽपि तातपादस्याज्जिता ॥
राघवस्य करे न सा क्रीडाशुकी सा प्रभोः जनपट्टराती सम्मता।
नोऽधिकार इहावमन्तुं कस्यचित् तां यशोविमलां तिरस्कर्तुं ततः ॥
वज्रघातसमां प्रवृत्तिं दारुणां लक्ष्मणेन निवेदितां श्रुत्वाखिलाम्।
भैरवं प्रतिरोषमप्यालोकयन् क्लेशितो व्यथया वशिष्ठो व्याहरत् ॥
माऽतिमात्रमुपेति दैन्यं लक्ष्मण! जीविते भविता न मय्युत्सादनम्।
कैकयीमुपशिक्षितुं कामं पुरा नाऽशकं ननु सान्त्वयिष्ये राघवम् ॥
राघवाश्रितमेव नो सिंहासनं मत्रपोभिरिहोह्यते भारं भुवः।
भूपतिर्न निरङ्कुशत्वं यास्यति चेष्टिते मयि तद् विधास्येऽप्यङ्कुशम् ॥
नो भविष्यति मैथिली हव्यं पुनर्भूपतिप्रकृतिप्ररोषस्याध्वरे।
इत्यहं प्रतिजान एव स्वात्मनो निष्ठतमा रविवंशमाङ्गल्यव्रती।।

—जानकीजीवनम् 17.38-57

6. तत्र प्रकरणे वक्तभावो यथा—रामायणे

मारीचमायामयमाणिक्यमृगानुसारिणो रामस्य करुणाक्तन्दकर्णनकातरान्तः करणया जनकराजपुत्र्या तत्प्राणरित्राणाय स्वजीवितपरिरक्षाविरपेक्षया लक्ष्मणो निर्भर्त्स्य प्रेषितः।

तदेतदत्यन्तमनौचित्ययुक्तम्। यस्मादनुचरसन्निधाने प्रधानस्य तथाविधव्यापारकरणम सम्भावनीयम्। तस्य च सर्वातिशयचरितयुक्तत्वेन वर्ण्यमानस्य तेन कनीयसा प्राणपरित्राणसम्भावनेत्येत्वदत्यन्तमसमीचीनम् इति पर्यालोच्य उदात्तराघवे कविना वैदग्ध्यवशेन मारीचमृगमारणाय प्रयातस्य परित्राणार्थं लक्ष्मणस्य सीतया कातरत्वेन रामः प्रेरित इत्युपनिबद्धम्। अत्र च तद्विदाह्लादकारित्वमेव वक्तत्वम्।

—वक्रोक्ति0 2.21 की वृत्ति।

7. ध्वनेर्यः सगुणीभूतव्यङ्ग्यस्याध्वा प्रदर्शितः।
अनेनानन्त्यमायाति कवीनां प्रतिभागुणः।।
अतो ह्यन्यतमेनापि प्रकारेण विभूषिता।
वाणी नवत्यमायाति पूर्वार्थन्वयवत्यपि।।

पुराणों में रामकथा

डॉ. विवेक पाण्डेय

रामायणमहाकाव्यम् आदौ वाल्मीकिना कृतम्।
तन्मूलं सर्वकाव्यानाम् इतिहासपुराणयोः।।

—बृहद्धर्मपुराण

विष्णु के दश अवतारों में तीन दिव्य चरित्र राम अभिधान से अभिहित हैं। ये क्रमशः हैं—(1) दाशरथि राम (राजा दशरथ के पुत्र) (2) परशुराम (जमदग्नि के पुत्र) (3) बलराम (वसुदेव के पुत्र व कृष्ण के अग्रज)। इन तीनों ही दिव्य-चरित्रों का वर्णन रामायण, महाभारत एवं लगभग सभी पुराणों में प्राप्त होता है। परशुराम[1] एवं बलराम[2] के विषय में पर्याप्त सूचना श्रीमद्भागवत महापुराण, विष्णुपुराण, ब्रह्माण्डपुराण, मत्स्यपुराण एवं महाभारत में उपलब्ध है। परञ्च प्रस्तुत शोध-पत्र मुख्यतः व सम्पूर्ण रूप से दशरथपुत्र राम पर केन्द्रित है जो कि विष्णु के सर्वाधिक महत्त्वपूर्ण अवतार हैं। कदाचित् इसीलिए अनेक पुराणों में अनेक रूपों में चित्रित हैं। लगभग सभी पुराणों के द्वारा राम के दिव्य चरित्र का विकास त्रेतायुग के अन्त में माना गया है, जो कि पुराणों में वर्णित चार युगों में से एक है।

विष्णु के अवतारों की अवधारणा के पूरी तरह से समेकित होने से पूर्व प्रादुर्भाव[3] पद द्रष्टव्य है जो कि वाल्मीकि रामायण का प्रथम एवं सप्तम काण्ड तथा पुराण पञ्चाशिका[4] में प्राप्त होता है। प्रादुर्भाव अवतार से कुछ भिन्न है। राम के अवतार रूप की चर्चा पाँचवी शती के रामोपाख्यान (महाभारत) एवं कालिदास कृत रघुवंश के दशम सर्ग में दृष्टिगत होता है।

रामकथा के विभिन्न संस्करणों के आधार पर जो कि चौथी शती के बाद के हैं, चाहें वो हिन्दू मान्यता या ग़ैर पारम्परिक मान्यता[5] के हों या मन्दिरों की दीवारों पर चित्रित दृश्य हों विशेषतः देवधर का दशावतार मन्दिर (छठीं शती)। स्पष्टतः कहा जा सकता है कि राम एवं उनकी पत्नी सीता के दिव्य चरित्र का सम्पूर्ण प्रसार इस युग की पहली सहस्राब्दी के उत्तरार्द्ध में दृष्टिगत होता है जो कि देवत्व के स्थान पर मनुजरूप का प्रसार है पुरुषोत्तम[6] श्रीराम के रूप में।

रामकथा का मुख्य आधार संस्कृत-भाषा के ग्रन्थ व अन्य भारतीय-क्षेत्रीय भाषा में निबद्ध ग्रन्थ हैं। यद्यपि आदिकवि वाल्मीकि जो कि परम्परादृशा राम के समकालीन माने गये है, के द्वारा प्रणीत रामायण रामकथा की उत्पत्ति का मूलस्रोत है तथापि अन्य अनेक रामायण भिन्न दृष्टि, विचार व कलेवर में उपलब्ध होते हैं। वे निम्नलिखितरूप से सूचीबद्ध हैं—

1. **अध्यात्म-रामायण (1500 ई.)**–वाल्मीकि रामायण के उपरान्त रामकथा में दूसरा प्राचीन ग्रन्थ अध्यात्म-रामायण है। इसमें राम का ईश्वरत्व उभरता दृष्टिगत होता है। इस रामायण को रामकथा के उत्तरखण्ड के रूप में भी स्वीकारा जाता है। अध्यात्म रामायण में राम की सम्पूर्ण कथा पार्वती एवं महादेव के मध्य का संवाद है, जिसका मुख्य उद्देश्य वेदान्त-दर्शन दृशा रामकथा वर्णन है। इसके दो अध्यायों में सम्पूर्ण रूप से वेदान्त-सिद्धान्त निरूपित है–(1) रामहृदय[7] एवं (2) रामगीता[8]। रामगीता में भागवृत्ति लक्षणा[9] के द्वारा वेदान्त-सिद्धान्त के महावाक्य तत्त्वमसि की विशद व्याख्या है। वैष्णव रामानन्द सम्प्रदाय के द्वारा अध्यात्मरामायण विशिष्ट रूप से समादृत है।
2. **योगवासिष्ठ (ग्यारहवीं सदी)**–इसके अनेक नाम प्रचलित हैं यथा आर्षरामायण, महारामायण, वसिष्ठरामायण, ज्ञानवासिष्ठ या मुख्यतः वासिष्ठ। योगवासिष्ठ में जगत् की असत्ता और परमात्मसत्ता का विभिन्न दृष्टान्तो के माध्यम से प्रतिपादन है। इसमें राम का जीवन चरित न होकर महर्षि वसिष्ठ द्वारा दिये गये आध्यात्मिक उपदेश हैं। योगवासिष्ठ ग्रन्थ छह प्रकरणों (458 सर्गों) में निबद्ध है–वैराग्यप्रकरण (33 सर्ग), मुमुक्षुव्यवहारप्रकरण (20 सर्ग), उत्पत्तिप्रकरण (122 सर्ग), स्थितिप्रकरण (62 सर्ग), उपशम-प्रकरण (93 सर्ग) तथा निर्वाण प्रकरण (पूर्वार्द्ध 128 सर्ग और उत्तरार्द्ध 216 सर्ग)। इसमें श्लोकों की कुल संख्या 27687[10] है। वाल्मीकि रामायण से लगभग चार हजार अधिक श्लोक होने के कारण इसका महारामायण अभिधान सर्वथा सार्थक है। छह प्रकरणों में अनेक दृष्टान्तात्मक आख्यान और उपाख्यान निवेदन किये गये हैं। छठें प्रकरण का पूर्वार्द्ध और उत्तरार्द्ध में विभाजन किया गया है। इसमें संसारचक्र में फँसे हुए जीवात्मा को निर्वाण अर्थात् निरतिशय आनन्द की अवाप्ति का उपाय प्रतिपादित किया गया है। डॉ. बी.एल्. आत्रेय[11] के अनुसार इसका समय 500-650 ई. तथा एस्.एन्. दासगुप्ता के अनुसार 700-800 ई.[12] है।
3. **अद्भुत्-रामायण (1600 ई.)**–इसमें रामकथा के अद्भुत् होने के कारण इसका नाम अद्भुत रामायण है। नारद द्वारा लक्ष्मी को शाप दिये जाने के कारण सीता ने मन्दोदरी की पुत्री के रूप में जन्म लिया। वस्तुतः राम के राज्याभिषेक होने के उपरान्त मुनिगण राम के शौर्य की प्रशस्ति गाने लगे तो सीता जी मुस्कुरा उठीं। कारण पूछनें पर उन्होंने राम को बताया कि आपने केवल दशानन का वध किया है, लेकिन उसी का भाई सहस्रानन अभी जीवित है। उसके पराभव के बाद ही आपकी शौर्यगाथा का औचित्य सिद्ध हो सकेगा। राम ने, इस पर, चतुरंग सेना सजायी और विभीषण, लक्ष्मण, भरत, शत्रुघ्न, हनुमान् आदि के साथ समुद्र पार करके सहस्रस्कन्ध पर चढ़ायी की। सीता भी साथ थी। परन्तु युद्धस्थल में सहस्रानन ने मात्र एक बाण से राम की समस्त सेना एवं वीरों को अयोध्या में फेंक दिया। रणभूमि में मात्र राम और सीता रह गये। राम अचेत थे, सीता ने असिता अर्थात् काली का रूप धारण कर सहस्र-मुख का वध किया।
4. **आनन्दरामायण (1600 ई.)**–इसमें राम के द्वारा रावण का वध तथा राम के उत्तर जीवन का वर्णन है। यह नव काण्डों में निबद्ध है–(1) सारकाण्ड, (2) यात्राकाण्ड, (3) यागकाण्ड, (4) विलासकाण्ड, (5) जन्मकाण्ड, (6) विवाहकाण्ड, (7) राज्यकाण्ड, (8) मनोहरकाण्ड, (9) पूर्णकाण्ड।

5. **तत्त्वसंग्रहरामायण** (1700 ई.)–इसके प्रणेता सत्रहवीं सदी के दार्शनिक कवि ब्रह्मानन्द हैं। इस ग्रन्थ में राम ब्रह्मरूप में वर्णित है।

6. **भुशुण्डिरामायण**–प्राप्त हस्तलेखों में इसके तीन नाम दिये गये हैं–आदिरामायण, ब्रह्मरामायण तथा भुशुण्डिरामायण। ब्रह्मा ने ब्रह्मकल्प में समाधि की स्थिति में स्फुरित रामचरित की अवतारणा इसके माध्यम से की है इसलिए आदिरामायण, परात्पर ब्रह्म राम के अवतार तथा अवतारी चरित्र का प्रकाशक होने से ब्रह्मरामायण और भुशुण्डि की जिज्ञासा निवृत्ति के निमित्त होने से भुशुण्डिरामायण नाम की सार्थकता प्रतिपादित की गयी है। इस ग्रन्थ में सम्पूर्ण रामकथा चार खण्डों में विभक्त है–पूर्व, पश्चिम, दक्षिण और उत्तर।

कुछ अन्य 7. रामविजय, 8. रामलिङ्गामृत, 9. राघवोल्लास, 10 मन्त्ररामायण एवं 11 उदारराघव आदि रामकथा आधारित रामायण हैं।

एतदतिरिक्त जैन-साहित्य परम्परा में भी रामकथाधारित काव्य है। जैन-धर्म में रामायण की गणना त्रिषष्टिशलाका पुरुषों में की गयी है। जैनमान्यता के अनुसार ये महापुरुष प्रत्येक कल्प में अवतरित होते हैं। जैन काव्यों में राम का नाम पद्म है, वे वासुदेव हैं तथा रावण प्रति- वासुदेव है। प्रतिवासुदेव वासुदेव का विरोध अवश्य करता है, किन्तु वह खलनायक नहीं है, एक समानान्तर आदर्श का प्रतिष्ठापक है। जैनसाहित्य में विमलसूरि तथा गुणभद्र की दो परम्परायें हैं। जिनमें विमल-सूरि का पउमचरियं, महापुरिसचरियं, आचार्य भद्रेश्वरी सूरि कृत कुहावली, सीयचरियं, स्वयंभू कृत पउमचरियं, पुष्पदन्तकृत महापुराण, रविषेणाचार्य रहल्लकृत पद्मपुराण गुणभद्रकृत उत्तरपुराण बौद्ध-परम्परा में महात्मा बुद्ध को राम का पुनरवतार मानने की संकल्पना के आधार पर रामकथा सम्बन्धित दशरथजातक, अनामकजातक और दशरथस्थानक[13] नामक तीन जातक कथाएँ प्राप्त हैं। दशरथजातक में 'सीता' दशरथ की संतान तथा राम-लक्ष्मण की बहन हैं। इस जातक की कथा के अनुसार दशरथ वाराणसी के राजा हैं, सम्पूर्ण कथा वाल्मीकि रामायण से पृथक् है। महनाम स्थवरि कृत महावंश (लंका का ऐतिहासिक ग्रन्थ) में इक्ष्वाकु[14] एवं राम[15] का उल्लेख है जो कि पुराण परम्परा से पृथक् राम हैं।

इस प्रकार रामकथा वेदों, उपनिषदों, ब्राह्मण ग्रन्थों, जैनसाहित्य, बौद्धसाहित्य आदि से विकसित होती हुई अवतारवाद की ओर अग्रसर होने लगी। वस्तुतः पुराणों में रामकथा को विशेषतः राम को विष्णु का तथा सीता को लक्ष्मी का अवतार माना जाने लगा। इसी अवतारवाद का ताना बाना लेकर पुराणों में राम से सम्बन्धित कथाएँ मिलती हैं। अट्ठारहपुराणों व उपपुराणों में डॉ. हाजरा[16] के कालक्रम के अनुसार–मार्कण्डेय, ब्रह्माण्ड, विष्णु, वायु, मत्स्य, भागवत एवं कूर्म आदि प्राचीनतम पुराण हैं।

इसके अतिरिक्त पुराणों में वामन, वाराह, नारदीय, लिंग, अग्नि, ब्रह्मवैवर्त, पद्म, स्कन्द, गरुड-पुराण आदि इन समस्त पुराणों में रामकथा का संक्षिप्त रूप में उल्लेख हुआ है तथा सभी पुराणों में राम को विष्णु का अवतार माना गया है। अवतारवाद को केन्द्रबिन्दु मानकर इन पुराणों में रामकथा कही गयी है। इन पुराणों की कथावस्तु राम अवतार के बाद वनवास से लेकर रावणवध पर्यन्त तक की कथाओं में मुख्य घटनाओं का वर्णन एवं राम के राजत्व की प्रशंसा की गयी है।

समस्त पुराणों के अवलोकन से ज्ञात होता है कि पुराणों में वर्णित रामकथा मूलतः वाल्मीकि रामायण के ही आधार पर लिखी गयी है। अन्तर मात्र इतना है कि वाल्मीकि के समय जो घटनाएँ अयोध्या में घटीं, उन्हें ऐतिहासिक कथा का रूप देकर वाल्मीकि ने लिखा और वही कथा पुराणों में

अवतार के विश्वास के साथ कही गयी अर्थात् राम का चरित्र विष्णु का अवतार है। वे मानव के रूप में जन्म लेकर अन्याय, अत्याचार तथा रावणरूपी राक्षस का नाश करने के लिए अवतरित हुए हैं और लक्ष्मीरूपी सीता इस अत्याचार को समाप्त करने में विष्णु का साथ देने के लिए हैं। पुराणों के अवगाहन से ज्ञात होता है, कि राम तथा उनके जीवन से सम्बन्धित जो कथा प्रचलित हैं, वह किसी एक पुराण में समग्र रूप से नहीं है अपितु यत्र तत्र बिखरे हुए दृष्टिगत होते हैं। हाँ कहीं संक्षिप्त रूप में है, तो कहीं विशद रूप में मार्कण्डेयपुराण में रामकथा का उल्लेख प्राप्त नहीं होता है। जैसा कि पूर्व में उल्लेख किया गया है कि ब्रह्माण्डपुराण के उत्तरखण्ड का प्रारूप सम्पूर्ण रूप से अध्यात्म-रामायण से गृहीत है। विष्णुपुराण के चतुर्थ भाग के चतुर्थ अध्याय में अट्ठारह श्लोकों में इक्ष्वाकुवंशावली दी गयी है जिसके अन्तर्गत राम का वर्णन प्राप्त होता है। उसी चतुर्थ भाग में सीता के जन्म का भी विवरण प्राप्त होता है तथा ताड़का का वध वर्णित है। इसी पुराण में लवण नामक राक्षस के वध का भी उल्लेख प्राप्त होता है।

वायुपुराण के राम विष्णुपुराण से पृथक् नहीं दिखायी देते हैं। इसमें भी वैवस्वतवंशावली के क्रम राम का उल्लेख 17 श्लोकों में (छब्बीसवें अध्याय का उत्तरार्द्ध) प्राप्त होता है एवं सीता का जन्म भी वर्णित है।

यद्यपि मत्स्यपुराण में रामकथा वर्णित नहीं है किन्तु सूर्यवंश के वर्णनक्रम में राम के अवतार का उल्लेख बारहवें अध्याय के तीन श्लोकों में मिलता है।[20] श्रीमद्भागवतमहापुराण के द्वितीय स्कन्ध के सातवें अध्याय में भगवान् विष्णु के सभी अवतरणों में की गयी लीलाओं का अत्यन्त शोभन वर्णन है जिसके क्रम में रामावतार की लीला भी तीन श्लोकों (2/7/23-25) में वर्णित है। संक्षिप्त वर्णन मात्र यह है कि इक्ष्वाकुकुल के राम का अपनी पत्नी व भाई के साथ वन जाना तथा समुद्र पार करना और रावण का वध करना। नारद व वासुदेव की वार्ता में नारद के द्वारा राजा निमि व नव योगीश्वरों के संवाद का कथन किया जाता है जिसमें एक योगी द्रुमिल के द्वारा राम[21] की लीला तथा परशुराम (मात्र एक श्लोक) का उल्लेख विष्णु के अवतारों की लीला वर्णन में किया जाता है। श्रीमद्भागवत के नवम स्कन्ध के आरम्भ में वैवस्वत मनु की वंशावली के वर्णन क्रम में शुकदेव जी द्वारा राजा परीक्षित की कथा में राम व सीता का उल्लेख किया जाता है जिसका समर्थन विष्णुपुराण भी करता है–'राघवत्वेऽभवत्सीता रुक्मिणी कृष्ण जन्मनि'। अर्थात् लक्ष्मी जी रामावतार में सीता तथा कृष्णावतार में रुक्मिणी हुईं। श्रीमद्भागवत के अनुसार राम ने स्वयं ही शूर्पणखा के नाक कान काट कर विरूप किया था। अपने इस कार्य के कारण ही उन्हें अपनी पत्नी के हरण (सीता हरण) का सामना करना पड़ा। आम आदमी के शिकायत करने पर सीता परित्याग[22] का प्रकरण भी स्पष्ट उल्लिखित है। इसके साथ ही राम द्वारा शिव धनुष का तोड़ना एवं सीता के साथ स्वयंवर का वर्णन भी प्राप्त होता है।[23] नवें स्कन्ध के दसवें और ग्यारहवें अध्यायों में महर्षि व्यास ने अत्यन्त प्रेरणाप्रद रीति से राम की लीला का चिन्तन किया है। कूर्मपुराण के उत्तरार्द्ध अंश में राक्षसवंशावली[24] वर्णित है जिसमें रावण का उल्लेख रामकथा के प्रतिनायकत्वेन मिलता है। उसी भाग में[25] सूर्यवंश के वर्णन में राम अपने वंशक्रम के अनुसार वर्णित है। इसमें राम की पूरी कथा है। यहाँ ऐसा उल्लेख मिलता है कि रावण पर विषय प्राप्त करने के पश्चात् राम ने शिवलिङ्ग की स्थापना की। कूर्मपुराण के बाद के अर्द्धांश में

'पतिव्रतोपाख्यान' में वर्णित है कि हरण असली सीता का नहीं हुआ था अपितु माया सीता[26] का हरण हुआ था। पूर्वार्द्ध के इक्कीसवें अध्याय में राम के चरित का बड़ा ही युक्तिपूर्ण वर्णन किया गया है।

प्रख्यात पुराण समीक्षक डॉ. हाजरा के द्वारा उल्लिखित प्राचीन पुराणों में रामकथा के अवलोकन के पश्चात् कालदृशा पश्चात् के पुराणों में भी रामकथा के अनेक प्रकरण मिलते हैं।[27] यद्यपि वाराहपुराण में राम के सम्पूर्ण जीवन की कथा नहीं मिलती तथापि एक स्थल पर जहाँ राजा सुप्रतिक राम की प्रशंसा करते हैं। राजा सुप्रतिक अपने पुत्र दुर्जय की मृत्यु पर शोकाकुल है इस अवसर पर वह राम की प्रशंसा कर अपने पुत्र की मुक्ति[28] को प्राप्त करता है। एक अन्य प्रसंग में राजा दशरथ वसिष्ठ से सलाह लेकर रामद्वादशी का व्रत करते हैं फलतः रामादि चार पुत्रों की प्राप्ति होती है। अग्निपुराण के अनेक अंश समय-समय पर प्रक्षिप्त रूप से जोड़े गये हैं। इस साक्षेप में रामकथा वर्णित है। दूसरे शब्दों में यह भी कहा जा सकता है कि वाल्मीकीय रामायण[29] का संक्षिप्त संस्करण अग्निपुराण में उपलब्ध है। अग्निपुराण के सात अध्यायों में वाल्मीकिरामायण के सात काण्ड बाल, अयोध्या, अरण्य, किष्किन्धा, सुन्दर, युद्ध और उत्तरकाण्ड उसी क्रम में वर्णित है। संक्षेप में यहाँ राम के द्वारा मन्थरा के साथ अनुचित व्यवहार को राम के वनगमन हेतु बताया है। राम के द्वारा माल्यवान पर्वत पर जाकर चातुर्मास्य करने तथा इस दौरान सभी पूजोपासना के विधिविधानों का उल्लेख भी है। अग्नि कहते हैं कि पुष्कर के द्वारा परशुराम को शिक्षा प्रदान की गयी तथा अग्नि में वसिष्ठ से राज्य के नियमों में बताया जिसे राम ने लक्ष्मण[30] को उपदेश के रूप में प्रदान किया। इसका पाँच अध्यायों में पाँच शीर्षकों के अन्तर्गत निबन्धन किया गया है। राम ने क्रमशः उपदेश किया—धन का अर्जन एवं उपयोग, राजा के सप्तांग, द्वादश राजमण्डल, मन्त्रविकल्पो एवं सेना के शडङ्ग। एक अध्याय के अन्तर्गत सूर्यवंश वर्णन विवस्वान् से श्रुतायु तक का किया गया है। इस क्रम में एक संक्षिप्त रामकथा वर्णित है—'दशरथ के चार पुत्र हैं जिनमें राम ज्येष्ठ हैं तथा नारायण के अंशावतार हैं जो कि अयोध्या के सर्वोत्कृष्ट राजा हुए। वाल्मीकि ने नारद से यह राम विषयकगुणाख्यान सुनकर ही वर्णन किया है। राम की पत्नी सीता हैं जिनके दो पुत्र लव तथा कुश[31] हुए।'

इक्ष्वाकुवंशावली का विवरण लिङ्गपुराण में भी मिलता है जिसके अन्तर्गत अम्बरीष- प्रकरण में राम के विष्णु के अवतार के रूप में वर्णन प्राप्त होता है। वामनपुराण अन्य पुराणों की तुलना में बाद का पुराण है। इसमें वेदवती के प्रकरण में जो कि रावण से अपमानित होकर सीता के रूप में जन्म लेती है तथा रावणवध का कारण बनती है।[32] नारदीयपुराण का प्राचीन संस्करण जो कि सम्प्रति उपलब्ध भी है, में अनेक प्रक्षिप्त कथाएँ हैं। इसके पूर्वार्द्ध भाग में रामकथा संक्षेप में वर्णित है, जिसमें द्रविड क्षेत्र के ब्राह्मणों के द्वारा बन्धक बनाये गये विभीषण को राम द्वारा मुक्ति प्राप्त होती है। इस पुराण के उत्तरखण्ड में रामकथा वर्णित है जिसमें राम का सम्पूर्ण जीवनचरित बालकाण्ड से लेकर युद्धकाण्ड तक संक्षेप में दिया गया है तथा राम, लक्ष्मण आदि का नारायण, संकर्षण आदि का अवतार बताया गया है।

ब्रह्मपुराण को परम्परागत रूप से 'आदिब्रह्म' कहा जाता है जिसकी अधिकांश विषय सामग्री अन्य पुराणों से ली गयी है। इसमें रामकथा 213वें अध्याय में वर्णित है जो कि हरिवंशपुराण के 41वें अध्याय से ली गयी है। इसमें रावण के जीवन परिचय के क्रम में राम का उल्लेख किया गया है। रावण ने इन्द्र से युद्ध कर वासुदेव की मूर्ति को पुष्पक विमान द्वारा लंका लाया। विभीषण ने

उस मूर्ति को रावण से प्राप्त किया। पुनः लंका युद्ध के पश्चात् राम द्वारा रावण का वध करके वह मूर्ति साकेतपुरी लायी गयी। उसके बाद वह मूर्ति समुद्र में गयी जिसके पश्चात् भगवान् कृष्ण ने उसे पुरुषोत्तम-क्षेत्र[34] में स्थापित किया। अवशिष्ट रामकथा इस पुराण 105 अध्याय के गौतमी माहात्म्य में वर्णित है। गौतमी एक नदी है, जो कि दण्डकारण्य में प्रवाहित है, जिसके तट पर अनेक पवित्र स्थल स्थित है। वस्तुतः 'गौतमी-माहात्म्य एक' स्वतन्त्र ग्रन्थ है जिसकी रचना लगभग दसवीं सदी के आसपास हुई है। इसके अनेक प्रकरण संगृहीत है जिनका उद्देश्य पवित्र तीर्थों के महत्त्व का वर्णन है। (मुख्य रूप से गौतमी नदी के तट के तीर्थ) रामतीर्थ माहात्म्य के वर्णन प्रसंग में राम की कथा वर्णित है। अन्य पुराणों के सदृश ही इस स्थल पर राम के जीवनवृत्त के क्रम में 'विष्णु के दश अवतारों में एक विशिष्ट अवतार राम रावण आदि दानवों का वध कर अयोध्या के राजा हुए। उनके राज्याभिषेक को उत्सव के रूप में मनाया गया। पश्चात् में लोकभय से भीत होकर पवित्र सीता की लक्ष्मण के द्वारा वाल्मीकि के आश्रम में प्रेषित कर दिया। जहाँ सीता ने लव तथा कुश नामक दो पुत्रों को जन्म दिया जो कि अश्वमेध यज्ञ के समय राम के सम्मुख आते हैं। अंगद के[36] द्वारा सीता विषयक प्रश्न किया जाता है। देव-दानवों के युद्ध में दशरथ द्वारा कैकेयी को दिये गये वरदान एवं श्रवण कुमार के माता-पिता द्वारा दशरथ को दिये गये शाप का उल्लेख आता है। वनवास की अवधि में राम के द्वारा दशरथ की मुक्ति हेतु अन्त्येष्टि क्रिया गौतमी तट पर की जाती है।[37] रावण वध के पश्चात् राम, सीता एवं अन्य के साथ पुनः गौतमी-तीर्थ आकर गौतमी तट पर पूजन तथा स्नान करते हैं। राम गौतमी नदी के तट पर लिङ्ग-पूजन करते हैं तथा हनुमान् जी को उस लिङ्ग को गौतमी नदी में प्रवाहित करने को कहते हैं लेकिन जब राम हनुमान् को असमर्थ पाते हैं तो स्वयं ही लिङ्ग की स्तुति कर गौतमी में प्रवाहित करते हैं।[38] ये कुछ अत्यन्त महत्त्वपूर्ण प्रसंग हैं, जो इस पुराण में वर्णित हैं।

मुख्यतः रामकथा गरुड-पुराण में कुछ इस प्रकार वर्णित है कि राम ने ही स्वयं शूर्पणखा को विरूप किया तथा अयोध्या आने के पश्चात् गया के निकट गयासिर पर्वत पर पितृकर्म को सम्पादित किया।[39]

स्कन्दपुराण अन्य पुराणों की तुलना में पर्याप्त बड़ा पुराण हैं इसमें हजारों प्रक्षिप्त श्लोक हैं। विद्वानों के अनुसार यह लगभग आठवीं सदी में व्यवस्थित रूप में आ सका।[40] इसमें सात खण्ड हैं एवं अनेक उपविभाग है। लगभग 81000 श्लोकों में निबद्ध है। इसके लगभग सभी खण्डों में रामकथा का कुछ न कुछ अंश मिलता है—

माहेश्वरखण्ड के केदारखण्ड (अध्याय 8) में राम के द्वारा शिव की उपासना व भक्ति वर्णित है। एक प्रसंग में रावण ने नन्दीश्वर को वानरमुख होने का शाप दे दिया। पुनश्च नन्दीश्वर ने भी रावण को शाप दिया कि वानर के सहयोग से ही कोई व्यक्ति तुम्हारा वध करेगा। इस हेतु देवताओं और नन्दीश्वर ने विष्णु से प्रार्थना की। विष्णु ने देवताओं और नन्दीश्वर को रावण वध हेतु जन्म लेने का वचन देकर उन्हें सान्त्वना दिया तथा उन्हें वानर के रूप में जन्म लेने का आदेश दिया। इस प्रकार विष्णु ने राम का अवतार लेकर वानरों के सहयोग से लंकायुद्ध में रावण का वध किया।

वैष्णव खण्ड के कार्तिकमाहात्म्य में अवतार के कारणों का निरूपण किया गया है।[41] अवतार चर्चा के अन्तर्गत वृन्दा के शाप तथा धर्मदत्त और कलहा की कथा का उल्लेख है। इसी खण्ड में राम के स्वधाम जाने की कथा भी मिलती है। इसी खण्ड के वैशाखमाहात्म्य में वाल्मीकि के जन्म

की कथा भी आती है।[42] अयोध्यामाहात्म्य में सीताकुण्ड का विस्तृत वर्णन है एवं राम के स्वधामगमन से पूर्व वानरों को वरदान देने का प्रसंग भी है। राम सरयू नदी पर जाते हैं जहाँ देवताओं के द्वारा उनका आवाहन किया जाता है।[43]

ब्रह्मखण्ड के सेतुमाहात्म्य में विशेषतः सेतुबन्ध वर्णन है। इसी प्रसंग में राम के द्वारा शिवलिङ्ग की पूजा का भी वर्णन मिलता है।[44] धर्मारण्यखण्ड में राम का सम्पूर्ण जीवन चरित वर्णित है। राम ने वसिष्ठ से सर्वोत्तम तीर्थ के विषय में पूछा तो वसिष्ठ के बताने पर राम पूरे परिवार के साथ धर्मारण्यतीर्थ गये।[45] इस पुराण के चौथे खण्ड में रामकाव्य की समस्त घटनाओं का कालनिर्धारण भी किया गया है।

काशीखण्ड है जिसमें भी रामकथा का वर्णन है। पाँचवें अवन्तीखण्ड में हनुमान् के चरित्र का उल्लेख करते हैं और उन्हें रुद्रावतार बताया गया है।[46] अन्य सन्दर्भ में सुमति एवं कैशिक के पुत्र अग्निशर्मा लूटपाट आदि कर्म में निरत होने के वर्णन प्रसंग में वाल्मीकि का उल्लेख किया गया है।[47] चतुरीतिमाहात्म्य में हनुमान् के जीवन का सम्पूर्ण विवरण विस्तार से है।[48] रेवाखण्ड में हनुमान् का ब्रह्महत्या की पाप-निवृत्ति के लिए तपस्या, अहल्योद्धार तथा रावणादि की तपश्चर्या व वरप्राप्ति का उल्लेख किया गया है।[48] नागरखण्ड[49] के अन्तर्गत पुत्र हेतु दशरथ की तपस्या व रामादि के साथ पुत्री शान्ता को प्राप्त करने का उल्लेख है।[50] इसी खण्ड में सीतात्याग, लक्ष्मणादि के निर्वाण के पश्चात् राम के द्वारा विभीषण को उपदेश देने तथा उसकी प्रार्थना पर सेतु को भंग कर देने की कथा मिलती है। इसमें राम का स्वर्गारोहण भी वर्णित है। स्कन्दपुराण के ही प्रभासक्षेत्र-माहात्म्य के प्रभासखण्ड में शिवपूजा का विस्तृत वर्णन मिलता है, जिसके अनुसार राम-लक्ष्मण रामेश्वर-तीर्थ में रावण रावणेश्वर-तीर्थ में तथा दशरथ दशरथेश्वर-तीर्थ में शिव की प्रतिष्ठा करते हैं।[51] (अध्याय-111, 123 और 171)

पद्मपुराण के खण्डों का भिन्न-भिन्न रचनाकाल माना जाता है 'पातालखण्ड' का रचनाकाल बारहवीं शताब्दी माना जाता है। उत्तरखण्ड का वर्तमान रूप पन्द्रह सौ ई. के लगभग का है।[52] दोनों खण्डों के अनेक स्थानों पर रामकथा का वर्णन मिलता है।[53] इसके पातालखण्ड के अन्तर्गत रावण की तपश्चर्या व वरप्राप्ति का विवरण है। स्कन्दपुराण के समान इस खण्ड में रामकथा की मुख्य घटनाओं का तिथिवार उल्लेख भी मिलता है। इस खण्ड में मुख्य रूप से रावणवध के पश्चात् की घटनाओं का सविस्तार वर्णन प्राप्त होता है।[54] पातालखण्ड में एक पुराकल्पीय रामायण की कथा का विवरण प्राप्त होता है जिसमें रामजन्म से लेकर रामराज्य तक का कथानक अतिसंक्षेप में वर्णित है[55] जिसमें कई नवीन एवं आश्चर्यकारी घटनाओं का समावेश है। उत्तरखण्ड का प्रारम्भ रामावतार के कारण से तथा समापन राम के स्वर्गारोहण से होता है।[56] इस खण्ड में वर्णित कथा को वाल्मीकि रामायण का संक्षिप्तीकरण भी कहा जा सकता है।

ब्रह्मवैवर्तपुराण का वर्तमान रूप सोलहवीं सदी के आसपास का है।[57] इस पुराण के प्रकृतिखण्ड में वेदवती-प्रसंग के अन्तर्गत रामकथा का अतिसंक्षेप में वर्णन मिलता है।[58] यह प्रकरण देवीभागवत की कथा के समान प्रतीत होता है।[59] इसमें सीता के पुनर्जन्म, छाया सीता व सीताहरण का वृत्तान्त है। इस पुराण के कृष्णजन्मखण्ड के अन्तर्गत रामोपाख्यान का वर्णन है जिसमें अहल्योद्धार का उल्लेख है, तथा शूर्पणखा का ही कुब्जा होना बताया गया है।

हरिवंशपुराण का रचनाकाल 400 ई. सन् के लगभग है। इसमें वैशम्पायन जनमेजय से अवतार कथाओं का उल्लेख करते हुए रामावतार की चर्चा करते हैं, जिसमें रामकथान्तर्गत राम के प्राकट्य से लेकर उनके परमधाम जाने तक का संक्षिप्त वर्णन मिलता है।[61]

उक्त पुराणों में रामकथा के पश्चात् उपपुराणों में रामकथा के स्वरूप को निरूपित किये बिना पुराणों का विमर्श पूर्ण नहीं होगा। उपपुराणों में सर्वप्रथम विष्णुधर्मोत्तरपुराण, जिसका रचनाकाल लगभग पाँचवीं शताब्दी (कश्मीर)[62] है। इस पुराण में रावण चरित के अन्तर्गत राम को नारायण का अवतार बताया गया है। इसमें लवण नामक राक्षस[63] का वध तथा भरत का गन्धर्वो के साथ युद्ध का विस्तृत[64] वर्णन है। इस पुराण में राम, लक्ष्मण, भरत व शत्रुघ्न क्रमशः नारायण, संकर्षण, प्रद्युम्न व अनिरुद्ध के अवतार बताये गये हैं।[65]

नृसिंहपुराण की रचना पाँचवीं शताब्दी में हुई। इसमें वाल्मीकिरामायण के प्रथम छः काण्डों की कथा अतिसंक्षेप में किन्तु कुछ परिवर्तन के साथ मिलती है।[66] इसमें राम, नारायण के पूर्णावतार तथा लक्ष्मण, शेष के अवतार बताये गये हैं। इसमें सीता-परित्याग का उल्लेख नहीं है।

लन्दन के इण्डिया ऑफिस लाइब्रेरी में वह्निपुराण का एक हस्तलेख उपलब्ध है।[67] इस पुराण का रचनाकाल भी पाँचवीं शताब्दी है। इसमें वर्णित रामकथा में बालकाण्ड से युद्धकाण्ड तक की कथा का विवरण मिलता है। प्रारम्भ में रामावतार तथा रावणादि के पूर्व-जन्म की कथा का उल्लेख है। इसमें हनुमान् के मूषक रूप में लंका-प्रवेश के अतिरिक्त सारा कथानक सामान्य है।

शिवपुराण की रचना चौदहवीं शताब्दी में हुई।[68] इसके तीन खण्ड है—1. सृष्टिखण्ड[69], 2. सतीखण्ड[70], 3. युद्धखण्ड[71]। शिवपुराण के 'सतीखण्ड' में सती के द्वारा राम की परीक्षा लेने पर राम कहते हैं कि मैंने शिव की आज्ञा से ही इस रूप में अवतार लिया है। इस पुराण में 'युद्धखण्ड' में वृन्दा के शाप की कथा भी मिलती है। 'शतरुद्र-संहिता' के अन्तर्गत शिव के 'द्वारा' हनुमान् के जन्म की कथा है।[72] इसके 'उमासंहिता' में राम के द्वारा शिव की पूजा वर्णित है।[73] ज्ञान-संहिता के अन्तर्गत वनवास में सीता द्वारा दशरथ के लिए पिण्डदान का उल्लेख है।[74] इसमें राम के द्वारा शिव[75] की पूजा का उल्लेख मिलता है।[76]

श्रीमद्देवी-भागवतपुराण (ग्यारहवीं या बारहवीं शताब्दी) श्रीमद्देवी भागवतपुराण के 'नवरात्र माहात्म्य प्रसंग में संक्षिप्त रामकथा मिलती है। सीता हरण के पश्चात् नारद रावण पर विजय प्राप्त करने के लिए राम को नवरात्रि-उपवास का परामर्श देते हैं। उपवास के पश्चात् देवी भगवती राम को दर्शन देती है और उनके हाथों रावण का वध होने की बात कहती हैं। देवी के वचनों से आश्वस्त व स्फूर्त होकर विजय पूजा सम्पन्न कर राम के सेना सहित समुद्र की ओर प्रस्थान करने का उल्लेख मिलता है।[77] वेदवती-प्रकरण एवं छाया सीता का उल्लेख है।[78]

महाभागवतपुराण (दसवीं-ग्यारहवीं शताब्दी) (गुजराती प्रिंटिंग प्रेस मुम्बई 1913 एवं नवशक्ति प्रकाशन, वाराणसी 1998) इस पुराण में संक्षिप्त रामोपाख्यान[79] का वर्णन है जिसके अनुसार देवताओं के द्वारा रावणवध की प्रार्थना करने पर विष्णु लंका में देवी के रहते तक रावण का वध करने में स्वयं को असमर्थ बतलाते हैं। देवताओं की प्रार्थना व सीता-हरण के कारण देवी लंका का त्याग करने की प्रतिज्ञा करती हैं।[81] युद्ध के समय राम कई बार देवी की स्तुति व प्रार्थना करते हैं तथा देवी प्रदत्त अमोघ अस्त्र से ही रावण का वध करने में सफल होते हैं।[82]

बृहद्धर्मपुराण (तेरहवीं सदी)—यह पुराण महाभागवतपुराण से बहुत पृथक् नहीं है[83] एवं नृसिंह-पुराण से भी साम्य परिलक्षित होता है।[84]

सौर-पुराण (दसवीं या ग्यारहवीं सदी)—इस पुराण में पौलस्त्यकुल[85] एवं सूर्यवंशावली[86] वर्णित है। इसमें राम को महादेवपरायण बताया गया है। शंकर की प्रसन्नता के फलस्वरूप राम अपने पद को प्राप्त किये। जनक ने गौरी को सन्तुष्ट करके पार्वती के अंश से उत्पन्न हुई सीता को प्राप्त किया।

कालिकापुराण—इस पुराण के रामकथा में राम की विजय हेतु ब्रह्मा जी के द्वारा दुर्गा जी की पूजा की जाती है।[87] इसमें सीता तथा अन्द दो शिशु जनक को हल जोतते समय प्राप्त हुए।[88]

आदिपुराण—यह पुराण अपेक्षाकृत अर्वाचीन है।[89] कृष्ण-जन्म के पश्चात् नन्द एक स्वप्न देखते हैं। उसी स्वप्न के विवरण में रामकथा संक्षेप में आयी है। नन्द के पूर्वजन्म में भगवान् से भक्तिपूर्वक प्रार्थना के फलस्वरूप रामावतार में राम के तथा कृष्णावतार में कृष्ण के पिता होने का वरदान मिला था। इस रामकथा की एक ही विशेषता उल्लेखनीय है, कि राम स्वर्णमृग को देखकर पहचान जाते हैं कि यह कोई मायावी राक्षस ही है।

कल्किपुराण[90]—इस पुराण में अत्यन्त संक्षिप्त रूप में रामकथा वर्णित है। इस रामकथा की विलक्षणता यह है कि इसमें राम और सीता के विवाह से पूर्व अनुराग का उल्लेख है। एक अन्य प्रसंग में सीता जी ने अशोक वन में रुक्मिणीव्रत करके राम को प्राप्त किया।[91]

सन्दर्भ

1. भागवत (1.3.20, 2.7.22, 6.15.13, 10.40.2, 9-15.23-26, 9.15.27-36) महाभारत (शान्तिपर्व) (49, 31-32); ब्रह्माण्डपुराण (3.26, 27, 28, 30); मत्स्यपुराण (43, 46, 51)।
2. भागवत (दशम स्कन्ध मुख्यतः); विष्णुपुराण (4.15.19, 5.18.11, 18, 11.36.17)
3. The Agastyasanihita and the History of the Rama-Cult by H.T. Bakker.
4. Williband Kirfel (Das Purana Panchalakshana Publication Year 1927
5. रामकथा : उत्पत्ति और विकास - एस्.जे. कामिल बुल्के, 1971; प्राक्कथन, पउमचरियउपाचार्य विमल सूरि, 1962
6. The Agastyasamhita and the History of the Rama Cult by H. T. Bakker
7. बालकाण्ड—प्रथम अध्याय।
8. उत्तरकाण्ड—पञ्चम अध्याय।
9. एकात्मकत्वाज्जहती न संभवेत् तथा जहल्लक्षणताविरोधतः।
   सोऽयं पदार्थाविव भागलक्षणा, युज्येत तत्त्वं पदमोददोतः।। उत्तरकाण्ड 5/27
10. संस्कृत-साहित्य का इतिहास -आचार्य बलदेव उपाध्यायः, पृ. 46
11. The Philosophy of the Yogavasishtha by Dr. B. L. Atreya Ch. II, pp.11-27
12. History of Indian Philosophy, by S. N. Dasgupta Ch. II, pp.212
13. Jatak-atthakatha, Part- IV in Khuddakanikaya by Buddhaghosha, 4.11.7 (461th Jataka) p. 112
14. महावंश 2/11-12
15. वही 9/9।
16. Studies in the Puranic Records on Hindu Rites and Customs by R. C. Hazra
17. विष्णुपुराण 1.12.4
18. वायुपुराण उत्तरार्द्ध 26/182-198
19. वही 27/1-23
20. मत्स्यपुराण 12/49-51

21. श्रीमद्भागवत 11/4/21
22. वही 9/11/9-10
23. वही 9/10/6
24. कूर्मपुराण, पूर्वार्द्ध अध्याय 19
25. वही अध्याय 21
26. वही उत्तरार्द्ध अध्याय 34
27. Dr. R. C. Hazra commemoration volume
28. वराहपुराण 12/1-16
29. अग्निपुराण, अध्याय 5-11
30. वही अध्याय 238-242
31. वही अध्याय 273।
32. वामनपुराण 37/8-12
33. नारदीयपुराण, अध्याय 79
34. ब्रह्मपुराण, 67/26-62
35. वही 104/117-129
36. वही 84/1-34 एवं 154
37. वही अध्याय 123
38. वही 1/31
39. गरुडपुराण; पूर्वखण्ड (प्रथम भाग, आचार खण्ड) 142/10-28 एवं 143/1-51।
40. Studies in the puranic records by Dr. R. C. Hazra
41. स्कन्दपुराण; वैष्णव खण्ड, कार्तिकमास-माहात्म्य, अध्याय 20-25
42. स्कन्दपुराण; वैष्णव खण्ड, वैशाखमास-माहात्म्य, अध्याय 19
43. वही; अयोध्या-माहात्म्य, अध्याय 6
44. वही; सेतुमाहात्म्य, अध्याय 2, 7, 22, 27, 30, 44-47
45. वही; धर्मारण्यखण्ड अध्याय 30-35
46. वही; अवन्तिखण्ड, आवन्त्यक्षेत्रमाहात्म्य अध्याय 21
47. वही; अध्याय 24
48. वही; चतुरशीतिलिङ्गमाहात्म्य, अध्याय 79
49. वही; रेवाखण्ड अध्याय 83
50. वही; अध्याय 136 एवं 168
51. वही; नागरखण्ड अध्याय 20
52. Indian Culture by Dr. R. C. Hazra
53. पाण्डुलिपि सं. 1623, ढाका विश्वविद्यालय, बांग्लादेश।
54. वही; 'भक्तिरस्तु स्थिरा त्वयि' श्लोक 179
55. पद्मपुराण; सृष्टिखण्ड अध्याय 35-39
56. वही; उत्तरखण्ड अध्याय 269-271
57. Studies in Puranic Records by Dr. R. C. Hazra
58. ब्रह्मवैवर्तपुराण, प्रकृतिखण्ड अध्याय 14
59. देवीभागवत, नवम स्कन्ध, षोडश अध्याय
60. ब्रह्मवैवर्तपुराण—कृष्णजन्मखण्ड अध्याय 62
61. हरिवंशपुराण 2/93/6, 3/132/95 एवं 2/3/18
62. Studies in Upapuranas by Dr. R. C. Hazra
63. विष्णुधर्मात्तरपुराण—प्रथमखण्ड अध्याय 200

64. वही; अध्याय 202-265
65. वही; अध्याय 212
66. नृसिंहपुराण अध्याय 47-52
67. वही; अध्याय 47
68. डॉ. आर.सी. हाजरा के अनुसार आग्नेयपुराण पूर्णतः प्रामाणिक है।
69. शिवमहापुराण—सतीखण्ड अध्याय 24-26
70. वही; युद्धखण्ड; अध्याय 23
71. वही; शतरुद्रसंहिता, अध्याय 20
72. वही; उमासंहिता, अध्याय 3
73. वही; धर्मसंहिता, अध्याय 13-14
74. वही; ज्ञानसंहिता, अध्याय 30
75. वही; अध्याय 57
76. देवीभागवत, तृतीय स्कन्ध अध्याय—28-30
77. वही; नवमस्कन्ध, अध्याय—16
78. महाभागवतोपपुराण, अध्याय 37-49
79. वही; अध्याय 47.66
80. वही; अध्याय 42.64
81. वही; अध्याय 107-112
82. बृहद्धर्मपुराण, पूर्वखण्ड अध्याय 18-22
83. वही, अध्याय 25-30
84. सौरपुराण, अध्याय 30/14-19
85. वही; अध्याय 30/48/69
86. कालिकापुराण, अध्याय 62/20-38
87. वही; अध्याय 38
88. Studies in Upapuranas by Dr. R. C. Hazra
89. कल्किपुराण, अंश 3/3/26-59
90. वही; 3/17/40
91. Studies in Upapuranas by Dr. R. C. Hazra

आदिकवि वाल्मीकिविरचित रामायण में रामकथा

डॉ. ठाकुर शिवलोचन शाण्डिल्य

सदूषणाऽपि निर्दोषा सखराऽपि सुमनोहरा।
नमस्तस्मै कृता येन रम्या रामायणी कथा ॥

महर्षि वाल्मीकि को संस्कृत-साहित्य के आदिकवि का महनीय पद प्राप्त है। वाल्मीकि विरचित महाकाव्य रामायण को लौकिक काव्यविधा का प्रथम ग्रन्थ माना गया है। रामायण में मर्यादापुरुषोत्तम श्रीराम के जीवन-चरित को श्लोकबद्ध किया गया है। सात काण्डों में विभक्त इस विस्तृत महाकाव्य में श्लोकों की संख्या 24000 है। बहुप्रसरित रामकथा की प्रथम उद्‌भावना वाल्मीकीय रामायण में ही हुई है। सनातन-धर्मावलम्बियों में वाल्मीकीय-रामायण की प्रतिष्ठा वेदतुल्य ही है। इस आदिकाव्य को समस्त उत्तरवर्ती काव्यों का बीजरूप भी माना जाता है– ***"काव्यबीजं सनातनम्"***। बहुत से परवर्ती महाकवियों ने अपने-अपने काव्यों में रामायण की कथा तथा इसके रचनाकार का उल्लेख किया है। महाकवि भास से लेकर महाकवि गोस्वामी तुलसीदास तक अनेक मूर्धन्य रचनाकार वाल्मीकीय रामायण से उपकृत हुए हैं तथा समकालीन रचनाकार अद्यावधिपर्यन्त वाल्मीकीय रामकथा का अवलम्बन अपनी-अपनी रचनाओं में करते हैं। इसी कारण से वाल्मीकीय रामायण को प्रमुख उपजीव्य काव्य माना जाता है।

◆ वाल्मीकीय रामयण की कथावस्तु

सात काण्डों में निबद्ध इस महाकाव्य में रघुकुल के सम्राट् दशरथ के पुत्र श्रीराम की कथा का निबन्धन किया गया है। प्रथम काण्ड का नाम बालकाण्ड है। इस काण्ड में 77 सर्गों में श्रीराम के जन्म से लेकर उनके विवाह तक की कथाओं का उल्लेख है। इस काण्ड का प्रारम्भ तपस्वी वाल्मीकि तथा देवर्षि नारद के मध्य वार्तालाप से होता है। वाल्मीकि जी नारद जी से उस काल के सबसे प्रतापी पुरुष के विषय में जानने की इच्छा व्यक्त करते हैं, जिसके उत्तर में नारद जी इक्ष्वाकुवंशोद्‌भूत मर्यादा-पुरुषोत्तम श्रीराम के रूप एवं गुणों का वर्णन करते हुए श्रीराम के रूप में श्रीविष्णु के अवतरण, महाराज दशरथ द्वारा श्रीराम के राज्याभिषेक की घोषणा, रानी कैकेयी के षड्‌यन्त्र के फलस्वरूप राम के लक्ष्मण व सीता के साथ वन-गमन, राम के वियोग में राजा दशरथ के स्वर्गवास, भरत द्वारा वन में जाकर श्रीराम को वापस लौटने के अनुरोध, वन में श्रीराम द्वारा विभिन्न राक्षसों के संहार, सीताहरण, जटायु-शबरी-सुग्रीव-हनुमान-बाली आदि के प्रसंग का वर्णन करते हुए रावण के वध तथा सीता की अग्निपरीक्षा के अनन्तर पुष्पक विमान द्वारा राम के अयोध्या वापस लौटने का वृतान्त सुनाकर वाल्मीकि जी से कहते हैं कि अब राम के राज्य में बहुत दीर्घकाल तक प्रजा समस्त सुखों का उपभोग करती रहेगी। इस प्रकार वाल्मीकीय रामायण के बालकाण्ड के प्रथम सर्ग में ही ग्रन्थकार

वाल्मीकि ने देवर्षि नारद के उद्धरण से सम्पूर्ण रामकथा का संक्षिप्त उपस्थापन किया है। उत्तरवर्ती सर्गों एवं काण्डों में वर्णित विस्तृत रामकथा हेतु प्रथम सर्ग की यह कथावस्तु ही बीजरूप है। नारद के द्वारा सुनायी गयी इसी संक्षिप्त रामकथा का आदिकवि वाल्मीकि ने पल्लवन किया है।

बालकाण्ड के द्वितीय सर्ग में बहुविश्रुत क्रौञ्चवध प्रसंग उपनिबद्ध है। ध्यातव्य है कि वाल्मीकीय रामायण करुणरसप्रधान प्रबन्ध है। यह करुणा महाकवि वाल्मीकि के हृदय में उस मादा क्रौञ्चपक्षी की पीड़ा को देखकर उत्पन्न हुई, जो एक निषाद द्वारा अपने जीवनसाथी को मार दिये जाने के कारण विलाप कर रही थी। उस निरीह पक्षी की वेदना से व्यथित होकर ही महर्षि वाल्मीकि के कण्ठ से प्रथम श्लोक प्रस्फुरित हुआ, जो उस वधिक निषाद के प्रति शाप के रूप में निकला–

मा निषाद प्रतिष्ठां त्वमगमः शाश्वतीः समाः।
यत् क्रौञ्चमिथुनादेकमवधीः काममोहितम्॥[1]

इस प्रकार से उस व्याध को शाप देने के बाद शोकाकुल महर्षि वाल्मीकि का शोक और भी अधिक बढ़ गया कि शोक और क्रोध में आकर मेरी वाणी ने किसी मनुष्य का अनिष्ट कर डाला है। परन्तु उपर्युक्त शापवाक्य की गेयता और छन्दोविच्छित्ति का विचार करने पर परम बुद्धिमान् आचार्य वाल्मीकि को लगा कि शोक से पीडित होने पर उनके मुख से अनायास जो वाक्य निकल पड़ा है वह चार चरणों में आबद्ध है। इसके प्रत्येक चरण में बराबर-बराबर (अर्थात् आठ-आठ) अक्षर हैं तथा इसे वीणा के लय पर भी गाया जा सकता है; अतः यह वाक्य श्लोकरूप होने के कारण से कल्याणकारी ही होना चाहिए, अन्यथा नहीं–

पादबद्धोऽक्षरसमस्तन्त्रीलयसमन्वितः।
शोकार्तस्य प्रवृत्तो में श्लोको भवतु नान्यथा ॥[2]

इस प्रकार आचार्य वाल्मीकि ने उपर्युक्त विचार से अपने मन को उस शापविषयिणी चिन्ता से हटाने का प्रयास किया परन्तु उनका निर्मल मन बार-बार उसी विचार में लग जाता था, तभी उनके आश्रम में अखिल विश्व के सर्जक महातेजस्वी चतुर्मुख ब्रह्मा स्वयं प्रकट हुए और महर्षि वाल्मीकि की मनःस्थिति को समझकर हँसते हुए उन्होंने कहा कि मेरे संकल्प अथवा प्रेरणा से ही आपके मुँह से ऐसी छन्दोबद्ध श्लोकरूप वाणी निकली है, अतः आपको इस विषय में कोई अन्यथा विचार नहीं करना चाहिए।

तदनन्तर ब्रह्मा जी ने मुनिश्रेष्ठ वाल्मीकि से कहा कि उन्होंने नारद जी के मुँह से जैसा सुना है, उसी के अनुसार मर्यादापुरुषोत्तम श्रीराम के चरित्र का चित्रण करें तथा इस विषय में श्रीराम, लक्ष्मण, सीता एवं रामचरित से सम्बन्धित अन्य सभी पात्रों के जो सम्पूर्ण गुप्त या प्रकट चरित्र हैं, वे सब अज्ञात होने पर भी महर्षि वाल्मीकि को ब्रह्मा जी के आशीर्वाद से ज्ञात हो जायेंगे। इसके साथ ही उन्होंने आदिकवि को वरदान दिया कि इस काव्य में अङ्कित कोई भी बात झूठी नहीं होगी तथा इस पृथ्वी पर जब तक नदियों और पर्वतों की सत्ता रहेगी, तब तक संसार में रामायण-कथा का प्रचार होता रहेगा–

न ते वागनृता काव्ये काचिदत्र भविष्यति।
कुरु रामकथां पुण्यां श्लोकबद्धां मनोरमाम् ॥[3]

इस प्रकार वरदानपूर्वक रामकथालेखन का निर्देश देकर ब्रह्मा जी महर्षि वाल्मीकि के आश्रम से

अन्तर्धान हो गये। तदनन्तर उनके सभी शिष्य प्रसन्नतापूर्वक कहने लगे कि हमारे गुरुदेव ने क्रौञ्चपक्षी के दुःख से दुःखी होकर जिस वाक्य का उच्चारण किया था, वह था तो उनके हृदय का शोक था किन्तु वह उनकी वाणी द्वारा उच्चारित होकर श्लोकरूप हो गया—

समाक्षरैश्चतुर्भिर्यः पादैर्गीतो महर्षिणा।
सोऽनुव्याहरणाद् भूयः शोकः श्लोकत्वमागतः ॥[4]

इस प्रकार शुद्ध अन्तःकरण वाले महर्षि वाल्मीकि ने यह संकल्प लिया कि इसी प्रकार के श्लोकों में सम्पूर्ण रामायणकाव्य की रचना करेंगे। तदनन्तर वे स्थिरचित्त होकर योगधर्म के बल से समाधि के द्वारा श्रीराम आदि के चरित्रों का अनुसन्धान करने लगे। योगबल से श्रीराम-लक्ष्मण-सीता तथा राज्य और रानियों के साथ राजा दशरथ से सम्बन्ध रखने वाली जितनी बातें थीं उन सबका महर्षि ने भलीभाँति साक्षात्कार किया तथा पूर्वकाल में घटित घटनाओं को भी हस्तामलकवत् प्रत्यक्ष देख लिया—

ततः पश्यति धर्मात्मा तत् सर्वं योगमास्थितः।
पुरा यत् तत्र निर्वृत्तं पाणावामलकं यथा ॥[5]

इस प्रकार श्रीराम के सर्वप्रिय सम्पूर्ण चरित्र का यथार्थरूप से निरीक्षण करके महर्षि वाल्मीकि ने अग्रिम सर्गों में उसको महाकाव्य का रूप देने की चेष्टा की—

तत् सर्वं तत्त्वतो दृष्ट्वा धर्मेण स महामतिः।
अभिरामस्य रामस्य तत् सर्वं कर्तुमुद्यतः॥[6]

इस प्रकार बालकाण्ड, अयोध्याकाण्ड, अरण्यकाण्ड, किष्किन्धाकाण्ड, सुन्दरकाण्ड, युद्ध काण्ड तथा उत्तरकाण्ड—इन सात काण्डों में आदिकवि ने श्रीराम के जन्म, उनके महान् पराक्रम, उनकी सर्वानुकूलता, लोकप्रियता, क्षमा, सौम्यभाव तथा सत्यशीलता का वर्णन किया। विभिन्न आख्यानों-उपाख्यानों के माध्यम से महाकवि वाल्मीकि ने कुलगुरु विश्वामित्र के साथ श्रीराम का वनगमन तथा वन में उनके द्वारा विचित्र लीलाओं व अद्भुत् घटनाओं का वर्णन किया है। श्रीराम द्वारा मिथिला में धनुष तोड़ने तथा जनकतनया सीता और ऊर्मिला आदि के विवाह का चित्रण किया गया है। तदनन्तर श्रीराम-परशुराम-संवाद, श्रीराम के राज्याभिषेक की तैयारी से लेकर वनवास तक की घटना का वर्णन प्राप्त होता है। वनवास के क्रम में ही श्रीराम-लक्ष्मण व सीता आदि का भरद्वाज मुनि की आज्ञा से चित्रकूट में पर्णकुटी बनाकर निवास करना, वहाँ भरत का श्रीराम से मिलने के लिए आना, भरत द्वारा अयोध्या के राजसिंहासन पर श्रीराम की चरणपादुकाओं का अभिषेक व स्थापन, श्रीराम का दण्डकारण्य प्रस्थान, शूर्पणखा प्रसंग, मारीचवध के क्रम में रावण द्वारा सीता का हरण, जटायु-प्रसंग, शबरी-प्रसंग, श्रीराम का हनुमान् जी के साथ मिलना, सुग्रीव व बाली की कथा, वानरों द्वारा सीता जी की खोज, हनुमान् जी का समुद्र को लाँघना, अशोकवाटिका में हनुमान् जी द्वारा सीता जी के दर्शन करना, लंकादहन, सेना सहित श्रीराम का लंका की ओर प्रस्थान, समुद्र-सेतुबन्धन, विभीषण-प्रसंग, राम-रावण संग्राम, राम की विजय, लंका में विभीषण का राज्याभिषेक तथा अयोध्या वापस लौटकर राम का राज्याभिषेक एवं प्रजा की प्रसन्नता हेतु श्रीराम द्वारा सीता जी का परित्याग आदि समस्त राम-चरित महर्षि वाल्मीकि ने रामायण महाकाव्य में अङ्कित किया है।

वाल्मीकीय रामायण के बालकाण्ड के चतुर्थ सर्ग में उल्लिखित है कि श्रीराम ने जब लंका से लौटकर अयोध्या का शासन अपने हाथ में ले लिया, उसके बाद महाकवि वाल्मीकि ने उनके सम्पूर्ण

चरित्र के आधार पर विलक्षण पदों व अर्थों से युक्त रामायण महाकाव्य का निर्माण किया। इस महाकाव्य में चौबीस हजार श्लोक, पाँच सौ सर्ग तथा बालकाण्ड से उत्तरकाण्ड पर्यन्त सात काण्डों का प्रतिपादन किया गया है—

प्राप्तराजस्य रामस्य वाल्मीकिर्भगवानृषिः।
चकार चरितं कृत्स्नं विचित्रपदमर्थवत् ॥
चतुर्विंशत्सहस्राणि श्लोकानामुक्तवानृषिः।
तथा सर्गशतान् पञ्च षट्काण्डानि तथोत्तरम् ॥[7]

रामायण की रचना कर लेने के पश्चात् महाकवि वाल्मीकि ने अपने ही आश्रम में रह रहे राजकुमार कुश और लव को रामायण महाकाव्य का अध्ययन करवाया तथा श्रीराम के इन दोनों पुत्रों ने इस महाकाव्य के श्लोकों का सस्वर गान कर जनमानस में रामकथा का प्रचार-प्रसार करना प्रारम्भ किया। ध्यातव्य है कि वाल्मीकीय-रामायण का अपर नाम 'दशाननवध' अथवा पौलस्त्यवध भी बताया गया है—**"पौलस्त्यवधमित्येवं चकार चरितव्रतः"।**

राजकुमार कुश और लव ने अपने मधुर स्वर में जनसमुदाय में जिस रामायण-कथा का प्रचार-प्रसार शुरू किया, वह कालान्तर में पूरे विश्व में व्याप्त होती चली गयी। केवल भारतभूमि पर ही नहीं, अपितु इण्डोनेशिया, मलेशिया, जावा, सुमात्रा, थाईलैण्ड इत्यादि अनेक देशों में यही रामायण-कथा कतिपय स्थानीय-समावेशनपूर्वक प्रथित व प्रचलित हुई। अनेक भाषाओं में इस रामायण-कथा के अनुवाद हुए तथा अनेक रचनाकारों ने अपनी कालजयी रचनाओं में इस रामायण-कथा की उपजीव्यता का अवलम्बन किया। कविगुरु रवीन्द्रनाथ ठाकुर ने अपने 'रामायण' शीर्षक लेख में यह उल्लेख किया है कि शताब्दियों पर शताब्दियाँ बीतती चली गयीं, तथापि 'रामायण' का स्रोत भारतवर्ष में तनिक भी नहीं सूखा है। आज भी प्रतिदिन गाँव-गाँव में, घर-घर में इसे पढ़ा-सुना जा रहा है। यह तथ्य ब्रह्मा के उसी वचन का सत्यापन करता है कि जब तक पृथ्वीलोक पर पर्वत और नदियाँ रहेंगी, तब तक यहाँ रामायण-कथा प्रचारित होती रहेगी—

यावद् स्थास्यन्ति गिरयः सरितश्च महीतले।
तावद् रामायणकथा लोकेषु प्रचरिष्यति ॥[8]

सन्दर्भ

1. वाल्मीकीय रामायण, 1/2/24
2. वही, 1/2/28
3. वही, 1/2/35-36
4. वही, 1/2/40
5. वही, 1/3/6
6. वही, 1/3/7
7. वही, 1/4/1-2
8. वही, 1/4/7

वाल्मीकीय रामायण में वर्णित भूभाग का सर्वेक्षण

डॉ. ठाकुर शिवलोचन शाण्डिल्य

रामायण के नायक श्रीराम को इतने विस्तृत स्थान भ्रमण का सौभाग्य प्राप्त है कि इससे श्रीराम का लोकतन्त्रीकरण हुआ है। श्रीराम को सभी स्थानों की संस्कृति से घुला मिला दिखाया गया है। इससे श्रीराम की लोकस्वीकृति स्पष्ट है। राजा के पुत्र होते हुए भी श्रीराम सभी से घुले मिले दिखाये गये हैं। इससे यह सिद्ध भी होता है कि आदिवासी संस्कृति(*Tribe Culture*) जैसी शब्दावली पाश्चात्य विद्वानों द्वारा निर्मित है। हमारे समाज में इस प्रकार का कोई भेदभाव नहीं था। रामायण में श्रीराम की दो प्रमुख यात्राओं का वर्णन है। पहली विश्वामित्र के साथ अयोध्या से मिथिला तक की तथा दूसरी यात्रा वनवास के क्रम में अयोध्या से लेकर लंका तक की है।इन दोनों यात्राओं के क्रम में अनेक ऐसे स्थल आते हैं जो रामायण की कथा में वर्णित हैं और आज भी तीर्थस्थल के रूप में प्रतिष्ठित हैं।

वाल्मीकि रामायण के अनुसार जब महर्षि विश्वामित्र अयोध्या से श्रीराम और लक्ष्मण के साथ चले तो वहाँ से डेढ़ योजन की दूरी पर सरयू नदी के दक्षिण तट पर उन्होने विश्राम किया। यहीं उन्होंने श्रीराम को बला और अतिबला नाम की दिव्य शक्तियाँ प्रदान की

अध्यर्धयोजनं गत्वा सरय्वा दक्षिणे तटे।
रामेति मधुरां वाणीं विश्वामित्रोम्यभाषत ॥[1]

वर्तमान में यह सरयू नदी का दक्षिण तटवर्ती स्थान उत्तरप्रदेश राज्य का आजमगढ़ क्षेत्र माना जाता है, जो अयोध्या से लगभग 40 किलोमीटर की दूरी पर स्थित है।

यात्रा के दूसरे दिन विश्वामित्र सहित श्रीराम और लक्ष्मण ने गंगा और सरयू नदी के संगम पर स्थित पवित्र आश्रम में रात्रि विश्राम किया, जहाँ महर्षि विश्वामित्र ने उन्हें भगवान् शिव द्वारा कामदेव के दहन एवं अंगदेश के उत्पत्ति की कथा सुनायी–

तौ प्रयान्तौ महावीर्यौ दिव्यां त्रिपथगां नदीम्।
ददृशाते ततस्तत्र सरय्वाः संगमे शुभे ॥[2]

वर्तमान में उत्तर प्रदेश का बलिया शहर यह क्षेत्र माना जाता है। यहाँ सरयू से गंगा नदी मिलती है। रामायण के अनुसार ताटका के वध के उपरान्त महर्षि विश्वामित्र ने राम को अनेक दिव्यास्त्र और शस्त्र प्रदान किये। इसके पश्चात् विश्वामित्र के साथ राम व लक्ष्मण सिद्धाश्रम पहुँचे। सर्ग 29 में महर्षि विश्वामित्र श्रीराम को बताते हैं कि यह सिद्धाश्रम वामनावतारधारी भगवान् विष्णु का आश्रम था–

तेनैव पूर्वमाक्रान्त आश्रमः श्रमनाशनः।
मयापि भक्त्या तस्यैव वामनस्योपभुज्यते ॥[3]

रामायण के सर्ग 30 के अनुसार इसी सिद्धाश्रम में रहकर श्रीराम ने मारीच और सुबाहु आदि राक्षसों का संहार किया था। यह स्थान बक्सर के समीप ही स्थित है। आज भी यहाँ गंगा नदी के किनारे मारीच और सुबाहु के नाम से गाँव बसे हुए हैं।

रामायण में वर्णित है कि शोणभद्र नदी को पार करके विश्वामित्र आदिगंगा के तट पर पहुँचे।

ते गत्वा दूरमध्वानं गतेऽर्धदिवसे तदा।
जाह्नवीं सरितां श्रेष्ठां ददृशुर्मुनिसेविताम् ॥[4]

यहाँ पर विश्वामित्र जी ने श्रीराम को गंगा की उत्पत्ति की कथा सुनायी। पुनः उस रात्रि को वहीं गंगा तट पर विश्राम के बाद ऋषियों सहित श्रीराम के गंगा नदी को पार करके विशाला नामक मनोहर नगरी में पहुँचने की कथा भी वर्णित है–

उत्तरं तीरमासाद्य सम्पूर्ज्यर्षगणं ततः।
गंगाकूले निविष्टास्ते विशालां ददृशः पुरीम् ॥[5]

यह विशाला नगरी वर्तमान में बिहार राज्य में स्थित हाजीपुर नामक क्षेत्र है। पटना के समीपवर्ती इस क्षेत्र का नाम वैशाली भी है। यहाँ रामचुरा नामक एक स्थान है जिसके विषय में यह कहा जाता है कि श्रीराम ने यहाँ विश्राम किया था।

विशाला नगरी में राजा सुमति से सत्कृत होकर मुनियों सहित श्रीराम मिथिलापुरी की ओर चल दिये। मिथिला में पहुँचते ही उन्होने सबसे पहले महर्षि गौतम का आश्रम देखा जहाँ उनकी अभिशप्त पत्नी अहल्या शिला के रूप में स्थित थी–

मिथिलोपवने तत्र आश्रमं दृष्य राघवः।
पुराणं निर्जनं रम्यं पप्रच्छ मुनिपुङ्गवम् ॥[6]

इसी आश्रम में श्रीराम ने अहल्या का उद्धार किया था और उसमें पुनः चेतना आ गयी थी। वर्तमान में यह स्थान बिहार राज्य के दरभंगा जिले में स्थित है। यहाँ अहियारी नामक स्थान पर अभी भी अहल्या का आश्रम स्थित है जो तीर्थ की महत्ता वाला है।

अहल्या का उद्धार करने के बाद गौतम ऋषि आदि से विदा लेकर श्रीराम लक्ष्मण एवं विश्वामित्र गौतम के आश्रम से ईशान कोण की ओर चलते हुए मिथिला नरेश के यज्ञमण्डप में पहुँचे, जहाँ श्री विश्वामित्र की आज्ञा से श्रीरामचन्द्र जी ने डेरा डाल दिया–

रामस्य वचनं श्रुत्वा विश्वामित्रो महामुनिः।
निवासमकरोद् देशे विविक्ते सलिलान्विते ॥[7]

यहीं पर राजा जनक से उनकी मुलाक़ात हुई थी तथा शतानन्द जी ने विश्वामित्र की कथा सुनायी थी। यह स्थान अभी बिहार राज्य के मधुबनी क्षेत्र में है। वर्तमान में यहाँ के बिसौल नामक गाँव में अभी भी विश्वामित्र का आश्रम स्थित है।

राजा जनक विश्वामित्र मुनि को सीता की उत्पत्ति की कथा सुनाते हुए कहते हैं कि एक दिन

मैं यज्ञ के लिए भूमिशोधन करते समय खेत में हल चला रहा था। उसी समय खेत के अग्र भाग से जोती हुई भूमि (सीता) से एक कन्या प्रकट हुई। सीता से उत्पन्न होने के कारण इसका नाम सीता रखा गया—

अथ मे कृषतः क्षेत्रं लाङ्गलादुत्थिता ततः।
क्षेत्रं शोधयता लब्ध्वा नाम्ना सीतेति विश्रुता ॥[8]

यह क्षेत्र जहाँ हल द्वारा खींची गयी रेखा से सीता उत्पन्न हुई थी, सीतामढी कहलाता है। यह बिहार राज्य में स्थित है। आज भी जो तीर्थयात्री अयोध्या से जनकपुर की यात्रा करते हैं वे इस स्थल पर दर्शन के लिये अवश्य आते हैं।

श्रीराम के पिता महाराज दशरथ की राजधानी अयोध्या थी। यह नगरी अत्यन्त ऐश्वर्य सम्पन्न व मनोहारिणी थी। यह नगरी कोशल जनपद में सरयू नदी के किनारे स्थित थी। रामायण के अनुसार स्वयं महाराज मनु ने इसे बनवाया था—

अयोध्या नाम नगरी तत्रासील्लोकविश्रुता।
मनुना मानवेन्द्रेण या पुरी निर्मिता स्वयम् ॥[9]

वर्तमान में यह स्थल उत्तर प्रदेश के फैज़ाबाद ज़िले में स्थित है। आज भी यहाँ 12 किलो मीटर के क्षेत्र में वेदीकुण्ड, सीताकुण्ड, जनौरा आदि कई तीर्थ स्थल हैं।

श्रीराम ने कोशल जनपद की सीमा को लाँघकर शीतल और सुखद जलप्रवाह वाली वेदश्रुति नदी को पार किया था—

ततो वेदश्रुतिं नाम शिववारिवहां नदीम्।
उत्तीर्याभिमुखः प्रयादगस्त्याध्युषितां दिशम् ॥[10]

यह उत्तर प्रदेश के प्रतापगढ़ ज़िले में बहने वाली सरकनी नदी है। यह प्रतापगढ़ से 8 किलोमीटर पूर्व की दिशा में बहती है।

वेदश्रुति नदी को पारकर दीर्घकाल तक चलने के पश्चात् श्रीरामादि ने गोमती नदी को पार किया था—

गत्वा तु सुचिरं कालं ततः शीतवहा नदीम्।
गोमतीं गोयुतानूपामतरत् सागरङ्गमाम् ॥[11]

यह वर्तमान में उत्तर प्रदेश राज्य का सुल्तानपुर ज़िला है। सुल्तानपुर का प्राचीन नाम कुशनगर था जो श्रीराम के पुत्र कुश के नाम पर रखा गया था। रामायण में वर्णित है कि शीघ्रगामी घोड़ो द्वारा गोमती नदी को लाँघकर श्रीराम ने मोरों और हंसो के कलरव से व्याप्त स्यन्दिका नदी को पार किया—

गोमतीं चाप्यतिक्रम्य राघवः शीघ्रगैर्हयैः।
मयूरहंसाभिरुतां ततारस्यन्दिकां नदीम् ॥[12]

वर्तमान में यह स्थान उत्तर प्रदेश के प्रतापगढ़ जिले में है। इस नदी का नाम अब सईं नदी है। नदी के तट पर बेल्हा देवी का मन्दिर है।

रामायण के अयोध्याकाण्ड के अनुसार श्रीराम ने अयोध्या की सीमा से विदा लेकर शृंगवेरपुर नामक स्थान पर त्रिपथगामिनी दिव्य गंगा नदी के दर्शन किये।

तत्र त्रिपथगां दिव्यां शीततोयामशैवलाम्।
ददर्श राघवो गंगां रम्यामृषिनिषेविताम् ॥[13]

यह स्थान उत्तर प्रदेश राज्य के प्रयाग में स्थित है। यह स्थल इलाहाबाद से 20 किलोमीटर की दूरी पर स्थित है। इसका वर्तमान नाम सिंगरौली है। इस स्थान से 2 किलोमीटर की दूरी पर सीताकुण्ड नामक पवित्र तालाब है।

शृंगवेरपुर में रात्रिविश्राम करने के बाद श्रीराम गंगा यमुना के संगम पर स्थित भारद्वाज आश्रम में पहुँचे।

धन्विज्ञौ तौ सुखं गत्वा लम्बमाने दिवाकरे।
गंगायमुनयोः संघौ प्रापतुर्निलयं मुनेः ॥[14]

वर्तमान में यह स्थान उत्तर प्रदेश के इलाहाबाद में स्थित है। यह प्रयाग के नाम से विख्यात है। यहाँ गंगा, यमुना तथा अदृश्य सरस्वती तीनों नदियाँ मिलती हैं। अतः इस स्थान को संगम भी कहा जाता है। यहीं पर प्रसिद्ध प्रयाग मेला कुम्भ लगता है।

रामायण के अनुसार श्रीराम, लक्ष्मण एवं सीता अनेक वर्षों तक दण्डकारण्य में रहे। कथा के अनुसार अनुमान करने पर तथा अन्तर्जालीय स्रोतों के वर्णन के आधार पर दण्डक वन के क्षेत्र में आज का सम्पूर्ण मध्यप्रदेश, गुजरात एवं महाराष्ट्र का पश्चिमी भाग व कर्नाटक का दक्षिणी भाग आता है। दुर्भाग्य से वर्तमान में यह वन्य क्षेत्र नक्सलवाद की गतिविधियों से प्रभावित है।

रामायण के अरण्यकाण्ड की कथा के अनुसार श्रीराम मुनियों को राक्षसों के संहार का वचन देकर सुतीक्ष्ण मुनि के आश्रम पर पहुँचे और वहाँ रात्रिविश्राम किया–

रामस्तु सहितो भ्रात्रा सीतया च परन्तपः।
सुतीक्ष्णस्याश्रमपदं जगाम सह तैर्द्विजैः॥[15]

वर्तमान में यह स्थल नासिक में स्थित सप्तश्रृंगी नामक क्षेत्र है यहाँ माँ सप्तश्रृंगी का एक अतिप्राचीन मन्दिर स्थित है। जनश्रुति है कि महर्षि मार्कण्डेय ने यहीं पर दुर्गा-सप्तशती की रचना की थी। यह भी मान्यता है कि दुर्गा ने यहीं पर पर्वत के पीछे छिपे दैत्य महिषासुर का संहार किया, जिसकी स्मृति आज भी पर्वत के एक छिद्र के रूप में स्थित है।

रामायण की कथा के अनुसार श्रीराम, लक्ष्मण एवं सीता जी महर्षि अगस्त्य के परामर्श पर पुण्यसलिला गोदावरी नदी के तट पर स्थित पञ्चवटी के अतिरमणीय क्षेत्र में पहुँचे जहाँ श्रीराम की आज्ञा से लक्ष्मण जी ने सुन्दर पर्णकुटी बनायी–

आगताः स्म यथोद्दिष्टं यं देशं मुनिरब्रवीत्।
अयं पञ्चवटीदेशः सौम्य पुष्पितकाननः॥[16]

यहीं पर लक्ष्मण ने शूपर्णखा के नाक कान काटकर उसे विरूप कर दिया। यहीं से रावण ने सीता जी का अपहरण किया। यहीं पर जटायु की हत्या हुई। इस स्थान को जनस्थान कहते हैं। वर्तमान में यह स्थान नासिक क्षेत्र में तपोवन नाम से प्रसिद्ध तीर्थस्थल है। कहा जाता है लक्ष्मण द्वारा शूपर्णखा की नासिका काटने के कारण इस स्थान का नाम नासिक पड़ा।

रामायण की कथा के अनुसार श्रीराम और लक्ष्मण कबन्ध द्वारा बताये गये पम्पा सरोवर के

मार्ग का आश्रय लेकर चलते हुए पम्पा सरोवर के पश्चिमी तट पर जा पहुँचे जहाँ उन्होंने मतङ्ग ऋषि की शिष्या शबरी का रमणीय आश्रम देखा–

तौ पुष्करिण्याः पम्पायास्तीरमासाद्य पश्चिमम्।
अपश्यतां ततस्तत्र शबर्या रम्यमाश्रमम् ॥

वर्तमान में यह स्थान कर्नाटक राज्य के बेलगाँव में रामदुर्ग से लगभग 14 किलोमीटर उत्तर की दिशा में स्थित सुरेबन नामक तीर्थस्थल है। यहाँ आज भी शबरी का आश्रम विद्यमान है।

रामायण के किष्किन्धाकाण्ड की कथा के अनुसार ऋष्यमूक पर्वत पर श्रीराम को आता देखकर बाली द्वारा निष्काषित सुग्रीव अपने भाई द्वारा शत्रुओं को भेजे जाने की आशंका से डर गया और उसने हनुमान् को श्रीराम और लक्ष्मण के पास भेजा। श्रीराम के पास आकर हनुमान् ने अपना और सुग्रीव का परिचय दिया एवं उनके आगमन का प्रयोजन पूछा–

प्राप्तोऽहं प्रेषितस्तेन सुग्रीवेण महात्मना।
राज्ञा वानरमुख्यानां हनुमान् नाम वानरः ॥

वर्तमान में यह स्थान कर्नाटक राज्य के हम्पी में कोप्पल नामक क्षेत्र में स्थित है एवं हनुमान् हल्ली नाम से प्रसिद्ध है।

रामायण के युद्धकाण्ड की कथा के अनुसार रावण से तिरस्कृत होने के पश्चात् धर्मज्ञ विभीषण श्रीराम की शरण में उस स्थान में आ गये जहाँ श्रीराम ठहरे थे। समुद्रतट का वह क्षेत्र है जहाँ विभीषण श्रीराम से मिले थे। यहीं श्रीराम ने कुश से निर्मित आसन पर धरना देकर तीन दिनों तक समुद्र से मार्ग देने की प्रार्थना की थी–

इत्युक्मूवा पुरुषं वाक्यं रावणं रावणानुजः।
आजगाम मुहूर्तेन यत्र रामः सलक्ष्मणः ॥[19]

वर्तमान में यह क्षेत्र तमिलनाडु राज्य के रामनाथपुरम नाम से प्रसिद्ध है। यहाँ दर्वाशयनम् नामक एक क्षेत्र स्थित है जहाँ श्रीराम ने दूर्वा के आसन पर समुद्र देवता को प्रसन्न करने के लिये शयन किया था। माना जाता है कि समुद्र पर बनने वाले रामसेतु की आधार शिला यहीं के छेडुकरई नामक गाँव में रखी गयी थी। यहाँ आज भी समुद्र के जल में दस फीट की गहराई पर तैरते हुए विशाल प्रस्तर शिलाओं को देखा जा सकता है, जिनसे लंका तक रामसेतु का निर्माण किया गया था। यहाँ समीप में ही श्रीरामकथा से सम्बन्धित कई तीर्थस्थल स्थित हैं जिनमे से विलुण्डीतीर्थ, एकनाथ राम, अग्नितीर्थ, राम-झरोखा आदि प्रमुख हैं। रामसेतु की वास्तविकता पर सन्देह किया जा रहा था, किन्तु नासा के आधुनिक उपग्रह तकनीक से ली गयी तस्वीरों ने समुद्र के अन्दर तैरते सेतु की वास्तविकता की पुष्टि कर दी, जो भारत के दक्षिणवर्ती क्षेत्र को लंका से जोड़ता है। इस विषय पर विवाद स्वार्थवश राजनीतिज्ञों द्वारा उत्पन्न किया गया है।

रामायण की कथा के अनुसार समुद्रदेव के परामर्श पर श्रीराम की सेना के नल नामक वानर ने प्रस्तर शिलाओं से समुद्र पर विशाल सेतु का निर्माण किया। यह सेतु सौ योजन लम्बा और दस योजन चौड़ा था–

दशयोजनविस्तीर्णं शतयोजनमायताम् ।
ददृशुर्देवगन्धर्वा नलसेतुं सुदुष्करम् ॥[20]

यह स्थान तमिलनाडु राज्य के रामेश्वरम् में स्थित है। यह द्वादश ज्योतिर्लिङ्गो में से एक है। रामेश्वरम् शिवलिङ्ग से 2 किलोमीटर की दूरी पर रामसेतु स्थित है।

न केवल भारत में अपितु श्रीलंका में भी ऐसे अनेक स्थल हैं जो रामकथा की वास्तविकता की पुष्टि करते हैं। श्रीलंका में तीस से अधिक ऐसे स्थान हैं जो रामकथा से सम्बन्धित हैं और जनमानस में तीर्थ के रूप में प्रतिष्ठित हैं। लंका के निवासियों को आज भी रामकथा से सम्बद्ध होने का गर्व है, जबकि उन क्षेत्रों में 90 प्रतिशत लोग बौद्ध हैं।

प्रस्तुत शोधपत्र में चिह्नित स्थलों को देखकर यह कहा जा सकता है कि रामायण में वर्णित क्षेत्र आज भले ही हू-ब-हू उस अवस्था में न हों, परन्तु इनकी उपस्थिति को नकारा नहीं जा सकता है। इससे रामायण की ऐतिहासिकता भी पुष्ट होती है। ये भौगोलिक क्षेत्र आज तीर्थस्थल का रूप ले चुके हैं। रामायण को जो तत्त्व जीवन्त बनाता है वह है उसकी लोकस्वीकृति। इन सभी स्थलों की जनमानस में स्वीकृति है। रामायण की कथा का साहित्यशास्त्रीय विवेचन तो बहुत हुआ है, परन्तु इसमें वर्णित भौगोलिक क्षेत्रों की भी विस्तृत अनुसन्धानात्मक समीक्षा अपेक्षित है।

सन्दर्भ

1. वाल्मीकि रामायण, 1.22.11
2. वही, 1.23.5
3. वही, 1.29.22
4. वही, 1.35.7
5. वही, 1.45.9
6. वही, 1.48.11
7. वही, 1.50.5
8. वही, 1.66.13
9. वही, 1.6.6
10. वही, 2.49.10
11. वही, 2.49.11
12. वही, 2.49.12
13. वही, 2.50.12
14. वही, 2.54.8
15. वही, 3.7.1
16. वही, 3.15.2
17. वही, 3.74.4
18. वही, 4.3.21
19. वही, 6.17.1
20. वही, 6.22.76

महाकवि भास के राम

डॉ. शरदिन्दु कुमार त्रिपाठी

महाकवि भास ने जनसाधारण के मनोभावों, हृदय की वृत्तियों एवं विभिन्न परिस्थितियों में उत्पन्न होने वाले मानसिक विकारों का चित्रण बड़ी कुशलता से सम्पन्न किया है। राग-द्वेष, हर्ष-विषाद, प्रेम-करुणा, उत्साह-अवसाद आदि जितने भाव मानव हृदय की सम्पत्ति हैं, उनका सरस और मधुमय वातावरण में निरूपण किया गया है। भारतीय-संस्कृति के अमर सन्देशवाहक नाटककार भास ने जीवन की उन शाश्वतिक समस्याओं'-धर्म-काम, धर्म-अर्थ, प्रणय-कर्त्तव्य, स्वार्थ-परमार्थ आदि का उद्घाटन किया है, जिनका मानव जीवन के साथ घनिष्ठ सम्बन्ध है। दूसरे शब्दों में यों कहा जा सकता है कि मानव जीवन के विवेचक और विश्लेषक नाटककार भास भारतीय जीवन और संस्कृति के प्रमुख गायक हैं। निश्चयतः भास की नाट्यकला में विविधता और बहुमुखता विशेषरूप से समवेत हैं। प्रकृति के नाना रूपों में जागरूक द्रष्टा भास की नाट्यकला एक ऐसा दर्पण है, जिसमें प्रकृति और जीवन दोनों ही प्रतिबिम्बित हैं। यह दर्पण सामान्य दर्पण नहीं है, अपितु वर्णमय रश्मियों को संस्कृत और प्रकाशित करने वाला है।

भास के नाटक जीवन की सांकेतिक अनुकृति न होकर जीवन की सजीव प्रतिलिपि होने के साथ वास्तविक प्रतिच्छवि भी हैं। यहीं, नहीं, वे यथार्थतः आन्तरिक जीवन के ऐसे 'एलबम' हैं जिसमें कला और जीवन के विविध चित्र संकलित हैं। जीवन की चित्रमयता नाना प्रकार के वेश-विन्यासों एवं भाव-भंगिमाओं द्वारा अभिव्यक्त हुई हैं। यही कारण है कि भास की कृतियों में भावनाओं, अतीतकालीन गौरव गाथाओं, इतिहास-पुराणों, सफलता-विफलताओं, उत्थान-पतनों, शुचित-अशुचिताओं आदि की जीवन्त अवतारणा प्राप्य है। निस्सन्देह जीवन के समान ही भास के नाटकों का क्षेत्र एवं परिधि अत्यन्त विस्तृत और विशाल हैं। मानवता, मानव मूल्यों मनुष्य के चिरन्तन भावों, अनुभूतियों एवं समस्याओं पर गम्भीरतापूर्वक चिन्तन किया गया है। सभ्यता, समाज, धर्म, प्रेम, स्नेह-बन्धन, संवेदन, जातीयगौरव, भारतीय आदर्श एवं प्रकृति के रमणीय रूप का यथार्थ चित्रण भास की कृतियों की प्रमुख विशेषता है। जीवन के विविध भावों का सूक्ष्म और गहन विश्लेषण कालिदास के समान ही भास की रचनाओं में भी उपलब्ध है।

नाट्यकला की दृष्टि से भास का आमन जितना उन्नत है, उससे कहीं अधिक यह कथातत्व की मौलिकता की दृष्टि से समुन्नत है। कथा की भागीरथी सरल और समानान्तर रूप में प्रवाहित होती हुई प्रेक्षकों के सम्मुख उपस्थित होती है। गतिशीलता और रसात्मकता का अपूर्व सम्मिश्रण भास के कथातत्त्व में सन्निहित है। भास ने कहीं भी औचित्य की सीमा का अतिक्रमण नहीं किया है। उनकी

कृतियों में वस्तु और रस इन दोनों का मंजुल सामंजस्य विद्यमान है। न तो कहीं रस का अतिरेक ही है और न वस्तु का दूर विच्छेद ही। भास ने कथावस्तु को रस, अलंकार तथा नाट्यसंकेतों से समलंकृत कर स्निग्धता और चारुता उपस्थित की है। अतः वस्तु गठन की सार्वभौमिक सत्ता भास की प्रमुख विशेषता है। महाकवि भास के तेरह नाटकों में से केवल दो नाटक अभिषेक और 'प्रतिमा' रामायण की कथा पर आश्रित हैं।

अभिषेक कथा-वस्तु

प्रस्तुत रूपक में सुग्रीव और राम इन दोनों का अभिषेक होने से इस नाटक का नामकरण सटीक हुआ है। इस नाटक की अन्तिम परिणति राम के राज्याभिषेक में होती है, जो कि इस नाटक का फल है। नाटककार भास ने रामायण की कथा को इसमें उपस्थित कर राम के उदात्त चरित्र के प्रति जनसाधारण का ध्यान आकृष्ट किया है।

राम की अनुमति से सुग्रीव बाली से लड़ने आता है। तारा के रोकने पर भी बाली सुग्रीव से भिड़ जाता है। सुग्रीव को बाली पछाड़ देता है। राम बाण से बाली को मार गिराते हैं। बाणाक्षरों से बाली को ज्ञात होता है कि मारने वाले राम हैं। बाली ने कहा—

भवता सौम्यरूपेण यशसो भाजनेन च।
छलेन मां प्रहरता प्ररूढमयशः कृतम्।।1.18

अर्थात् वल्कलधारी होकर धोखे से मुझे मारना सर्वथा अनुचित है। यह कहकर कर बाली मर जाता है। सुग्रीव का अभिषेक होता है।

हनुमान् सीता को खोजते हुए लंका जा पहुँचते हैं। दीर्घ अनुसन्धान के पश्चात् वह सीता के पास पहुँचते हैं। वहाँ पेड़ के ऊपर बैठ कर सारी स्थिति का अवलोकन करते हैं। इधर रावण सीता से प्रेम की बातें करता है। सीता उसे शाप का भय बताती है। रावण चला जाता है। हनुमान् सीता के सम्मुख आकर उनसे राम का समाचार बताते हैं कि राम शीघ्र ही लंका पर आक्रमण करने वाले हैं।

हनुमान् ने सीता से मिलने के पश्चात् अशोकवाटिका भग्न कर दी। रावण को यह समाचार दिया जाता है। रावण के द्वारा भेजे गये सैनिकों को हनुमान् मार डालते हैं। उन्होंने कुमार अक्ष को उनके पाँच सेनापतियों सहित मार डाला। इन्द्रजित युद्ध के पश्चात हनुमान् को बाँधकर ले आता है। विभीषण और हनुमान् रावण के सम्मुख उपस्थित होते हैं।

हनुमान् रावण की राजोचित प्रतिष्ठता का ध्यान रखते हुए उससे अनादरपूर्वक बातें करते हैं और अन्त में उसे रावण कहते हैं। उसे खीझकर रावण आदेश देता है कि दूत होने के कारण तो वह अवध्य है, पर इसकी पूँछ में आग लगा कर इसे छोड़ दिया जाय। रावण ने हनुमान् से कहा कि राम से कह दो कि मुझसे आकर लड़े। इधर विभीषण ने रावण से कहा कि पराक्रमी राम से युद्ध न करें, तब रावण ने उसका भी निर्वासन कर दिया।

विभीषण राम के शिविर के समीप समुद्रतट पर पहुँचते हैं। हनुमान् उन्हें राम से मिलाते हैं। विभीषण बताते है कि दिव्यास्त्र से समुद्र वश में होगा। वरुण ने प्रकट होकर राम के आदेश का पालन करते हुए समुद्र के बीच से जल सुखा कर मार्ग दे दिया। राम लंका पहुँचे। शुक और सारण रावण के चर राम की सेना में आये। राम ने उन्हें सब कुछ परीक्षण करके लौट जाने का आदेश दिया।

संग्राम में कुम्भकर्ण आदि मारे गये। रावण ने राम-लक्ष्मण के शिर की प्रतिकृति बनवाई। सीता के समीप जब रावण था, तभी राक्षस प्रतिकृतियाँ लाकर रावण को देते हैं। रावण उन्हें सीता को दिखाता है और कहता है अब मुझसे प्रेम करो। उसी समय रावण को समाचार मिलता है। कि इन्द्रजित मारा गया। रावण आवेश में प्रमत्त होकर कहता है—इसी सीता के कारण यह सब हुआ। इसका हृदय चीर कर इसकी अँतड़ी की माला पहन कर युद्ध में रावण-लक्ष्मण आदि का संहार करूँगा। दूत के समझाने पर उसने सीता को नहीं मारा।

राम-रावण का युद्ध होता है। इन्द्र मातलि से राम के लिए रथ भेजते हैं। घोर युद्ध के पश्चात् रावण को राम ने मारा। राम लक्ष्मण के साथ सीता से मिलते हैं।। सीता के विषय में राम कहते हैं—**तत्रैव तिष्ठतु रजनिचरावमर्शजातकल्मषा इक्ष्वाकुकुलस्याङ्कभूता।**

राम की इच्छानुसार सीता अग्निप्रवेश करती हैं। वहाँ से अधिक प्रभायुक्त होकर वे बाहर निकलती हैं। अग्निदेव सीता को राम के पास लाकर कहते हैं—

इमां भगवतीं लक्ष्मीं जानीहि जनकात्मजाम्।
सा भवन्तमनुप्राप्ता मानुषीं तनुमास्थिता। 6.28

अग्निदेव राम का अभिषेक करते हैं।

प्रतिमा-कथावस्तु

राम के अभिषेक की सामग्री इकट्ठी हो चुकी है। सीता चेटी के हाथ में वल्कल देखती है और उसे परिहास में पहन लेती है। उसी समय सीता को किसी चेटी से ज्ञात होता है कि राम का अभिषेक होने वाला है। सहसा अभिषेक वाद्य बजना रुक जाता है। फिर राम आकर सीता से मिलते हैं और बताते है कि महाराज ने मेरे न चाहने पर भी मेरे अभिषेक की विधि आरम्भ की। उस समय—

शत्रुघ्नलक्ष्मणगृहीतघटेऽभिषेके
छत्रे स्वयं नृपतिना रुदता गृहीते।
सम्भ्रान्त्या किमपि मन्थरया च कर्णे
राज्ञः शनैरभिहितं च न चास्मि राजा।।1.7

राम सीता के वल्कल पहने देखकर कहते हैं तुम अर्धाङ्गिनी हो तुमने वल्कल क्या पहना, मैंने पहन लिया। तभी राम सुनते हैं कि महाराज की रक्षा करें। कैकेयी के कारण वे रक्षणीय हैं। राम कहते है--**तेन उदर्केण गुणेनात्र भविव्यम्।** अर्थात् इसका परिणाम उत्तम होना चाहिए। राम ने कैकेयी के राज्य माँगने की सर्वथा उचित बताया। राम का कहना है कि—

शुल्के विपणितं राज्यं पुत्रार्थे यदि याच्यते।
तस्या लोभोऽत्र नास्माकं भ्रातृराज्यापहारिणाम्।।1.15

दशरथ मूर्च्छित हैं। लक्ष्मण हाथ में धनुष लिए हुए आ धमकते हैं और राम से कहते हैं कि संसार को युवतिरहित करने का मेरा निश्चय है, क्योंकि उस स्त्री कैकेयी ने आपका चौदह वर्षो का वनवास माँगा है। राम इसे मंगल बता कर सीता से उनको पहले से ही दिया हुआ वल्कल माँग कर पहन लेते हैं। सीता भी राम के न चाहने पर भी लक्ष्मण का समर्थन पाकर बन जाने

के लिये प्रस्तुत राम के लिए दिये हुए वल्कल से आधा भाग ग्रहण कर लेती हैं। तीनों वनवास के लिये चल देते हैं। यह समाचार मिलने पर भी कि दशरथ उन्हें देखने के लिये इधर ही आ रहे हैं, वे रुकते नहीं।

सुमन्त्र राम आदि को वन में छोड़ने के पश्चात् लौट कर दशरथ से मिलता है। दशरथ कहते हैं कि अरण्य में अनेक विपत्तियाँ होती है। सुमन्त्र ने कहा कि राम शृंगवेरपुर में अयोध्या की ओर मुख करके आपको कुछ सन्देश कहना चाहते थे, किन्तु वाष्पस्तंभित कण्ठ होने से बिना कुछ कहे ही चले गये। यह सुनकर दशरथ घोर मोह में विलीन हो गये। मरण के थोड़ा पहले उनको पितर दिखायी पड़ते हैं।

दशरथ की मृत्यु के पश्चात् प्रतिमागृह में दशरथ की प्रतिमा स्थापित कर दी गयी। उसे देखने के लिये सारा अन्तःपुर जाने वाला है। उसी समय भरत चिरकाल तक मामा के घर रहने के पश्चात् उधर से लौटते हैं। उन्हें अयोध्या के सूत ने बताया है कि महाराज अस्वस्थ हैं। वह जानते हुए भी उन्हें दुःखी करने वाले विपत्ति का समाचार नहीं देता।। भरत को कोई भट सूचना देता है कि आप एक दण्ड के पश्चात् रोहिणी नक्षत्र में नगर में प्रवेश करें। तदनुसार भरत निकटवर्ती देवकुल में विश्राम करने के लिए पहुँचते हैं। वहाँ देवकुलिक से पूछने पर उन्हें ज्ञात होता है कि ये मूर्तियाँ इक्ष्वाकुवंशी मृत राजा-दिलीप, रघु, अज और दशरथ की है। दशरथ की मृत्यु और रामादि का वनगमन सुनकर भरत वहीं, मूर्च्छित होकर गिर पड़ते हैं। तभी वहाँ भरत की माताएँ सुमन्त्र के साथ आयी। देवकुलिक ने उन्हें बताया कि मूर्ति के समीप मूर्च्छित होकर भरत पड़े हैं। भरत ने तीनों माताओं का अभिवादन किया। भरत ने कैकेयी को खरी खोरी सुनाई। कैकेयी ने कहा—मैंने महाराजा के सत्यवचन की रक्षा करते हुए यह सब किया है। भरत के बहुत ऊँच-नीच कहने पर कैकेयी ने कहा कि विशेष विवरण देश-काल समुचित होने पर बताऊँगी।

भरत ने अभिषेक नहीं कराया। वे राम से मिलने के लिये अभिषेक की सामग्री के साथ तपोवन चले जाते हैं। साथ में सुमन्त्र और सारथी हैं। सुमन्त्र ने बताया कि रामादि इस आश्रम में हैं। भरत ने आश्रमद्वार पर निवेदन किया—

निघृणश्चः कृतघ्नश्च प्राकृतः प्रियसाहसः
भक्तिमानागत : कश्चित् कथं तिष्ठतु यात्विति।।4.5

राम को पिता का वार्षिक श्राद्ध करना है। उसी समय सीता का हरण करने के लिये परिव्राजक वेशधारी रावण वहाँ आता है। राम के पूछने पर रावण बताता है कि हिमालय के सातवें शृंग पर कांचनपार्श्व नामक मृग रहते हैं। उनसे श्राद्ध में पितृतर्पण होता है। राम हिमालय पर जाने को प्रस्तुत हैं। रावण कहता है—यह देखें हिमालाय ने आपके लिये कांचनपार्श्व भेज दिया है। राम उसके पीछे चलते बनें और सीता को आदेश दे गये कि अतिथि का सत्कार करे। रावण माया का रूप हटाकर स्वरूप धारण करके घोषणा करता है—

बलादेव दशग्रीवः सीतामादाय गच्छति।
क्षात्रधर्मे यदि स्निग्धः कुर्याद् रामः पराक्रमम्।।5.29

तभी सीता की रक्षा के लिये जटायु रावण पर आक्रमण करता है।

सुगन्ध जनस्थान से राम का वृत्त जान कर लौटे हैं। वे भरत से बताते हैं कि राम जनस्थान

से गये। वहाँ उन्होंने अपने ही समान राज्यभ्रंश और पानी वियोग से सन्तप्त सुग्रीव का दुःख दुर कर दिया। उसी समय भरत कैकेयी के पास जाकर कहते है–

यः स्वराज्यं परित्यज्य त्वन्नियोगाद् वनं गतः।
तस्य भार्या हृता सीता पर्याप्तस्ते मनोरथः।। 6.13

कैकेयी ने रहस्य की बात बतायी कि महाराज को शाप था कि पुत्रशोक से मरेंगे, इसीलिए अपने को अपराधी बनाकर भी मैंने राम को वन में भेजा, राज्य के लोभ से नहीं। पुत्र-प्रवास के बिना मुनि का शाप समाप्त नहीं होता। भरत के पूछने पर कि चौदह वर्ष का वनवास क्यों दिया? कैकेयी ने बताया कि चौदह दिन कहना चाहती थी, मुँह से 14 वर्ष निकल गया। भरत ने कहा–

दिष्ट्यानपराद्धात्र भवती। अम्ब यदि भ्रातृस्नेहात् समुत्पन्नमन्युना मया दूषितात्र भवती, तत् सर्व मर्षितव्यम्। अम्ब अभिवादये।

भरत रावण के विरोध में राम की सहायता करने के लिये माताओं और वसिष्ठादि के साथ ससैन्य चल देते हैं। इधर राम रावण-विजय के पश्चात् विमान द्वारा जनस्थान पहुँच गये हैं, जहाँ सीता के पुत्रीकृत वृक्षक थे। राम सीता के समक्ष पहले की सब स्मृतियों का नवीनीकरण करते हैं। शत्रुघ्न बताते हैं–

तीर्थोदकेन मुनिभिः स्वयमाहृतेन
नानानदीनदगतेन तव प्रसादात्
इच्छन्ति ते मुनिगणाः प्रथमाभिषिक्तं
द्रष्टु मुखं सलिलसिक्तमिवारविन्दम्।। 7.9

राम

रमा और कृण ऐसे चरित्र हैं, जिनके प्रति भारतीय हृदय सदा नतमस्तक रहा है। 'अभिषेक' और 'प्रतिमा' नाटक में राम का चरित्र निबद्ध है। 'प्रतिमा' में समृद्धि की देवी सीता के स्वामी के रूप में तथा 'अभिषेक' में ऋषियों के यज्ञ में विघ्न करने वाले राक्षसहन्ता के रूप में चरित्रांकन आया है। राम ऐसे शक्तिशाली योद्धा हैं, कि उनका एक ही बाण सात शालिवृक्षों को एक साथ वेध सकता है और वे अपने कृत्यों से सुग्रीव और हनुमान् को बालि का सामना करने तथा उस पर विजय प्राप्त करने का विश्वास दिला देते हैं, राम का एक ही बाण बालि को धराशायी बना देता है। इतना ही नहीं उनका बाण समुद्र को सुखाने की क्षमता भी रखता हैं। उन्होंने एक ही बाण से शक्तिशाली रावण को भी मार डाला।

राम जहाँ शक्ति की सीमा के आगार हैं वहीं वे पूर्णतः भयमुक्त भी हैं। जब लंका में राम की सेना के पहुँचने पर गुप्तचर के रूप में शुक और सारण वानरों के वेश में सेना में सम्मिलित हो जाते हैं, पकड़े जाने पर विभीषण उन्हें उचित दण्ड देने का अनुरोध करता है, पर राम उन्हें यह कहकर मुक्त कर देते हैं कि इन बेचारों का क्या अपराध है? इन्हें मारने से विजय थोड़े ही मिल जायेगी और न इनको मारने से रावण ही मर जायेगा। इस पर लक्ष्मण व्यंग्यपूर्वक सुझाव देते हैं कि यदि इन्हें मुक्त कर दिया जाता है, तो इन्हें समस्त शिविर का निरीक्षण करने की भी अनुमति दी जानी चाहिए। लक्ष्मण के इस व्यंग्य को सुनकर राम उत्तर देते हैं कि यह अच्छा सुझाव है। वे नील

को आदेश देते हैं कि तुम इन्हें ले जाकर समस्त शिविर दिखला दो। इस स्थल पर राम की निर्भयता पूर्णतः अभिव्यक्त होती है। रावण के साथ युद्ध के अवसर पर भी राम निर्भय ही दिखलायी पड़ते हैं। उन्हें अपनी मृत्यु का तनिक भी भय नहीं है।

राम केवल विजय प्राप्ति के लिये विजय लाभ से घृणा करते हैं। वे धर्मयुद्ध में संलग्न होते हैं और धर्म विजय को ही सत्य की विजय मानते हैं। निकृष्टकोटि के विजेताओं के समान व्यर्थ न तो दूसरों की सीमा पर ही आक्रमण करना चाहते हैं और न किसी भी राष्ट्र की प्रजा को ही अपने अधीन करना चाहते हैं। जब विभीषण सत्य और न्याय की दुहाई दे कर सीता को मुक्त कराने की अपनी इच्छा व्यक्त कर उनकी शरण लेता है, उसे लंका का राजा बना देने का संकल्प करते हैं। रावण की मृत्यु के पश्चात् अपने इस संकल्प को मूर्त्तरूप देते हैं।

लोकोपदेश राम के चरित्र की एक अन्य विशेषता है। सीता को निष्कलंक जानने पर भी वे तब तक उसे अंगीकार नहीं करते, जब तक अग्नि में उसकी परीक्षा नहीं हो जाती। उन्हें प्रजा और परिवार की गौरव समृद्धि का पूरा ध्यान है। अपने इक्ष्वाकुवंश को सदा पवित्र और यशस्वी बनाये रखने का वे प्रयास करते है।

राम विश्वस्त मित्र और सहायक हैं। सुग्रीव से मित्रता करते हैं, अतः सुग्रीव की कार्य सिद्धि के लिये वे बालि-वध करते हैं। इस कार्य में उन्हें थोड़ी-सी अनीति अपनानी पड़ती है, पर मित्र की सहायता करना अपना परम कर्त्तव्य समझकर वे उक्त स्थिति को महत्त्व नहीं देते। घायल बालि जब उनसे प्रश्नोत्तर करता है, तो एक क्षण के लिये वे विचारमग्न हो जाते हैं।

स्नेही पति के रूप में राम का चित्रण 'प्रतिमा' नाटक में आया है। उनका वार्त्तालाप हार्दिक प्रेम और मधुरता में ओत-प्रोत है। सीता राम से कहती है कि जब वह वल्कल वस्त्र धारण कर लेती हैं, तब राम की आधी आत्मा उसमें प्रविष्ट हो जाती है। राम सीता पर एक दृष्टि डालते हैं वे पाते हैं कि सीता ने अपने समस्त आभूषण उतार दिये हैं वे सीता के समक्ष दर्पण लेकर खड़े हो जाते हैं, जिससे सीता पुनः अपने आभूषणों को धारण कर सके।

राम वनगमन के लिये सीता को आज्ञा नहीं देना चाहते है। सुकुमार सीता को वन में बहुत कष्ट सहन करना पड़ेगा। जंगली वातावरण कभी भी उसकी प्रकृति से अनुकूल नहीं हो सकता हैं, अतः राम सीता को वन ले जाना नहीं चाहते थे, पर सीता के आग्रह को टालना सम्भव नहीं हो सका। सीता के तर्कों के समक्ष राम निरुत्तर हो गये और उन्हें सीता को साथ ले जाने की अनुमति देनी पड़ी। इससे राम के हृदय की विशालता प्रकट होती है।

राम वृक्षों का तन्मयतापूर्वक सिंचन करने वाली सीता से वार्त्तालाप करते हुए पिता का वार्षिक श्राद्ध करने की चर्चा करते हैं। कर्त्तव्यपालन के प्रति जागरूक होने के कारण वे सामर्थ्यानुसार अपने पिता का वार्षिक श्राद्ध करने के लिये चिन्तित हैं। श्राद्ध के लिये योग्यतम सामग्री प्राप्त करना चाहते हैं और इसी अवसर का लाभ उठाकर रावण उन्हें धोखा देने का प्रयास करता है। भास ने राम को एक पत्नीव्रती के रूप में चित्रित किया है। पत्नी सीता के प्रति उनके मन में अपार निष्ठा है।

राम महत्त्वाकांक्षी नहीं हैं। वे राजा दशरथ के द्वारा अपने लिये राज्याभिषेक का निर्णय किये जाने पर संकोच करते हैं और उनके इस प्रस्ताव के प्रति अपनी असहमति प्रकट करते हैं। पर दशरथ राज्य त्याग देने की धमकी देते हैं, तभी वे उक्त प्रस्ताव को स्वीकार करते हैं। कैकेयी द्वारा

वरदान मांग लेने से जब 'राजतिलक' में बाधा आती है, तो वे अत्यन्त प्रसन्न होते हैं। लक्ष्मण जब क्रुद्ध हो कर कैकेयी को बुरा-भला कहते हैं तो वे रूष्ट हो जाते हैं और लक्ष्मण को अनेक प्रकार से समझा बुझा कर शान्त करते हैं। राम के कार्यों से यह साफ़ प्रतीत होता है कि वे राज्य प्राप्ति के लिये तनिक भी चिन्तित नहीं है। भरत द्वारा राज्य के लौटाये जाने पर भी वे उसे लेने से इनकार करते हैं। चौदह वर्ष व्यतीत हो जाने पर जब भरत बार-बार आग्रह करते हैं और किसी भी शर्त पर राज्यभार को ग्रहण करने के लिये तैयार नहीं होते, तो वे माता कैकेयी की अनुमति प्राप्त कर राज्याभिषेक करने की स्वीकृति देते हैं।

राम के चरित्र में माता और पिता के प्रति अपार भक्ति है। रामायण के राम अपने पिता महाराज दशरथ के सम्बन्ध में वह कोमल भाव नहीं रखते है, जो 'प्रतिमा' के राम में स्पष्ट झलकता है। प्रतिमा के राम अपने राज्याभिषेक के होते-होते रुक जाने से अत्यधिक प्रसन्न होते हैं। इस अवसर पर प्रस्तुत किये गये राम का चरित्र अतुलनीय है—

वनगमननिवृत्तिः पार्थिवस्यैव तावत्,
मम पितृपरवत्ता बालभावः स एव।
नवनृपतिविमर्शे नास्ति शङ्का प्रजाना–
मथच परिभोगैर्वञ्चिता भ्रातरो मे।।[1]

वे कैकेयी सहित अपनी सौतेली माताओं का पूरा ध्यान रखते हैं। जितना सम्मान अपनी माँ कौसल्या का करते हैं, उतना ही अन्य माताओं का भी। वनवास की आज्ञा मिलने पर वे कैकेयी और मन्थरा को एक शब्द भी नहीं बोलते।

भाईयों के प्रति भी उनके हृदय में अपार स्नेह है। लक्ष्मण को तो सदा वे अनुज मानते ही हैं, पर भरत को भी वे अपार स्नेह करते हैं। वे सीता को जा कर उनसे मिलने के लिए कहते हैं, यह उनकी सबसे बड़ी प्रतिष्ठा है। शत्रुघ्न के लिए भी उनका हृदय कोमल स्नेह से आप्लावित है।

सेवकों और मित्रों की सुविधा का भी उन्हें पूरा ध्यान है। विभीषण, सुग्रीव, नील, हनुमान् आदि के साथ उनका व्यवहार विचारपूर्ण और प्रेमिल है।

जब वे लक्ष्मण को वल्कल वस्त्र पहनने को देते हैं तो वे उनसे कहते है—'धैर्य की लड़ाई लड़ने का ये वस्त्र एक शस्त्र है।[2] ये हाथी को आत्मसंयम का मार्ग दिखलाने के लिए अंकुश है।[3] और हाँ चित्त में उठने वाले विकारों का शमन करने के लिए धर्मोपदेश।'[4] जब लक्ष्मण उत्तेजित हो कर युद्ध करने के लिए कहते हैं तो वे लक्ष्मण को शान्त करने हेतु उत्तर देते हैं— 'क्या मुझे अपने बाणों का प्रयोग अपने पिता पर ही करना चाहिए। यदि मेरी माँ मेरा राज्य ले लेती है तो क्या मुझे अपने धनुष का प्रयोग उनके विरुद्ध करना चाहिए? क्या मुझे अपने छोटे भाई भरत का वध कर देना उचित है? जो इस परिस्थिति से बहुत दूर हैं, जिसे यहाँ की किसी भी घटना की जानकारी नहीं है। अब आप ही बतलाइये कि उक्त तीनों अपराधों के करने पर कौन हमारे हृदय को सन्तोष प्रदान करेगा?' भरत राम को वन से लौटाने के लिये जाते है और राज्य ग्रहण करने का अत्यधिक अनुरोध करते हैं, राम पिता की आज्ञा पालन करने हेतु वापस लौटना नहीं चाहते और भरत को ही किसी प्रकार चौदह वर्षों तक राज्य संचालित करने के लिये वे तैयार कर लेते हैं, तो भरत उनकी चरण पादुकाओं को राजसिंहासन पर आरूढ़ करने के लिये माँगते हैं। इस अवसर पर राम कहते हैं—'भरत ने जो

एक दिन में पा लिया है, वह मैं जीवन पर्यन्त परिश्रम करके कभी नहीं पा सकूँगा।'[5] राम के इन विनम्रतापूर्ण वचनों से उनके चरित्र की समस्त उज्ज्वलता प्रकाश में आ जाती है। नाटककार भास ने राम के जीवन में उदारता, त्याग, सहिष्णुता, प्रेम, बन्धुता, सहृदयता, धैर्य एवं वीरता आदि गुणों का पूर्ण समावेश किया है। वे अवतारी पुरुष होने पर भी मर्यादा का कभी उल्लंघन नहीं करते।

गम्भीरता के होने पर भी राम के चरित्र में हास्य-व्यंग्य का भी समावेश है। जब भरत लक्ष्मण के हाथ से उनके लिये पानी लाने के हेतु जलपात्र छीन लेते हैं तो वे सीता को कहते हैं—वैदेही अब लक्ष्मण का पेशा समाप्त हो गया'। इस पर सीता लक्ष्मण का पक्ष लेती हुई उनकी वकालत करती हैं। और कहती हैं—'वन में लक्ष्मण मेरी सेवा करेगा और भरत नगर में'।

प्रजा और राज्य के सम्बन्ध में उनके कर्त्तव्यभाव अत्यन्त उदात्त हैं। रावण द्वारा सीताहरण होने पर रावण के विरुद्ध युद्ध करने के लिये अयोध्या में भरत को सेना भेजने के लिये अपना संवाद नहीं भेजते। वे सीता को रावण के यहाँ से लौटा लाना अपना निजी कर्त्तव्य मानते हैं, अयोध्या राज्य का नहीं। जनता के कल्याण का उन्हें इतना अधिक ध्यान है कि वे वन से भरत को उसी दिन अयोध्या लौट जाने की आज्ञा देते है। एक रात्रि भी वन में भरत को नहीं रहने देना चाहते। भरत के वन में रहने से प्रजा को कष्ट होगा। सम्भवतः राज्य को राजा से रहित देख कर कोई शत्रु आक्रमण कर दे, जिससे प्रजा को कष्ट उठाना पड़े। राज्य की उपेक्षा एक क्षण के लिए भी उन्हें सह्य नहीं। राज्याभिषेक के पश्चात् राम पितृदेव को सम्बोधन कर कहते हैं—'आप स्वर्ग में आनन्द प्राप्त करें और कष्ट भूल जायें। आपने मेरा राज्याभिषेक करना चाहा था, वह अब पूरा हुआ। अब मैं पृथ्वी पर पुण्यभार का वहन करने वाला राजा बन गया हूँ। मैंने न्यायपूर्वक प्रजापालन का उत्तरदायित्व सम्भाल लिया है।''[6] इससे राम की महत्ता स्वतः स्पष्ट होती है।

सन्दर्भ

1. प्रतिमानाटक, 1।14
2. तपः संग्रामकवचं प्रतिमा, 1।28
3. नियमद्विरदांकुशः, वही, 1।28
4. खलीनमिन्द्रियाश्वानाम्, वही, 1।28
5. सुचिरेणापि कालेन यशः 'किंचिन्मयार्जितम्'।
6. प्रतिमानाटक, 7.1

'रघुवंश' की रामकथा

प्रो. सदाशिव कुमार द्विवेदी

महाकवि कालिदास की रघुवंश, कुमारसम्भव, मेघदूत, ऋतुसंहार इन चार काव्यकृतियों तथा मालविकाग्निमित्र, विक्रमोर्वशीय तथा अभिज्ञानशाकुन्तल इन तीन नाट्यकृतियों में से रघुवंश में पूर्णतः और इसके अतिरिक्त कुमारसम्भव तथा मेघदूत में भी रामकथा के सन्दर्भ सांकेतिक रूप से प्राप्त होते हैं। रघुवंश-महाकाव्य में महाकवि ने सम्पूर्ण रामकथा को उपनिबद्ध किया है।

कोसल राज्य के इक्ष्वाकुवंशीय शासकों में दिलीप से प्रारम्भ कर अग्निवर्णपर्यन्त 32 राजाओं का वर्णन रघुवंश महाकाव्य के 19 सर्गों में प्राप्त होता है।[1] इक्ष्वाकुवंशीय राजाओं में मनु, दिलीप, रघु, अज तथा दशरथ और उनके अनन्तर महाकवि ने 10वें सर्ग से प्रारम्भ कर 15वें सर्ग तक सम्पूर्ण रामचरित का वर्णन किया है। रघुवंश महाकाव्य में महाराज अज के बाद 9वें सर्ग में उनके पुत्र दशरथ की कथा उपनिबद्ध है। रघुवंश के 10वें सर्ग में रामजन्म से प्रारम्भ कर, रामविवाह, रामवनगमन, रावणवध, सीता अग्निपरीक्षा, रामप्रत्यागमन, भरतमिलाप, रामराज्यारोहण, सीतापरित्याग से लेकर 15 वें सर्ग में लवणासुरवध, शम्बूकवध, अश्वमेधयज्ञानुष्ठान, अयोध्या में महर्षि वाल्मीकि द्वारा शिक्षित लव-कुश का रामायण पाठ, सीताभूमिप्रवेश, काल के उपस्थित हो राम को परमेष्ठी का स्वर्ग लौटने का आदेश सुनाना, ऋषि दुर्वासा का आगमन, लक्ष्मण परित्याग, पुत्रों को राज्यशासन सौंपना, राम का पुरवासियों के साथ स्वर्गगमन तक की रामकथा उपनिबद्ध है। राम के स्वर्गारोहण के अनन्तर 16वें सर्ग में कुश तथा 17वें सर्ग में उनके पुत्र अतिथि सूर्यवंश की राजपरम्परा के प्रतिनिधि बन कोसल राज्य पर सुशासन बनाये रखते हैं। रघुवंश-महाकाव्य में कोसल जनपद के अन्तिम शासक हैं अग्निवर्ण।

महाकवि कालिदास के रघुवंश महाकाव्य में रामकथा का 9वें सर्ग में प्रारम्भ महाराज दशरथ के राज्यारोहण के वृत्तान्त से होता है। कोसलाधिपति महाराज अज के संन्यास ग्रहण कर लेने पर उत्तरकोसल जनपद का राज्य उनके पुत्र दशरथ ने संभाल लिया। दशरथ सफल और समर्थ शासक थे। दशरथ शमवानों में भी अग्रसर थे और रक्षकों में भी, वे महारथी भी थे और समाधि से जितेन्द्रिय भी–

पितुरनन्तरमुत्तरकोसलान् समधिगम्य समाधिजितेन्द्रियः।
दशरथः प्रशशास महारथो यमवतामवतां च धुरि स्थितः।।9.1।।[2]

उन्होंने राज्यारूढ होते ही समुद्रपर्यन्त पृथ्वी को नये सिरे से जीता (9.14)। देश की रक्षा में राजा दशरथ ने कभी भी आलस्य नहीं किया। उत्कृष्ट शासक के रूप में प्रतिष्ठित हो चुके राजा दशरथ की लोकप्रियता इतनी अधिक थी कि पड़ोसी राष्ट्र के आपसी विवादों में उनको मध्यस्थ भी बनाया जाता था।

युवक दशरथ का क्रमशः दक्षिण, कोसल, केकय तथा मगध देश की कन्याओं कोशल्या,

कैकेयी तथा सुमित्रा से विवाह सम्पन्न हुआ—**मगध-कोसल-केकयशासिनां दुहितरोऽहितरोपितमार्गणाम्** (**9.17**)। महाराज दशरथ को पति रूप में प्राप्त कर वे सभी प्रसन्न थीं। इन्द्र के लिए राजा दशरथ अनेक बार स्वर्गलोक पहुँचकर देवताओं का विरोध कर रहे शत्रुओं को परास्त करते हैं। इस प्रकार उनकी गति अपने पूर्वजों के सदृश स्वर्ग तक भी थी (9.19)।

गार्हस्थ्य में प्रवेश लेकर महाराज दशरथ ने यज्ञ का अनुष्ठान किया। यज्ञ की यजमान की वेशभूषा में प्रतिष्ठित राजा दशरथ अजिनदण्ड धारण कर, कुश मेखला पहन कर, हाथ में मृगशृंग लिए हुए साक्षात् शिव ही प्रतीत होते थे—

अजिनदण्डभृतं कुशमेखलां यतगिरं मृगशृङ्गपरिग्रहाम्।
अधिवसंस्तनुमध्वरदीक्षितामसमभासमभासयदीश्वरः।। 9.21।।

एक बार वसन्त ऋतु के समय सूर्य के उत्तरायण होने पर वृक्ष वनस्पतियों पर पत्ते निकले, फूल खिले, भ्रमर की झंकार और कोयलों की कूक से परिपूर्ण वासन्ती शोभा वनस्थली के वृक्षों पर प्रकट हो गयी। सरोवरों में कमल-कमिलिनी खिल उठे। अशोक के वृक्ष फूल से लदे अतीव आकर्षक लग रहे थे। कुरबकों पर भौंरे अधिक टूट रहे थे। बकुल-पुष्पों ने तो भौंरों को मतवाला ही बना दिया था। टेसू (पलाश) के फूल वनस्थली के साथ वसन्त के मिलन की उजागर निशानी दिखायी पड़ रहे थे। ठंड की कमी के साथ आम की फूली टहनियाँ मलय पर्वत की पवन से नृत्य की दीक्षा लेने लगी थीं, कोयल की कूक और प्यारी लगने लगी थी। रजनी रूपी कानिनी क्षीण होती जा रही। चन्द्रमा तुषार से मुक्त था और वह अधिक कान्तिमान् लगने लगा था। कर्णिकार के पुष्प कामिनी जनों के केशों पर गुथे जाने लगे, तिलक वृक्ष की शोभा प्रमदा के भाल पर लगे तिलक जैसी ही थी। नवमल्लिका सुगन्ध बिखेर कर मन को मचलने के लिए विवश करने लगी थी। ललनायें लाल साड़ी पहनतीं और हिंदोले का सुख (झूला झूलने का भरपूर आनन्द) लेतीं (9.24-49)।

विलासवती वनिताओं के साथ वसन्त का आनन्द ले राजा दशरथ अपने राज्य से मृगया के लिए निकलते हैं। महाकवि कालिदास राजाओं के लिए मृगया गुणकारी मानते हैं, क्योंकि इससे चल लक्ष्य पर शरसन्धान का अभ्यास होता है, और पशुओं की भय, क्रोध की विभिन्न चेष्टाओं का बोध होता है। व्यायाम से शरीर का स्वस्थ होना मृगया का तीसरा लाभ है। धनुष ले दशरथ उन वनों की ओर चल पड़े जिनमें जंगली जानवरों के पाये जाने की सूचना थी। वे कृष्णसार मृगों के पीछे घोड़ा दौड़ाते परन्तु उन पर बाण नहीं छोड़ते, क्योंकि वे देखते कि 'हिरणियाँ उन्हें छिपाने का यत्न कर रही हैं।' कभी उन्हें उन हिरणियों की आँखों में अपनी प्रिया की आँखें दिखायी दे जाती थीं। परन्तु क्रूर सूकरों पर उन्होंने बाण छोड़े और उन्हें वृक्षों में कील दिया। वन्य महिषों की आँख में लगा दशरथ का बाण शरीर पार कर जाता। वे महिष पहले गिरते, उनके शोणित से आलिप्त बाण बाद में। गेंडों के केवल सींग ही दशरथ ने काटे, क्योंकि उनका उद्देश्य दर्प-शमन था। व्याघ्रों के मुख बाणों से भर दिये और चमरों के चँवर काट गिराये। मयूर दशरथ के पास से उड़े, तब भी उन्होंने उन्हें मारना पसन्द नहीं किया। उनके मोरंगे देखकर उन्हें प्रिया के केश-पाशों का स्मरण हो आता था (9.51-71)।

मृगया के दौरान कृष्णसार मृग का पीछा करते-करते दशरथ (हिमांचल की तराई से) तमसा तट तक पहुँचते हैं (9.72)। वहाँ उन्हें सुनायी देती है, हाथी के चिंघाड़ने की आवाज़। मृगया में अभिनिविष्ट होने से राजा दशरथ ने उस पर शब्दवेधी बाण छोड़ दिया, यद्यपि उन्हें विदित था कि

हाथी का शिकार राष्ट्रीय संविधान के विरुद्ध है (9.73-74)। बाण छूटते ही उन्हें सुनायी दिया मनुष्य का क्रन्दन 'हा तात।' वस्तुतः वह हाथी नहीं एक तपस्वी कुमार था और वह आवाज़ हाथी की चिघांड़ नहीं, अपितु उस बालक के द्वारा पानी भराते घड़े की ध्वनि थी। दशरथ दौड़कर पहुँचे तो आश्चर्यचकित थे यह देख कि उनका बाण एक मुनिपुत्र को लगा हुआ था। यह देख उनका हृदय शल्य से विदीर्ण सा हो गया—

हा तातेति क्रन्दितमाकर्ण्य विषण्णस्तस्यान्विष्यन् वेतसगूढं प्रभवं सः ।
शल्यप्रोतं प्रेक्ष्य सकुम्भं मुनिपुत्रं तापादन्तः शल्य इवासीत् क्षितिजोऽपि ।। 9.75।।

दशरथ बाण से घायल मुनिपुत्र को उसके माता-पिता के पास ले जाते हैं। वे अन्धे थे और वह मुनिपुत्र उनकी एकमात्र सन्तान थी। राजा ने अपनी भूल उन्हें सुनायी तो वे वृद्ध माता-पिता बिलख-बिलख कर रोने लगते हैं। राजा से उन्होंने अपने पुत्र के शरीर में बिधे बाण को निकालने को कहा। राजा के बाण निकालते ही मुनिपुत्र चल बसा। दशरथ इस अपराध के बदले स्वयं मृत्युदण्ड लेने के लिए उद्यत हुए, किन्तु मुनि ने बहते हुए आँसुओं का जल हाथ में लेकर केवल इतना ही कहा—"राजन्, जा तेरी भी मृत्युपुत्र शोक से ही होगी।" शाप देते समय मुनि घायल होकर विष उगलते सर्प जैसे लग रहे थे। दशरथ का अपराध अकल्पनीय था—

तौ दम्पती बहु विलप्य शिशोः प्रहर्त्रा
शल्यं निखातमुदहारयतामुरस्तः।
सोऽभूत् परासुरथ भूमिपतिं शशाप
हस्तार्पितैर् नयनवारिभिरेव वृद्धः ।। 9.78।।
दिष्टान्तमाप्स्यति भवानपि पुत्रशोका—
दन्त्ये वयस्यहमिवेति तमुक्तवन्तम्।
आक्रान्तपूर्वमिव मुक्तविषं भुज
प्रोवाच कोसलपतिः प्रथमापराधः ।। 9.79।।

दशरथ के लिए वह शाप वरदान सिद्ध होता है, क्योंकि वे पुत्रविहीन थे और उस शाप की चरितार्थता के लिए उन्हें पुत्र का मुख देखने का चिर-प्रतीक्षित अवसर मिलने जा रहा था। महाकवि के अनुसार अग्नि यदि कृषियोग्य भूमि को जलाती है तो उसको उर्वर भी कर देती है। पुत्रशोक से संतप्त सपत्नीक मुनि ने जलती हुई चिता की प्रार्थना कर उसमें प्रवेश कर अपना शरीर छोड़ दिया। अपने अविवेक से आहत राजा दशरथ मृगया छोड़ राजधानी लौट जाते हैं। उन्होंने अपने विनाश के हेतुभूत शाप को उसी प्रकार अपने हृदय में छिपाये रखा जैसे समुद्र अपने भीतर वडवाग्नि को छिपाये रहता है—

शापोऽप्यदृष्टतनयाननपद्मशोभे
सानुग्रहो भगवता मयि पातितोऽयम्।
कृष्यां दहन्नपि खलु क्षितिमिन्धनेद्धो
बीजप्ररोहजननीं ज्वलनः करोति।। 9.80।।
इत्थं गते गतघृणः किमयं विधत्तां
वध्यस्तवेत्यभिहितो वसुधाधिपेन।
एधान् हुताशनवतः स मुनिर्ययाचे

पुत्रं परासुमनुगन्तुमनाः सदारः।। 9.81।।
प्राप्तानुगः सपदि शासनमस्य राजा
संपाद्य पातकविलुप्तधृतिर्निवृत्तः।
अन्तर्निविष्टपदमात्मविनाशहेतुं
शापं दधज्ज्वलनमौर्व्वमिवाम्बुराशिः ।। 9.82।।

रघुवंश के इस कथानक में विचार का विषय है कि राजा दशरथ के पूर्वज महाराज दिलीप भी उनके समान ही सन्ततिहीन थे, परन्तु उनको सन्तति मिली महर्षि वशिष्ठ के आश्रम में मुनिहोमधेनु नन्दिनी की अधिकार मर्यादा की रक्षा करने के उपरान्त महर्षि की अनुमति प्राप्त कर उसका दुग्धपान करने से। महाराज दशरथ को वहीं मृगयापराध से पुत्र की प्राणहानि के कारण पुत्रशोक से संतप्त मुनि का शाप पुत्रप्राप्ति में हेतु बनता है, न कि गोसेवा। यही है रघुवंश में आने वाले भावी क्रमिक उतार का संकेत। गोसेवा से पुत्रप्राप्ति का वरदान दशरथ तक आते आते मुनिपुत्र की प्राणहानि के पातक से सने मुनिशाप के प्रतिफल में परिणत हो जाता है। कितने नीचे उतर आता है यहाँ रघु का वंश।

महाकवि कालिदास के अनुसार मुनिशाप के अनन्तर पृथ्वी पर कोसल राज्य का शासन करते महाराज दशरथ के 10 सहस्र वर्ष बीत गये, परन्तु उनको पुत्र नामक ज्योति के दर्शन नहीं हुए। इसके लिए निमित्त की आवश्यकता थी जिसकी पूर्ति ऋष्यश्रृंग आदि ऋषियों ने पुत्रीयेष्टि यज्ञ सम्पादित करते हुए की—

पृथिवीं शासतस्तस्य पाकशासनतेजसः ।
किञ्चिदूनमनूनर्द्धेः शरदामयुतं ययौ ।। 10.1।।
न चोपलेभे पूर्व्वेषामृणनिर्मोक्षसाधनम् ।
सुताभिधानं स ज्योतिः सद्यः शोकतमोऽपहम् ।। 10.2।।
अतिष्ठत् प्रत्ययापेक्षसन्ततिः स चिरं नृपः ।
प्राङ् मन्थादनभिव्यक्तरत्नोत्पत्तिरिवार्णवः ।। 10.3।।
ऋष्यशृङ्गादयस्तस्य सन्तः सन्तानकाङ्क्षिणः ।
आरेभिरे यतात्मानः पुत्रीयामिष्टिमृत्विजः ।। 10.4।।

यज्ञ के अयोजन के समय राक्षसराज लंकाधिपति रावण द्वारा सन्तापित देवजन रक्षा की प्रार्थना ले बैकुण्ठ में भगवान् विष्णु के पास पहुँचते हैं (11.5)। वह तिथि थी हरिप्रबोधिनी एकादशी। जागते ही देवताओं को भगवान् के दिव्य दर्शन हुए। भविष्य में कार्यसिद्धि का लक्षण था देवताओं के पहुँचते ही भगवान् का शेषशय्या से जागना—**अव्यापेक्षा भविष्यन्त्याः कार्यसिद्धेर्हिलक्षणम्।। 10.6।।**

भगवान् शेषनाग के शरीर की शय्या पर विराजमान थे और कमल पर बैठी लक्ष्मी उनके पैर अपनी गोद में दोनों हाथों पर सम्हाले हुए थीं। कौस्तुभमणि की प्रभा से उनके वक्षःस्थल का श्रीवत्स छिपा जा रहा था। दिव्याभरणों से अलंकृत बड़ी-बड़ी भुजाओं से वे ऐसे लग रहे थे जैसे समुद्र में फिर से पारिजात वृक्ष प्रकट हो गया हो। गरुड और शरीरधारी शस्त्रास्त्र उनके आसपास उपस्थित थे। भगवान् विष्णु भृगु आदि ऋषियों पर दृष्टिपात का अनुग्रह बिखेर रहे थे। देवताओं ने उनकी स्तुति की और कहा—"सिद्धि के सभी पक्षों का पर्यवसान उसी प्रकार भगवान् विष्णु में सन्निहित है, जिस प्रकार नदी जलों का पर्यवसान समुद्र में। पृथ्वी आदि के रूप में प्रकट आपकी महिमा पूर्णरूप

से नहीं जानी जा सकती, तब आप्तवचन, श्रुतियों के वचनों तथा अनुमान से साध्य आपको जानने की तो बात ही दूर है।' (10.15-32)।

देवताओं के अनुसार भगवान् विष्णु लोकानुग्रह के लिए ही अवतार ग्रहण करते हैं, किसी व्यक्तिगत कामना की पूर्ति के लिए नहीं–

अनवाप्तमवाप्तव्यं न ते किञ्चन विद्यते।
लोकानुग्रह एवैको हेतुस्ते जन्मकर्मणोः।। 10.31।।

देवताओं द्वारा की गयी सच्ची स्तुति से प्रसन्न भगवान् विष्णु देवताओं का कुशल क्षेम पूछते हैं। देवताओं ने अपनी पीड़ा उनको सुनायी और बताया कि किस प्रकार राक्षसराज रावण ने उन्हें अपने प्रभाव से वंचित कर रखा है। देवताओं की वेदना सुनकर भगवान् ने कहा कि–रावण की अपनी असिधारा से छूटा उसका दसवाँ सिर भगवान् विष्णु के सुदर्शन चक्र के लिए सुरक्षित है (10.41)। रावण ने ब्रह्मा जी को अपनी तपस्या से प्रसन्न कर वर माँगा था कि वह देवताओं से न मरे और न ही मनुष्यों से। अतः रावण को मारने के लिए भगवान् विष्णु ने कहा कि वे दशरथ के यहां मनुष्य शरीर में जन्म ले युद्धभूमि की पूजा रावण के सिरों से करेंगे–

सोऽहं दाशरथिर्भूत्वा रणभूमेर्बलिक्षमम् ।
करिष्यामि शरैस्तीक्ष्णैस्तच्छिरःकमलोच्चयम् ।। 10.44।।

देवताओं को ऐसा वचन देकर भगवान् विष्णु अन्तर्हित हो गये। दशरथपुत्र के रूप में जन्म लेने वाले भगवान् विष्णु की सेवा के लिए इन्द्रादि देवता भी अंशावतार ले मनुष्य बन गये–

पुरूहूतप्रभृतयः सुरकार्योद्यतं सुराः ।
अंशैरनुययुर्विष्णुं पुष्पैर्वायुमिव द्रुमाः ।। 10.49।।

ऋष्यश्रृंगादि महर्षियों द्वारा पुत्रीयेष्टि पूरी करने पर महाराज दशरथ के समक्ष अग्निकुण्ड से दोनों हाथ में चरु लिए एक दिव्यपुरुष प्रकट होता है। चरु में दिव्य यज्ञपायस था जिसमें था अनुप्रवेश विष्णु के अंश का–

हेमपात्रगतं दोर्भ्यामादधानः पयश्चरुम् ।
अनुप्रवेशादाद्यस्य पुंसस्तेनापि दुर्वहम् ।। 10.51।।।

वह दिव्यपुरुष दिव्यपायसयुक्त चरु दशरथ को दे देता है। राजा दशरथ उसको कोशल्या और कैकेयी को आधा आधा बाँट देते हैं। दोनों रानियां अपने-अपने अंशों में से आधा-आधा अंश सुमित्रा को दे देती हैं। सुमित्रा भी उन अंशों को प्रसन्नतापूर्वक ग्रहण करती है, क्योंकि दोनों सौंतों से उसका मनमुटाव नहीं था। तीनों रानियां यज्ञ-चरु के उस दिव्य अन्न को ग्रहण कर लेती हैं। तीनों गर्भवती हो गयीं और कोशल्या ने राम, कैकेयी ने भरत तथा सुमित्रा ने लक्ष्मण और शत्रुघ्न इन दो पुत्रों को जन्म दिया (10.52-71)। दोनों पुत्रों से सुशोभित माता सुमित्रा वैसे ही दिखायी दे रहीं थी जैसे अच्छी प्रकार से आराधिता विद्या प्रबोध और विनय से युक्त हो सुशोभित होती हैं–

सुतौ लक्ष्मणशत्रुघ्नौ सुमित्रा सषुवे यमौ।
सम्यगाराधिता विद्या प्रबोधविनयाविव ।। 10.71।।

राम देखने में अभिराम थे इसीलिए गुरु वसिष्ठ ने उनका नाम 'राम' रखा। उनका जन्म सम्पूर्ण चराचरात्मिका सृष्टि के लिए सर्वोच्च मंगल सिद्ध हुआ—

राम इत्यभिरामेण वपुषा तस्य चोदितः ।
नामधेयं गुरुश्चक्रे जगत्प्रथममङ्गलम् ।। 10.67 ।।

महाराज दशरथ के यहां पुत्रों का जन्म होते ही रावण के मुकुट की मणियाँ गिर पड़ीं मानों वे राक्षसराज की राज्यश्री के आँसू थे। पुत्रों का जन्म होते ही आकाश से पुष्पवृष्टि हुई, दिशाएँ प्रसन्न हो गयीं और प्रकृतिमण्डल माङ्गलिक विधानों से भर उठा। चारों बालक स्वभाव से नम्र थे और उनमें परस्पर विरोध नहीं था। उनसे रघु का वंश वैसे ही उद्भासित हुआ जैसे देववृक्षों से नन्दनवन उद्भासित होता है। चारों भाई परस्पर हिले मिले थे, परन्तु "राम-लक्ष्मण और भरत-शत्रुघ्न" इस प्रकार दो-दो की जोड़ी बन गयी। महाकवि कालिदास के अनुसार इन दोनों ही युग्मों की एकता कभी भी नहीं टूटी, अग्नि और वायु तथा चन्द्र और समुद्र की जोड़ी के समान। चारों भाई मानो धर्म, अर्थ, काम और मोक्ष के शरीरधारी अवतार लगते थे। चारों पुत्रों ने अपने गुणों से पिता को उसी प्रकार प्रसन्न किया जिस प्रकार रत्नों से उन्हें समुद्र प्रसन्न करता रहा—

स चतुर्धा बभौ व्यस्तः प्रसवः पृथिवीपतेः ।
धर्म्मार्थकाममोक्षाणामवतार इवाभाक् ।। 10.84 ।।
गुणैराराधयामासुस्ते गुरुं गुरुवत्सलाः ।
तमेव चतुरन्तेशं रत्नैरिव महार्णवाः ।। 10.85 ।।

उपमा के धनी महाकवि कालिदास कहते हैं कि चारों पुत्रों से दशरथ उसी प्रकार सुशोभित हुए जिस प्रकार तलवार सी तेज धार वाले दूधिया दाँतों से सुरगज सुशोभित होता है, सन्धि आदि रूपी उपायों से राजनीति का मार्ग या जिस प्रकार अपनी चार बाहुओं से भगवान् विष्णु। महाराज दशरथ के राज्य में चारों पुरुषार्थ अब और अधिक सुरक्षित हो गये—

सुरगज इव दन्तैर्भग्नदैत्यासिधारै-
र्नय इव पण/फल-बन्धव्यक्तयोगैरुपायैः ।
हरिरिव युगदीर्घेर्दोर्भिरंशैस्तदीयैः
पतिरवनिपतीनां तैश्चकाशे/से चतुर्भिः ।। 10.86 ।।

कोसल राज्य में चारों पुत्रों की शिक्षा-दीक्षा महर्षि वशिष्ठ सम्पन्न कराते हैं। अवस्था में छोटे राम को महामुनि विश्वामित्र यज्ञ रक्षा के लिए अपने साथ ले जाना चाहते हैं। विश्वमित्र के अनुसार तेजस्वी व्यक्ति की उम्र नहीं देखी जाती—**तेजसां हि न वयः समीक्ष्यते ।। 11.1 ।।**

उन्होंने महाराज दशरथ से अनुमति चाही। दशरथ को राम सर्वाधिक प्रिय थे। उन्होंने न चाहते हुए भी राम को विश्वामित्र के साथ अनेक यज्ञ की रक्षा के लिए जाने की अनुमति दे दी। पिता का आशीर्वाद तथा छोटे भाई लक्ष्मण भी उनके साथ रहे। पिता का केवल आशीर्वाद ही उनकी रक्षा के लिए पर्याप्त था। दशरथ तथा माताओं के चरण छूकर वे दोनों बालक तेजस्वी मुनि के साथ चल दिये।

महाकवि कालिदास के अनुसार महर्षि विश्वामित्र के साथ चलते दोनों बालक ऐसे लग रहे थे

जैसे उत्तरायण सूर्य के पास वसन्त के दोनों महीने मधु और माधव चल रहे हों। दोनों ही बालकों को बला और अतिबला विद्याएँ प्राप्त थीं। जिसके प्रभाव से वे मार्ग में थके नहीं। मुनि भी दोनों बालकों को उनके पुराने आख्यान सुनाते जा रहे थे–

तौ बलातिबलयोः प्रभावतो विद्ययोः पथि मुनिप्रदिष्टयोः ।
मम्लतुर्न मणिकुट्टिमोचितौ मातृपार्श्वपरिवर्त्तिनाविव ।। 11.9 ।।
पूर्व्ववृत्तकथितैः पुराविदः सानुजः पितृसखस्य राघवः ।
उह्यमान इव वाहनोचितः पादचारमपि न व्यभावयत् ।। 11.10 ।।।

इसी समय मुनि के साथ चलते दोनों बालकों का मार्ग में सुकेतु की कन्या राक्षसी ताटका से सामना हो जाता है। श्मशान से उठी आँधी सी चली आ रही थी, एक भुजा उठाये और कमर में पुरुष की अंतड़ियों की करधनी पहने, वह आततायी के रूप में आयी। उस राक्षसी पर राम ने बाण तो छोड़े पर दया के साथ। बाण से आहत ताटका मरकर वनभूमि में गिरी तो पूरा वन मानो काँप उठा। तीनों लोकों की हार से एकत्रित रावण की राज्यश्री भी ताटका के वध से मानो भयभीत हो उठी, उसका आधार अनीति जो था (11.14-21)।

ताटका के वध से प्रसन्न हुए विश्वामित्र ने राम को मन्त्र के साथ दिव्यास्त्र प्रदान किये। ताटका वध कर दोनों भाइयों ने मुनि के आश्रम में प्रवेश किया और उनके संरक्षण में यज्ञ करना प्रारम्भ किया।

इस यज्ञ में विघ्नकारी ताटका के पुत्र तथा सुबाहु को दोनों भाइयों ने मार गिराया। यज्ञ सम्पन्न होते ही मुनि विश्वामित्र को मिथिला के महाराज जनक के यज्ञ में सम्मिलित होने का निमन्त्रण मिलता है। वे जनकपुरी के लिए प्रस्थान करते हैं और लक्ष्मण सहित राम को भी साथ ले जाते हैं। दोनों भाइयों को जनक के दिव्य शिवधनुष को देखने की तीव्र इच्छा थी। जनकपुरी के मार्ग में उन्हें महर्षि गौतम का आश्रम मिलता जहाँ राम के चरणरज की कृपा से शिलामयी माता अहल्या पुनः जीवित नारी बन जाती हैं। मिथिला पहुँचते ही जनक ने विश्वामित्र तथा दोनों राजकुमारों का स्वागत-सत्कार किया। महाकवि कालिदास के अनुसार दोनों राजकुमारों से सुशोभित विश्वामित्र अर्थ और काम से युक्त धर्म के समान प्रतीत हो रहे थे–**अर्थकामसहितं सपर्यया देहबद्धमिव धर्ममभ्यगात् (11.35)**। दोनों भाइयों की सुन्दरता पर मुग्ध मिथिलावासियों को ऐसा लगा जैसे आकाश से पुनर्वसु नक्षत्र का जोड़ा पृथ्वी पर उतर आया हो।

जनकपुरी में यज्ञानुष्ठान के पूर्ण होते ही महाराज जनक ने राम की इच्छा पूरी की और उन्हें अपना वह धनुष दिखलाया जिसे कोई झुका भी नहीं सका था। उन्होंने प्रतिज्ञा कर रखी थी कि इस दिव्य धनुष को तोड़ने वाले वीर वर के साथ वे अपनी कन्या सीता[3] का विवाह करेंगे। इसी धनुष से कभी भगवान् शिव ने यज्ञ-मृग का वध किया था। राम ने धनुष को जनक और विश्वामित्र के देखते देखते पलभर में ही उठा लिया और चढ़ा भी दिया। उन्होंने धनुष को इतना अधिक खींचा कि वह बिजली के समान कड़क कर टूट गया। विदेहराज जनक ने प्रतिज्ञा के अनुसार अपनी पुत्री सीता को राम को सौंप दिया। उन्होंने भावी वर के सामर्थ्य को समझ लिया था–

आततज्यमकरोत् स संसदा विस्मयस्तिमितनेत्रमीक्षितः ।
शैलसारमपि नातियत्नतः पुष्पचापमिव पेशलं स्मरः ।। 11.45 ।।

भज्यमानमतिमात्रकर्षणात् तेन वज्रपरुषस्वनं धनुः ।
भार्गवाय दृढमन्यवे पुनः क्षत्रमुद्यतमिव न्यवेदयत् ।। 11.46 ।।
दृष्टसारमथ रुद्रकार्मुके वीर्यशुल्कमभिनन्द्य मैथिलः ।
राघवाय तनयामयोनिजां रूपिणीं श्रियमिव न्यवेदयत् ।। 11.47 ।।

मिथिलानरेश ने अयोध्या में महाराज दशरथ को सूचना भिजवाई और उनसे अपनी पुत्री के सम्बन्ध को स्वीकार करने की प्रार्थना की। विदेहराज के इस प्रस्ताव से प्रसन्न कोसलाधीश महाराज दशरथ धूमधाम के साथ मिथिला पहुँचते हैं। उनके साथ भरत तथा शत्रुघ्न भी मिथिला जाते हैं।

मिथिला में विराजमान राजा जनक और दशरथ दोनों वरुण और इन्द्र जैसे दिखायी दे रहे थे। उन्होंने चारों पुत्रों के विवाह सम्पन्न करवाये। राम का विवाह सीता से, लक्ष्मण का उसकी अनुजा ऊर्मिला से, भरत का माण्डवी तथा शत्रुघ्न का श्रुतकीर्त्ति से। माण्डवी तथा श्रुतकीर्त्ति जनक के भाई कुशध्वज की कन्यायें थीं–

पार्थिवीमुदवहद् रघूद्वहो लक्ष्मणस्तदनुजामथोर्मिलाम्।
यौ तयोरवरजौ वरौजसौ तौ कुशध्वजसुते सुमध्यमे ।। 11.53 ।।

चारों भाई विवाह के अनन्तर अपनी वधुओं से युक्त होकर ऐसे सुशोभित हो रहे थे जैसे कोसलाधिपति दशरथ के चार उपाय–साम, दान, भेद और दण्ड उनकी सिद्धियों के साथ मूर्त रूप धारण कर पृथ्वी पर उपस्थित हो गये हों। महाकवि कालिदास ने वर और वधू के इस मिलन को प्रत्यय और प्रकृति का मिलन माना, इससे दोनों में सार्थकता आयी। अविच्छिन्न होती है प्रकृति अपने प्रत्यय से और प्रत्यय अपनी प्रकृति से–

ते चतुर्थसहितास्त्रयो बभुः सूनवो नववधूपरिग्रहाः ।
सामदानविधिभेदनिग्रहाः सिद्धिमन्त इव तस्य भूपतेः ।। 11.54 ।।
ता नराधिपसुता नृपात्मजैस्ते च ताभिरगमन् कृतार्थताम् ।
सोऽभवद् वरवधूसमागमः प्रत्ययप्रकृतियोगसन्निभः ।। 11.55 ।।

चारों पुत्रों का जनकराज की कन्याओं से विधिवत् विवाह सम्पन्न कराकर महाराज दशरथ अयोध्या लौट आते हैं परन्तु मार्ग में ही अनेक अपशकुन उपस्थित हो उठते हैं। पवनदेव उलटे बहने लगे, सूर्यमण्डल के चारों ओर परिवेश बँध गया, दिशायें धूल से भर गयीं और कौए सूर्य की ओर मुँह कर काँव काँव रटने लगे। कुलगुरु वशिष्ठ ने महाराज दशरथ के पूछने पर बतलाया "चिन्ता की बात नहीं, इसका परिणाम अच्छा होगा" (11.62)।

देखते ही देखते एक तेजपुंज प्रकट हुआ और हाथ में परशु लिए परशुराम उपस्थित हो गये। इनकी प्रसिद्धि थी कि इन्होंने क्षत्रियों का इक्कीस बार उन्मूलन किया था। दशरथ जी जब तक अर्घ्य अर्पित करने को कहते हैं तब तक तो परशुराम सीधे राम के पास पहुँचते हैं और कहते हैं कि शिव का धनुष तोड़कर राम ने उनके सुप्त क्रोध जगा दिया है, दण्ड से आहत सर्प के समान। शिवधनुष का तेज तो विष्णु ने पहले ही खींच लिया था वैसे ही जैसे नदी वेग से खुदे मूल वाले विशाल वृक्षों को साधारण हवा भी गिरा देती है। यदि राम में शक्ति है तो वे परशुराम के धनुष पर बाण चढ़ाये नहीं तो अंजलि बाँध कर अभय की याचना करे। इतना कह परशुराम अपने हाथ का धनुष राम की ओर बढ़ा देते हैं–

तन्मदीयमिदमायुधं ज्यया संगमय्य सशरं विकृष्यताम्।
तिष्ठतु प्रधनमेवमप्यहं तुल्यवीर्य्यतरसा जितस्त्वया ।। 11.76।।

वहाँ उपस्थित सभी लोग असमंजस और आतंक में डूब गये, परन्तु राम ने देखते ही देखते परशुराम के उस धनुष पर भी बाण चढ़ा दिया। परशुराम के द्वारा दिया गया वह धनुष भगवान् विष्णु का था, अतः वह राम का अपना ही धनुष था, क्योंकि वे विष्णु के अवतार जो थे। राम के इस प्रभाव को देख कर परशुराम शान्त हो गये। उस समय दोनों राम पूर्णिमा की सन्ध्या के चन्द्र और सूर्य जैसे लग रहे थे। धनुष चढ़ाने से जहाँ राम का तेज बढ़ा हुआ था वहीं परशुराम का क्षीण। पिता के विद्वेषियों को भस्मसात् और सागर समेत पृथ्वी को विप्रसात् करने वाले परशुराम अपने से तेजस्वी से हारे थे अतः वे स्वयं को अपमानित नहीं मानते। विष्णु के धनुष पर बाण चढ़ा कर राम ने परशुराम से कहा "चढ़ाया बाण लौटाया नहीं जाता, अतः इसे कहीं न कहीं, किसी न किसी लक्ष्य पर छोड़ना ही होगा। अतः आप ही बतलायें इसमें मैं आपकी गति रोक दूँ या यज्ञार्जित आपका स्वर्गमार्ग। यद्यपि आपने मेरा अपमान किया है तथापि आप विप्र हैं इसलिए आप पर इसको नहीं छोड़ा जा सकता—

न प्रहर्तुमलमस्मि निर्द्दयं विप्र इत्यभिभवत्यपि त्वयि।
शंस किं गतिमनेन पत्त्रिणा हन्मि लोकमुत ते मखार्जितम् ।। 11.83।।

यहाँ गति का अर्थ मोक्ष भी होता है और एक स्थान से दूसरे स्थान तक चलना फिरना भी। परशुराम ने राम को उत्तर दिया-"मुझे सुखभोग की इच्छा नहीं, अतः मेरे स्वर्ग का मार्ग रोक दें, पर तीर्थयात्रा के लिए अपेक्षित मेरी एक स्थान से दूसरे स्थान की "गति" न रोकें—

तद् गतिं मतिमतां वरेप्सितां पुण्यतीर्थगमनाय रक्ष मे ।
पीडयिष्यति न मां खिलीकृता स्वर्गपद्धतिरभोगलोलुपम् ।। 11.86।।।

यहाँ तीर्थ का अर्थ शास्त्र भी होता है। परशुराम के इस प्रकार निवेदन करने पर दाशरथि राम ने पूर्व दिशा को लक्ष्य कर धनुष पर चढ़ाये बाण को छोड़ दिया और इस प्रकार परशुराम का स्वर्गमार्ग सदा के लिए रुक गया। राम के द्वारा छोड़ा गया वह बाण परशुराम के स्वर्ग के मार्ग की अर्गला बन गया। ऐसा करने के उपरान्त दाशरथी राम ने परशुराम जी के चरण छुये और उन्हें प्रणाम किया, क्योंकि, हारे हुए शत्रु को आदर देने में ही यश है—**निर्जितेषु तरसा तरस्विनां शत्रुषु प्रणतिरेव कीर्तये** (11.88)।

परशुराम ने दाशरथि राम के इस विनय को देखकर उनसे कहा "राम तुमने मुझ पर महान् अनुग्रह किया। मैं माता के अंश से क्षत्रिय था। आज वह अंश हट गया और अब मुझमें केवल पिता का अंश ब्राह्मणत्व ही शेष रह गया है। मेरा चित्त शान्त है। तुमने देवताओं के जिस कार्य के लिए अवतार लिया है वह निर्विघ्न पूरा हो। मैं चलता हूँ'—

राजसत्वमवधूय मातृकं पियमस्मि गमितः शमं यतः।
नन्वनिन्दितफलो मम त्वया निग्रहोऽप्ययमनुग्रहीकृतः ।। 11.89।।
साधयाम्यहमविघ्नमस्तु ते देवकार्य्यमुपपादयिष्यतः।
ऊचिवानिति वचः सलक्ष्मणं लक्ष्मणाग्रजमृगिस्तिरोदधे ।। 11.90।।

ऐसा कह परशुराम वहाँ से चले जाते हैं। परशुराम के तिरोहित हो जाने के बाद वृद्ध पिता कोसलाधिपति दशरथ विजयी हुए अपने पुत्र राम का आलिंगन करते हैं। उन्हें लगा जैसे राम का पुनर्जन्म हुआ है। परशुराम अजेय तथा महापराक्रमी भी। परशुराम के साथ राम के विवाद से उत्पन्न कुछ देर के परिताप के बाद दशरथ वैसे ही हर्षित हुए जैसे घास में लगी आग से झुलसे वृक्ष को होने वाली वर्षा का लाभ हर्षित कर देता है–**कक्षाग्निलंघिततरोरिव वृष्टिपातः।। 11.91।।**

दशरथ चारों पुत्र और पुत्रवधुओं को साथ ले सुखपूर्वक अयोध्या पहुँचते हैं। अयोध्या में प्रवेश करते समय मिथिला की राजकुमारियों का दर्शन करने के लिए उत्सुक थीं वहाँ की अंगनाएँ। उनके नीलकमल जैसे मनोहर नेत्रों से अयोध्या के भवनों के गवाक्ष ढंक से गये थे। माताओं ने अपनी नववधुओं का अयोध्या के राजभवन में स्वागत किया।

कैकयी की शंका से भयभीत वृद्धावस्था (जरा) ने कानों के पास आये सफेद बालों के बहाने अति वृद्ध हुए राजा दशरथ से कान के पास पहुँच मानो कहा–'राज्य राम को दे दो'–

तं कर्णमूलमागत्य पलितच्छद्मना जरा।
कैकेयीशङ्कयेवाह रामे श्रीर्न्यस्यतामिति ।। 12.2।।

वृद्धावस्था के इस वचन को सुनकर महाराज दशरथ ने राज्य परित्याग का निश्चय कर लिया और ज्येष्ठ पुत्र राम के कोसलराज पर राज्याभिषेक की घोषणा कर दी। महाराज दशरथ की इस घोषणा से सभी पुरवासी अत्यन्त प्रसन्न हुए। राज्याभिषेक का समाचार सुनते ही माता कैकेयी राजा दशरथ से अपने पहले से प्राप्त दो वर माँग लेती हैं। उनमें से एक वर में उन्होंने दशरथ से राम के लिए चौदह वर्षों का वनवास माँगा और दूसरे से अपने पुत्र भरत का कोसलाधिपति के रूप में राज्याभिषेक–

तयोश्चतुर्दशैकेन रामं प्राव्राजयत् समाः।
द्वितीयेन सुतस्यैच्छद् वैधव्यैकफलां श्रियम् ।। 12.6।।
पित्रा दत्तां रुदन् रामः प्राङ् महीं प्रत्यपद्यत ।
पश्चाद् वनाय गच्छेति तदाज्ञां मुदितोऽग्रहीत् ।। 12.7।।।

दशरथ को अपने दिये वचन के अनुसार कैकेयी की दोनों बातें पूरी करनी पड़ीं। पिता की आज्ञा प्राप्त कर अविचिलित राम अयोध्यापुरी छोड़ कर खुशी-खुशी वन चले जाते हैं। उस विषम स्थिति में भी पिता द्वारा दी गयी पृथ्वी को राम ने आंसू बहाते हुए स्वीकार किया था, परन्तु वनवास जाने के लिए वल्कल पहनते समय उनके मुखमण्डल पर क्षोभ की तनिक सी रेखा भी नहीं दिखायी दी। रेशमीवस्त्र धारण करते समय और वल्कल पहनते समय उनका मुखमण्डल समान आभा से युक्त था। मलिनता का तनिक सा भी संकेत नहीं उभरा उस पर। अयोध्या की जनता राम के इस स्वरूप पर विस्मय से भर उठी–

पित्रा दत्तां रुदन् रामः प्राङ् महीं प्रत्यपद्यत।
पश्चाद् वनाय गच्छेति तदाज्ञां मुदितोऽग्रहीत् ।। 12.7।।
दधतो मलिंक्षौमे वसानस्य च वल्कले ।
ददृशुर्विस्मितास्तस्य मुखरागं समं जनाः ।। 12.8।।।

आकस्मिक हुए इस स्थान तथा पद के परिवर्तन का उन पर कोई प्रभाव नहीं पड़ा। श्रीराम के साथ छोटे भाई लक्ष्मण और पत्नी सीता भी दण्डकारण्य के लिए प्रस्थान कर गये, और इसी के साथ जीत लिया उन्होंने सम्पूर्ण सज्जनों के मन को। रामराज्य का परित्याग कर जहाँ दण्डकारण्य चले गये वहीं दूसरी तरफ दशरथ उनके वियोग को न सहते हुए शोकमग्न हो शरीर छोड़कर स्वर्ग सिधार गये। राजा दशरथ ने अपने शाप का स्मरण किया जिसे उनको पुत्रवियोग से आर्त दृष्टिहीन मुनि ने दिया था–

स सीतालक्ष्मणसखः सत्याद् गुरुमलोपयन् ।
विवेश दण्डकारण्यं प्रत्येकं च सतां मनः ।। 12.9 ।।
राजाऽपि तद्वियोगार्त्तः स्मृत्वा शापं स्वकर्म्मजम् ।
शरीरत्यागमात्रेण शुद्धिलाभममन्यत ।। 12.10 ।।

पिता के देहावसान के अनन्तर छोटे भाई भरत को ननिहाल से बुलाया जाता है और मन्त्री उनको राज्य अर्पित करना चाहते हैं, किन्तु उन्होंने उसे अस्वीकार कर दिया और पराङ्मुख हो गये अपनी राज्यलक्ष्मी के समान अपनी माता से भी–**मातुर्न केवलं स्वस्याः श्रियोऽप्यासीत् पराङ्मुखः** (12.13)।

भरत अयोध्या की सेना सहित वन में राम के पास पहुँचते हैं और अपनी ओर से राम से अयोध्यापुरी लौट राज्य का दायित्व स्वीकार करने की प्रार्थना करते हैं। राम ने पिता की आज्ञा को महत्त्व दिया, परन्तु भरत जब नहीं मानते हैं तो अपनी चरण पादुकायें उनको अपने प्रतिनिधि के रूप में प्रदान कर देते हैं। भरत ने दोनों चरणपादुकाओं को अयोध्या की राजगद्दी पर प्रतिष्ठित करा दिया, परन्तु स्वयं राजधानी अयोध्या में प्रवेश नहीं किया। वे राजधानी के सुखोपभोग का परित्याग कर नन्दिग्राम में रहने लगे। राज्य की रक्षा का कार्य वे नन्दिग्राम से ही सम्हालते रहे, उनके लिए राम के लौटने तक अयोध्या का राज्य राम की धरोहर ही रहा आया– **नन्दिग्रामगतस्तस्य राज्यं न्यासमिवाभुनक्** (12.18)। नन्दिग्राम में रहते हुए भरत ने अपनी माता कैकेयी के पाप का प्रायश्चित्त राम के लौटने तक किया–**मातुः पापस्य भरतः प्रायश्चित्तमिवाकरोत्** (12.19)। दूसरी तरफ ज्येष्ठ पुत्र राम भी इक्ष्वाकुवंश की बुढ़ौती का व्रत जवानी में पाल रहे थे, भरत के ही समान–**चचार सानुजः शान्तो वृद्धेक्ष्वाकुव्रतं युवा** (12.20)।

वन में एक दिन राम किसी वृक्ष की छांव में सीता की गोद में सिर रखकर लेटे हुए थे कि उसी समय इन्द्र का पुत्र जयन्त सीता के आँचलों पर नाखून गड़ा देता है।[4] राम अपराधबोध से शरण में आये जयन्त को इषिकास्त्र के प्रहार से एक नेत्र से वंचित कर छोड़ देते हैं (12.22)। राम वहाँ से दक्षिणायन सूर्य के समान दक्षिणापथ की ओर चल देते हैं। उनके पीछे चलती सीता ऐसी प्रतीत हो रहीं थीं जैसे कैकेयी के द्वारा बहुत रोके जाने पर भी अयोध्या की राजलक्ष्मी न रुकी हो और राम के गुणों पर आकृष्ट हो यह उनके पीछे चली आयी हो–

बभौ तमनुगच्छन्ती विदेहाधिपतेः सुता।
प्रतिषिद्धापि कैकेय्या लक्ष्मीरिव गुणोन्मुखी।। 12.26 ।।

मार्ग में विराध नामक राक्षस उसी प्रकार राम का मार्ग रोक देता है, जिस प्रकार राहु चन्द्र का मार्ग रोकता है। उसकी भीषण दुर्गन्ध से सम्पूर्ण वायुमंडल दूषित हो रहा था। विराध ने भगवती

सीता का हरण करना चाहा। ऐसा करने पर राम ने उसको मारकर जमीन में गाड़ दिया (12.30)।

विराध वध के उपरान्त विघ्न बन कर शूर्पणखा उपस्थित होती है। शूर्पणखा भगवती सीता के सामने ही राम से प्राण याचना करने लगती है। कहा गया स्त्रियों में अत्यारूढ काम समय को नहीं देखता। शूर्पणखा को राम छोटे भाई लक्ष्मण के पास भेजते हैं, स्वयं वे विवाहित जो थे। दो तटों के बीच बहती नदी के समान वह घूमती रही दोनों भाईयों के बीच। शूर्पणखा सीता को विघ्न समझती है, और घोर रूप धारण कर सीता को समाप्त कर राम के वरण को उद्यत होती है। लक्ष्मण पर्णकुटीर में प्रवेश कर तलवार उठा उसके इस अपराध के लिए नाक-कान काटकर उसको और अधिक कुरूप कर देते हैं–

पर्णशालामथ क्षिप्रं विकृष्टासिः प्रविश्य सः ।
वैरूप्यपौनरुक्त्येन भीषणां तामयोजयत् ।। 12.40।।

अपनी अंकुश जैसी भीषण अंगुलियों से तीनों को डराती हुई वह खर और दूषण के पास पहुँचती है, बदला लेने का निश्चय करके। खर और दूषण से उसने अपना दुखड़ा रोया और बतलाया कि राक्षसों के अब बुरे दिन शुरू हो गये हैं। खर-दूषण कटी नाक की उसी शूर्पणखा को आगे करके राम से युद्ध करने चल देते हैं। नाक कटी हुई शूर्पणखा की अग्र उपस्थिति उनके लिए प्रथम अमंगल थी–

मुखावयवलूनां तां नैर्ऋता यत् पुरो दधुः।
रामाभियायिनां तेषां तदेवाभूदमङ्गलम्।। 12.43।।

खर-दूषण को युद्ध के लिए आता हुआ देखकर राम ने भगवती सीता को रक्षा हेतु लक्ष्मण को सौंप दिया और विजयेच्छा को सौंप दिया अपने धनुष को–**निदधे विजयाशंसां चापे सीतां च लक्ष्मणे (12.44)।** युद्ध करते हुए राम एक ही थे, परन्तु युद्ध करते प्रत्येक राक्षस के सम्मुख वे अकेले ही खड़े दिखायी देते। अन्त में खर, दूषण और त्रिशिरा तीनों राक्षसों के प्राण राम के तीन बाणों ने पी लिए और उनका खून पक्षियों ने पी लिया। राक्षस सेना भी सो जाती है मांसखोर गृध्रों के पंखों की छाया में, कभी न जागने के लिए। राक्षसों की यह पहली हार थी। शूर्पणखा राक्षसों की इस बड़ी हार की सूचना रावण को देती है, क्योंकि कोई बचा ही नहीं था युद्धभूमि में रावण तक यह समाचार पहुँचाने के लिए–

राघवास्त्रविदीर्णानां रावणं प्रति रक्षसाम् ।
तेषां शूर्पणखैवैका दुष्प्रवृत्तिहराऽभवत् ।। 12.51।।

रावण ने भी समझ लिया कि उसका काल वन राम सिर पर चढ़ आया है। रावण बदला लेने के लिए अपने मामा मारीचि को मृग के रूप में राम के पास भेजता है और राम और लक्ष्मण को उसके द्वारा धोखे में डाल वह सीता को हरण कर लाता है–**जहार सीतां पक्षीन्द्रप्रहारक्षणविघ्नितः (12.53)।** सीता की खोज में निकले राम, लक्ष्मण को मिलते हैं रावण की तलवार से आहत गृध्रराज जटायु। रावण सीता को ले गया है, इतना कहकर जटायु चल बसा। जटायु दशरथ के मित्र थे, अतः उनकी मृत्यु से राम और लक्ष्मण को पितृवियोग का सा दुःख हुआ (12.56)। जटायु का अन्तिम संस्कार और श्राद्ध कर वे किष्किन्धा पहुँचते हैं। राम के द्वारा वध किये जाने के अनन्तर शाप से निर्मुक्त

कबन्ध के कथनानुसार राम ने वानरराज सुग्रीव से मैत्री की। राम ने बालि का वध कर सुग्रीव को उसके स्थान पर किष्किन्धा का राजा बनाया। सुग्रीव का आदेश प्राप्त कर सभी वानर सीता की खोज में भटकने लगे, राम के मनोरथ की नाईं। गृध्रराज जटायु के भाई सम्पाति से सूचना मिलने पर मारुति (हनुमान) सागर के उस पार जा पहुँचते हैं, संसार के उस पार ममता मुक्त व्यक्ति के समान-**मारुतिः सागरं तीर्णः संसारमिव निर्ममः (12.60)**। हनुमान् को रावण की लंका में सीता मिलती हैं, जिन्हें राक्षसियाँ घेरे हुई थीं। महाकवि कालिदास के अनुसार वे उस समय विषमताओं से घिरी महौषधि सी लग रही थीं—**जानकी विषवल्लीभिः परीतेव महौषधिः** (12.61)। हनुमान् सीता को राम की अँगूठी देते हैं और सन्देश सुनाते हैं। उन्होंने वहाँ रावण-कुमार अक्ष का वध किया, लंका जलायी और लौटकर सीता की निशानी तथा उनके कुशलक्षेम की खबर राम को लाकर किष्किन्धा पर दे दी।

सीता की खबर मिलते ही राम को विशाल समुद्र भी नगर-परकोटे की खाई सा क्षुद्र लगने लगता है। वे वानर सेना के साथ रावण पर चढ़ाई के लिए चल पड़ते हैं। समुद्र तट पर उनसे रावण के अनुज विभीषण मिलते हैं। राम ने उन्हें रावण का उत्तराधिकारी घोषित किया। समुद्र पार करने के लिए उस पर राम द्वारा सेतु बाँधा गया। वह सेतु ऐसा लग रहा था जैसे रसातल से शेषनाग ही ऊपर आ गये हों—

स सेतुं बन्धयामास यो बभौ लवणोदधौ ।
रसातलादिवोन्मग्नः शेषः स्वस्यैव शार्ङ्गिणः ।। 12.70 ।।

उस सेतु से पार हो वानर सेना लंका को घेर लेती है। पीली वानर सेना उस समय लंका का दूसरी स्वर्ण-परकोटे सी लग रही थी। रावण के प्रतिनिधिभूत राक्षसों और राम की सेना के वानरों का भयंकर युद्ध शुरू होता है। वानर चट्टाने फेंकते और राक्षस उन्हें अस्त्रों से चूर-चूर कर देते। वानर पेड़ फेंकते राक्षस परिघ, वानर नाखूनों का प्रयोग करते और राक्षस खड्ग आदि अस्त्रों का। एक और जय-जयकार होता दाशरथि राम का और एक और राक्षसराज रावण का।

इसी बीच छल कर राक्षसियों द्वारा सीता को भयभीत करने के लिए राम का कटा सिर दिखलाया जाता है। परन्तु उनकी रक्षा में नियुक्त राक्षसी त्रिजटा उन्हें यथार्थ से अवगत करा देती है—यह राक्षसों की माया है, राम वस्तुतः जीवित हैं—**सीतां मायेति शंसन्ती त्रिजटा समजीवयत् (12.74)**। सीता यथार्थ जानकर संभल जाती हैं। यदि राम का कटा सिर देख सीता विचलित हो राक्षसों से मिल जातीं तो युद्ध न करना पड़ता।

युद्धभूमि में मेघनाद राम-लक्ष्मण को नागपाश से बाँधते हैं तो गारुडास्त्र उनको नागपाश से मुक्त कर देता है। मेघनाद शक्ति छोड़ते हैं लक्ष्मण पर। मेघनाद की शक्ति से मूर्च्छित हुए लक्ष्मण को हनुमान् महौषधि लाकर जिला देते हैं। जीवित हो उठे लक्ष्मण लङ्का की स्त्रियों के लिए विलाप में आचार्यत्व का दायित्व निभाते हैं। लक्ष्मण मेघनाद को मौत के घाट उतार देते हैं। वानरसेना नाक-कान नोंच कर कुम्भकर्ण की वही दशा कर देती है जो पहले शूर्पणखा की हुई थी, परन्तु कुम्भकर्ण को नींद बहुत प्रिय थी, राम के बाण उसको सदा के लिए सुला देते हैं। अन्य राक्षस भी युद्ध करने आये, परन्तु वे वानरसेना में उसी प्रकार विलीन हो गये, जिस प्रकार उनके पैरों से उड़ायी गयी धूल, रक्त की नदी में मिल जाती है(12.82)।

राक्षससेना के विनाश से विचलित रावण स्वयं युद्ध करने के लिए अपने महल से निकलता है।

उसने निश्चय किया कि आज या तो संसार में रावण ही नहीं रहेगा या राम ही–**अरावणमरामं वा जगदद्येति निश्चितः (12.83)**। दाशरथि राम युद्धस्थल में पैदल थे और रावण रथ पर सवार था। इस दृश्य को देखकर अपने सारथी मातलि के साथ देवराज इन्द्र तुरन्त ही जैत्र नामक रथ राम के पास भेज देते हैं। राम उस इन्द्र द्वारा प्रदत्त रथ पर आरूढ हो जाते हैं (12.84)। उन्होंने इन्द्र का कवच धारण किया और रावण के साथ कर दिया आरम्भ युद्ध। राम और रावण का युद्ध बेजोड़ था–**रामरावणयोर्वैरं चरितार्थमिवाभवत् (12.87)**। राम को युद्ध में सबसे अधिक प्रिय था रावण क्योंकि उसने इन्द्र, वरुण, यम और कुबेर तक को जीत डाला था, उसने अपने सिरों की बलि देकर शिव जी को प्रसन्न किया था और उसने ही एक बार शिव के महान् पर्वत कैलाश को भी अपनी भुजाओं में झुलाया था–**रामस्तुलितकैलासमरातिं बह्वमन्यत (12.89)**। दोनों का युद्ध बहुत दूर तक अनिर्णित रहता है। इस युद्ध को देखकर आकाश में स्थित देवलोक की जनता भी पुष्वृष्टि करती है। पुष्पवृष्टि पृथ्वी तक नहीं पहुँच पाती क्योंकि युद्ध में छोड़े बाणों से वह रुकी रह जाती। रावण का विनाश करने के लिए अन्त में राम अमोघ ब्रह्मास्त्र का सन्धान करते हैं–

अमोघं संदधे चासौ धनुष्येकधनुर्धरः ।
ब्राह्ममस्त्रं प्रियाशोकशल्यनिष्कर्षणौषधम् ।। 12.97 ।।

वह अस्त्र आकाश में सैकड़ों मुख वाले सर्प के समान फैलता हुआ रावण के पास पहुँचता है और उससे उसके सिरों की पंक्ति को सदा के लिए काट देता है। रावण के कटे सिरों पर देवताओं को विश्वास नहीं होता। वे सोचते हैं कि ये फिर से जुड़ जायेंगे (12.101)।

रावण का वध करना त्रैलोक्य का असम्भव कार्य था। उसे दाशरथि राम ने सम्भव बनाया। राम का अभिनन्दन स्वर्ग के देवताओं द्वारा नन्दनवन के सुगन्धित पुष्पों की वृष्टि द्वारा किया जाता है। इन्द्र सारथि मातलि रथ लेकर लौट जाता है और राम भी अग्निपरीक्षा में विशुद्ध भगवती सीता को लेकर, तथा लंका का राज्यश्री अपने प्रियमित्र विभीषण को सौंप कर अपनी भुजाओं को शक्ति से जीते पुष्पक विमान के द्वारा सुग्रीव, विभीषण तथा लक्ष्मण के साथ अयोध्या की ओर लौट पड़ते हैं–

रघुपतिरपि जातवेदोविशुद्धां प्रगृह्य प्रियां
प्रियसुहृदि विभीषणे संक्रमय्य श्रियं वैरिणः ।
रविसुतसहितेन तेनानुयातः ससौमित्रिणा
भुजविजितविमानरत्नाधिरूढः प्रतस्थे पुरीम् ।। 12.104 ।।

आकाश मार्ग से राम के अयोध्या लौटते समय के वर्णन में महाकवि कालिदास ने सम्पूर्ण भारतवर्ष के भौगोलिक दृश्य का सुरम्य वर्णन किया है। आकाश मार्ग से पुष्पक विमान में आरूढ राम भगवती सीता की दृष्टि समुद्र की ओर आकृष्ट करते हुए कहते हैं कि–उनके द्वारा रावण को पराजित करने के लिए समुद्र पर बनाये गये सेतु से विभक्त सम्पूर्ण महासागर आकाशगंगा से विभक्त आकाश सा प्रतीत हो रहा था (13.2)। यह समुद्र राम के पूर्वजों की ही देन है। उन्हींने सगर के यज्ञाश्व की खोज में भूमि को खोदा था जो आज समुद्र है (13.2)। महाकवि कालिदास ने राम के मुख से समुद्र का वैशिष्ट्य बताते हुए कहा है कि इसी समुद्र से सूर्यरश्मियाँ गर्भ धारण करतीं हैं, इसी में रत्न उत्पन्न होते हैं साथ ही यह समुद्र इतना परोपकारी है कि इसने अपना चन्द्रमा ही संसार को भेंट किया, बडवानल नहीं–

गर्भं दधत्यर्कमरीचयोऽस्माद् विवृद्धिमत्राश्नुवते वसूनि ।
अबिन्धनं वह्निमसौ बिभर्त्ति प्रह्लादनं ज्योतिरजन्यनेन ।। 13.4 ।।

चन्द्रमा जहाँ औषधिपति होकर संसार के लिए आह्लादकारक है तो वहीं बडवानल भी लोकोपकारी सिद्ध होता है संसार की सभी नदियों के जल को अपने अन्दर पचा कर। यदि ऐसा न करे तो समुद्र का जलस्तर बढ़कर विश्व को जलमग्न कर देगा। बडवानल को न प्रदान करने के पीछे समुद्र की लोकोपकारी भावना सन्निहित है। इसीलिए आज भी समुद्र इसे अपने ही भीतर छिपाये है। भगवान् विष्णु के ही समान समुद्र के विषय में नहीं कहा जा सकता कि 'यह ऐसा और इतना बड़ा है।' इसका स्वरूप अवधारण के परे है। आदिपुरुष विष्णु भगवान् प्रलयकाल में सम्पूर्ण सृष्टि अपने भीतर समेट कर इसी में आते और योगनिद्रा का आनन्द लेते हैं—**अमुं युगान्तोचितयोगनिद्रः संहृत्य लोकान् पुरुषोऽधिशेते ।। 13.6 ।।**

इन्द्र के द्वारा पंख काटे जाने लगते हैं तो महापर्वत भी इसी का आसरा लेते और इसी में आकर छिपते हैं। आदिवराह ने जब रसातल से उद्धार कर पृथिवी के साथ विवाह रचा तो पृथिवी रूपी वधू के मुख पर पटी का कार्य इसी के जल से हुआ था। नदियाँ इसमें मिल रही हैं। सौ योजन लम्बे तिमि मत्स्य नदी का पानी जीव जन्तुओं के साथ निगल कर अपने माथे के छेदों से उन्हें फव्वारे के समान ऊपर फेंक रहे हैं। इसमें कहीं जल-हाथी उछाल भर रहे हैं और कहीं महा घड़ियाल। इनसे फेन की परत दो भागों में फट गयी हैं। विशाल सर्प तट से आए पवन के झोंके पी रहे हैं। यद्यपि ये इन्हीं जैसी तरंगों में छिप जाते हैं तथापि इनके सिर की चमकती मणि इनका बोध करा ही देती हैं। लाल-लाल बिन्दुओं में उलझे शंख कठिनाई से हट पा रहे हैं और देखो इसमें यहाँ बैठा हुआ है महाविशाल मेघ पानी पीने के लिए। इसके पास पड़ रही हैं—भौरियाँ अतः ऐसा लग रहा है कि मन्दर-द्वारा इसका मंथन आज फिर से हो रहा है (13.7-15)।

अब समुद्र की गोल वेला (तटभूमि) दिखायी पड़ने लगी है। तमाल जैसे तालवृक्षों से श्याम यह वेला लौहचक्र सी लग रही है। तट की हवा आने लगी है अब और अब हम समुद्र के किनारे आ पहुँचे हैं। ऐसा लग रहा है कि यह भूमि समुद्र के भीतर से बाहर आती जा रही है (13.17)।

पुष्पकविमान राम की इच्छा के अनुसार कभी देवों के मार्ग से उड़ रहा था तो, कभी पक्षियों के मार्ग से और कभी वायु के मार्ग से—

क्वचित् पथा सञ्चरते सुराणां क्वचित् खगानां मरुतां क्वचिच्च ।
यथाविधो मे मनसोऽभिलाषः प्रवर्त्तते पश्य तथा विमानम् ।। 13.19 ।।

राम भगवती सीता को सम्बोधित कर कहते हैं कि—समुद्र के अनन्तर का भूभाग जनस्थान है। यहीं पर राक्षसों ने मुनियों के उटज उजाड़े थे जिन्हें यहाँ फिर से बनाया जा रहा है। यही वह स्थान है जहाँ भगवती सीता को खोजते राम को उनका नुपूर मिला था। यहाँ लताओं ने अपनी शाखाएँ और हिरनियों ने अपनी आँखें घुमा-घुमाकर राम को कृपापूर्वक बतलाना चाहा था कि सीता को राक्षस किस रास्ते से ले गया है (13.22-25)। यहीं है माल्यवान् नामक गिरि, जहाँ मेघों ने नया जल और सीतावियोग से संतप्त राम ने अभिनव आँसू एक साथ बरसाये थे (13.26)। यही है वेंत और सारसों से भरा पम्पासर और यहीं है पवित्र सरिता गोदावरी। यहीं स्थित है वह सुन्दर मनोहर

पञ्चवटी जिसमें राम और सीता ने निवास किया था (13.34)। यही है मुनि अगस्त्य का आश्रम जिन्होंने राम को दिव्य अस्त्र प्रदान किये थे। यहीं है माण्डकर्णि मुनि का पञ्चाप्सर नामक सरोवर (13.36/38)। चारों ओर लगे वन के बीच यह ऐसा लगता है जैसे मेघों से घिरा चन्द्रमण्डल हो। यहीं तप करते रहते हैं स्वभाव से शान्त किन्तु नाम से सुतीक्ष्ण मुनि, जो अपना दक्षिण बाहु उठाकर राम का अभिनन्दन करते हैं (13.41)। सिर हिलाकर वे राम का प्रणाम स्वीकार करते हैं और विमान के व्यवधान से मुक्त हुए भगवान् सूर्य पर पुनः केन्द्रित कर देते हैं अपनी दृष्टि। यही है शरभङ्ग मुनि का तपोवन, जिसमें चिरकाल तक यज्ञ कर धधकते यज्ञकुण्ड में उन्होंने स्वयं का भी होम कर दिया था (13.45)। राम भगवती सीता से कहते हैं कि मार्ग में आगे बढ़ने पर दिखायी पड़ने लगा है चित्रकूट। यहाँ बहती आ रही है पवित्र धारा मन्दाकिनी (13.48)। यही है वह तमाल का वृक्ष जिसके नवांकुर से राम ने भगवती सीता के लिए कर्णपूर बना उनको पहनाये थे। यही स्थित है भगवान् अत्रि मुनि का आश्रम (13.50)। इसी में महासती अनसूया ने भगवती गंगा को प्रकट किया था (13.51)। इसी के आगे स्थित है श्याम वटवृक्ष, जिसकी भगवती सीता ने पूजा की थी (13.53)।

यहीं दिखायी देता है यमुना के प्रवाह से मिश्रित गंगा का प्रवाह(प्रयाग)। इसमें एक प्रवाह का जल है नीला और एक का उजला। महाकवि कालिदास के अनुसार परस्पर में मिली ये दोनों सित और असित जलधाराएँ ऐसी लग रही हैं जैसे इन्द्रनील मणि से मिल गया हो श्वेत मोती या नीले और सफेद कमलों की मिश्रित माला, काले और सफेद हंसों की मिश्रित पांत, कालागुरु और चन्दन का मण्डन, अंधकार और चन्द्रप्रभा या शरत्कालीन शुभ्र मेघ और नीले आकाश की जोड़ी, अथवा भगवान् शंकर के शरीर पर कृष्णसर्प ओर भस्मांगराग की शोभा। इनके संगम में स्नान करने से ज्ञान के बिना भी मुक्ति मिल जाया करती है। भगवती गंगा के तट पर ही स्थान है निषादराज का जहाँ राम ने जटा बाँधी थी ओर सुमन्त्र ने विदा लेते समय फूट-फूटकर आँसू बहाते हुए कहा था "कैकयी, हो गयी तेरे मन की।" (13.54-60)। इसके आगे स्थित है सरयू का पवित्र प्रवाह जो सम्पूर्ण रघुवंश की धायी है। इससी उठती हुई ठंडी हवाओं के स्पर्श से ऐसा लगता है जैसे यह माता के समान राम को छाती से लगा रही है (13.63)।

हनुमान् ने भगवान् के विमानारूढ हो अयोध्या प्रत्यागमन की सूचना भाई भरत को पहले ही पहुँचा दी और इस समाचार को सुनते ही भरत राम से मिलने के लिए और उन्हें राज्यलक्ष्मी सौंपने के लिए निकल पड़े, उस ओर जिस ओर से उनके आगमन की सूचना थी। यही है सच्चे साधु के लक्षण। भरत के आगे गुरु वशिष्ठ चल रहे थे, उनके पीछे थे पैदल स्वयं भरत और उनके पीछे चल रही थी सेना। इस प्रकार चीरधारी भरत हाथ में अर्घ्य ले वृद्ध अमात्यों के साथ राम के पास पहुचते हैं। राम के वनवास की अवधि पूर्ण होने पर उनको राज्यभार सौंपने के लिए प्राप्त हुई राज्यलक्ष्मी के साथ अभी तक अनासक्त भाव से रहते आये भरत अब तक असिधाराव्रत का पालन करते रहे हैं (13.64-67)।

राम का पुष्पकविमान भरत के इस आगमन की सूचना से रुक जाता है। वे भूमि पर उतरते हैं। विभीषण आगे बढ़कर मार्ग बतलाते हैं, सुग्रीव विमान की स्फटिक की सीढ़ियों से राम को विमान से उतारते हैं। विमान से उतर राम इक्ष्वाकुवंश के गुरु महर्षि वशिष्ठ को प्रणाम करते हैं और उनसे अर्घ्य लेते हुए प्रव्रज्या-व्रत को अनन्य भाव धारण कर उनकी प्रतीक्षा में रत छोटे भाई भरत को

आँखों में आँसू भरकर गले लगा लेते हैं। राम ने उनका वह सिर सूँघा जिसने राम के लिए ही पिता के महाराज्य का अभिषेक छोड़ रखा था—

इक्ष्वाकुवंशगुरवे प्रयतः प्रणम्य स भ्रातरं भरतमर्घ्यपरिग्रहान्ते ।
पर्यश्रुरस्वजत मूर्धनि चोपजघ्रौ तद्भक्त्यपोढपितृराज्यमहाभिषेके।। 13.70।।

राम वृद्ध मन्त्रियों से मुलाक़ात करते हैं और विभीषण आदि अपने युद्ध के साथियों से भरत का परिचय कराते हैं। भरत पहले उन सभी का अभिवादन करते हैं। उसके बाद मिलते हैं अपने अनुज लक्ष्मण से (13.73)।

नन्दिग्राम में भरत से हुई इस भेंट के अनन्तर वानर सेना के सभी उच्च अधिकारी मनुष्य वेश धारण कर (13.74) हाथियों पर सवार हो जाते हैं और राम आदि भी भरत को साथ ले विमान में पुनः आरूढ होते हैं जहाँ भरत को भगवती सीता के दर्शन होते हैं। भरत अपने मस्तक को सीता के चरणों में रख लेट गये (13.77)। सीता के चरणों ने ठुकराया था लंकेश्वर रावण को और भरत के सिर ने स्वीकार की थी जटायें बड़े भाई की भक्ति में। महाकवि कालिदास के अनुसार भरत का मस्तक और भगवती सीता के चरण दोनों की पवित्रता दोनों से बढ़ रही थी

लङ्केश्वरप्रणयभङ्गदृढव्रतं तद्
वन्द्यं युगं चरणयोर्जनकात्मजायाः।
ज्येष्ठानुवृत्तिजटिलं च शिरोऽस्य साधो-
रन्योन्यपावनमभूदुभयं समेत्य।। 13.78।।

राम को जनता ने मार्ग में घेर लिया। सभी उत्सुक थे, उनके दर्शन को। मार्ग में आगे आगे जनता थी, पीछे पीछे धीमी गति में चल रहा था पुष्पकविमान। राम धीरे-धीरे साकेत के विशाल उद्यान में पहुँचते हैं जहाँ प्रिय भाई शत्रुघ्न ने उनके स्वागत में बनवा रखे थे पटमण्डप। उस दिन का उनका पड़ाव वहीं रहा।

वनवास से लौटे राम अपने अनुज लक्ष्मण तथा अर्धांगिनी भगवती सीता के साथ साकेत की सीमा में पहुँचते हैं। वहाँ उनको सर्वप्रथम दर्शन होते हैं माता कौसल्या और सुमित्रा के। सभी माताओं को प्रणाम करते हैं तथा माताएँ उनका अभिनन्दन (14.1–6)। माताओं ने सीता का स्वागत किया यह कहते हुए कि उन्हीं के पुण्यबल से ही राम अपने अनुज के साथ सम्पूर्ण संकट से पार हो सके। सीता जो प्रिय थी माताओं को (14.7)।

माताओं ने अपने आनन्दाश्रुओं से पहले राम का अभिषेक किया तदनन्तर उनकी उपस्थिति में अमात्यों ने तीर्थों के जल से अभिषेक-विधि पूर्ण कर राम के राज्याभिषेक का कार्य पूरा किया (14.8)। वनवास से लौटे राम तापसवेश में भी अच्छे लग रहे थे। अभिषेक के अनन्तर राजकीय वेश धारण करने पर उनकी शोभा में कोई अन्तर नहीं आया (14.9)। साकेत राज्य की सीमा के आगे राम प्रवेश करते हैं राजधानी अयोध्या में, रथ पर बैठ कर। रथ पर विराजमान राम पर लक्ष्मण और शत्रुघ्न चँवर डुला रहे थे और भरत धारण किये हुए थे छत्र। चारों भाई इस समय राजनीति के चार उपाय—साम, दान, भेद और दण्ड से लग रहे थे—

सौमित्रिणा सावरजेन मन्दमाधूतवालव्यजनो रथस्थः ।
धृतातपत्रो भरतेन साक्षादुपायसङ्घात इव प्रसिद्धः ।। 14.10 ।।

राजमाताओं ने अपनी बहू राजरानी सीता का शृंगार किया। वे कर्णीरथ (महिलारथ) पर आरुढ़ हो अयोध्या में प्रवेश करती हैं (14.13)। उनके शरीर पर लगा हुआ था सती अनुसूया का वह अंगराग जिसे केवल पतिव्रता स्त्रियाँ ही धारण कर सकती थीं। साकेत की रानियाँ उनको प्रणाम करती हैं, अंजलि बाँध-बाँध कर। अयोध्याधिपति महाराज राम युद्ध के अपने सभी मित्रों सुग्रीव, विभीषण आदि को सब प्रकार की सामग्री से सम्पन्न भवनों में ठहराते हैं और वे पहुँचते हैं, पिता दशरथ के भवन, जहाँ अब उनका चित्र ही शेष रह गया था (14.15)। वहाँ उन्होंने दर्शन किये माता कैकेयी के। राम ने माता कैकेयी को यह कहकर सान्त्वना दी कि उनके ही कारण पिता दशरथ सत्यलोप के पातक से बच सके थे और इस कारण उनको स्वर्ग मिल सका। इतना सुनते ही माता का संकोच दूर हो गया और वे राम से मिलीं–

कृताञ्जलिश्चात्र यदम्ब सत्यान्नाभ्रश्यत स्वर्गफलाद् गुरुर्नः ।
तच्चिन्त्यमानं सुकृतं तवेति जहार लज्जां भरतस्य मातुः ।। 14.16 ।।

अयोध्या में निवास कर रहे वानरराज सुग्रीव तथा लंकाधिपति विभीषण आदि के लिए व्यवस्था इतनी उत्तम थी कि उन्हें इच्छा करते ही चाही वस्तुएँ मिल रही थीं (14.17-19)।

महाराज राम राज्याभिषेक में सम्मिलित होने आए महर्षियों से राक्षसराज रावण आदि के जन्मादि की कथाएँ सुनते हैं। महर्षियों के अयोध्या से प्रस्थान कर जाने पर सुग्रीव-विभीषण आदि भी अपने-अपने साम्राज्य को लौट जाते हैं। पुष्पकविमान को भी महाराज राम उसके स्वामी धनाधिप कुबेर को लौटा देते हैं। लौटाते समय उन्होंने अनुबन्ध किया कि आवश्यकता पड़ने पर पुष्पक पुनः उन्हें सुलभ हो जायगा (14.20)। इस प्रकार पिता की आज्ञा से राम वनवास की अवधि पूर्ण कर अयोध्या की राजगद्दी प्राप्त करते हैं। महाराज बनने के उपरान्त राम अपने अनुजों में तो समान दृष्टि रखते ही हैं परन्तु धर्म, अर्थ तथा काम में भी समानता की दृष्टि रखने लगे

पितुर्नियोगाद् वनवासमेवं निस्तीर्य रामः प्रतिपन्नराज्यः ।
धर्म्मार्थकामेषु समां प्रपेदे यथा तथैवावरजेषु वृत्तिम् ।। 14.21 ।।

महाकवि कालिदास के अनुसार सभी माताओं के प्रति राम का ममत्व समान रहा वैसे ही जैसे कृत्तिकाओं के प्रति कार्त्तिकेय का (14.22)। राम में लोभ नहीं था, अतः प्रजा उन्हीं को अपनी संपत्ति मानती, राम विघ्नों को दूर करते थे अतः उन्हीं के कारण अपने अनुष्ठान पूरे कर पाती, राम प्रजा को विनय (आचार और विद्या) की शिक्षा देते अतः उन्हीं को पिता सम मानतीं और शोक दूर करने के कारण उन्हीं को समझती थी पुत्र। इस प्रकार राम अपनी प्रजा के सब कोई थे–

तेनार्थवांल्लोभपराङ्मुखेन तेन घ्नता विघ्नभयं क्रियावान् ।
तेनास लोकः पितृमान् विनेत्रा तेनैव शोकापनुदेन पुत्री ।। 14.23 ।।

सीता गर्भवती होती हैं। उन्होंने अपनी इस गर्भावस्था में गंगा तट के उन तपोवनों के दर्शन की इच्छा की, जहाँ तपस्वियों से प्राप्त दाने चुगा करते थे हंस, जहाँ तपस्वियों की कन्याएँ विचरण

किया करती थीं तथा जहाँ यज्ञानुष्ठान के लिए कुश प्राप्त था तपस्वियों को (14.28)। उधर गुप्तचर से विदित होता है कि अयोध्या की जनता के एक वर्ग में लंका निवास के कारण सीता के सतीत्व पर सन्देह है (14.32)। राम अग्निपरीक्षा से विशुद्ध सीता पर आयी इस चारित्रिक आँच को नहीं सह पाते। वैदेही के पति का धीर गम्भीर हृदय सन्ताप से भर विदीर्ण हो जाता है जैसे परितप्त लोहा घन से मार खाकर (14.33)। राम अपकीर्ति के मार्जन का उपाय न देख सीता-परित्याग से उसे मिटाने का निर्णय लेते हैं। वे यशोधन थे। उन्होंने इन्द्रियार्थ से अधिक क्या, देह से भी अधिक यश को मानते थे–**अपि स्वदेहात् किमुतेन्द्रियार्थाद् यशोधनानां हि यशो गरीयः (14.35)।**

वे लक्ष्मण के द्वारा सीता को वाल्मीकि आश्रम के ही पास गंगा की बालू में उस पार छुड़वा देते हैं। सीता को वहीं बतलाया जाता है कि वे अयोध्या से निर्वासित हैं। राम द्वारा किये गये अपने परित्याग को जानकर सीता विलाप करती हैं और गिर पड़ती हैं भूमि पर। लक्ष्मण से अपनी पराधीनता व्यक्त करती हैं (14.58)। सीता धिक्कारती हैं रघुकुल को लक्ष्मण से कहतीं कि जा कर राम से कह देना कि अग्निविशुद्धा पत्नी का परित्यागकर अपने विशुद्धकुल के अनुरूप आचरण नहीं किया है उन्होंने–

वाच्यस्त्वया मद्वचनात् स राजा वह्नौ विशुद्धामपि यत् समक्षम् ।
मा लोकवादश्रवणादहासीः श्रुतस्य तत् किं सदृशं कुलस्य।। 14.61।।

सीता मानती हैं कि यह उनके पूर्व-जन्म के पातक का ही विस्फूर्जन है कि आज वे परित्यक्ता हैं। पहले उपस्थित राज्यलक्ष्मी को छोड़ राम ने सीता का वरण किया था अतः राजलक्ष्मी का वरण होने पर उसने सीता को राजधानी से निर्वासित करा दिया। वह सीता को राम के साथ निवास करता नहीं देखना चाहती थी। सीता जीवित रहती हैं अपने अन्दर विद्यमान रघुवंश के तेज की रक्षा के लिये। अन्यथा वे राम से वियोग के पूर्व ही अपने प्राणों से वियुक्त हो जातीं। सीता मुनिवृत्ति से जीवन व्यतीत करती हैं और कहती हैं कि राम अपने राज्य में निवास करने मुनियों के समान उन्हें भी जाने। सीता ने विलाप के बाद अपने कर्त्तव्य पर ध्यान दिया और ममता एवं प्रणय के अनुरूप उलाहने के शब्दों में राम को संदेश भेजा–"मैं तेरे पेट के गर्भ का पालन करुँगी और पंचाग्नि तप कर इस कामना से शरीर छोडूँगी कि दूसरे जन्म में पति तुम्ही रहो। किन्तु वियोग न हो"

कल्याणबुद्धेरथवा तवायं न कामचारो मयि शङ्कनीयः ।
ममैव जन्मान्तरपातकानां विपाकविस्फूर्जथुरप्रसह्यः ।।
उपस्थितां पूर्व्वमपास्य लक्ष्मीं वनं मया सार्धमसि प्रपन्नः ।
त्वय्यास्पदं प्राप्य तयाऽद्य रोषात् सोढास्मि न त्वद्भवने वसन्ती ।।
निशाचरोपप्लुतभर्त्तृकाणां तपस्विनीनां भवतः प्रसादात् ।
भूत्वा शरण्या शरणार्थमन्यं कथं प्रपत्स्ये त्वयि दीप्यमाने ।।
किं वा तवात्यन्तवियोगमोघे कुर्य्यामुपेक्षां हतजीवितेऽस्मिन् ।
स्याद् रक्षणीयं यदि मे न तेजस्त्वदीयमन्तर्गतमन्तरायः ।।
साऽहं तपः सूर्य्यनिविष्टदृष्टिरूर्ध्वं प्रसूतेश्चरितुं यतिष्ये ।
भूया यथा मे जननान्तरेऽपि त्वमेव भर्त्ता न च विप्रयोगः ।।

नृपस्य वर्णाश्रमपालनं यत् स एव धर्म्मो मनुना प्रणीतः ।
निर्वासिताप्येवमतस्त्वयाऽहं तपस्विसामान्यमवेक्षणीया ।। 14.62-67 ।।

लक्ष्मण भगवती सीता के इस सन्देश को लेकर अयोध्या लौट जाते हैं।

आश्रम से समिधा लेने निकले महर्षि वाल्मीकि एक स्त्री का आर्तस्वर सुनते हैं। वे उस ओर खिंचे चले गये। परमकारुणिक थे महर्षि वाल्मीकि कभी जिनका शोक श्लोक बन गया था, क्रौञ्च पक्षी के वध से विलाप करती क्रौञ्ची के आर्तनाद को सुनकर—

तामभ्यगच्छत् रुदितानुसारी कविः कुशेध्माऽऽहरणाय यातः ।
निषादविद्धाण्डजदर्शनोत्थः श्लोकत्वमापद्यत यस्य शोकः ।।। 14.70 ।।

वाल्मीकि सान्त्वना देकर सीता को अपने आश्रम ले आते हैं। वह आश्रम उनके लिए मानो पिता का दूसरा निवास ही था। सीता के यशस्वी ससुर उनके मित्र थे और पिता सत्पुरुषों के भय को मिटाने वाले और स्वयं सीता पतिव्रता अतः महर्षि का सीता पर कृपा करना स्वाभाविक था

तवोरुकीर्तिः श्वशुरः सखा मे सतां भयच्छेदकरः पिता ते ।
धुरि स्थिता त्वं पतिदेवतानां किं तन्न येनासि ममानुकम्प्या ।। 14.74 ।।

महर्षि ने सीता के निवास के लिए बना दी एक स्वच्छ पवित्र कुटिया। बिछौना मृगचर्म का, दीपक इंगुवा (इंगुदी) के तेल का पहनने को वल्कल और खाद्य सामग्री वन्य फलों की (14.71-82)। राजरानी सीता सन्तति के लिए जी रही थीं यह जीवन, इधर राम भी आँखों में आँसू लिए वर्णाश्रम मर्यादा की रक्षा के लिए राज्यकार्य में लगे रहते हैं। वे भी अपने कर्त्तव्य का पालन कर रहे थे। सीता निर्वासन के अनन्तर उन्होंने दूसरा विवाह नहीं किया और यज्ञों में भी सीता की ही सुवर्ण मूर्त्ति को दाहिने बिठाया (14.87)। सीता के मन से राम के इस व्यवहार के समाचार से परित्याग का दुःख हट गया। राम ने सीता का राजधानी से निर्वासन किया था अपने चित्त से नहीं (14.84)।

सीता परित्याग से अयोध्याधिपति राम केवल पृथिवी के पति रह गये, किन्तु वे उस पृथ्वी का पालन ठीक से कर रहे थे। यमुनातट के मुनियों से राजा राम को सूचना मिली की लवण नामक असुर मुनियों के यज्ञकार्य में विघ्न डाल रहा है। धर्मरक्षा के लिए ही पृथ्वी पर शाङ्र्गी विष्णु ने राम के रूप में जन्म लिया था—***धर्मसंरक्षणार्थैव प्रवृत्तिर्भुवि शाङ्र्गिणः (15.4)।*** मुनियों ने राजा राम को यह भी सूचना दी कि लवणासुर उसी समय मारा जा सकता है जब उसके हाथ में शूल न हो। राम ने शत्रुघ्न को लवणासुर के वध के लिए भेजा और उन्होंने लवणासुर के नगर मधूपघ्न पहुंचकर (15.15) कुम्भीनसी के गर्भ से उन्पन्न लवणासुर का कार्ष्ण शस्त्र से वध किया (15.24) और यमुना तट पर मधुरा (मथुरा) पुरी बसायी (15.28)। सुन्दरता में मधुरा स्वर्ग का टुकड़ा प्रतीत होती थी।

यमुनातटवासियों के पास जाते हुए मार्ग में शत्रुघ्न महर्षि वाल्मीकि के आश्रम में रुकते हैं और उसी, रात उनकी भाभी भगवती सीता दो पुत्रों को जन्म देती हैं। भाई के यहाँ सन्तान के समाचार से वे प्रसन्न होते हैं—

सन्तानश्रवणाद् भ्रातुः सौमित्रिः सौमनस्यवान् ।
प्राञ्जलिर् मुनिमामन्त्र्य प्रातर्युक्तरथो ययौ ।। 15.14 ।।

इधर दशरथ के मित्र आदिकवि वाल्मीकि के आश्रम में सीता दो पुत्रों को जन्म देती हैं। वाल्मीकि ने उनका दशरथ की प्रतिष्ठा के अनुरूप जातकर्म-संस्कार किया और उनको 'लव' तथा 'कुश' नाम से पुकारा क्योंकि कुशलवों से हटाया गया था उनके गर्भ का विकार (15.31-32)। उन्हें अंगों सहित वेद का अभ्यास कराया और कुछ बड़े हो जाने पर पढ़ाया अपना आदिकाव्य 'रामायण'। माँ के सामने दोनों बालक राम का मधुर चरित गाते तो सीता की वियोग-व्यथा शान्त हो जाती थी। इसी बीच भरत, लक्ष्मण और शत्रुघ्न की पत्नियों ने भी दो दो पुत्रों को जन्म दिया। शत्रुघ्न अपने पुत्र शत्रुघाती और सुबाहु को क्रमशः मधुरा और विदिशा का शासन सौंप देते हैं और वे मधुरा से अयोध्या लौट आते हैं। अयोध्या लौट शत्रुघ्न राम को सभी समाचार सुनाते हैं, किन्तु कुश-लव के जन्म का समाचार नहीं सुनाते क्योंकि मुनि वाल्मीकि ने उनको ऐसा ही आदेश दिया था

स पृष्टः सर्व्वतो वार्त्तमाख्यद् राज्ञे न सन्ततिम् ।
प्रख्यापयिष्यतः काले कवेराद्यस्य शासनात् ।। 15.41 ।।

इसी समय अयोध्या के एक गाँव का ब्राह्मण अपने मृत बालक के शरीर को लेकर राम के दरवाजे पहुँचता है और लगता है धिक्कारने यह कहते हुए–'धिक्कार है तुझे पृथिवी, इतनी गिर गयी तू दशरथ के न रहने पर'–

शोचनीयासि वसुधे! या त्वं दशरथाच्च्युता ।
रामहस्तमनुप्राप्ता कष्टात् कष्टतरं गता ।। 15.43 ।।

रामराज्य में किसी की भी अकाल मृत्यु नहीं होती थी, परन्तु किसी कारण से ब्राह्मण बालक अकाल ही कालकवलित हो गया। राम ने तत्काल पुष्पकविमान का स्मरण किया और यम को जीतने का संकल्प भी। उनको गूढरूपा सरस्वती ने बताया कि उनके राज्य में हो रहे किसी अपचार का दुष्परिणाम है ब्राह्मण पुत्र की हानि। उसको खोजकर उसका शमन करो जिससे यह पातक शान्त हो सकता है–

राजन्! प्रजासु ते कश्चिादपचारः प्रवर्त्तते ।
तमन्विष्य प्रशमयेर्भवितासि ततः कृती ।। 15.47 ।।

पुष्पकविमान पर बैठ वे स्वयं ब्राह्मण शिशु की मृत्यु का कारण वर्णधर्म में आ रहे दोष को खोजने निकले। उन्हें मिला शम्बूक नामक तपस्वी, जो अपना कर्त्तव्य कर्म छोड़ स्वर्ग के लिए तप में निरत था (15.49-50)। राम ने उसका सिर काट डाला (15.52)। राम से दण्डित शम्बूक को स्वर्ग मिल जाता है और ब्राह्मण को अपना शिशु

कृतदण्डः स्वयं राज्ञा लेभे शूद्रः सतां गतिम् ।
तपसा दुश्चारेणापि न स्वमार्गविलङ्घिना ।। 15.53 ।।

इसी समय वन में राम महामुनि अगस्त्य के दर्शन करते हैं। अगस्त्य मुनि राम को समुद्र से प्राप्त अंगद भेंट करते हैं (15.55)। उस अंगद को मुनि के आशीर्वाद के रूप में उसे ग्रहण कर राम अयोध्या लौट आते हैं। राम ने अयोध्या में अश्वमेध यज्ञ का आयोजन किया (15.58)। यज्ञ में पहुँचते हैं, मुनिजन भूमिलोक के तथा ज्योतिर्मय-लोक के (15.59)। यज्ञशाला में राम के दाहिने

स्थित थी भगवती वैदेही की सुवर्ण प्रतिमा (15.62)। उसमें आश्रम से पहुँचते हैं महर्षि वाल्मीकि और रामायण-ज्ञान में निष्णात लव-कुश भी। दोनों बालकों के मधुर कण्ठ की ख्याति सर्वत्र थी (15.62)। राम ने उन बालकों से 'रामायण' का गान सुना और दक्षिणा के रूप में प्रसन्न हो महर्षि वाल्मीकि को अयोध्या का राज्य सौंप दिया (15.70)। आदिकवि वाल्मीकि कारुणिक थे। उन्होंने राम से काव्य की दक्षिणा के रूप में राज्य नहीं ग्रहण किया अपितु उनसे दक्षिणा के रूप में माँगा *'राम तुम सीता को फिर से स्वीकार कर लो'*—

स तावाख्याय रामस्य मैथिलेयौ तदात्मजौ।
कविः कारुणिको वव्रे सीतायाः सम्परिग्रहम्।। 15.71।।

कवि ने राष्ट्रनायक को काव्य भी दिया और उसका जीवन भी दिया। राम ने कहा की उनको सीता से कभी कोई घृणा नहीं रही। यदि सीता अयोध्या की जनता को अपने चरित का विश्वास दिला सके तो राम उनको अयोध्या के राजमहल में पुनः स्थान दे सकते हैं

ताः स्वचारित्रमुद्दिश्य प्रत्याययतु मैथिली।
ततः पुत्रवतीमेनां प्रतिपत्स्ये त्वदाज्ञया।। 15.73।।

महाराज राम के इन वचनों को सुनकर महर्षि वाल्मीकि आश्रम से सीता को बुलवाते हैं, अयोध्या में। सीता महर्षि के वचन का सम्मान रखने के लिए वहाँ आती हैं। उनकी दृष्टि थी उनके दोनों चरणों पर। उन्हें अयोध्या का कोई आकर्षण नहीं रहा। वाल्मीकि उनसे कहते हैं—'बेटी जनता को विश्वास दिलाओं की तुम शुद्ध हो'—

तां दृष्टिविषये भर्त्तुर्मुनिरास्थितविष्टरः।
कुरु निःसंशयं वत्से! स्ववृत्ते लोकमित्यशात्।। 15.79।।

वाल्मीकि के ये वचन अग्निशुद्धा सीता के लिए शूल के समान थे। वे उनको सुनती हैं, परन्तु सम्पूर्ण राजपरिवार के सम्मुख अपनी माता पृथिवी से प्रार्थना करती हैं—'माँ यदि मन, वाणी और कर्म से मैं अपने पति से कभी भी न हटी होऊँ तो तू मुझे छिपा ले अपने भीतर'—

वाङ्मनःकर्म्मजं पत्यौ व्यभिचारो यथा न मे।
तथा विश्वम्भरे! देवि! मामन्तर्धातुमर्हसि।। 15.81।।

सीता के इन वचनों को सुनते ही भूमि फटती है और नाग सिंहासन पर विराजमान पृथिवी माता प्रकट होती हैं (15.83)। यह दृश्य देख मर्माहत राम ''नहीं नहीं'' कहते रहे कि माता पृथ्वी अपनी पुत्री सीता को गोद में बिठा पाताललोक चली गयीं। सीता के अन्तर्ध्यान होने से शोकाकुल राम को कुलगुरु वसिष्ठ समझाते हैं (15.84-86)। राम शान्त हो जाते हैं। ऋषिजन अश्वमेध यज्ञ के बाद लौट जाते हैं। राम ने दोनों पुत्रों का पालन करते समय उनकी माता सीता का भी स्नेह दोनों को दिया।

अयोध्याधीश राम सिन्धु-देश का शासन भरत को सौंप देते हैं। भरत सिन्धु-देश जाते हैं और वहाँ गन्धर्वो को हराकर शासनभार अपने पुत्र 'तक्ष' और 'पुष्कल' को सौंप वापस राम के पास लौट आते हैं (15.89)। लक्ष्मण भी अपने पुत्र 'अंगद' और 'चन्द्रकेतु' को राम की आज्ञा से कारापक्ष

का स्वामी बना देते हैं (15.90)। इस प्रकार उन चारों भाईयों ने अपने सभी पुत्रों को जगह-जगह प्रतिष्ठित करने के अनन्तर पतिलोक सिधारी सभी माताओं के विधिवत् श्राद्ध किये (15.91)।

राज्य के सम्पूर्ण दायित्व से मुक्त हुए राम के पास पहुँचता है मुनि के वेश में 'काल' और राम से कहता है—'मैं आपसे एकान्त में बात करना चाहता हूँ, किन्तु एकान्त में बात करते समय हमारे पास जो आवे आप उसका परित्याग कर दें'—

उपेत्य मुनिवेषोऽथ कालः प्रोवाच राघवम्।
रहःसंवादिनावावां पश्येद् यस्तं त्यजेरिति।। 15.92।।

मुनिवेशधारी काल के इन वचनों को राम स्वीकार कर लेते हैं। एकान्त में काल उनसे कहता है—'ब्रह्मदेव की आज्ञा है अब आप स्वर्ग लौटें'—**आचख्यौ दिवमध्यास्व शासनात् परमेष्ठिनः (15.93)।** काल के साथ राम का गुप्त वार्तालाप चल ही रहा था कि द्वारपाल बन खड़े लक्ष्मण वहाँ आ जाते हैं, क्योंकि बाहर खड़े मुनि दुर्वासा राम से तुरन्त मिलना चाहते थे (15.94)। राम से मिलने में देरी होने पर वे उद्यत जो थे अयोध्या भस्म करने को। अपनी प्रतिज्ञा के अनुसार कक्ष में काल के सम्मुख प्रविष्ट लक्ष्मण का राम परित्याग कर देते हैं। योग के द्वारा लक्ष्मण ने सरयू तट पर शरीर छोड़ दिया (15.95)। राम ने भी कुशावती में कुश और शरावती में लव को राजा बना उत्तर की ओर प्रस्थान कर दिया (15.97-98)। प्रस्थान करते समय उनके आगे थी अग्नि और पीछे थे दोनों अनुज और उनके पीछे थी अयोध्या की सम्पूर्ण जनता। साकेत राजधानी अयोध्या के सभी भवन खाली थे। राम ने भाइयों तथा सम्पूर्ण प्रजाजनों के साथ सरयू तट से विमान पर आरूढ़ होकर स्वर्गारोहण किया। सरयूतट पर वह स्थान आज भी "गोप्ततर" नाम से प्रसिद्ध है (15.99-100)।

महाकवि कालिदास अयोध्याधीश के स्वर्गप्रयाण कर जाने पर सम्पूर्ण रामकथा के उपसंहार में कहते हैं कि इस प्रकार रामरूपधारी भगवान् विष्णु राक्षसराज रावण को मारकर देवकार्य पूरा करते हैं और विभीषण तथा हनुमान् को दक्षिण एवं उत्तर दिशा में अपने कीर्त्तिस्तम्भ के समान स्थापित कर वे अपने धाम लौट जाते हैं—

निर्वर्त्यैवं दशमुखभयच्छेदकार्यं सुराणां
विष्वक्सेनः स्वतनुमविशत् सर्वलोकप्रतिष्ठाम्।
लङ्कानाथं पवनतनयं चोभयं स्थापयित्वा
कीर्त्तिस्तम्भद्वयमिव गिरौ दक्षिणे चोत्तरे च।। 15.103।।

इसके अनन्तर सातों भाईयों ने सबमें बड़े कुश को प्रमुख बनाया और उसे अपने अपने मुख्य रत्न सौंप दिये। सौभ्राज्य रघुकुल में प्रतिष्ठित था। सभी मिलकर जनता की सेवा में लग गये। सभी सेतु, वार्ता (कृषिकर्म), गजबन्ध आदि से समृद्धमान् हुए। उन्हें परस्पर राज्य की विभाग रेखा नहीं लांघी। उनके भी पुत्र-पौत्र हुए और सामवेद से उत्पन्न देवगजों के वंश के उनका वंश भी आठ शाखाओं में फैला गया (16.1-2)।

एक रात कुश अपनी राजधानी कुशावती में अपने महल में अकेला ही सो रहा था। महल के दरवाज़े बन्द थे और प्रहरी ड्योढ़ी पर तैनात थे तभी कुश ने देखा कि उसके सामने एक महिला खड़ी है। उसे आश्चर्य होता है। कुश कहता है उससे—हे शुभे! तुम कौन हो और किसकी पत्नी हो?

मेरे पास आने का क्या प्रयोजन है? मुझसे यह समझ बात करना कि जितेन्द्रिय रघुवंशियों का मन परस्त्री से विमुख होता है—

का त्वं शुभे कस्य परिग्रहो वा किं वा मदभ्यागमकारणं ते।
आचक्ष्व मत्वा वशिनां रघूणां मनः परस्त्रीविमुखप्रवृत्ति।। (16.8)

पूछने पर महिला कहती है—''मैं अयोध्या की अधिदेवता हूँ। तुम्हारे पिता के बाद मेरी स्थिति शोचनीय हो गयी है, अतः तुम मुझे अपनी राजधानी बनाओ''। अयोध्या की अधिदेवता अपनी दुर्गति का वर्णन करती है (16.10-21)। यह एक स्वप्न था। कुश ने प्रातःकाल शास्त्रज्ञ मंत्रियों को यह स्वप्न सुनाया। उन्होंने भी अयोध्या को राजधानी बनाने का अनुमोदन किया, और कुश ने अपनी राजधानी के रूप में अयोध्या का पुनर्निर्माण करवाया। तत्पश्चात् वह कुशावती ब्राह्मणों को दे अयोध्या चला जाता है (16.25)। महाकवि कालिदास ने सरयूतट तक पहुँचने के मार्ग में प्रयाण करती कुश सेना का वर्णन किया है। कुश हाथियों के पुल विन्ध्य के समीप बनाकर गंगा पार करते हैं और सरयू तट पर पहुँचते हैं (16.26-35)। अयोध्या पहुँच कुश ने रघुवंशियों के सैकड़ों यज्ञीय यूपों को अपनी वेदिकाओं पर खड़ा देखा। कुश ने पुरी को नये सिरे से बसाया और उसके राजमहल में प्रवेश किया।

महाकवि ने यहाँ ग्रीष्म ऋतु का वर्णन किया है (16.43-53)। ग्रीष्म ऋतु में रानियों के साथ विहार करते समय (16.54-71) कुश का वह अंगद सरयू के जल में गिर जाता है जो अगस्त्य मुनि से भगवान् राम को प्राप्त हुआ था (16.72)। खोजने पर भी अंगद के न मिलने पर कुश अपने धनुष पर सोपर्ण अस्त्र चढ़ाते हैं, क्योंकि उन्हें सन्देह था कि सरयू में रह रहे कुमुद नाम के नाग ने उस दिव्य अंगद को ले लिया है। कुश को बाण चढ़ा प्रहार करने के लिए उद्यत देखकर सरयू की जलराशि उद्विग्न हो उठती है (16.78)। कुमुद अपनी बहन कुमुद्वती को साथ लेकर उसी प्रकार ऊपर आता है जिस प्रकार लक्ष्मी के साथ पारिजात कभी समुद्र से प्रकट होता है। महाकवि का कहना है कि—विनीत पर सत्पुरुष रोष बनाये नहीं रखते—**प्रह्वेष्वनिर्बन्धरुषो हि सन्तः (16.80)**। वह कुश से कहता है—'आप त्रैलोक्य के स्वामी विष्णु के पुत्र हैं। मैं आपका अपराध कैसे कर सकता हूँ। आपका यह अंगद मेरी इस बहन ने कुतूहल वश ले लिया था, अपराध क्षमा हो और मेरी यह बहन स्वीकार। इसके अपराध का यही है, उचित प्रायश्चित्त' (16.83-85)। ऐसा कहकर कुमुद ने कुमुद्वती और अंगद दोनों कुश को अर्पित कर दिये। प्रज्ज्वलित अग्नि की साक्षी में कुश ने कुमुद्वती का पाणिग्रहण किया (16.86)। इस प्रकार साक्षात् विष्णु के पौत्र कुश के साथ तक्षक के पौत्र कुमुद का सम्बन्ध हुआ जिससे एक ने पिता के घातक गरुड से त्राण पाया और दूसरे ने नागों के उपद्रव से—

इत्थं नागस्त्रिभुवनगुरोरौरसं मैथिलेयं
लब्ध्वा बन्धुं तमपि च कुशः पञ्चमं तक्षकस्य।
एकः शङ्कां पितृवधरिपोरत्यजद् वैनतेया-
च्छान्तव्यालामवनिमपरः पौरकान्तः शशास ।। (16.88)

महाकवि कालिदास विरचित रघुवंश में रामकथा कुश के इस वृत्तान्त तक मिलती है। इसके अनन्तर रघुवंश की परम्परा यशस्वी हो अतिथि आदि राजाओं में प्रतिष्ठित होती है, परन्तु अग्निवर्ण तक पहुँचते-पहुँचते अपने पतन को प्राप्त हो जाती है।

सन्दर्भ

1. रघुवंश के प्रारम्भ के एकादश राजा हैं–सूर्य (1.7); मनु (वैवस्वत 1.11); दिलीप (सुदक्षिणा 1.12); रघु (प्रभावती 3. 13-21); अज (इन्दुमती 5.36); दशरथ (कौशल्या 8.29); राम (सीता 10.67); कुश (कुमुद्वती 15.32); अतिथि (17.1); निषध (18.1); कुशेशयाक्ष। इनसे लेकर अग्निवर्ण पर्यन्त कुल 32 शासक हुए रघुवंश के। देखें परिशिष्ट कालिदासग्रन्थावली (तृतीय संस्करण)–काव्यखण्ड, प्रधान सम्पादक प्रो. मिथिलाप्रसाद त्रिपाठी, सम्पादक तथा अनुवादक आचार्य रेवाप्रसाद द्विवेदी 'सनातनकवि', सहायक सम्पादक प्रो. सदाशिव कुमार द्विवेदी, प्रकाशक कालिदास संस्कृत अकादमी, विश्वविद्यालय मार्ग, उज्जैन, मध्यप्रदेश; प्रकाशन वर्ष 2008।
2. सभी श्लोक सन्दर्भ रघुवंश महाकाव्य के सर्ग तथा पद्य संख्या के दिये गये हैं।
3. भगवान् शंकर की प्राप्ति में तपश्चर्यारत भगवती पार्वती के लिए महाकवि कालिदास ने 'सीता' इस उपमान को प्रस्तुत किया है। यहां सीता का अर्थ है हल से जोती गयी भूमि। पार्वती जी की सखियां कहती हैं कि जैसे वर्षा न होने से क्षतिग्रस्त हुई हल से जुती भूमि 'सीता' पर इन्द्र प्रार्थना करने पर भी वर्षा कर कब अनुग्रह करेंगे यह निश्चित् नहीं, वैसे ही तपस्या से दुबली हुई पार्वती पर प्रार्थना करने पर भी दुर्लभ शिव कब अनुग्रह करेंगे यह अभी भी निश्चित् नहीं है। पार्वती की इस दशा को देखकर सखियों को आँसू बहाने पड़ रहे हैं–

न वेद्मि स प्रार्थितदुर्लभः कदा सखीभिरस्रोत्तरमीक्षितामिमाम् ।
तपः-कृशामभ्युपपत्स्यते सखीं वृषेव सीतां तदवग्रहक्षताम्।। कुमारसम्भवम् 5.61।।

4. मेघदूत के प्रथम तथा 99वें पद्य में रामगिरि शब्द का प्रयोग हुआ है। यहाँ महाकवि ने दोनों ही स्थलों पर 'रामगिर्याश्रम' पद का प्रयोग किया है। रामगिरि पर्वत पर स्थित आश्रम अर्थात् छायाप्रधान स्थल जहाँ भगवान् राम ने वनवास के समय अरण्य में भगवती सीता के साथ निवास किया था–

कश्चित् कान्ताविरहगुरुणा स्वाधिकारप्रमत्तः शापेनास्तङ्गिंमितमहिमा वर्षभोग्येण भर्त्तुः।
यक्षश्चक्रे जनकतनया-स्नानपुण्योदकेषु स्निग्धच्छायातरुषु वसतिं रामगिर्याश्रमेषु।। 1।।
तामायुष्मन्! मम च वचनादात्मनश्चोपकर्त्तुं, ब्रूया एवं तव सहचरो रामगिर्याश्रमस्थः।
अव्यापन्नः कुशलमबले! पृच्छति त्वां वियुक्तः पूर्वाऽऽभाष्यं सुलभविपदां प्राणिनामेतदेव।। 99।।

जानकीहरणमहाकाव्य में रामकथा का स्वरूप

डॉ. शिल्पा सिंह

भारतीय सनातन-परम्परा में रामकथा का स्वरूप विवेचन अनेक महाकवियों ने किया है। वर्तमान में रामकथा सम्बन्धित जितने साहित्य प्राप्त होते हैं उनका उपजीव्य आदिकवि महर्षि वाल्मीकि प्रणीत आदिकाव्य 'रामायण' है। अनादि तथा ईश्वर के निःश्वासरूप 'वेद' रामकथा के मूल उत्स हैं। आदिकवि ने स्वयं रामायण को वेदमूलक स्वीकार किया, उनका कथन है कि रामायण समस्त पापों का नाश करने वाला है–

रामायणं महाकाव्यं सर्ववेदेषु सम्मतम्।
सर्वपापप्रशमनं दुष्टग्रहनिवारणम्।।[1]

ऋग्वेद में रामकथा के प्रधान नायक श्रीराम का वर्णन 'राम' शब्द से उद्धृत है–

प्रतद्दुःशीमेपृथवानेवेने प्र रामेवोचमसुरे मघवत्सु।
येयुत्काय पञ्चशतास्मयु पथाविश्राव्येषाम्।।[2]

ब्राह्मण-ग्रन्थों में ऐतरेय-ब्राह्मण[3], शतपथ-ब्राह्मण[4] तथा उपनिषदों में प्रश्नोपनिषद् में कौशल्या के पुत्र 'हिरण्यनाभ' का उल्लेख है–

'भगवन् हिरण्यनाभः कौसल्यो राजपुत्रो मामुपेत्यैतं प्रश्नमपृच्छत।'[5]

वेद-मन्त्रों का अर्थविस्तार करने वाले महाभारत[6] के आरण्यकपर्व, शान्तिपर्व में भी रामायण तथा राम-कथा का वर्णन प्राप्त होता है।

वाल्मीकि कृत रामायण को उपजीव्य बनाकर संस्कृत-साहित्य में महाकवियों ने अनेक महाकाव्यों एवं नाटकों की रचना की, जिनमें रघुवंश, (रावणवध) सेतुबन्ध, भट्टिकाव्य, जानकीहरण, अभिनन्दन कृत रामचरित, रामायणमञ्जरी, दशावतारचरित, उदारराघव, उत्तरकालीन महाकाव्य-जानकीपरिणय, रामलिङ्गामृत, राघवोल्लास, रामरहस्य हैं। नाटकों में-प्रतिमानाटक, अभिषेकनाटक, महावीरचरित, उत्तररामचरित, उदात्तराघव, कुन्दमाला, अनर्घराघव, बालरामायण, महानाटक, आश्चर्यचूडामणि, प्रसन्नराघव, उल्लाघराघव आदि हैं।[7]

महाकवि कालिदास कृत रघुवंश-महाकाव्य ने परवर्ती कवियों को रामकथा आश्रित महाकाव्य एवं नाटक की रचना के लिये प्रेरित किया। रघुवंशमहाकाव्य की रचना से महाकवि कालिदास की प्रसिद्धि सम्पूर्ण भारत में हो चुकी थी। यह प्रसिद्धि श्रीलंका तक पहुँची। रघुवंश के समान उच्च-काव्य

के विद्यमान रहते हुए भी रामकथा युक्त 'जानकीहरण' की रचना श्रीलंका निवासी कवि कुमारदास ने की। 'जानकीहरणमहाकाव्य' की उत्कृष्टता ने कवि कुमारदास को अमरत्व प्रदान कर दिया। 'जानकीहरण' की काव्यात्मक उत्कृष्टता के कारण यह लोकोक्ति प्रचलित हुई जिसे कुमारदास कृत ही माना जाता है–

जानकीहरणं कर्तुं रघुवंशे स्थिते सति।
कविः कुमारदासश्च रावणश्च यदि क्षमः।।[8]

अर्थात् रघुवंशी राम के रहते रावण ही जानकीहरण कर सकता था, वैसे ही रघुवंश-महाकाव्य के रहते कवि कुमारदास ही जानकीहरणमहाकाव्य की रचना कर सकते थे। इस सुभाषित से यह भी सङ्केत प्राप्त होता है कि कश्मीर से लंका पर्यन्त विस्तीर्ण भारतवर्ष के संस्कृत कवियों को एक दृष्टिपथ में रखकर परखने से कालिदास एवं कुमारदास ये दोनों महाकवि उत्तर-भारत एवं दक्षिण-भारत में एक-दूसरे के समकक्ष प्रतिनिधि कवि माने जाते थे। महाकवि कुमारदास का समय सातवीं शताब्दी का पूर्वार्द्ध लगभग 620 ई. माना जाता है। महाकवि एवं उनके ग्रन्थ जानकीहरण के विषय में विस्तृत विवरण संस्कृत-वाङ्मय-कोश[9] के ग्रन्थ-खण्ड एवं ग्रन्थकार-खण्ड संस्कृत-साहित्य-कोश[10] एवं विभिन्न संस्कृत साहित्यविषयक ग्रन्थों में प्राप्तव्य है।

संस्कृत-वाङ्मय में पूर्वविश्रुत तथा पश्चात् विस्मृत ऐसे अनेक ग्रन्थ हैं जिनका उद्धार हुआ। कौटिल्य का अर्थशास्त्र, अश्वघोष के महाकाव्य एवं नाटक भास के तेरह नाटक लुप्तप्रायः हो गये थे, परन्तु पुनरुपलब्ध होने पर वर्तमान में उनकी प्रसिद्धि है। इसी प्रकार लुप्तप्राय 'जानकीहरणमहाकाव्य' का शब्दानुवाद सहित मूल सर्वप्रथम सिंहली-लिपि में प्राप्त हुआ था। खण्ड-खण्ड रूप में अवशिष्ट ग्रन्थांश वर्तमान में उपलब्ध हो गया है। श्री एफ.डब्ल्यू. टॉमस ने जानकीहरण के सम्बन्ध में अत्यधिक छान-बीन की और लिखते हैं–"इस काव्य को बहुत थोड़े लोग जानते हैं। इसका इतिहास विलक्षण है। इसकी कोई भी हस्तलिखित प्रति अभी तक नहीं मिली है। भारत में इसके अस्तित्व के चिह्न केवल इतने हैं कि उसके कुछ श्लोक संस्कृत के दो कविता-संग्रहों में पाये जाते हैं। एक तो 'शाङ्र्गधरपद्धति' और 'सुभाषितावली' में और दूसरे क्षेमेन्द्र के 'औचित्यविचारचर्चा' में।"[11] मद्रास की हस्तलिखित प्रति जिसमें 20 सर्ग हैं। विभिन्न हस्तलिखित प्रतिलिपियों को एकत्रित कर बीस सर्गात्मक महाकवि कुमारदास प्रणीत 'जानकीहरणमहाकाव्य' का सर्वप्रथम सुव्यवस्थित अनुवाद सहित सम्पादन कार्य पण्डित ब्रजमोहन व्यास ने किया। पूर्व में जानकीहरण में मात्र दस-सर्ग प्राप्त थे। पुनः पन्द्रह-सर्ग प्राप्त हुए और अन्ततः बीस-सर्ग प्राप्त हो गये। 1891 ई. में विद्यालङ्कार कॉलेज, पेलियगोड, केलानिया, लंका के प्रिन्सिपल श्री के. वर्माराम स्थविर ने इस महाकाव्य के चौदह-सर्गों और पन्द्रहवें-सर्ग के प्रारम्भिक 22 श्लोकों का शब्द-प्रति-शब्द अनुवाद सहित सिंहलीलिपि में सम्पादन किया। इस सर्ग के शेष श्लोकों को व्यास जी ने डॉ. बी. राघवन से प्राप्त किया। अन्त में श्री सी.आर. स्वामीनाथन् के शोध-प्रबन्ध से लेकर पाँच और सर्गों को जोड़कर इस ग्रन्थ को सम्पूर्णता प्रदान की। अनुवाद के साथ इस महाकाव्य की पूर्ण उपलब्धता श्री पं. ब्रजमोहन व्यास द्वारा पाठकों, विद्वतजनों के दृष्टिपथ में सर्वप्रथम आता है। वर्तमान में 'जानकीहरण' महाकाव्य का हिन्दी अनुवाद सहित यह एकमात्र प्रति उपलब्ध है।[12]

जानकीहरणमहाकाव्य में 'रामकथा' का प्रारम्भ रामजन्मभूमि अयोध्या नगरी के वैभव-वर्णन से होता है। नगरों में श्रेष्ठ, अतिशय समृद्धि की आभा से मण्डित अयोध्या-नगरी ऐसी प्रतीत हो रही

थी मानो स्वर्ग की नगरी अपनी समृद्धि के भार को सहन न कर सकने के कारण पृथिवी पर आ गयी हो। प्रासादों के शिखर पर रखे हुए सुवर्ण कलशों पर खचित मणियों की प्रभा सभी जनसमुदाय को आनन्दित कर रही थी परन्तु वहीं दूसरी ओर अभिसारिकाओं को कोई प्रसन्नता नहीं हो रही थी क्योंकि मणियों की प्रभा अन्धकार के समूह को छिन्न-भिन्न कर देती थीं। ऐसी नगरी में निष्कलङ्क चरित्र वाले, राजाओं से सम्मानित, गुणग्राही महाराज दशरथ रहते हुए, अपने गुणों से उत्पन्न यश बाहुल्य से चतुर्दिशाओं को प्रभायुक्त कर दिया–

अखण्डमानो मनुजेश्वराणां मान्यो गुणज्ञो गुणजैर्मनोज्ञैः।
दिशो यशोभिः शरदभ्रशुभ्रैश्चकार राजा रजतावदाता।।[13]

यशस्वी राजा दशरथ ने उचित समय देखकर अग्नि के समक्ष एक ऐसी राजकन्या का पाणिग्रहण किया जो विनयशीला थीं और इन्द्र के शत्रु रावण का वध करने वाले ईश्वर-तुल्य तेजस्वी राम की माता कौशल्या होंगी। महाकवि कुमारदास ने माता कौशल्या के अनुपम-सौन्दर्य का वर्णन किया है। अजपुत्र दशरथ ने बहुत दिनों तक रानी कौशल्या के साथ सुखमय जीवन व्यतीत किया। इसके पश्चात् सिद्धों की कन्याओं में अत्यन्त सुन्दर, कौशल्या के समान गुणवती एक दूसरी राजकन्या कैकेयी से राजा दशरथ ने विवाह किया। रानी कैकेयी के एक अवगुण अर्थात् राम के लिये चौदह वर्ष का वनवास माँग लेने से तीनों लोकों को राक्षसों के भय से मुक्त कर दिया–

अन्यापि कन्या जिजसिद्धकन्या तादृग्गुणा तस्य बभूव देवी।
दोषोऽपि यस्या भुवनत्रयस्य बभूव रक्षोभयनाशहेतुः।।[14]

राजा दशरथ की तृतीय रानी सुमित्रा हुईं महाराज अपनी प्रजा के लिये भावी महाराज अर्थात् सन्तति की कामना करने लगे और पुत्र-प्राप्ति की प्रतीक्षा में जब उनके नेत्रों की ज्योति निष्फल हो गयी तब वह चिन्ताग्रस्त होकर अपना समय व्यतीत करने लगे, क्योंकि चरित्रवान् कुल में उत्पन्न उनकी रानियों को कोई पुत्र न हुआ। एक दिन जंगल के रक्षक ने राजा दशरथ को आकर सूचना दी कि हिमाच्छादित पहाड़ की कुञ्जों को श्वान को साथ लिये परिचारकों ने भ्रमण कर स्वच्छ कर दिया है। अन्याय को न सहन करने वाले राजा दशरथ, सिंह की चाल से चलते हुए जानवरों का आखेट करने जंगल की ओर चल पड़े। अपने वंश के सिरमौर दशरथ ने मृग को बाणों से विद्ध करने हेतु उसका पीछा करने लगे वह मृग चौकड़ी भरता हुआ तमसा-नदी के तट पर स्थित एक आश्रम में जा पहुँचा। तपस्वियों के स्थल आश्रम के समीप उसी तमसा-नदी के तट पर घट भरने की ध्वनि को मनुवंशीय राजा दशरथ ने हाथी की ध्वनि समझकर बाण-प्रहार कर दिया–

तटेऽपि तस्या घटपूरणस्य श्रुत्वा रवं बृंहितनादशङ्की।
शरं शरण्योऽपि मुमोच बाले मुनेस्तनूजे मनुवंशकेतुः।।[15]

यह प्रसङ्ग महाकवि कालिदास ने रघुवंश-महाकाव्य में राजा दिलीप के सम्बन्ध में उल्लेख किया है कि नन्दिनी गाय की रक्षा हेतु सिंह को मारने की इच्छा से राजा दिलीप तरकश से बाण निकालते हैं–

ततो मृगेन्द्रस्य मृगेन्द्रगामी वधाय वध्यस्य शरं शरण्यः।।[16]

'शरं शरण्यः' पद का प्रयोग अपने महाकाव्य में महाकवि कालिदास और महाकवि कुमारदास दोनों ने किया है।

साधुओं को शरण देने वाले राजा दशरथ आर्तनाद करते हुए मुनिपुत्र के समीप गये। विलाप करते हुए मुनिपुत्र ने कहा-आपने एक ही बाण से तीन निरपराध व्यक्तियों के प्राण ले लिये। मेरी, मेरे वृद्ध एवं अन्धे माता-पिता की–

एकं त्वया साधताऽपि लक्ष्यं नीतं विनाशं त्रितयं निरागः।
मच्चक्षुषा कल्पितदृष्टिकृत्यौ वृद्धौ वने मे पितरावहं च।।[17]

राजा दशरथ जल भरा घट लेकर मुनि के पास पहुँचकर अश्रुपूरित मुख से उनके पुत्र के वध की कथा बतलाते हैं। दयावान्, जितेन्द्रिय उस महर्षि ने अपने पुत्र का विनाश सुनकर हृदय में बारम्बार उमड़ते शोक को वश में करते हुए राजा दशरथ को विश्व को निगल जाने वाला भयंकर शाप दिया–

दयानुयातस्तनयस्य नशां श्रुत्वा महर्षिनाशंर्मुहुरात्तशोकः।
दिदेश देशस्तुतसद्गुणाय विशन् वशी विश्वभुजं स शापम्।।[18]

महाकवि कुमारदास ने 'जानकीहरण' में यह तो वर्णित किया कि राजा को पुत्र वियोग से दुःखी मुनि ने शाप दिया परन्तु वह शाप क्या था? इसका वर्णन उन्होंने नहीं किया। राजा दशरथ वापस अपनी नगरी अयोध्या आ जाते हैं। महाकवि कुमारदास ने द्वितीय-सर्ग में वर्णन किया है, कि रावण के अत्याचार से आक्रान्त देवतागण देवगुरु बृहस्पति को क्षीरसागर में शयन कर रहे भगवान् विष्णु के पास भेजते हैं। स्वर्ग में बृहस्पति, शेषशय्या पर शयन करते हुए लक्ष्मीपति विष्णु से रावण के उत्पात को कहते हैं, तब भगवान् विष्णु कहते हैं, "मैं अपने उदर में तीनों लोकों का सम्पूर्ण भार वहन कर रहा हूँ परन्तु मैं पृथिवीलोक में एक स्त्री के गर्भ से जन्म लेकर राम के नाम से विख्यात देवताओं के शत्रु राक्षसों के स्वामी रावण के सिरों को एक ही बाण से काट कर पराजित करूँगा।[19]

एक ओर स्वर्ग में देवताओं को रावण के अत्याचार से मुक्त करने का भगवान् विष्णु आश्वासन देते हैं, दूसरी ओर सम्पूर्ण प्रकृति जगत् के पालनहार विष्णु का मनुष्यरूप में जन्म लेने की सूचना से अवगत होकर प्रफुल्लित हो रही थी। बसन्त-ऋतु ने श्रीराम के जन्म से पूर्व ही पृथिवी पर आकर उसे पुष्पों से परिपूर्ण कर दिया, अशोक-वृक्ष अत्यन्त प्रसन्न होकर, नये-नये अङ्कुर उसके तने से ऐसे निकलें कि मानो वह भी रोमाञ्च से भर उठा हो। लताकुञ्जों से युक्त उद्यान में पृथ्वीपति राजा दशरथ अपनी स्त्रियों के साथ विहार कर रहे थें। एक दिन चिन्ता से उद्विग्न चित्त वाले राजा ने पुत्र की कामना से प्रज्ज्वलित अग्नि के समक्ष, अखण्ड धन से बहुत से ब्राह्मणों को सन्तुष्ट कर अनेक यज्ञ किये, परन्तु कोई लाभ नहीं हुआ। तब तपस्या के भण्डार सुप्रसिद्ध ऋष्यशृङ्ग ऋषि ने पुत्रीयेष्टि यज्ञ किया। यज्ञाग्नि से उत्पन्न चरु (हव्यान्न) को ग्रहण करने से कोसलाधिपति और केकय राजपुत्रियों अर्थात् कौशल्या से राम, कैकेयी से भरत उत्पन्न हुए तथा सुमित्रा से लक्ष्मण और शत्रुघ्न हुए–

सुतयोर्भवतः स्म बालिजिद्भरतौ कोशलकेकयेन्द्रयोः।
यमजौ यमतुल्यतेजसौ सुषुवाते समये सुमित्रया।।[20]

चारों-पुत्रों के जन्मोपरान्त स्वर्ग के ऋषियों ने उनका जातकर्म-संस्कार किया। बाल्यावस्था में इन बालकों की मुख की लघु दन्तपंक्तियाँ अत्यन्त शोभायमान हो रही थीं। राजमहल की स्त्रियाँ राम,

भरत, लक्ष्मण, शत्रुघ्न के साथ अठखेलियाँ करतीं। उनकी तोतली, मधु समान मीठी बोली माता-पिता के हृदय को वात्सल्य स्नेह से भर देती थीं। ज्यों-ज्यों राम दिन-प्रतिदिन शरीरोत्कर्ष से वृद्धि को प्राप्त कर रहें थे त्यों-त्यों लंकापति रावण की आयु दिन-प्रतिदिन अल्प होती जा रही थी। बाल-लीला करते हुए युवावस्था के प्रारम्भिक-चरण में ही धनुर्विद्या में भी राजपुत्र पारङ्गत हो गये। एक दिन राजा दशरथ राजसभा में आसीन थे उसी समय यज्ञ का विध्वंस करने वाले राक्षसों के अत्याचार से आक्रान्त मुनि विश्वामित्र आये। राजर्षि ने विश्वामित्र से कुशल वृतान्त पूछा तब मुनि ने राक्षसों के उपद्रवों की कथा बतलायी और बोले-जिस प्रकार चातक बादल से ही जल-कण ग्रहण करता है, चाहे अन्यत्र बहुत जल प्राप्त हो परन्तु नहीं लेता, उसी प्रकार हम मुनिगण आपके आश्रय में आये हैं–

त्वदणुप्रियमाश्रयामहे न परस्मादतिविस्तराण्यपि।
पयसः कणमेव चातको जलदादत्ति बहूनि नान्यतः।।[21]

मुनि विश्वामित्र को राजा दशरथ आश्वासन देते हैं, कि कल मेरा यशस्वी पुत्र ब्राह्मणों के आशीर्वाद से पवित्र शरीर वाला होकर आपके साथ राक्षसों से यज्ञ की रक्षा हेतु जायेगा। श्रीराम पिता की आज्ञा को शिरोधार्य करते हुए, बाणों से राक्षसों को मृत्युदान देने के लिये, मुनियों पर आयी आपत्तियों को सदैव दूर करने हेतु, अपने वंश की कीर्ति में वृद्धि करने, अनुज लक्ष्मण के साथ मुनि विश्वामित्र का अनुसरण करते हुए तपोवन में गये। मार्ग मे मांस-भक्षी अनेक राक्षस-राक्षसियों का संहार करते हुए तपोवन को शान्तियुक्त किया, पुनः यज्ञ निर्विघ्नरूप से प्रारम्भ हुए। दशरथ-पुत्र राम को मुनि विश्वामित्र ने वह देवास्त्र समूह प्रदान किया जो असुरों और निशाचरों के रुधिर पान के लिये सदैव प्रस्तुत रहते थे–

ऋषिरिति विघ्नघातविधिसञ्चितसद्यशसं
तनुजमयो जयद्दशरथस्य सुरास्त्रगणैः।
असुरनिशाचरक्षतजपानपरैर्विकस–
ल्लसितहुताशनद्युतिपिशङ्गितदिग्वदनैः।।[22]

श्रीराम, लक्ष्मण कौशिक (विश्वामित्र) मुनि के साथ एक ऐसे तपोवन में प्रवेश किये जहाँ ''तपस्वियों की कन्याओं से पालित हरे-भरे वृक्ष, निरन्तर साम-गान से झुण्ड के झुण्ड मयूर ताण्डव-नृत्य कर रहे थें, मृगछौनें तपस्वियों के अङ्क में सुखपूर्वक निद्रा ले रहे थें, तपस्वियों की स्त्रियाँ अग्नि में आहुति दे रही थीं।''[23] यहाँ एक स्वर्गिक-यज्ञ दीर्घकाल से राक्षसों के विघ्न के कारण स्थगित था। मुनि ने उसका संरक्षण भार दशरथ-पुत्र राम को सौंपा। श्रीराम ने यज्ञ की रक्षा हेतु धनुष पर बाण चढ़ाकर अग्निकुण्ड के चारों ओर भ्रमण करते हुए, वन की शोभा देखने में निमग्न अनुज लक्ष्मण से वन की शोभा का वर्णन करने लगे–

तमग्निमिन्धन्तमधिक्रतु भ्रमन् रिरक्षिषुः सन् परितो रिपोरसौ।
क्षमाभुजः सज्यशरासनः सुतो ह्रतो जगादावरजं वनश्रिया।।
बिभर्ति नीवारवदम्बुजाकरश्रिया परीतं सततं तपोजुषाम्।
अखातमाहावमनुत्त्रिमं परं सदाफलं शस्यमिदं तपोवनम्।।[24]

श्रीराम तपोवन की चतुर्दिक्-शोभा का वर्णन लक्ष्मण से कर रहे थे, उन्होंने देखा कि आकाश

और पृथ्वी पर फैली हुई शत्रुओं की एक सेना जिसकी पताकाओं पर क्रौञ्च अङ्कित थें, वायु के वेग से वन को झकझोरते हुए निरन्तर आगे बढ़ रही थीं। इन राक्षसों की सेना पर प्रहार करने हेतु श्रीराम आकाशचारी राक्षसों को बाण से विद्ध तथा लक्ष्मण ने पृथ्वी पर चलती हुई राक्षसों की सेना को नष्ट किया। जब राजपुत्र-राम के बाण वेग से चलते थें तो तीव्र-ध्वनि निकलती थी। बलयुक्त श्रीराम ने मारीच और सुबाहु के शरीर को वायु और अग्नि-अस्त्रों से छिन्न-भिन्न और दग्ध किया–

ततो मरुत्पावकशस्त्रनिर्द्धुतप्रदग्धमारीचसुबाहुविग्रहः।
बलं बलीयानबलीकृतं भिया ततं दिगन्तं स निनाय नायकः।।[25]

दोनों राजपुत्रों ने मुनि की कुटिया में प्रवेश कर मारीच और सुबाहु के बाणों से विद्ध तथा घावों से अलङ्कृत मस्तकों को गुरुचरणों में अर्पित किया-

आवर्जिते विदधतुः शिरसी सुबाहूवोर्बाणव्रजेन गुरुणी गुरुपादमूले।।[26]

तपोवन के शान्तियुक्त हो जाने के अनन्तर विश्वामित्र ने अपने आश्रम से मिथिलाधिपति, गृहस्थों के अग्रणी राजा जनक द्वारा प्रारम्भ किये हुए यज्ञ में जाने हेतु श्रीराम और लक्ष्मण सहित प्रस्थान किया। आश्रम-भूमि के मार्ग में आगे बढ़ते ही श्रीराम के चरणस्पर्श से पत्थर के शरीर को छोड़कर कान्तिमयी स्त्री अहल्या प्रकट हुई वह श्रीराम द्वारा पूछने पर युवावस्था में अपने पतन की सूचना देती है। दशरथ-पुत्र राम मार्ग में भी जीवों का उद्धार करते हुए राजा जनक के यज्ञस्थल में पहुँचे। मुनि विश्वामित्र से मिथिलाधिपति को यह ज्ञात होता है कि राम और लक्ष्मण उनका धनुष देखने की इच्छा रखते हैं। महाकवि कुमारदास ने राम और विवाह सम्बन्ध को कराने वाले धनुष को कुंडी रूप में कहा–

वरवक्त्रेन्दुबिम्बत्विग्रासगृध्नुं परं ग्रहम्।
सीताविवाहसंयोगसुखरोधार्गलान्तरम्।।[27]

अत्यन्त कठोर, प्रत्यञ्चा से भी न झुकने वाला, शिव के अत्यन्त प्रिय उस धनुष को श्रीराम ने प्रत्यञ्चा चढ़ा कर उसे क्षण-भर में झुकाकर खण्ड-खण्ड कर दिया। धनुष के टूटने से भयानक शब्द चतुर्दिक् में गूंज गया। पृथ्वीपति जनक अश्रुमिश्रित हर्ष एवं रोमाञ्चयुक्त वचन मुनि से बोले "धनुष के टूटने से स्त्रीरूपी धन देने का ऋण हो गया है।"[28] इसके बाद कोमलाङ्गी सीता जी ने रघु के वंशज राम से विवाह किया–

वेद्यामनसीदनवद्यवृत्तिस्तन्वी ततो वेदविदा प्रयुक्ता।
प्रदक्षणीकृत्य विवाहसाक्षीकृतं कृशानु सह राघवेण।।[29]

विवाह-उत्सव सम्पन्न होने के उपरान्त कामदेव ने अवसर प्राप्त कर श्रीराम के हृदय में तीव्रता से आघात किया। महाकवि कुमारदास ने जानकीहरणमहाकाव्य के आठवें-सर्ग में श्रीराम-सीता का शृङ्गारिक वर्णन विस्तार के साथ किया है। राजा जनक के राजमहल में आनन्दपूर्वक समय व्यतीत करने के उपरान्त राजा दशरथ अपने चारों पुत्रों एवं पुत्रवधुओं के साथ अपनी राजधानी अयोध्या के लिये प्रस्थान करते हैं। तब मिथिलाधिपति राजा जनक ने अपनी पुत्री को पतिव्रता स्त्रियों के कर्तव्य के सम्बन्ध में यह सारगर्भित वचन बोला-हे मानिनि! गुणों की प्रचुरता, पिता का नृपति होना, युवावस्था

के कारण कदापि अभिमान न करना। स्त्रियाँ, पुरुषों के अभ्युदय का साधन नहीं, अपितु पुरुष ही उनके तेज और वैभव का कारण हैं। बिना बिजली के भी मेघ गर्जन करता है परन्तु बिना मेघ के बिजली नहीं चमकती।[30] इसके बाद नगाड़े की ध्वनि, दुन्दुभि के स्वर ने उनके प्रस्थान की सूचना दी। मार्ग में कुछ दूरी पर चलने के पश्चात् उत्तर-दिशा में प्रकाशित बलवान् पुरुषाकृति दिखलायी पड़ी, जिसके एक हाथ में मृत्यु को साथ ले चलने वाला धनुष था और दूसरे हाथ में उत्तम फरसा था। श्रीराम और परशुराम में परस्पर संवाद होता है। अन्ततः-सीता के साथ अजेय शत्रु (परशुराम) को जीतकर, जनता के अनेक मानपत्रों से अभिनन्दित होकर राजपुत्र नगर के भीतर प्रवेश करते हैं।

श्रीराम के स्वागत में चारों ओर नगरवासियों ने तत्क्षण अञ्जलिबद्ध होकर उन्हें प्रणाम किया। राजकुमार को देखने के निमित्त स्त्रियाँ जिस अवस्था में थी उसी अवस्था में दौड़ पड़ी। उनमें से कोई पैर में लगे आर्द्र महावर के चिह्न बनाती हुई, कोई केश सँवारती हुई झरोखों से देखने लगीं और परस्पर कहने लगीं—

नृपः सुमित्रातनयो वधूरिति प्रियाजने निर्दिशति स्वयं करैः।।[31]

राजमहल में राजा दशरथ के प्रवेश करते ही केकय देश के अधिपति अश्वपति ने पुत्र युधाजित् को राज्य सौंप कर तप करने के लिये वन में जाने से पूर्व दशरथ-पुत्र भरत को देखने की इच्छा प्रकट की तथा युधाजित् को भरत को लाने के लिये भेजा। इधर भरत ननिहाल गमन करते हैं। दूसरी ओर राजा दशरथ, पुत्र राम का राज्याभिषेक करने हेतु आयोजन प्रारम्भ करते हैं परन्तु पीठ पर कूबड़ के कारण मन्थर गति से चलने वाली मन्थरा ने कैकेयी द्वारा दो वरों का स्मरण दिलाकर राज्याभिषेक को रोक दिया। अत्यन्त दुःखी हृदय वाले राजा दशरथ ने पुत्र राम को वन में चौदह वर्ष रहने का आदेश दिया—

आदिदेश ततो वस्तु वनेषु वनजेक्षणम्।
चतुर्दश दशग्रीवशत्रुमिन्द्रसमं समाः।।[32]

श्रीराम, लक्ष्मण, सीता सहित वन गमन करते हैं। नगर के बाहर अभी सीता रथ से उतरने पर दो ही पग चली थीं कि अशक्त होने के कारण उन्होंने श्रीराम से पूछा कि अब और कितनी दूर चलना है? लक्ष्मण शाखाओं की फुनगियों से बनाये हुए छत्र द्वारा सीता को छाँव प्रदान करते हुए राम के पीछे चल रहे थे। श्रीराम गंगा को पार कर, पुनीत भारद्वाज आश्रम देखते हुए चित्रकूट पहुँचे। अत्यन्त दुःखी भरत, श्रीराम के कुटिया के पास पहुँच कर कहते हैं—जाकर उन साधु राम से सूचित कर दो कि राजा को मारने वाले एक नृशंस व्यक्ति आपके द्वार पर आया। शोक से व्यथित भरत, राम के चरणों को पकड़कर केवल एक बार 'आर्य' कह पाये, फिर दुःख से कातर होने के कारण कुछ न कह पाये।[33] पिता की मृत्यु का समाचार सुनकर राम हृदय-विदारक शोक द्वारा अश्रु बहाते हैं तथा भरत से कहते हैं कि स्वर्गगमन किये पिता के वचन को मिथ्या नहीं करना चाहिए, पति के सत्य का पालन करने वाली माता कैकेयी पूजनीय हैं, उनकी अवहेलना से अमङ्गल होगा।

इस प्रकार भरत को धैर्य बँधाते हुए अपनी चरणपादुका भरत के माँगने पर देते हुए उन्हें विदा करते हैं। राम चित्रकूट को छोड़कर जब पञ्चवटी में आगे बढ़ते हैं तब ज्वाला के समान शरीरधारी विराध नामक राक्षस को देखते हैं। उस निशाचर का वध श्रीराम कर देते हैं। तब नैकसी की पुत्री

शूर्पणखा काम-वश राम के पास जाती है जिससे लक्ष्मण बाण द्वारा उसकी नाक काट देते हैं। शूर्पणखा का प्रतिशोध लेने आये उसके भ्राता खर और दूषण का भी श्रीराम, लक्ष्मण वध कर देते हैं। इसके बाद द्विज वेशधारी रावण भिक्षा माँगने के जाल से सीता का हरण कर लेता है। सीताहरण का समाचार जानकर गिद्धराज जटायु बहुत देर तक रावण से युद्ध करते हैं तथा आहत होकर अन्ततः पृथ्वी पर गिर पड़ते हैं। सीता की खोज में जब श्रीराम मार्ग में घायल जटायु से मिलते हैं तब वह जानकीहरण का वृत्तान्त श्रीराम को बतलाते हैं। सीता की खोज के लिये श्रीराम पवन-पुत्र हनुमान् से ऋष्यमूक पर्वत पर मिलते हैं। वहीं अप्रत्याशित रूप से प्राप्त मैत्री का अनुभव कर सूर्यपुत्र कपि सुग्रीव ने इन्द्रपुत्र बालि के वध हेतु श्रीराम से याचना करते हैं। श्रीराम ने युद्ध करते हुए सुग्रीव एवं बालि में से, वृक्ष के पीछे से बाण द्वारा बालि का वध कर दिया। इस प्रकार सुग्रीव को राज्य दिलाकर, वर्षा-ऋतु के आगमन होने पर श्रीराम सीता के वियोग से व्यथित हो उठते हैं। श्रीराम का विरह-वर्णन वर्षा-ऋतु काल में विरहिणी स्त्रियों के रूप में, चक्रवाक-चक्रवाकी के विरह रूप में महाकवि कुमारदास ग्यारहवें सर्ग[34] में विस्तार से करते हैं। वर्षा-ऋतु के पश्चात् शरद-ऋतु के आगमन पर सुग्रीव द्वारा श्रीराम की सीता खोज सहायता के वचन में प्रमाद करने पर लक्ष्मण, सुग्रीव को क्रोध से धनुष पर बाण चढ़ाकर स्मरण दिलाते हैं तब सुग्रीव क्षमा याचना करते हैं–

क्षमस्व वीरप्रवरातिकातरे शरासनाकर्षणकर्म्मणा किमु।
भुजो भुजङ्गाधिपभोगसन्निभो जयत्ययन्ते भुवि भीतभीतिहृत्।।[35]

तत्क्षण सुग्रीव सीता जी की खोज हेतु क्रियाशील होते हैं। रावण की गतिविधि जानने के लिये वानरों के स्वामी सुग्रीव चारों ओर वानरों की सेना को भेजते हैं। महाकवि कुमारदास राम के विरह का वर्णन करते हुए कहते हैं कि ''मनुकुल के वंशज राम जिनका शरीर प्राणप्रिया सीता के विरह से पूर्व में ही दुर्बल हो गया था वह अब और भी अत्यन्त कृश हो गया है। सीता की खोज करने निकले वानरों की सेना को थोड़ी दूर पहुँचा कर पुनः उस ऋष्यमूक पर्वत पर आकर राम दिन व्यतीत करने लगे। विकसित तारिकाओं, चन्द्र और कुमुद से अलङ्कृत रात्रियाँ श्रीराम के लिये ऐसी व्यतीत हुई मानों सैकड़ों रात्रि हो गयी हों राम के कुम्हलायें नेत्रों से निरन्तर निकलते हुए अश्रुधारा ने उनके वक्षस्थल को भिगों दिया परन्तु सीता के विरह के ताप को कम नहीं कर सकी। नेत्रों से बहते अश्रुओं के कारण राम उस दिशा को भी नहीं देख सके जिस ओर सीता खोज हेतु हनुमान् गये थे और वाणी के अवरुद्ध हो जाने पर राजपुत्री का गुणानुवाद भी नहीं कर सकें।''[36] पत्नी के विरह से पीड़ित हृदय वाले राम के विरह दुःख को कम करने के लिये सुग्रीव पर्वत के चारों ओर के प्राकृतिक-सौन्दर्य का वर्णन करते हैं।

कपिश्रेष्ठ हनुमान् जी समुद्र-पार से सीता जी का पता लगाकर राम के पास वापस लौट आये थे। हनुमान, राम को प्रणमाञ्जलि अर्पित करते हुए कहते हैं कि-रावण के उपवन में ढूँढ़ता हुआ मैं त्रिजटा राक्षसी के साथ राजपुत्री को, जो बहुत दिनों से आपकी विरहाग्नि में आहुति समान थी, देखा। शरीर चिन्ता से ताम्रवत् हो गया था, नेत्रों से निरन्तर अश्रु गिर रहे थे। केश कपोलों पर बिखरे हुए थे। उन्होंने आपको कल्पनाओं में विचार कर दिशाओं में देखकर विचार किया कि इस कठोर पुरुष (राम) ने इतने दिनों बाद याद किया–

दशकन्धरस्य भवनोपवनप्रविचिन्वता त्रिजटयाऽनुगता।
सुचिरादलक्ष्यत मया विरहज्वलनाहुतिर्नृपसुता भवतः।।
तदीयमरुणत्विषी सततचिन्तया बिभ्रत
मुखेन्दुमवलोकयन् विगलदश्रुणी लोचने।
कपोललुठितालक व्रजति मादर्दवं चेतसि।
क्षपाचरगण श्रुत सपदि शुक्नमुत्प्रेक्षते।।
विकल्परचितस्वयं दिशि भवन्तमालोक्य सा
चिरेण कृत इत्ययं स्मृतिपथे जनो निर्घृणः।
खलु प्रजहती मुहुर्विरचिताञ्जलिर्विष्टरं
करोति तव विद्विषश्चकितदृष्टिकृष्टायुधान्।।[37]

व्यथितहृदया सीता जी से चूडामणि को लेकर आये हुए हनुमान् जी वह चूडामणि राम को देते हैं और कहते हैं कि मेघनाद के नागपाश से बाँधा गया तथा मेरी पूँछ में लगायी गयी आग से मैंने राक्षसों के धाम (लंका) को जलाया। हनुमान् के अमृतबिन्दु के सदृश रसयुक्त वचनों को सुनकर श्रीराम सेना सहित समुद्र तट पर गये। राम के बाण चलाने मात्र से ही जिसकी प्रकृति परिवर्तित हो गयी, वह भयभीत समुद्र अपने कल्याण हेतु तथा विभीषण राम के प्रेम से आकृष्ट होकर उनकी शरण में आ गये। राम, नीति को जानने वाले कपीश्वरों से मन्त्रणा कर नल-नील को सेतु बाँधने के लिये नियुक्त किया। वानरों में श्रेष्ठ नल-नील ने पर्वत का पुल समुद्र पर बाँधना आरम्भ कर दिया। राम, अङ्गद को रावण के पास दूत बनाकर भेजते हैं। रावण की सभा में पहुँचकर अङ्गद यह कहते हैं कि राम की प्रिया सीता को यदि तुम उन्हें लौटा दोगे तो राम कृतज्ञ एवं सन्तुष्ट हो जायेंगे और उनके हृदय का विरोध समाप्त हो जायेगा। यदि तुम राजपुत्र राम का प्रस्ताव स्वीकार नहीं करते हो तो तुम्हारी मृत्यु निश्चित् है—

सप्रियावितरणेन कृतज्ञः तोषितस्सफलहार्दविरोधः।
स्वर्गिवर्गमवजित्य समस्तं भृत्यवत्तव पुरीह विधत्ते।।
शासनं यदि शिरोभिरुदग्रं मौलिवन्नृपसुतस्य न धत्से।
शैलशृङ्गगुरुमस्तकभारत्यागसौख्य तव गच्छ व्रतं ते।।[38]

अङ्गद के समझाने पर भी रावण नहीं समझता अपितु सभा में उपस्थित विकार नामक अधीर एवं क्रोधी राक्षस सभा से उठकर अङ्गद की पूँछ से उनके हाथ को बाँधने की चेष्टा करता है परन्तु अङ्गद अपनी मार से शत्रुओं को गिरा देते हैं और आकाश-मार्ग से अपनी सेना में वापस लौट जाते हैं। अपमानित, नतमस्तक रावण को देखकर मातृगुरु अर्थात् नाना माल्यवान् कहते हैं—तुम्हारे हित के लिये मैं बात कहता हूँ यदि कटु हो तो क्षमा करना—

उक्तमत्र हितमेव विधातुं तत्क्षमस्व यदि वाक्यमहारि।
औषधानि विरसानि तथापि द्वेष्यभावमुपयाति न वैद्यः।।[39]

माल्यवान् कहते हैं कि यद्यपि तुम मेरा अपमान पहले भी कर चुके हो फिर भी मैं कहूँगा—'यदि तुम पहले ही, जब राम ऋष्यमूक पर्वत पर सेना को एकत्र करने गये थे उसी समय सन्धि कर लेते

तो यह विपत्ति न आती। परन्तु तुमने अभिमान के कारण इस उपाय को अपने हृदय में स्थान नहीं दिया।[40] माल्यवान् रावण को नलकूबर के शाप का स्मरण दिलाते हैं—

त्वय्यलङ्घ्यनलकूबरशापक्रूरवक्त्रपतन न वेत्सि।
केवलन्तु कुलहिंसनहेतोः पासि विष्णुतुलितस्य कलत्रम्।।[41]

रावण जिस प्रकार से संन्यासी का वेश धारण कर सीता का हरण करता है। उसकी भी निन्दा माल्यवान् करते हैं। इन सभी सारगर्भित वचनों को कहकर वह शान्त हो जाते हैं। सभा में उपस्थित कुछ राक्षसगण माल्यवान् का समर्थन करते हैं। इससे अभिमानयुक्त रावण कहता है—मैं नीतिज्ञ उशासन अर्थात् शुक्राचार्य के समान हूँ, मुझे इस प्रकार-मोहं समोहं[42] अर्थात् भ्रमित नहीं किया जा सकता, तुम लोग राम के पास चले जाओ—

निर्दोषावस्समूहक्षितपतितनयं यानवन्तं नवन्तं।[43]

जगत् के स्रष्टा, ब्रह्मा को भक्ति से प्रणाम कर, अग्नि की आदर के साथ विधिवत् पूजा कर राम समर-भूमि में अविलम्ब आ गये। उधर शत्रु राक्षस रावण भी अग्निदेव की बलि के साथ विधिवत् पूजा कर युद्धभूमि में आ गया। रावण गर्वयुक्त वचन कहता है—'या तो मैं उस राम को अपने चरणों पर नत करूँगा या इन भारी भुजाओं को अग्नि में झोंक दूँगा'—

यशस्युपंते ममता नवं नवं सहे न दैन्यं बलहानिजं निजम्।
करोमि यद्यङ्घ्रियुगानतं नतं जुहोमि हस्तौ कटकोचितौ चितौ।[44]

'मेरे कामासक्त मन को दग्ध करने वाली सीता, देवर सहित अपने पति को मरा हुआ देखे।[45] राम और रावण में युद्ध प्रारम्भ हुआ। अभिमानी लंकापति रावण ने जब यह देखा कि राम और लक्ष्मण उसकी सेनाओं का नाश कर रहे हैं तब उसने धनुर्धारियों में श्रेष्ठ, भयंकर अट्टाहास करने वाले अपने पुत्र इन्द्रजित् को युद्धस्थल में युद्ध हेतु भेजा। रावण-पुत्र इन्द्रजित् ने युद्ध में आते ही नागपाश से राम और लक्ष्मण को बाँध दिया। राम ने नागपाश को नष्ट करने हेतु पक्षिराज गरुड को आदेश दिया। गरुड, राम के आदेश से सर्पों को निगलने लगे—**इत्युक्तगरुडग्रस्तपन्नगाहितविस्मयै।**[46] राक्षसी सेना पुनः पराजित होने लगी तब राक्षसों ने शयन करते हुए कुम्भकर्ण के वक्ष पर आघात करके जगाया—

कुम्भकर्णोऽथ रक्षोभिरबोधि हृदि ताडितः।
स्वयंकृतखरत्क्राथवातधूतैः कथञ्चन।।[47]

राम पर शत्रुओं के बाणों की निरन्तर वर्षा हो रही थी। युद्धस्थल पर युद्ध करते हुए अग्नि-पुत्र नल मारे गये।[48] कुम्भकर्ण के आघात से सुग्रीव मूर्च्छित हो जाते हैं परन्तु अगले ही क्षण चेतनायुक्त होकर सुग्रीव क्रुद्ध होकर कुम्भकर्ण की नासिका को दाँतों से काट लेते हैं—राम के शस्त्रों के प्रहार से कुम्भकर्ण का पर्वत समान शरीराङ्ग कट-कट कर गिरने लगा—

प्रत्यागत्य ततः क्रुद्धः कुम्भकाहतिमूर्च्छितः।
विदश्य दशनैर्नासान्नीयमानञ्चकर्त सः।।
राघवायुधघातेन पेते तस्याङ्गभूधरैः।।[49]

इधर राम की वानरी सेना भी प्रहस्त, शुक, धूम्राक्ष, प्रजङ्घ, नरान्तक, सुरान्तक, विद्युत्जिह्व, महापार्श्व, मकराक्ष, महोदर राक्षसों को मारकर वीरतापूर्वक खड़ी थीं।[50]

कुम्भकर्ण, इन्द्रजित् का विनाश सुनकर क्रोधित रावण, लक्ष्मण को सन्तापयुक्त करने वाला उनके वध हेतु 'शक्ति' से तीव्र आघात करता है। साक्षात् अस्त होते हुए सूर्य के सदृश लक्ष्मण को आहत एवं धराशायी देख रावण ने अपनी सेना को राम की सेना में प्रवेश करने को कहा।[51] राम अपने बाणों के प्रभाव से रावण की सेना को प्रवेश करने से रोकते हैं। राम, रावण से युद्ध करने के लिये रथ पर चढ़ते हैं। युद्धस्थल पर राम और रावण की सेनायें परस्पर प्रहार करने की आज्ञा की प्रतीक्षा में दृष्टि लगाये हुए खड़ी थीं। 'या' तो तुम पहले बाण छोड़ों या पहले मेरे बाणों का सामना करो।[52] राम के इतना कहते ही रावण के द्रुतगामी बाण राम के समक्ष आ गिरे। राम ने रावण के बाणों का प्रत्युत्तर देते हुए मानो सूर्य के रास्ते में बाणों की घनी परम्परा से सेतु बाँध दिया हो–

न केवलं वारिणी वारिधेरगैर्नरेन्द्रसूनुर्विजयाय विद्विषः।
बबन्ध भानोरपि सेतुमायतं पथि प्रतानेन घनेन पत्रिणाम्।।[53]

राम के बाणों की गति इतनी तीव्र होती थी कि धनुष से बाण का निकलना तथा शत्रु के शरीर में लगना यह केवल अनुमान द्वारा ही जाना जा सकता था। राम अपने तीक्ष्ण बाणों का प्रहार करते हुए रावण के सिर को ज्यों ही काटते त्यों ही पुनः रावण का दूसरा सिर निकल आता। उस युद्ध-भूमि में जहाँ शत्रु रावण के सिर, राम के भारी बाणों से बिधे हुए पड़े थे, डटकर लड़ते हुए रावण ने ऐसी वीरता दिखलायी जो संसार में दुर्लभ थी।[54] राम और रावण के युद्ध का नाद बाणों के नाद से तीव्रतर हो गया था। युद्ध में रावण की पराजय नहीं दीख पड़ रही थी। तब इन्द्र का सारथि मातलि जो युद्ध स्थल पर राम का सारथि बना हुआ था उसने राम के हित के लिये इन्द्र का भेजा हुआ एक अद्‌भुत बाण उन्हें दिया तथा रावण का मर्म बतलाया। तब राम ने पर्वतराज के समान भारी शर से उस, देवताओं के शत्रु रावण के वक्षस्थल के मर्म-स्थान में प्रहार किया तो वह दहाड़ता हुआ गिर पड़ा।

अथो हिताय प्रहितं मरुत्वता सुरद्विषो मर्म निगद्य मातलिः।
नरेन्द्र पुत्राय तनुत्रभेदिन विपत्रपत्र विततार पत्रिणम्।।
स तेन भीम रसता भुजान्तरे गिरीन्द्रसारेण शरेण मर्मणि।
हतः सुराणामहितो महीयसा पपात भीमेन रवेण रावणः।[55]

रावण की मृत्यु से दुःखित मयपुत्री मन्दोदरी अश्रु बहाती हुई स्वर्ग गये हुए पति रावण को मानो अन्तिम स्नान करा रही हो। रावण को मारकर पुराणपुरुष राम लंका में प्रवेश कर विभीषण को राज्य सौंप कर, निशाचरों से अभिनन्दित होते हुए सभा-भवन पहुँचते हैं।

रावण का विनाश ज्ञात होते ही राजपुत्री सीता प्रेम से प्रेरित होकर, त्रिजटा आदि राक्षसियों से घिरी हुई, प्रतापी राम को देखने की इच्छा से सभाभवन में पहुँची। सीता को देखते ही राम का हृदय शोक से भर गया, परन्तु अगले ही क्षण राम ने जनापवाद के भय से सोच-विचार कर अपनी आँखों को सीता की ओर से फेर लिया, तब मानिनी, क्रोध से भरे हुए सीता जी ने यह दीन वचन कहे–"हे वीर! भृंग के समान ये आपकी आँखें मुझ पर पड़ जायेंगी तो आपके वंश को क्या हानि पहुँचेगी? आपकी आत्मा पवित्र है, मेरे नेत्रों से निरन्तर बहते हुए अश्रुधारा को क्यों नहीं रोक देते?[56]

इस प्रकार कहकर सीता जी चुप हो गयीं। अनन्त-शोक और करुण-क्रन्दन से कहे गये सीता के वाक्य को सुनकर राम ने सीता की अग्नि-परिशुद्धि द्वारा जनता को सन्तुष्ट करने हेतु अग्नि को तैयार करवाया। यह दृश्य देखकर बलवान् वानरों के समक्ष अश्रुपूर्ण नेत्रों से सीताजी अग्नि में प्रवेश करने से पूर्व यह शपथ ली—हे राम! "जिस रावण को आपने मार डाला है यदि मैंने अपने हृदय में उसे स्थान दिया हो तो मैं अग्नि में जल जाऊँ और यदि इन्द्र के शत्रु रावण ने मेरे साथ स्वप्न में भी रमण न किया हो, तो यह भयंकर अग्नि मुझे तनिक भी दहन न करे।" इस प्रकार सती सीता दीन होकर अश्रु बहाती हुई बोलीं, तो अग्नि ने तुरन्त अपने दारुण तपन को रोक दिया—

क्रोधाकृष्टत्रिदशवनितोत्तंसमच्छेदशास्यं
चेतस्यस्मिन् विनिहितपदं त समच्छेदशास्यम्।
नाथाकार्षं यदिहतमहासत्व सा रामदाह
गच्छेयं तद्रिपुहतमहासत्व सा राऽमदाहम्।।
स्वप्ने नापीन्द्रशत्रुस्य यदि सह मया जातुवैश्वानरेमे
दाहः स्वप्नोपि मा भूत्ततं इह सुमहत्यद्यवैश्वानरेमे।
वाक्यं स्मैवं सुदीना बहुविगलितदृग्वारिसत्याह तेन
क्रूरं धाम स्वकीयं सपदिहुत भुजावारिसत्याह तेन।।[57]

समस्त विघ्नों के नष्ट हो जाने से, सीता की पुनः प्राप्ति हो जाने के अनन्तर राम विभीषण, लक्ष्मण, वानर नायकों के साथ पुष्पक-विमान द्वारा अपनी राजधानी की ओर प्रस्थान करते हैं। नेत्रों में उमड़ते हुए अश्रुओं से भरे हुए राम अपनी प्रिया सीता से इस प्रकार बोले-तुम्हारे समान नारीरत्न किसी पुरुष को बिना पुण्य-कर्म नहीं मिल सकती, यह विचार करता हूँ तो मेरा हृदय महान् गौरव से स्फुरित हो उठता है। दोनों जगत् में दो ही ऐसे व्यक्ति हैं, जिन्हें पतिव्रता पत्नी पाने का सौभाग्य है। एक-पृथ्वी पर मैं राम और दूसरा स्वर्ग में अरुन्धती के पति महर्षि वसिष्ठ। तुम्हारे पातिव्रत के तेज ने उस निशाचर के प्रभाव का पहले ही नाश कर दिया था—

जनेन रामाकृतिरत्नमीदृश समीयते नाकृतपुण्यकर्मणा।
इति स्वयं चिन्तयतः पदे पदे मम स्फुरत्यात्मनि भूरि गौरवम्।।
जगद्द्वय द्वावधितिष्ठत प्रिये पतिव्रतालाभविभूतिगर्वितौ।
अहं भवत्या भृतको महीतल महामुनि स्वर्गमरुन्धतीपतिः।।
पतिव्रतायास्तव देवि तेजसा हृतप्रभावो निहतो निशाचरः।।[58]

राम, सीता के प्रति अपने अगाध प्रेम को व्यक्त करते हुए, मार्ग की शोभा का वर्णन करते हुए पुष्पक-विमान से पृथ्वी पर उतरे। महर्षिजन, परिजन राम की प्रशंसा करते हुए अभिषेक सामग्री को लिये हुए राजपुत्र राम के समीप पहुँचे। भरत, लक्ष्मण, शत्रुघ्न से घिरे हुए राम ने प्रणमाञ्जलि अर्पित करते हुए गुरुजनों से कुशल-मंगल पूछा। राम के राज्याभिषेक में सिर पर गिरते हुए जल की धारा ने भरत की माता (कैकेयी) के कलङ्क को धो दिया। राज्याभिषेक के महान् वैभव को देखने के अनन्तर वानरों के सरदार सुग्रीव वापस चले गये। नीतिज्ञ, तपोभूमि एवं यज्ञों की रक्षा करने वाले राम ने सती सीता को अपनी रानी बनाया जिसके लज्जा और शुद्धता ही दो वसनु थे—

चक्रे देवीमुपकृतमुनिस्थानयज्ञो नयज्ञो
वृत्तौ सक्तामणिचलगुणाभ्याससत्यां सत्याम्।
क्रोधं हन्तीमपि बहुमतासृग्वसानां वसानां
ह्रीशौचाख्ये सततमहते वाससीतां ससीताम्।।[59]

महाकवि कुमारदास कृत 'जानकीहरण' बीस-सर्गात्मक महाकाव्य का राम के राज्याभिषेक के साथ ही समापन होता है। महाकवि ने इस महाकाव्य में रामकथा के वर्णन में विषयवस्तु को, उपजीव्यग्रन्थ आदिकाव्य रामायण से भिन्न रूप में उपस्थापित किया है। इनमें से कुछ प्रसङ्गों की चर्चा यहाँ की जा रही है–'जानकीहरण' में चारों-पुत्रों के जन्मोपरान्त नामकरण-संस्कार का वर्णन नहीं है, केवल जातकर्म-संस्कार स्वर्ग के ऋषियों द्वारा बतलाया गया है, जबकि रामायण में वर्णित है कि महर्षि वसिष्ठ ने ग्यारह दिन बीतने पर राजा दशरथ के कहने पर चारों पुत्रों का नामकरण-संस्कार किया–

अतीत्यैकादशाहं तु नामकर्म तथाकरोत्।
ज्येष्ठं रामं महात्मानं भरतं कैकयीसुतम्।।
सौमित्रिं लक्ष्मणमिति शत्रुघ्नमपरं तथा।
वसिष्ठः परमप्रीतो नामानि कुरुते तदा।।[60]

तदनन्तर महर्षि वसिष्ठ ने समय-समय पर राजा से उन बालकों के जातकर्म आदि सभी संस्कार करवाये। महाकवि कुमारदास के 'जानकीहरण' में सीता की खोज में जब हनुमान् जाते हैं तो राम, सीता विरह से इतने दुःखी रहते हैं कि वे हनुमान् से सीता के गुणों का विवेचन नहीं कर पाते हैं, न ही हनुमान् को देख पाते हैं कि कब वह सीता की खोज में निकल गये? जबकि वाल्मीकि रामायण में सीता की खोज के लिये जाते हनुमान् को राम अपने नाम से अङ्कित मुद्रिका सीता को देने हेतु देते हैं जिससे सीता, हनुमान् को श्रीराम का भेजा हुआ दूत समझें–

वानरोऽहं महाभागे दूतो रामस्य धीमतः।
रामनामाङ्कितं चेदं पश्य देव्यङ्गुलीयकम्।।[61]

'जानकीहरण' के एक अन्य प्रसङ्ग में यह वर्णन मिलता है कि हनुमान् जब लंका पहुँचते हैं तो मेघनाद उन्हें नागपाश से बाँध देता है, जबकि आदिकाव्य रामायण में हनुमान् को मेघनाद ब्रह्मास्त्र से बाँधता है, यह वर्णित है–

तेन बद्धस्ततोऽस्त्रेण राक्षसेन स वानरः।[62]
ततः स्वायम्भुवैमन्त्रैर्ब्रह्मास्त्रं चाभिमन्त्रितम्।[63]

रामकथा प्रसङ्ग में जब माल्यवान् रावण को नीतिगत विषय से अवगत कराते हैं तब रावण को नलकूबर द्वारा दिये गये शाप का स्मरण दिलाते हैं। महाकवि कुमारदास ने नलकूबर का मात्र नामोल्लेख किया। नलकूबर कौन था? उसने शाप क्यों दिया? इसका वर्णन महाकवि ने नहीं किया। आदिकवि वाल्मीकि रामायण में विस्तारपूर्वक नलकूबर का वर्णन करते हैं। रावण कुबेर का भाई था। नलकूबर कुबेर का पुत्र और रम्भा नलकूबर की पत्नी थी। एक बार रावण स्वर्ग में युद्ध करने गया था वहाँ रम्भा को देख कामासक्त हो जाता है। रम्भा बारम्बार विनती करती है कि वह उनकी

पुत्रवधू है, परन्तु रावण नहीं मानता और रम्भा पर अत्याचार करता है। रम्भा दुःखी विलाप करती हुई अपने पति नलकूबर को सम्पूर्ण वृतान्त बता देती है, नलकूबर क्रोधयुक्त होकर रावण को शाप देता है कि यदि तुम किसी स्त्री का उसकी इच्छा न होने पर बलपूर्वक समागम करोगे तो हे रावण! तेरे मस्तक के सात टुकड़े हो जायेंगे—

काममोहाभिभूतात्मा नाश्रौषीत् तद् वचो मम।
याच्यमानो मया देव स्नुषा तेऽहमिति प्रभो।।
तत् सर्वं पृष्ठतः कृत्वा बलात् तेनास्मि धर्षिता।
तस्मात् स युवतीमन्यां नाकामामुपयास्यति।
यदा ह्यकामां कामार्तो धर्षयिष्यति योषितम्।।
मूर्धा तु सप्तधा तस्य शकलीभविता तदा।[64]

इन विषयों की विभिन्नता होने पर भी महाकवि कुमारदास ने अयोध्यानगरी के वर्णन से राम के राज्याभिषेक पर्यन्त रामकथा को बाँधने का अद्भुत एवं अद्वितीय कार्य किया है। उससे राम के जीवन के सम्बन्ध में सम्पूर्ण जानकारी प्राप्त हो जाती है। 20 सर्गों में महाकवि ने राम के प्रत्येक क्षण को उपस्थापित किया है। स्पष्ट है कि रामकथाश्रित महाकवि कालिदास कृत 'रघुवंशम्' के साथ-साथ महाकवि कुमारदास कृत 'जानकीहरणमहाकाव्य अत्यन्त ही रोचक एवं महत्त्वपूर्ण है।

सन्दर्भ

1. श्रीमद्वाल्मीकीय रामायण 1/19, गीताप्रेस गोरखपुर
2. ऋग्वेद 10/93/14, मैक्समूलर-संस्करण, कृष्णदास अकादमी, वाराणसी
3. ऐतरेय-ब्राह्मण (द्वितीय भाग), 7/27/27-34, डॉ. सुधाकर मालवीय, तारा प्रिंटिंग वर्क्स, वाराणसी, प्रथम संस्करण, वर्ष 1983
4. तदु होवाच रामऽऔपतस्विनिः। काममेवप्प्राण्ण्यात्त्काममुदन्न्याद्यद्वै तृष्णीं जुहोति तदेवैनं प्रजापतिं करोतीति।। इति-शतपथ-ब्राह्मण (मा.सं.), 4/6/1/7, डॉ. अल्बेर्तेन वेबेरेण, चौखम्भा संस्कृत सीरीज, वाराणसी, तृतीय संस्करण
5. प्रश्नोपनिषद् 6/1, ईशादि नौ उपनिषद्,
6. महाभारत (शान्तिपर्व), 29/46-55, (आरण्यकपर्व), 299/18, 147/28-38, गीताप्रेस, गोरखपुर
7. रामकथा, फादर कामिल बुल्के, हिन्दी परिषद् प्रकाशन, प्रयाग विश्वविद्यालय, प्रयाग, प्रथम संस्करण, वर्ष 1950
8. जानकीहरण, पृ. 5, ब्रजमोहन व्यास, सम्पादक-श्रीकृष्ण दास, मित्र प्रकाशन प्राइवेट लिमिटेड, इलाहाबाद।
9. संस्कृत-वाङ्मय-कोश, ग्रन्थ एवं ग्रन्थकार खण्ड, डॉ. श्रीधर भास्कर वर्णेकर, भारतीय भाषा परिषद्, कलकत्ता की ओर से लोकभारती प्रकाशन, इलाहाबाद, वर्ष 2001
10. संस्कृत-साहित्य-कोश, पृ. 140, राजवंश सहाय हीरा, चौखम्भा सुरभारती प्रकाशन, चतुर्थ संस्करण, वर्ष 2002
11. जानकीहरण, पृ. 18,
12. जानकीहरण, भूमिका भाग
13. जानकीहरण 1/13
14. जानकीहरण 1/42
15. जानकीहरण 1/74
16. रघुवंशम् 2/30, श्री हरगोविन्द मिश्र, चौखम्भा संस्कृत संस्थान, वाराणसी, सप्तम संस्करण, वि.सं. 2059
17. जानकीहरण 1/77
18. जानकीहरण 1/87

19. जानकीहरण 2/75-76
20. जानकीहरण 4/6
21. जानकीहरण 4/26
22. जानकीहरण 4/71
23. जानकीहरण 5/1-10
24. जानकीहरण 5/12, 13
25. जानकीहरण 5/52
26. जानकीहरण 5/61
27. जानकीहरण 6/44
28. जानकीहरण 6/51
29. जानकीहरण 7/52
30. जानकीहरण 9/4, 5, 6, 7
31. जानकीहरण 9/63
32. जानकीहरण 10/45
33. जानकीहरण 10/57-60
34. जानकीहरण 11/42-96
35. जानकीहरण 12/41
36. अथ तत्र भूधरशिरस्यधिका समुनुव्रजन् मनुकुलप्रभवः।
विरहानलक्षततनुस्तनुता गमयाम्बभूव निवसन्दिवसान्।।
अनिमीलितायतदृशोऽस्य चिरं कतरः प्रहार इति चोदयतः।
स्फुटतारकेन्दुकुमुदाभरणा शतयामिका इव निशा विगताः।।
परिशुष्यतः प्रववृते सलिल नयनाद्दशाननरिपोरधिकम्।
हृदय विलोचनपयस्ततिभि स्नपितं न तापमपि तद्विजहौ।।
न ददर्श मारुतिगतामुदिते नयनस्य वारिणि दिश नृहरिः।
न चकार राजदुहितुश्च शुचा गुणकीर्तितानि विधृते वचने।। इति-जानकीहरण, 13/1, 2, 4, 5
37. जानकीहरण 13/37, 38, 39
38. जानकीहरण 15/23, 26
39. जानकीहरण 15/43
40. जानकीहरण 15/48,49
41. जानकीहरण 15/53
42. जानकीहरण 15/64
43. जानकीहरण 15/64
44. जानकीहरण 17/23
45. जानकीहरण 17/24
46. जानकीहरण 18/12
47. जानकीहरण 18/14
48. जानकीहरण 18/33, 51
49. जानकीहरण 18/53, 54
50. प्रहस्तशुकधूम्राक्ष प्रजङ्घनृसुरान्तकान्।
विद्युतज्जिह्वमहापार्श्वमकराक्षमहोदरान्।। इति-जानकीहरण 18/62
51. यद्धेतिजेये तरसा रसन्तं युद्धेतिजेये तरसा रसन्तम्।
परं ससाराहतशक्तिहेत्या परं ससार-आहतशक्ति हेत्या।।

सवितारमिवापरमस्तमितं स निरीक्ष्य भुवं परमस्तमितम्।
चरितुं कवचैश्शबलं स्वबलं निजगौ मनुजेशबलं स्वबलम्।। इति—जानकीहरण 18/69,70

52. जानकीहरण 19/7
53. जानकीहरण 19/11
54. जानकीहरण 19/25
55. जानकीहरण 19/27,29
56. अयं सरोजस्य परं पराभवन् वपुर्विनिद्रस्य कटाक्षाट्पदः।
निपातितस्ते यशसो विपर्ययं मयि स्वयं पुष्यति वीर कीदृशम्।।
अविच्छिदामस्य विवृद्धिमेयुशः तवाननादर्शन जन्मनस्त्वया।
चिरप्रवृत्तस्य कृत कृतात्मना कथ न विच्छेदनमात्रमश्रुणः।। इति—जानकीहरण 19/58, 59
57. जानकीहरण 19/63,64
58. जानकीहरण 20/4,5,6
59. जानकीहरण 20/59
60. वा.रा. (बालकाण्ड) 18/21-22, गीताप्रेस गोरखपुर
61. वा.रा. (सुन्दरकाण्ड) 36/2, गीताप्रेस गोरखपुर
62. वा.रा. (सुन्दरकाण्ड) 48/38, गीताप्रेस गोरखपुर
63. वा.रा. (सुन्दरकाण्ड) 48/40, गीताप्रेस गोरखपुर
64. वा.रा. (उत्तरकाण्ड) 26/49, 50, 55, 56, गीताप्रेस गोरखपुर

महाकवि अभिनन्द और उनका रामचरित

प्रो. राधावल्लभ त्रिपाठी

संस्कृत-साहित्य में अभिनन्द नाम से तीन कवि उल्लिखित हैं—एक योगवासिष्ठसंक्षेप के प्रणेता तथा बहुसंख्य लोक जीवन विषयक मुक्तककाव्यों के अनुपम सर्जक अभिनन्द, दूसरे कादंबरीकथासार महाकाव्य के प्रणेता अभिनन्द तथा तीसरे रामचरितकार अभिनन्द। इनमें से कादंबरीकथासार महाकाव्य के प्रणेता अभिनन्द तथा रामचरितकार अभिनन्द सर्वथा अलग अलग व्यक्ति हैं। कादंबरीकथासार महाकाव्य के प्रणेता अभिनन्द नैयायिक जयंतभट्ट के पुत्र थे। योगवासिष्ठसंक्षेप तथा मुक्तककवि अभिनन्द को गौड़ अभिनन्द भी कहा गया है। इनके नाम से बहुसंख्य मुक्तक सुभाषितसंग्रहों में उद्धृत हैं। प्रस्तुत लेखक का मत है कि मुक्तककवि अभिनन्द तथा रामचरितकार अभिनन्द एक ही व्यक्ति हैं। अभिनन्दन, गौडाभिनन्दन तथा आर्याविलास—ये नाम भी इनके मिलते हैं। अभिनन्द ने स्वयं रामतरित में अपने को आर्याविलास बताया है। अपने महाकाव्य के 36वें सर्ग के उपसंहार श्लोकों में उन्होने कहा है

जयति जगन्ति भर्मन्ती कीर्त्या सह हारवर्षनृपशशिनः।
शिरसि कृता कृतविद्यैः कृतिरियमार्याविलासस्य।। पृ. 331

ए.के. वार्डर का अनुमान है कि शतानन्द नाम के कवि के द्वारा विरचित अनुपलब्ध नाटक भीमपराक्रम के प्रणेता भी अभिनन्द ही हैं।

गौड अभिनन्द ने योगवासिष्ठ के साररूप 'योगवासिष्ठसंक्षेप' नामक वेदान्त ग्रन्थ का निर्माण किया था। ये बंगाल के राज देवपाल के सभाकवि थे। सोड्ढल ने जिन अभिनन्द का अपनी उदयसुन्दरीकथा में वागीश्वर कह कर अत्यन्त आदरभाव से उल्लेख किया है, वे रामचरितकार अभिनन्द ही हैं। अपने समय के कवियों से अभिनन्द का स्नेह सम्बन्ध रहे। अभिनन्द काव्य के रसिक पारखी और सहृदय व्यक्ति थे। लोकजीवन की कविता के प्रवर्तक कवि योगेश्वर के लिये इनकी उत्कृष्ट प्रशस्ति तथा महाकवि राजशेखर से अपनी भेंट का इनके द्वारा नीचे दिये पद्य में जैसा मर्मस्पर्शी वर्णन किया गया है, वह इनकी सहृदयता का परिचायक है—

सौजन्याङ्कुरकन्द सुन्दरकथासर्वस्वसीमन्तिनी-
चित्ताकर्षणमन्त्र मन्मथसुहृत्कल्लोलवाग्वल्लभ।
सौभाग्यैकनिवेश पेशलगिरामाधारधैर्याम्बुधे
धर्माद्रिदुम राजशेखरकवे दृष्टोऽसि यामो वयम् (सुरको. 1422)

(हे सौजन्य रूपी अंकुर के कंद, सुन्दर कथाओं के सर्वस्व, हे सुंदरियों के चित्त को खींचने वाले मंत्र! हे मन्मथ या कामदेव के मित्र कोकिल की कल्लोल! वाग्वल्लभ! हे सौभाग्य की एकमात्र निवेश बनने वाली वाणी के आधार, है धैर्य के सागर, धर्म के आदिद्रुम राजशेखर कवि, तुम्हें देख लिया। अब हम चले।)

इनके पूर्वजों में शक्तिस्वामी चौथे पूर्वज थे, जिन्हें कश्मीर के मुक्तापीड (726ई.) ने सम्मानित किया था। इनके महाकाव्य में दिये गये परिचय से विदित होता है कि ये शतानन्द के पुत्र थे तथा पाल-वंशोद्भव महाराज विक्रमशील के पुत्र हारवर्ष युवराज इनके आश्रयदाता थे। सोड्ढल ने अभिनन्द की प्रशस्ति के क्रम में यह भी कहा है कि युवराज ने कवीन्द्र अभिनन्द को इतना सम्मान दिया था कि एक आसन पर बिठाते थे। अभिनन्द ने रामचरित में कम से कम सात स्थलों पर हारर्व्रा का आदर के साथ नाम लिया है।

सृष्टं तदत्र युवराजनरेश्वरेण
यद् दुष्करं किमपि येन गिरः श्रियश्च।
प्रत्यायनं स्फुटमकारि निजे कवीन्द्र–

मेकासने समुपवेशयताऽभिनन्दम्।। उदयसुन्दरीकथा, प्रास्ताविक पद्य-13

सोड्ढल ने अभिनन्द पर प्रशस्ति पहले रकी है, राजशेखर पर उसके बाद में। इससे लगता है कि उनकी दृष्टि में अभिनन्द राजशेखर से वरिष्ठ थे। अभिनन्द ने राजशेखर पर जो भावपूर्ण उद्गार पद्य लिखा है, उससे भी लगता है कि वे अपनी वृद्धावस्था में एक युवा कवि को स्नेह से देख रहे हैं।

अभिनन्द ने अपने आश्रयदाता युवराज हारवर्ष नृपति की प्रशस्ति में अपने महाकाव्य के प्रत्येक सर्ग के अन्तिम पद्यों में इस प्रकार के विशेषणों का प्रयोग किया है–'विक्रमशील-नन्दन', 'पालकुलप्रदीप', 'पालतिलक', 'श्रीधर्मपाल-कुल -कैरव-काननेन्दु', 'पालान्वयाम्बुज-बनैक-विरोचन', 'युवराज-नरेश्वर', 'पृथ्वीपाल', 'श्रीहारवर्ष-नृप-चन्द्रमा', 'शत्रुकीटान्तकारी', 'भीमपराक्रम', परचक्र-भीम', 'निकाम-दान-रभस-प्रोल्लसी अभिनन्दवत्सल', 'कविप्रिय' तथा 'काव्य-कला-कुतूहली'। पालवंशी राजाओं का बौद्धधर्म के प्रति झुकाव था, पर अभिनन्द जैसे ब्राह्मणमतानुयायी कवि को आश्रय प्रदान कर के उन्होंने अपनी उदारता का परिचय दिया। हारवर्ष युवराज के पूर्वज धर्मपाल ने 825ई. तक शासन किया। इनके अनन्तर देवपाल राजा हुए जिनका शासनकाल नवीं शताब्दी का मध्यभाग है। इतिहासकारों ने देवपाल तथा हारवर्ष युवराज को अभिन्न माना है। तदनुसार अभिनन्द का समय नवीं शताब्दी के लगभग माना जा सकता है।

'व्यक्तिविवेक' तथा उज्ज्वल-दत्त कृत 'उणादिसूत्र-वृति' तथा सर्वानन्द (12 वीं शताब्दी) एवं राय मुकुट (14वीं शताब्दी के आसपास) द्वारा रचित अमककोश की टीकाओं में अभिनन्द के रामचरितमहाकाव्य से उद्धरण प्राप्त होते हैं। क्षेमेंद्र तथा भोज जैसे महनीय आचार्यों ने अभिनन्द के रामचरित से बहुसंख्य पद्य उद्धृत किये हैं। भोज ने तो अपने शृंगारप्रकाश तथा सरस्वतीकंठाभरण में पचाल पद्य विभिन्न काव्यशास्त्रीय अवधारणाओं के सत्यापन के लिये रामचरित से उद्धृत किये हैं। इससे स्पष्ट है कि अभिनन्द के रामचरित को अखिल भारतीय ख्याति व सम्मान मिला था।

विषयवस्तु-रामचरित महाकाव्य में 36 सर्ग हैं, और मूलतः यह अपूर्ण है। भीम नामक कवि ने तथा अभिनन्द नाम के ही एक अन्य कवि ने भी चार सर्गों के दो परिशिष्ट जोड़कर इसकी अलग अलग पूर्ति की है। इसमें रामायण के किष्किंधाकाण्ड से युद्धकाण्ड तक की कथा का सरस

काव्यात्मक निरूपण है। इस कथा में कवि ने अनेक नये वृत्तान्त जोड़े हैं। वाल्मीकि की कथा में राम और सुग्रीव का मिलन हनुमान् के माध्यम से होता है, रामचरित में सुग्रीव स्वयं राम के पास आते हैं, और अपने आप को राम का सेवक घोषित करते हैं। सीतान्वेषण के समय द्रुपद तथा अंगद का युद्ध, हनुमान् का एक स्त्रीकपि के द्वारा पकड़ लिया जाना—ये वृत्तान्त भी नवीन तथा कौतुकवर्धक हैं। रामायण में हनुमान् सुरसा से मिलते हैं, इस महाकाव्य में सुरसा के स्थान पर उनकी मुठभेड़ सरमा से होती है। हिमालय से लायी गयी औषधियों का विस्तृत वर्णन रामचरित की अन्य दुर्लभ विशेषता है। सीतान्वेषण के लिये गये वानरों का एक गुफा में वारविलासिनी से भेंट, उसकी हनूमान् को रिझाने के लिये की गयीं चेष्टाएँ तथा उसकी स्वयंप्रभा नामक तपस्विनी के रूप में प्रकट होकर उनकी सहायता करना—यह सारा प्रसंग भी अभिनन्द में अनोखा ही है।

प्रथम सर्ग में वर्षा के बीतने पर शरद् के आगमन, राम की विरह वेदना तथा लक्ष्मण के प्रति उनके कथन जिस प्रकार प्रस्तुत किये गये हैं, उनसे लगता है कि अभिनन्द के रामचरित का यह प्रसंग रामचरितमानसकार तुलसी के देखने में आया होगा। अभिनन्द ने इस प्रसंग का उद्घात करते हुए कहा है—

शशाम वृष्टिर्मेघानामुत्सङ्गे तस्य भूभृतः।
विरराम न रामस्य धारासन्ततिरश्रुणः।।
इतस्ततः परिणतिं भेजे बर्हिणकूजितम्।
हा प्रिये राजपुत्रीति न रामपरिदेवितम्। रामचरित 1.2,3

(उस पहाड़ के अंक में घिरे मेघों की दृष्टि समाप्त हो गयी, पर राम की आँखों से बरसने वाली आँसुओं की धाराएँ न रुकीं। इधर उधर कूजते मयूरों की केकाएँ चुप हो गयीं, पर राम का 'हा प्रिये हा राजकुमारी' इस प्रकार का विलाप शान्त न हुआ।)

राम के विरहवर्णन के प्रसंग में अभिनन्द कहते हैं—
पश्यन्त्या इव कष्टां तामवस्थां मैथिलीपतेः।
शुष्कपङ्कचयव्याजाद् विदद्रे हृदयं भुवः।। रामचरित, 1.14
शान्तनिर्झरझात्कारधाराः शिखरिणो बभुः।
रामस्य विशदालापशुश्रूषा निरता इव।। वही, 1.17

(मैथिलीपति राम की उस कष्टदायक अवस्था को देखती हुई धरती का हृदय सूखे कीचड़ के बहाने मानों फट गया था। पर्वतों के निर्झरों की धाराएँ शान्त हो गयी थीं, मानों वे राम के विशद विलाप को सुनने लग गये हों।)

राम की ऐसी विरहविह्वल स्थिति देख कर लक्ष्मण जिस ओजस्विता व धैर्य के साथ उन्हें समझाते हैं, उसमें भाषा की स्फीति देखते ही बनती है—

मुहूर्तं क्रियतामार्य कपोलविरही करः।
व्युषितो वल्कलग्रन्थिरंसादुन्मोच्यतामयम्।। 1.34

(आर्य, थोड़ी देर के लिये अपने कपोल के नीचे से अपनी हथेली हटा दीजिये। कंधे पर बहुत समय से उलझी वल्कल की गाँछ खोल दीजिये।)

इतो वितत्य दीयन्ताम्रिावः क्लिन्नयन्त्रणाः।
निर्मुक्तार्द्रजगच्चौलमादत्तामायतं धनुः।। 1.35

अपने बाणों को तराश तक यन्त्रणा दीजिये, अपने विशाल धनुष को पुराने वस्त्र के बन्धन से निकाल कर मुक्त कीजिये।)

ऋजुरादीयतां पन्थाः कार्यकन्था गरीसी।
उत्सार्यतामिदं दूरं तमः किङ्कार्यतामयम्।। 1.37

(सीधा पथ अपना लीजिये, कार्य की कथरी भारी है। इस किंकार्यतामय या अनिश्चय से भरे अँधेरे को परे हटा दीजिये)

इसी प्रकार इस महाकाव्य में अट्ठाईसवें सर्ग में अंगद रावण का संवाद भी ऐसा ही प्रसंग है, जिसमें रामचरितमानस की प्रेरणाभूमि हो सकती है।

वर्णनों में लंकानगरी, समुक्त, मृगेन्द्रपर्वत, सूर्योदय, चन्द्रोदय, शरद् ऋतु, मधुपान, मन्त्रणा, दूत, प्रयाण, युद्ध आदि के वर्णन महाकाव्योचित गौरव का आधान करते हैं। वीररस की इस महाकाव्य में प्रमुखता है। राम के विरह वर्णन में विप्रलम्भ शृंगार तथा लक्ष्मण के नागपाश के बँध जाने पर सुग्रीव आदि के विलाप व कुम्भकर्ण के निधन पर रावण के शोक में करुण रस का भी उद्रेक हुआ है। रसोद्रेक की दृष्टि से इस महाकाव्य की अन्य विशेषता रौद्र तथा बीभत्स रसों का भी प्रचुर परिपाक है, जो युद्ध वर्णनों में निष्पन्न हुआ है। स्त्रीकपि की हनुमान् को ले कर प्रदर्शित चेष्टाओं में हास्य रस की निराली छटा है।

इस महाकाव्य में प्रकरण वक्ता का निर्वाह करते हुए कवि ने रामकथा में अनेक नवीन उद्भावनाएँ की हैं। सीता के अन्वेषण में हुए विलम्ब से लज्जित होकर ससैन्य सुग्रीव स्वयं राम के समक्ष उपस्थित होते हैं। वाल्मीकि की रामायण में सीता के अन्वेषण के लिये राम पूरी तरह सुग्रीव पर अवलम्बित हैं। रामचरित के राम सुग्रीव के लिये बालिवध करने को ले कर अनुताप करते हैं, सुग्रीव पर वे पूरी तरह निर्भर नहीं रहना चाहते। सुग्रीव को वे मित्र नहीं अनुचर के रूप में देखते हैं। पर सीतान्वेषण के कार्य में राम अपनी ओर से सुग्रीव को प्रेरित भी नहीं करते। राम हनुमान् के अभिज्ञान के हेतु अपनी मुद्रिका के साथ ही सीता के नूपुर भी भेजते हैं। हनुमान् राम का परब्रह्म के रूप में वर्णन करते हैं। मय द्वारा निर्मित गुफा-भवन में पिपासा शान्त करने के लिये कपि-सेना का प्रवेश, वहाँ एक मायाविनी पहले तो वानरी वारांगना के रूप में और फिर मानवी वारांगना के रूप में विविध हाव-भावों के प्रदर्शन से हनुमान् को रिझाने की चेष्टा तथा हनुमान् द्वारा उसके प्रत्याख्यान की कल्पना सर्वथा नवीन वृत्तांत है। मयदानव, हेमा तथा स्वयंप्रभा के अनेक प्रसंग मनोरम कल्पनाओं के साथ अभिनन्द ने यहाँ जोड़े हैं। स्वयंप्रभा तपस्विनी क्यों हो गयी—यह उनकी कल्पना करुणा का संचार करती है। यह एक औपन्यासिक वृत्तांत है, जो अभिनन्द अनेक कौतुकमय प्रसगों से संवलित कर के महाकाव्य में प्रकरीवृत्त के रूप में सन्निष्ट किया है। जिस गुफा में स्वयंप्रभा रहती है, वह पर्व में मयदानव का निवास था। मयदानव की पत्नी हेमा एक बार स्वर्ग गयी, तो इन्द्र के चंगुल में फँस गयी, फिर लौट कर न आ सकी। उसने स्वयंप्रभा को अपने पति के पास अपनी विवशता की कहानी बताने के लिये भेजा। पर स्वयंप्रभा जब उस गुफा में पहुंची तो उसने देखा कि मय तो अपनी प्रिया के वियोग में प्राण त्याग चुका है। अब स्वयंप्रभा अपनी सखी हेमी को उसके पति के

दारुण निधन का वृत्तांत बताने का साहस भी न जुटा सकी और बाध्य हो कर इसी गुफा में रह गयी। अपने पितामह तार के द्वारा बाली एवं सुग्रीव के बद्धमूल और वैर-भाव का स्मरण दिलाए जाने पर भी राजकुमार अंगद के मन में पितृव्य सुग्रीव के प्रति दुर्भावना का न आना इस काव्य में उनकी चारित्रिक दृढ़ता का परिचायक है। इस प्रकार मूलकथा में किये गये उपर्युक्त परिवर्तनों एवं काल्पनिक प्रसंगों की योजना से अभिनन्द ने कथा को और हृदयावर्जक बना दिया है।

रामचरित के अंगद हनुमान् की तरह सागर लाँघ कर लंका जाने में समर्थ हैं, जाम्बवान् उन्हें रोकते हैं हनुमान् को जाने के लिये प्रेरित करते हैं। रामायण में अंगद सागर पार करने में असमर्थ होने के कारण जाने के लिये तैयार नहीं हैं। इसी प्रकार रामचरित में विभीषण राम की शरण में जाने के पहले अपने भाई कुबेर से परामर्श करता है, और कुबेर की प्रेरणा से राम के पास जाता है। रामायण में राम की शरण में जाने का निर्णय विभीषण का अपना है। इसी प्रकार नवम सर्ग में वानरों का स्वैरालाप, ग्यारहवें में दुर्दम और अंगद का युद्ध, इक्कीसवें में रावण की सभा का वर्णन, पैंतीसवें सर्ग में इंद्रजित् के द्वारा राम की सारी सेना को समाप्त कर देने पर हनुमान् का विभीषण, सुषेण, जाम्बवान् के उपदेश से चार रंगों वाली बूटी ले कर आना—ये वृत्तांत भी अभिनन्द के महाकाव्य में विशिष्ट हैं।

सीता का एक तेजस्विनी नारी के रूप में बड़ा प्रभावशाली चित्रण अभिनन्द ने किया है। विशेष रूप से रावण को जिस तरह ओजस्वी वाणी में सीता फटकारती हैं, उसमें अभिनन्द ने अपने समय की किसी अभिमानिनी क्षत्रियाणी की वाणी का ओज समेट लिया है। यह पूरा प्रसंग ही बड़ा हृद्य निरवद्य है, इसके कुछ उदाहरणों से यह जाना जा सकता है—

जागर्षि जानकि विषीदसि किं विशेषा–
दद्यापि ताम्यसि न तद्विजहासि वाम्यम्।
धिग्दैवमेवमपि नाम वंशवदस्य
विश्वप्रभोर्मम पुरः परिशोषमेषि।।19.67।।

अशोक-पादप के नीचे बैठी हुई सीताजी से राक्षस-राज रावण कह रहा है कि हे जानकि! तुम जगी हुई तो हो। तुम इतना विषाद क्यों कर रही हो? मैं देखता हूँ कि तुम अभी भी चिन्ता से निरन्तर मुरझाई जा रही हो फिर भी अपनी स्वाभाविक वक्रता का परित्याग नहीं करती। दैव को अपने वंशवद सेवक के रूप में पाकर भी तुम दिनानुदिन शुष्क-प्राय होती जा रही हो।

अद्यापि चिन्तयसि किं तमभव्यमेव
निर्मन्दिरः स गिरिकन्दरकाननेषु।
दीर्घ विचित्य भवतीमनवेक्षमाणो
दिग्धस्तिरोहित इवास्तमितस्तपस्वी।।19.72।।

(तुम आज भी उस अभव्य तापस राम के ध्यान में क्यों खोई हुई हो? उसका का स्वयं रहने का कोई ठिकाना नहीं है। दुर्गम पर्वत-कन्दराओं तथा नीरन्ध्र क्रान्तार-श्रेणियों में सुदीर्घकाल तक ढूँढ़ते रहने पर भी तुम्हें न पाकर विष में लिपटे बडिश (मछली फँसाने के काँटे) से विद्ध होने के कारण पीडा से व्याकुल रोहित मत्स्य की जैसा अब तक वह बिचारा पता नहीं कहाँ बिला गया होगा।)

रावण की वचनभंगी विदग्धता और बुद्धिमत्ता से परिपूर्ण है। किसी भी स्त्री के दो दुर्बल स्थान

होते हैं पति की चिन्ता और पिता की चिन्ता। जब रावण देखता है कि सीता राम की निन्दा करने पर तो उल्टे और चिढ़ रही है, तो वह उसके पिता जनक के प्रति अपनी श्रद्धा प्रकट करता हुआ उन्हें सारा भारतवर्ष जीत कर दे डालने की बात कहने लगता है–

किं तेन मैथिलि करियसि तापसेन
मामेकवीरमरविन्दमुखि श्रयेथाः।
दास्यामि वर्षमवजित्य नृपानशेषान्
पूज्याय भारतमहं जनकेश्वराय।।

(हे मैथिलि, तुम उस तापस का क्या करोगी? हे अरविंदमुखि, मेरे जैसा कोई वीर नहीं है, मेरा आश्रय ले लो। मैं भारतवर्ष के सारे राजाओं को जीत कर तुम्हारे पिता पूज्य जनक को भारतदेश दे दूँगा।)

इस प्रकार रावण सीता को समझाने, रिझाने और मनाने के लिये कहासुनी करता है। सीता से फटकारती हैं–

आः पाप! निस्त्रप! निशाचर! गच्छ दूरं
वीरोऽसि चेत्? किमकृथाः परदारचौर्यम्।
तत्स्मर्यतां कृपणमुक्तमभूत् त्वया यत्
सम्पातिपुत्रमुखगोचरतां गतेन।।19.90।।

(अरे पापी! निर्लज्ज राक्षस! मेरी आँखों से दूर हो जा। यदि तुझे वीरता का दर्प है तो बता कि तुने चोर की तरह परस्त्री का अपहरण क्यों किया? अपने उन वचनों को जरा याद तो कर जो तूने सम्पाति के पुत्र के समक्ष दीनता के साथ कहे थे।)

दग्धव्यमेतदचिरान्नगरं त्वदीयं
त्वं च ध्रुवं निधनमेष्यसि सानुबन्धः।
सीतेति मूढमनसा भवताऽऽत्मनैव
कृष्टाऽस्मि राक्षसकुलक्षयकालरात्रिः।।19.91।।

(यह तेरी स्वर्णमयी लंका कुछ ही दिनों में निश्चय ही जल कर राख हो जाने वाली है। और तू भी अपने बन्धु-बान्धवों के साथ काल के गाल में समा जाएगा। मेरे इस कथन को अटल सत्य जान। मूढ मन वाला तू स्वयं ही राक्षस-कुल के विनाश के हेतु साक्षात् कालरात्रि मुझ सीता को यहाँ खींचकर ले आया है)

कारौकसि त्वमुषितश्चिरमेश यस्य
निर्वापितो युधि स येन सहस्रबाहुः।
तस्यापि रे पुरभिदाऽखलमस्त्रवेद–
मध्यापितस्य विजयी मम जीवनाथः।।19.92।।

(हे नीच! तुझे मेरे प्राणनाथ के पराक्रम का परिचय अभी तक नहीं हुआ है। तू सहस्रार्जुन को तो अवश्य ही जानता होगा जिसके कारागार में चिरकाल तक बन्दी के रूप में तू पड़ा रहा था। ऐसे वीर सहस्रार्जुन को भी साक्षात् भगवान शंकर से धनुर्वेद का ज्ञान प्राप्त करनेवाले जिस परशुराम ने युद्ध में

पराजित कर दिया, उस परशुराम का भी विजेता होने का गौरव मेरे प्राणनाथ को प्राप्त हो चुका है।)

हनूमान् जब इसी सीता को अशोकवाटिका में देखते हैं, तो सीता के पावन सौन्दर्य का अनुभव भी उतना ही उदात्त है। अशोकवाटिका स्थित सीता के हनुमान् के द्वारा दर्शन में वाल्मीकि के वर्णन की छाया है, पर अलंकृतकविता के सौंदर्यातिशय भी है

आद्भिः सुधां व्यवहितामिव लावणीभिः
मृद्भिष्चितामिव विदूरशिलाशलाकाम्।
पुण्याग्निदीधितिमिव स्थगितां समिद्भि-
रिन्दोः कलामुपहितामिव कालिकाभिः।।19.41।।

(लवण में सनी सागर की जलराशि के भीतर अटकी सुधा सरीखी, धूल से ढकी वैदूर्यमणि की शलाका जैसी, समिधाओं से आच्छन्न होमाग्नि की दीप्ति की भान्ति तथा वर्षा-कालीन मेघमाला से तिरोहित चन्द्रकला की भाँति राक्षसियों से घिरी हुई विषाद-मलिन सीता जी को हनूमान् ने अशोक-वाटिका में देखा।)

इस श्लोक में राक्षसियों के लिए सागर की लवणाक्त जलराशि पांसुपटल, समिधाएँ एवं वर्षा-काल की काली घटाएँ तथा सीता जी के लिए सुधा, वैदूर्य-शलाका, होमानल की दीप्ति एवं चन्द्रकला-जैसे उपमान प्रयुक्त हुए हैं–

निर्भत्सनाभिरिव सत्कृतिमात्तकेशी
मैत्रीमिवाधिगतसन्धिमपक्रियाभिः।
ग्रस्तां कथामिव कुपण्डितचोदनाभिः
संभूय रुग्भिवरुद्धरुचं चिकित्साम।।19.44।।

(लताड़ के द्वारा केशों में पकड़ ली गयी सत्कृति जैसी, अपकारों के द्वारा खण्डित मैत्री के जैसी, प्रज्ञा-प्रकर्ष के अभिमान से फूली फूली कुतर्क-मुखर पण्डितमन्यों की शंकाओं से ग्रस्त सत्कथा जैसी, तथा एक साथ ही नाना प्रकार के रोगों के प्रकट हो जाने से प्रभावहीन चिकित्सा जैसी क्रूर राक्षसियों से घिरी उस विधुर-हृदया सीता को हनुमान् ने देखा।)

इस श्लोक में निर्भत्सना, अपक्रिया, कुपण्डितों की प्रेरणा तथा रोग-जैसे उपमान राक्षसियों के लिए तथा सत्कृति, मैत्री, कथा एवं चिकित्सा-जैसे उपमान सीता जी के लिए प्रयुक्त हुए हैं। मूर्त एवं अमूर्त उपमानों के गुम्फन से मालोपमा की शृंखला कवि ने गूँथी है।

अभिनन्द के रामचरित की महनीयता उसके नारीपात्रों के कारण ही है। सीता की तरह ही तपस्विनी स्वयंप्रभा का भी ऐसा ही ऊर्जस्वी तथा महिमामय चित्र रामचरित में उन्होने अंकित किया है। स्वयंप्रभा की प्रभा से उद्दीप्त छवि का चित्रण में उतने ही दीप्तिमय शब्दों का प्रयोग है। उदाहरणार्थ–

स्फटिकाश्मगृहादनन्तरं
निरमात् कान्तकृशा तपस्विनी।
कुकुभः प्रभयानुलिम्पती
शशिलेखेव शरत्पयोधरात्।।12.85।।

(इसके अनन्तर दिङ्मण्डल को अपनी शारीरिक प्रभा से विच्छुरित करती हुई कमनीय एवं क्षीणकाय स्वयम्प्रभा मयदानव-निर्मित स्फटिकमय शिलासौध में ऐसे प्रकट हुई जिस प्रकार रुचिर एवं

कृशकाय चन्द्रकला शरद-ऋतु के धवल-मेघ-पटल से प्रकट होती है।) यहाँ उपमेय तपस्विनी स्वयम्प्रभा है, जिसे शशिलेखा से उपमित किया गया है। 'स्फटिकाश्मगृह' तथा 'शरत्पयोधर' जैसे दो परस्पर विभिन्न पदार्थों में शुभ्रत्व एवं उच्छ्रायत्व जैसे गुणों के साम्य के सद्भाव से बिम्ब-प्रतिबिम्ब-भाव के रूप में सादृश्य की प्रतीति कवि ने करायी है।

तपनांशुरुचस्तपस्विनी
वदनस्योपरि चन्द्रचारुणः।
दधती दृढबन्धिनीर्जटाः।
शमनुन्ना इस रागवासनाः।।12.88।।

(उस तपस्विनी स्वयम्प्रभा का चन्द्रमा के समान मनोहर मुखमण्डल तपःप्रभा के सूर्य-जैसा तेजस्वी दीख पड़ता था। उसने अपने मस्तक पर केशपाश को जटाओं के रूप में दृढ़ता से बाँध रखा था। उसकी वे बँधी हुई जटाएँ शम के द्वारा संयमित राग-वासनाओं की भान्ति दीख पड़ती थीं।) इस श्लोक में कवि ने दृढ़ भाव से बँधी हुई जटाओं की उपमा शम के द्वारा निरुद्ध राग-वासनाओं से दी है जिसमें मूर्त उपमेय के लिए अमूर्त उपमान का प्रयोग किया गया है। जन्म-जन्मान्तर की अविच्छिन्न परम्परा से आत्मा में निरूढ़ राग-वासनाओं का निरोध शम से ही सम्भाव्य योग-दर्शन के इस सिद्धान्त का भी ज्ञान अभिनन्द ने यहाँ व्यक्त किया है।

रामकथा को अभिनन्द ने ऐसे अनेक नारीपात्रों की उपस्थिति से चित्ताकर्षक बना दिया है, जो सामान्यतया अज्ञात हैं। हनूमान् को रिझाने का प्रयास करती वारांगना का पूरा प्रसंग बड़ा लोमहर्षक है। सीतान्वेषण के उद्देश्य से वानर-यूथों के साथ परिभ्रमण करते हुए हनुमान् जब जय-दानव की लोकोत्तर समृद्धि से समुज्ज्वल गुफा में प्रवेश करते हैं, तब उनके पलोभन के लिए एक मायाविनी वारांगना उपस्थित होकर अपने हाव-भावों के प्रदर्शन से उन्हें जिस प्रकार संयम से विचलित करने का प्रयत्न करती है, उसके वर्णन से सम्बद्ध कतिपय उदाहरण दृष्टव्य हैंः–

घनविभ्रम-भङ्गमालिनी
मदपूरप्लुत-शीतसैकता।
नगतुङ्गमनङ्गवाहिनी।
तमियाय स्खलितोत्सुकेव सा।।12.55।।

यह अनुपम सुन्दरी वारांगना अपनी उच्छल कामभावना को मोहक अंग-भंगिमाओं के द्वारा अभिव्यक्त करती हुई पर्वत के समान उत्तुंग हनूमान् के पास आ पहुँची। मदविह्वल होने के कारण वह अपने पैरों का सन्तुलन ठीक नहीं रख पा रही थी। उसके प्रत्येक पदक्षेप से उत्सुकता का आवेग स्पष्ट हो रहा था। परन्तु इतने पर भी हनूमान् का अविचल धैर्य चलायमान नहीं हो पाया। कवि ने इस भाव को रूपक-अलंकार की भंगिमा से यहाँ प्रकट किया है। वह वर-वधू काम की वेगवती धारा थी, विभ्रम ही उसकी तरंग-परम्परा थी तथा मदिरा का आवेश ही उसका सैकत-तट प्रदेश था।

शैली तथा काव्यसौन्दर्य–अभिनन्द की रचनाशैली पर कालिदास का गहरा प्रभाव है। वैदर्भी रीति में माधुर्य और प्रसाद गुणों के आधान में कवि सर्वथा सफल है। संगीतात्मकता तथा कल्पनाप्रवणता का अभिनन्द की रचना में उत्तम संयोग हुआ है। अप्रचलित तथा देशज शब्दों के प्रयोग में अभिनन्द ने दुर्लभ कोशल प्रकट किया है। उनकी भाषा बोलचाल की भाषा के निकट भी आ गयी है।

''दुनोति जल्पन् मुखरः शिरांसि'' (मुँहफट व्यक्ति की बकबक से माथा दुखने लगता है) तथा ''पक्वः स्वयं पतति'' (पका फल अपने आप गिर पड़ता है)—जैसे वाक्य उनकी कविता में जन सामान्य की बोली की छटा ला देते हैं।

राम के विरह वर्णन में विप्रलंभ की व्यंजनाएँ विविध अलंकारों के विन्यास के साथ कवि ने करायी हैं। राम कहते हैं—

धनुर्धनुर्व्योम्नि कथं न किञ्चन व्यलीकमेवाद्य मयेदमीक्षितम्।
हतोऽस्मि हा वत्स दवीयसी पुनः कृता हि मोहापगमेन मैथिली।।4.48।।

(हे लक्ष्मण! देखो तो, यह नीच रावण सीता को मुझसे छीनकर आकाशमार्ग से भागा जा रहा है। सीता के विलोल आभूषण के झंकार आकाश में सुनायी दे रहे हैं। कहाँ है मेरा धनुष? जरा इसे इधर देना तो। ओह! मैंने जो यह सारा दृश्य देखा, वह तो एक भ्रम था। आकाश में तो कहीं कुछ भी नहीं दिखायी दे रहा है। यह तो एकदम सूना है। मोहजनित आवेश के भग्न हो जाने से मेरी क्रिया पुनः मुझसे दूर हो गयी।)

अभिनन्द ने प्रस्तुत काव्य के विविध प्रसंगों में अर्थान्तरन्यास के माध्यम से अपने जीवन के अनुभवों एवं आदर्शों को अतीव प्रभावोत्पादक रूप से उपस्थापित किया है। इनके अर्थान्तरन्यास की भणितिभंगी तथा उसमें निहित तथ्यों से परिचित होने के लिए निम्नांकित कतिपय उद्धरण द्रष्टव्य हैं—

(क) **प्रवेशयन्ति सुहृदं न धीराः स्वार्थसंकटे।**
धीर पुरुष स्वार्थ-साधन के संकट में अपने मित्रों को नहीं डालते हैं।

(ख) **स्वकार्यदोलासु जनोऽल्पभाग्यः**
प्राङ्निश्चिनोति व्यतिरेकमेव।
अल्प-भाग्य मनुष्य स्वकीय कार्यसिद्धि की संशयापन्न स्थिति में प्रारम्भ में ही अपनी असफलता का निश्चय कर लेता है।

(ग) **समागमे धामविशेषशालिनां**
न साध्वसं रोद्धुमलं महानपि।
तेजस्वी पुरुषों की उपस्थिति में महान् व्यक्ति का भी मन भय से कम्पित हो उठता है।

(घ) **विकत्थनं वितथमशोभनं विदुः।**
अपने मुँह से अपनी मिथ्या आत्मप्रशंसा को महापुरुषों ने अशोभन माना है।

(ङ) **अपरोऽस्त्यभीष्टयशसां महौजसां**
न महोत्सवः प्रतिसमाहवादृते।
यश के एकान्त अभिलाषी महापराक्रमी वीरों के लिए युद्ध से बढ़कर कोई दूसरा महोत्सव नहीं होता है।

प्रस्तुत महाकाव्य के वर्णन-शिल्प के निदर्शन के रूप में राम की विरहाकुल दशा का चित्रण जितना ही मार्मिक है, लक्ष्मण के उनको समझाने के प्रयास भी उतने ही कारुणिक हैं। रावण द्वारा अपहृत सीता को ले कर राम के मन में तरह-तरह की आशंकाओं कुशंकाओं के मेघ मँडराते हैं। अंततः लक्ष्मण उनकी ऐसी दशा देख कर स्वयं भी विलाप करने लगते हैं। सौन्दर्य के कौतुकपूर्ण वर्णनों में अभिनन्द सिद्धहस्त हैं। वे मय-दानव द्वारा निर्मित गुफा-भवन के भीतर फैले समृद्धि के संभार का चित्ताकर्षक वर्णन करते हैं। मायविनी वारांगना के मोहक हाव-भाव का वर्णन जितना प्रभावशाली है, उतना ही उसके आगे हनूमान्

का अवचिल धैर्य आश्वस्तिदायक है। इसी प्रकार तपस्विनी स्वयंप्रभा का शान्त-स्निग्ध रूप, हनूमान् का समुद्र-लंघन, लंका-नगरी का वैभव और नगरनिवेश, राक्षसराज रावण का पानकेलिप्रसंग, विरहिणी सीता की विषाद-मग्न छवि, हनुमान् के द्वारा लंका दाह, सागर पर सेतु का निर्माण, सैन्य अभियान, रावण की सभा का विक्षोभ तथा महासंगमराम के ओजस्वीवर्णनों ने इस महाकाव्य के विस्तीर्ण फलक में बहुवर्णी विच्छित्तियाँ दी हैं। उदात्त की आद्यंत निर्वाह समग्र महाकाव्य का उपलब्धि है। इन वर्णनों में प्रसंगानुरूप भाषा के प्रयोग ने इस काव्य प्रभावोत्कर्षक दिया है। नैसर्गिक सौन्दर्य के चित्रण में कवि का सूक्ष्म पर्यवेक्षण सराहनीय है। प्रकति को चेतन व अचेतन दोनों रूपों में महाकाव्य के फलक पर अभिनन्द ने उकेरा है। द्वितीय सर्ग में निबद्ध सायंकाल, अन्धकार एवं चन्द्रोदय के मनोरम चित्रण तथा चतुर्थ सर्ग में शारदीय सुषमा से अनुरंजित वनस्थलों में आविर्भूत प्रातःकाल के प्रशान्त मनोहर दृश्यों के वर्णन उल्लेखनीय है। इसके अतिरिक्त सीता जी के अन्वेषण-हेतु विभिन्न दिशाओं में परिभ्रमण कर चुकने के बाद लौटकर आए हुए निराश वानर-यूथपों के द्वारा प्रस्तुत भारत के विविध भूभागों की विशेषताओं के संक्षिप्त वर्णन भी प्रसादपूर्ण एवं स्वाभाविक बन पड़े हैं। इसी प्रकार लंका में सायंकाल, प्रदोष एवं चन्द्रोदय के मनोहर दृश्यों के वर्णन प्रस्तुत महाकाव्य के अट्ठारहवें सर्ग में निबद्ध किये गये हैं जो अत्यन्त सरस एवं हृदयावर्जक है। प्रकृति-वर्णन के ये सन्दर्भ नैसर्गिक सौन्दर्य के प्रति कवि की असाधारण संवेदनशीलता का परिचय उपस्थित करते हैं। अभिनन्द के ये वर्णन कथाप्रसंग के सहज अंग बन कर आते हैं, कहीं थोपे हुए नहीं लगते। कालिदास, भारवि और माघ की कल्पना के रंग एक साथ इन वर्णनों में उतर आये हैं। जैसे–

एष पश्य पतितो नभस्तला–
दस्तशैलगहनेषु नश्यति।
सन्ध्यया चरमदिक्प्रगल्भया
भग्नसान्द्रकरपञ्जरः खगः।।2.16.।।

सन्ध्याकाल में अस्त-प्राय सूर्य-बिम्ब के सौन्दर्य का वर्णन रामचन्द्र से करते हुए लक्ष्मण कहते हैं कि देखो तो! आकाश से गिरे हुए इस खग (सूर्य एवं पक्षी) के करपंजर (किरणरूपी पिंजड़े) को प्रगल्भ या ढीठ सन्ध्या नायिका ने पश्चिम दिशा पर पहुँच कर तोड़ डाला है जिससे यह कर-पंजर से मुक्त होकर अस्तांचल के सघन वनों में विलीन होता जा रहा है। यहाँ कर व खग में श्लेष है। सूरज की पक्षी के रूप में छवि तथा प्रगल्भा संध्यावधू का उसके पिंजरे को खेल रूप उसे आजाद करने की परिकल्पना मनोहारी है।

शक्यमर्चितुमनुच्चपाणिभिः
पाशपाणिनगरीनिवासिभिः।
लम्भितेव लहरीपरम्परा-
मुल्ललास शशिकान्तिवाहिनी।।2.100।।

(पाशपाणि या वरुण की नगरी के निवासियों को बिना हाथ ऊपर उठाये लहरियों के कतारों के द्वारा चंद्रमा की कांति की रेखाएँ सुलभ हो जाती थीं।)

अभिनन्द खिले केतकी-कुसुमों, पत्रावली से परिस्फीत कदली-वनों, शुभ्र सैकत-पुलिनों तथा

विकसित कुमुद-श्रेणी से सुशोभित सरोवरों में प्रतिफलित चन्द्र-किरणों के चित्ताकर्षक चित्र खींचते हैं। चाँदनी को वे बहती नदी के रूप में अंकित करते हैं—

अयं विभातश्लथबन्धनच्युत-
श्चकास्ति पिण्डीतगरोत्करः पुरः।
रविप्रभाप्रेरणया गतो महीं
विमानमार्गादिव तारकागणः।।4.11।।

प्रातःकाल में स्वभावतः शिथिल वृन्तों से धरती पर सामने से गिरे हुए ये तगर के फूल ऐसे दीख पड़ते हैं मानो सूर्य की किरणों के वेग से प्रेरित होकर तारागण आकाश से धरती पर आ गिरे हो। इस श्लोक में तगर के फूलों की तारागण के रूप में सम्भावना की गयी है। तारागण-जैसे उपमानों के प्रयोग के द्वारा वृन्तच्युत तगर-पुष्पों का वनभूमि में प्राचुर्य भी संसूचित होता है।

भोज, कुंतक और क्षेमेंद्र जैसे मूर्धन्य काव्याशास्त्रियों ने अभिनन्द के कवित्व की सराहना की है। वस्तुतः अभिनन्द संस्कृत के महाकवियों की पहली पंक्ति में अग्रगण्य हैं। रामकथा की गंगा को नवीन धाराओं से जोड़ते हैं। वस्तुतः वे संस्कृत कविता की अपूर्व समृद्धि और प्रकर्ष के रचनाकार हैं। संस्कृत कविता के ऐसे महनीय कवि को पं. बलदेव उपाध्याय ने अपकर्षकाल का कवि कहा है, जो उचित नहीं है।

रामकथा की परम्परा में 'महावीरचरितम्' और 'उत्तररामचरितम्'

प्रो. कृष्णकान्त शर्मा

महर्षि वाल्मीकि प्रणीत 'रामायण' संस्कृत का आदिकाव्य है। वाल्मीकि की कविता देशकाल की अवधि से अपरिच्छिन्न है। महर्षि वाल्मीकि उन विश्वकवियों में अग्रणी हैं जिनकी वाणी किसी देश विशेष के प्राणियों का ही मंगलसाधन नहीं करती एवं किसी काल विशेष के जीवों का ही मनोरंजन नहीं करती, उनकी वाणी सभी देश एवं सभी काल में मंगलमयी है। महर्षि वाल्मीकि की अमृतमयी वाणी में सौन्दर्य-सृष्टि का चरम उत्कर्ष है तथा महनीय काव्य-कला का सर्वोत्कृष्ट निदर्शन है। मानव सौख्यकी अभिवृद्धि, दीन और आर्तजनों का उद्धार, परस्पर सहानुभूति का प्रसार हमारे और संसार के बीच सम्बन्ध के विषय में नवीन या प्राचीन सत्यों का अनुसन्धान, जिससे इस भूतल पर हमारा जीवन उदात्त तथा ओजस्वी बन जाये या ईश्वर की महिमा झलके।

महनीय कला इन वस्तुओं की साधना तथा प्रसारण से मण्डित होती है। महर्षि वाल्मीकि के रामायण के ऊपर महनीय कला का यह लक्षण अक्षरशः घटित होता है। जीवन को ओजस्वी एवं उदात्त बनाने के लिए जिन आदर्शों का वाल्मीकि ने अपने रामायण में अपनी तूलिका से चित्रित किया है वे न केवल भारतवर्ष के लिये मान्य तथा आदरणीय हैं अपितु मानव मात्र के लिये उच्च नैतिक स्तर एवं सामाजिक उदात्तता की भावना को प्रस्तुत करते हैं।

रामायण सिद्ध रस प्रबन्ध है। अतः आनन्दवर्धन ने कथावस्तु की विवेचना के अवसर पर कहा है—

सन्ति सिद्धरसप्रख्या ये च रामायणादयः।
कथाश्रया न तैर्योज्या स्वेच्छारसविरोधिनी।।

अर्थात् जिसमें रस की भावना नहीं करनी पड़ती प्रत्युत् रस स्वयं आस्वाद के रूप में परिणत हो जाता है, वह काव्य सिद्धरस कहलाता है। जैसे रामायण राम का चरित्र स्वयं ही एक काव्य है। इस रामचरित का अवलम्बन करके कोई भी सहजतया सफल कवि बन जाता है जैसा कि 'साकेत' मे कहा गया है कि—

राम तुम्हारा चरित स्वयं ही काव्य है।
कोई कवि बन जाये सहज सम्भाव्य है।।

श्रीरामचन्द्र का नाम सुनते ही प्रजावत्सल, नरपति, आज्ञाकारी पुत्र, स्नेहीभ्राता, विपद्ग्रस्त मित्रों के सहायक बन्धु का कमनीय चित्र हमारे मानस पटल पर अंकित हो जाता है। जनकनन्दिनी जानकी का नाम ज्यों ही हमारे श्रवण को रससिक्त बनाता है त्यों ही हमारे लोचनों के सामने असाधारण पातिव्रत की मंजुलमूर्ति उपस्थित हो जाती है। हमारा हृदय रामकथा से इतना स्निग्ध है, रससिक्त

तथा घुलमिल गया है कि हमारे लिये राम और जानकी किसी अतीत युग की स्मृति न रहकर वर्तमान काल की जीवन्त प्राणी के रूप में परिणत हो गये हैं। इसीलिये रामायण को 'सिद्धरस काव्य' कहा गया है। यही कारण है कि परवर्ती काल में रामकथा के आधार पर अनेक काव्य एवं नाटकों का निर्माण हुआ।

महाकवि भवभूति ने तीन नाटकों की रचना की—मालतीमाधवम्, महावीरचरितम् तथा उत्तररामचरितम्। इनमें से 'महावीरचरितम्' तथा 'उत्तररामचरितम्' दोनों ही रामकथा पर आधारित हैं।

महावीरचरितम्

'महावीरचरितम्' की कथा इस प्रकार है। महर्षि विश्वामित्र के आश्रम में यज्ञ होने वाला है। उन्होंने यज्ञ की रक्षा के लिये राम और लक्ष्मण को लाकर रख लिया है। निमन्त्रण में सीता और ऊर्मिला के साथ कुशध्वज भी वहाँ पधारते हैं। कुशल प्रश्न के बाद राम-लक्ष्मण का परिचय प्राप्तकर कुशध्वज हार्दिक प्रसन्नता प्रकट करते हैं। इसी बीच राम, अहल्या का उद्धार करते हैं। कुशध्वज को राम की महिमा देखकर पश्चाताप होता है कि धनुर्भङ्ग की प्रतिज्ञा न की गयी होती तो आज सीता का विवाह राम के साथ होकर ही रहता। इसी समय रावण ने सीता की मंगनी के लिये दूत भेजा। उसके प्रस्ताव पर टाल-मटोल होने लगा। इधर राम ने तलवार की धार से ताड़का का वध किया इससे राक्षस रावण को बड़ा खेद हुआ उसने पुनः प्रस्ताव भेजा। राजा तथा विश्वामित्र ने फिर टाल दिया। विश्वामित्र ने राम और लक्ष्मण को दिव्यास्त्र प्रदान किये राजा की उत्कण्ठा बढ़ी देखकर विश्वामित्र ने हरधनुष मंगवाया तथा राम से उसका भंग करवाया। इस प्रकार चारों भाइयों का विवाह जनक तथा कुशध्वज की पुत्रियों से स्थिर हुआ। राम ने सुबाहु तथा मारीच का वध किया। सात अंकों में विभाजित महावीरचरितम् के प्रथम अंक का इसी के साथ समापन हुआ।

द्वितीय अंक के प्रारम्भ में मिथिला से लौटकर राक्षस ने सारा वृत्तान्त लंकाधिपति के मंत्री से कहा। उसकी चिन्ता बढ़ गयी। उसने शूर्पणखा से परामर्श किया इसी समय परशुराम का पत्र मिला कि दण्डकारण्यवासी निशाचर वहाँ के ऋषियों को सताते हैं, उन्हें रोकिये। इसी प्रसंग में यह निश्चय हुआ कि परशुराम को प्रेरित किया जाय कि वह शिव के धनुष के भञ्जक राम का दमन करें। इधर राम अन्तःपुर में थे, दशरथ आदि उनके अभिभावक मिथिलाधीश के यहाँ आतिथ्य-सत्कार प्राप्त कर रहे थे। इसी समय परशुराम आये और अपने गुरु के धनुष के भञ्जन करने वाले राम को देखने की इच्छा प्रकट की।

राम आये और परशुराम को राम के दर्शन से अत्यन्त प्रीति हुई परन्तु वह अपनी प्रतिज्ञा से लाचार थे। क्षत्रियकुल के नाश की प्रतिज्ञा को दोहराते हुए परशुराम ने राम को भी वध्यकोटि में गिना। इस अमंगलपूर्णवृत्त से जनक शतानन्द आदि सभी को बड़ी पीड़ा हुई। सभी ने अपने-अपने ढंग से परशुराम को समझाने का प्रयास किया फिर भी उनका क्रोध कम नहीं हुआ। इस पर जनक अस्त्रग्रहण करने पर तथा शतानन्द शाप देने पर भी उतारू हो गये। फिर भी परशुराम दृढ़ रहे। इसी बीच राम को अन्तःपुर में बुला लिया और लोग दशरथ, विश्वामित्र के पास गयें इसी के साथ द्वितीय अंक का समापन होता है।

तृतीय अंक के प्रारम्भ में वशिष्ठ ओर विश्वामित्र ने परशुराम के कोप को शान्त करने के

लिये अनेक प्रकार से उन्हें समझाया। परशुराम को समझाते हुए वशिष्ठ ने कहा कि हे वत्स! जीवन भर के लिये इस अस्त्र पिशाची के फेर में पड़े रहने से क्या लाभ? हे जामदग्न्य! तुम तो श्रोत्रिय हो पवित्र मार्ग को अपनाओं तुम वनवासी भी हो अतः चित्त को निर्बल करने वाली मैत्री आदि भावना का अवलम्बन करो। तुम्हारे लिये शोक को दूर करने वाली ज्योतिषमती नाम की समाधि वृत्ति सुलभ होगी। उसके होने पर ऋतम्भरा प्रज्ञा के सहारे तुमको आन्तर ज्योति का दर्शन होगा जिसमें किसी भी प्रकार के बाह्यसाधन की आवश्यकता नहीं होगी सभी प्रकार की सामर्थ्य प्राप्त होगी किसी भी प्रकार का विघ्न बाधित नहीं कर पायेगा और तुम्हारे तेजोबल की वृद्धि होगी। आन्तर्ज्योति के दर्शनों से मनुष्य की ज्ञान वृद्धि होती है, ब्राह्मण को यही करना चाहिए कि जिससे पाप अपमृत्यु को पार कर जाता है। और देखो यह ऋषियों की मण्डली है यहाँ वीर युधाजित तथा मंत्रियों के साथ वृद्ध राजा रोमपाद बैठे हुए हैं। सतत यज्ञ परायण ब्रह्मज्ञानी जनक जो जनपद के स्वामी हैं सभी द्रोहरहित होकर तुमसे शान्ति की प्रार्थना करते हैं। इस प्रकार वशिष्ठ, विश्वामित्र आदि ने परशुराम की विद्या, तपस्या एवं कुल परम्परा की अत्यन्त प्रशंसा की। परशुराम ने स्वीकार किया कि हमारे लिये आपके उपदेश मान्य हैं क्योंकि आप हमारे श्रेष्ठ हैं, फिर भी मैं इस क्षत्रियकुमार का वध किये बिना नहीं रह सकता क्योंकि इसने हमारे गुरु का अपमान किया है। इसका वध करके मैं शान्त हो जाऊँगा। इस प्रकार परशुराम का क्रोध उग्र होते देखकर दशरथ को भी क्रोध उत्पन्न हुआ। उन्होंने भी अस्त्र का अवलम्बन करना चाहा। इसी समय राम आए और उन्होंने परशुराम के दमन की प्रतिज्ञा सुनायी। राम ने कहा–

पौलस्त्यविजयोद्दामकार्तवीर्यार्जुनद्विषम्।
जेतारं क्षत्रवीर्यस्य विजयेय नमोस्तु वः।।

इस प्रकार राम की प्रतिज्ञा के साथ तृतीय अंक का समापन होता है।

राम से पराजित होकर परशुराम तप करने चले गये और उन्हें ज्ञान हो गया। परशुराम के पराजय से राक्षसराज रावण के मंत्री माल्यवान् को बड़ी चिन्ता हुई। उसने उपाय सोचना प्रारम्भ किया जिससे की राम को दबाया जा सके। राम के अभ्युदय से वह भयभीत हो गया था। परामर्श करके माल्यवान् ने शूर्पणखा को मन्थरा का रूप धारण करके मिथिला भेजा। वह कैकेयी की दासी मन्थरा के रूप में मिथिला आयी और वह कैकेयी को राजा दशरथ के द्वारा दिये गये वरदान की बात करने लगी। एक वर से भरत को राज्य तथा दूसरे वर से राम को चौदह वर्ष के लिए वनवास भिजवाया। सीता तथा लक्ष्मण के साथ राम वन गये। साथ गये पुरजनों को राम ने आग्रहपूर्वक लौटा दिया। भरत के बहुत आग्रह करने पर राम ने अपनी स्वर्णमय पादुका उन्हें दे दी जिसे नन्दिकग्राम में अभिषिक्त करके भरत ने राज्य संचालित करने का प्रण किया और भरत ने कहा कि जब तक आर्य राम वनवास से नहीं लौटेंगे तब तक नन्दिकग्राम में ही आर्य की पादुकाओं का अभिषेक करके पृथ्वी का पालन करता रहूँगा–

नन्दिकग्रामे जटां विभ्रदभिषिच्यार्यपादुके।
पालयिष्यामि पृथिवीं यावदार्यो निवर्तते।।

राम दण्डकारण्य की ओर बढ़े और वहाँ उन्होंने खर आदि राक्षसों को मारा। इसी के साथ चतुर्थ अंक का समापन होता है।

रावण ने सीता का हरण किया। सीता की खोज में राम और लक्ष्मण वन-वन भटक रहे थे। उसी समय जटायु से भेंट हुई जिसे सीता के अपहरण करने वाले रावण ने मरणासन्न बनाकर छोड़ा

था। जटायु से सारी स्थिति का ज्ञान प्राप्त करके राम और लक्ष्मण किष्किन्धा की ओर बढ़े। मार्ग में विराध का वध किया। इस बीच सुग्रीव से मैत्री हुई और रावण के द्वारा प्रेरित बालि का वध करके राम ने सीता की खोज में वानरों को भेजा। मृत्यु के समय बालि ने भी राम और सुग्रीव के मैत्री में दृढ़ता का बन्धन डाला। बालि ने वानरों को सम्बोधित करते हुए कहा कि–

सुग्रीवाङ्गदयोः प्रभुत्वमिह यत्सौजन्यमेतद्धि वो
मत्प्रीत्यैव तु नावधीर्यमनयोर्यद्वो महिम्नः क्षमम्।
प्राप्तः सम्प्रति रामरावणरणः स्नेहस्य निर्व्यञ्जक
स्तस्मिन्नञ्जलिरेश शान्तमथवा वीर्येषु वः के वयम्।।

अर्थात् वानरों सुग्रीव और अंगद का प्रभुत्व आप सबके सौजन्य पर निर्भर है। मेरा अनुरोध है कि मेरे प्रति स्नेह के कारण आप सब अपने पराक्रम के अनुकूल इनकी मदद करते रहना। सम्प्रति स्नेह की परीक्षा का प्रकाशक राम और रावण का युद्ध उपस्थित हुआ। उस राम-रावण युद्ध के सन्दर्भ में आप सबसे मेरी यह अञ्जलिबद्ध प्रार्थना है अर्थात् आप सब राम की सहायता में समुचित प्रयत्न करें, यह मेरी करबद्ध प्रार्थना है। अथवा आप सब अपनी-अपनी वीरता के अनुरूप आचरण अवश्य करेंगे ऐसी स्थिति में इस सन्दर्भ में मेरा वचन व्यर्थ है। इस वचन के साथ ही इस नाटक के पञ्चम अंक का समापन होता है।

बालि की मृत्यु के पश्चात् माल्यवान् को बड़ी चिन्ता हुई। चिन्ताग्रस्त माल्यवान् कहते हैं हाय! रावण के अविनयरूपी वृक्ष का कोरक चारों ओर फैला सा रहा है, सीता की प्रार्थना ही इस वृक्ष का बीज है। शूर्पणखा का राम-लक्ष्मण की वञ्चना के लिये जाना अंकुर है। मारीच कृत माया नये पत्ते हैं, सीता का अपहरण इसकी शाखा है, अक्षकुमार का वध और विभीषण का जाकर राम से मैत्री स्थापना करना कोरक हैं। इस वृक्ष में शीघ्र ही फल भी लगेंगे, ऐसा मालूम पड़ रहा है। वृद्ध की बुद्धि भविष्य को भी देख लेती है। अहो! भाग्य की कुटिलता इस प्रकार माल्यवान् को अपने पक्ष की दुर्बलता का बोध होने लगा। उसने प्रयत्न किया कि रावण कुछ उपयुक्त उपाय करें किन्तु अत्याधिक दृप्त रावण ने अपने पराक्रम को अजेय माना और सागर को दुष्तर कह कर चिन्ता को अपने हृदय में स्थान नहीं दिया। मन्दोदरी ने भी रावण को समझाने का प्रयास किया परन्तु रावण को अपने शौर्य का अभिमान था उसने किसी का परामर्श नहीं सुना। राम के दूत के रूप में अंगद रावण के समक्ष उपस्थित हुए। रावण ने पूछा कि तुम सुग्रीव के अनुचर हो? अंगद ने कहा नहीं-नहीं पुनः रावण ने पूछा फिर किसके अनुचर हो? अंगद ने कहा हे लंकेश्वर! मैं जो हूँ जिस काम से आया हूँ, गर्वोद्धत राक्षस मण्डल रूप वन के लिये दावानल स्वरूप राम की आज्ञा से मैं दूत बनकर आपको समझाने आया हूँ, आप सीता को लौटा दें। स्त्री, पुत्र और मित्रों के साथ लक्ष्मण जी के चरणों में आश्रय लीजिये अन्यथा आप उनके द्वारा शासित किये जाएँगे। किन्तु मदान्ध रावण ने अंगद के मुख रंगने का आदेश दिया और कहा कि इसका मुख रंगवा दिया जाय और यही तपस्वियों का सही उत्तर होगा। अंगद ने कहा कि यदि मैं आज रामदूतता से पराधीन नहीं होता तो सारी सदृश अपने नखों से तुम्हारे गर्दन नोंचकर दिशाओं को तुम्हारे सिरों की बलि अर्पित किये बिना मैं नहीं लौटता किन्तु आज मैं राम के दौत्य से परवश हूँ। राम ने लंका पर आक्रमण किया राम और रावण के सैन्यों में घोर युद्ध हुआ एक-एक कर वीरगण कटने और मरने लगे। घमासान युद्ध के बाद मेघनाद और लक्ष्मण के बीच घोर युद्ध हुआ मेघनाद द्वारा प्रयुक्त शक्ति से आहत होकर लक्ष्मण मूर्च्छित होकर गिर पड़े। राम के पक्ष में विषाद की घटा

घिर आयीं। सबके परामर्श से हनुमान् संजीवनी लाने गये। खास जड़ी को न पहचान पाने के कारण वे सम्पूर्ण पर्वत को ही उठा लाये। पर्वतवर्ती हवा के लगने से लक्ष्मण की चेतना वापस आयी। रामपक्ष में खुशियाँ मनायी जाने लगीं इसके पश्चात् जो निर्णायक युद्ध हुआ उसमें मेघनाद, रावण आदि सभी मारे गये और सीता का उद्धार हुआ। इसी के साथ षष्ठ अंक समाप्त होता है।

रावण के वध के पश्चात् राम ने अपनी प्रतिज्ञा के अनुसार विभीषण को लंका का अधिपति बनाया। राज्यधिकार प्राप्त होते ही विभीषण ने देव बन्दियों को मुक्त कर दिया। लंकाकाण्ड समाप्त करके अग्निशुद्ध सीता को साथ लेकर राम लंका से अयोध्या की ओर चले। विमान पर से राम ने सीता को मार्गवर्ती समुद्र एवं अन्यान्य स्थानों का परिचय दिया। मार्ग में विश्वामित्र का आश्रम मिला किन्तु उनका आदेश हुआ कि राम शीघ्र अयोध्या जाएँ, मार्ग में रुके नहीं। अयोध्या आने पर भरतादि स्वजनों से मिलने के बाद वशिष्ठ आदि पूज्य ऋषियों ने राम का राज्याभिषेक किया। इस प्रकार महावीरचरितम् में राम का वीरचरित पूर्ण होता है।

कथा का आधार एवं कविकृत परिवर्तन

'महावीरचरितम्' की कथा वाल्मीकीय रामायण की प्रसिद्ध कथा पर ही आधरित है। इसमें जो कुछ परिवर्तन एवं परिवर्द्धन हुआ है वह नाटक की दृष्टि से ही हुआ है। उदाहरणार्थ राम वन-गमन का प्रसंग 'महावीरचरितम्' में मिथिला में ही उठा दिया गया है, जबकि वाल्मीकीय रामायण में कुछ समय बाद अयोध्या में यह प्रसंग आता है। रावण ने राम को मारने के लिये बालि को भेजा था, यह बात भी महावीरचरितम् में नयी है। माल्यवान् की पूरी मन्त्रणा महाकवि भवभूति की सृष्टि है, जो इस नाटक की जान कही जा सकती है। परशुराम का विस्तृत वर्णन 'महावीरचरितम्' में काव्य चमत्कार उत्पन्न करने की दृष्टि से ही की गयी प्रतीत होती है। इस प्रकार और भी कुछ भेद दृष्टिगत होते हैं जो अतिस्थूल एवं नाटकत्व सम्पादन मात्र के लिये हैं।

चरित्र-चित्रण

राम का चरित्र–'महावीरचरितम्' में राम का चित्रण एक आदर्शवादी राजा के रूप में किया गया है। राक्षस सीता की मंगनी करता है लक्ष्मण को यह बात बुरी लगती है और कहता है कि आर्य राक्षसराज इस देवी की मंगनी कर रहा है और वे कहते हैं–

साधारण्यान्निरातङ्क कन्यामन्योऽपि याचते।
किं पुनर्जगतां जेता प्रपौत्रः परमेष्ठिनः।।

अर्थात् अन्य साधारण जन भी कन्या की याचना कर सकता है क्योंकि कन्या की याचना में सभी का अधिकार है। फिर ब्रह्मा के प्रपौत्र जगद्विजयी रावण की क्या बात है? यह इतनी गम्भीरता तथा आदर भरी उक्ति है।

ताड़का को मारने का आदेश होता है, वह वध्य है, इसमें किसी प्रकार का सन्देह नहीं रह गया है फिर भी राम का वीर हृदय कह उठता है कि **भगवान् 'स्त्री खल्वियम्'** यह है राम का आदर्श।

राम विनम्रता के भी प्रतिमूर्ति हैं। परशुराम से वाग्युद्ध हो रहा है अस्त्र प्रयोग का प्रारम्भ अब होने ही वाला है इतने में राम को गुरुजन का आदेश होता है कि श्वश्रुजन की बुलाहट है इस पर राम कह उठते हैं कि **'एवमादिशन्ति गुरवः'**। अर्थात् हमारी इच्छा तो आपके साथ यथायोग्य कार्य

करने की है परन्तु गुरुजन का ऐसा आदेश है कि इस उक्ति में गुरु के प्रति श्रद्धा भाव एवं राम की सुशीलता समाविष्ट है।

दशरथ, जनक, शतानन्द, वशिष्ठ एवं विश्वामित्र सभी गुरुजन परशुराम को मनाते रहे परन्तु उनका क्रोध शान्त नहीं हुआ। राम की वीरता सौजन्य से इस प्रकार आवृत्त रहता है कि वे बीच में कुछ भी नहीं बोलते परन्तु जब उनको यह बात समझ में आ जाती है कि अब अस्त्र उठ जायेंगे तब वे अपनी सुजनता को कायरपन के नाम से कलकिंत नहीं होने देते और वे परशुराम का ललकारते हुए कह उठते हैं–

पौलस्त्यविजयोद्‌दामकार्तवीर्यार्जुनद्विषम्।
जेतारं क्षत्रधीर्यस्य विजयेय नमोस्तु वः।।

अर्थात् रावण के पराजय से गर्वित कार्तवीर्यार्जुन के संहारक तथा समग्र क्षत्रिय जाति पर विजय प्राप्त करने वाले परशुराम पर मैं विजय पाऊँगा, आप सबको मेरा नमस्कार। राम की वीरता का यह स्वरूप है। परशुराम के दमन के अनन्तर जब परशुराम कहते हैं कि **'अनतिक्रमणयो रामनिदेशः'** उस समय राम का उदार हृदय कितनी धीरता से कहता है 'एष वो रामशिस्सा प्रणामपर्यायः'।

राम केवल एक आदर्श वीर ही नहीं अपितु आदर्श पुत्र भी थे। उनकी पितृभक्ति एवं मातृभक्ति आदर्श ही थी। दूती अयोध्या से मिथिला आती हैं, संवाद लाती हैं राम उससे मिलने के लिये उत्कण्ठित हो उठते हैं और कहते हैं **'यदिदमस्यां प्रवृत्त्यां शिशुप्रवासदौर्मनस्य विच्छिद्येत'**। राम के हृदय में माताओं के प्रति आदर भरा स्नेह बालू के भीतर पानी की भांति छिपा हुआ है, उनका अनुमान है कि हमारे प्रवास से मातायें खिन्न होगीं। इन स्नेह भावनाओं के पीछे राम के हृदय में कर्त्तव्य भावना भी विद्यमान है। वे राक्षस-वध की चिन्ता भूलते नहीं है। लोग सीता को वीरगृहिणी होने का आशीष देते हैं, पर राम को अपना कर्त्तव्य स्मरण हो जाता है और कहते हैं–**'अचिरात्समूलकाषं कषितेषु राक्षसेष्वेवं स्यात्।'** अर्थात् राक्षसों के समूल नाश के पश्चात् ही ऐसा सम्भव है। इस प्रकार राम के चरित्र में कर्त्तव्यपरायणता परिलक्षित होती है।

लक्ष्मण का चरित्र

लक्ष्मण के चरित्र में एक ओर वीरभाव और दूसरी ओर भ्रातृप्रेम आदि से अन्त तक परिलक्षित होता है। राम धनुषभंग करेंगे इस पर लक्ष्मण अपनी असीम प्रसन्नता व्यक्त करते हुए कह उठते हैं कि–**'दिष्टया देवदुन्दुभिध्वनिः पुष्पवृष्टिश्च।'** परशुराम के साथ महावीरचरितम् में लक्ष्मण की कड़वी बातें नहीं करवायी गयीं। इसी प्रकार भरत के लिये कटु वाक्य प्रयोग करवाकर वीरता की मात्रा में तुच्छ भाव का सम्मिश्रण नहीं करवाया गया है। भवभूति ने रामायण के इन अंशों पर पर्दा डाल दिया है। किन्तु जहाँ तक लक्ष्मण की वीरता का प्रश्न है उसमें किसी प्रकार की न्यूनता नहीं आने पायी है। श्रमणा तापसी के करुण क्रन्दन पर द्रवित होकर जिस समय राम जाने की आज्ञा देते हैं उस समय लक्ष्मण यह नहीं सोचते कि किससे सामना करना पड़ेगा? कौन प्रतिपक्ष में है? और कह उठते है कि **'एष गतोऽस्मि'** इस प्रकार इस रूपक में संक्षिप्त किन्तु सुस्पष्ट वीरता का चित्रण हुआ है।

सीता का चरित्र

सीता का चरित्र महावीरचरितम् में कोमल भावनाओं की प्रतिछवि है। राम के प्रथम दर्शन में ही सीता

के मुख से निकल पड़ता है **'सौम्यदर्शनोऽयम्'** यही कोमलभाव स्नेह के रूप में परिणत हो जाता है। जब विश्वामित्र राम को ताड़का वध की आज्ञा देते हैं तब सीता कह उठती है **''हा धिक्, एष एवात्रनियुक्तः''** वही स्नेह सीता का जब राम से विवाह हो गया तब उद्दीप्त प्रणय का रूप ग्रहण कर लेता है। सीता राम को किसी भी खतरे में जाते देख घबड़ा उठती हैं। परशुराम की क्रूर प्रकृति से परिचित सीता राम को उनसे मिलने देना नहीं चाहती। वह यथाशक्ति स्वयं रोकती है ओर सखियों के समक्ष संकोच को तिलाञ्जलि देकर राम को पकड़ लेती है।

रावण का चरित्र

महावीरचरितम् में रावण प्रतिनायक हैं। रावण वीर अवश्य है परन्तु इसमें उसे सर्वदा परावलम्बी तथा अलस रूप में वर्णित किया गया है। रावण का प्रवेश इस नाटक में सीताहरण के समय होता है, वहाँ उसका कोई विशेष प्रभाव नहीं है। जटायु के साथ युद्ध भी विष्कम्भक में ही कह दिया गया है। रावण की विशेषता तब प्रकट होती है जब राम द्वारा लंका घेर लिया जाता है परन्तु वहाँ भी वह मन्दोदरी के साथ विनोद परायण ही पाया जाता है। मन्त्री के द्वारा परिस्थिति की सूचना दिये जाने पर भी वह बिल्कुल अन्जान की तरह बातें करता है। मन्त्री द्वारा निवेदित वृत्त पर जब मन्दोदरी कहती है कि खतरा है तब वह एक मद्यप (पियक्कड़) की भाँति बातें करता है–**''देवि! कीदृशः?''** समुद्र में सेतु के बनने की बात को वह कपोल कल्पना कहकर टाल देता है। अंगद के साथ बातें करने में भी रावण किसी खास पहलू को नहीं अपनाता है वह केवल अपने वीरता पर अधिक विश्वास लिये हुए है। इस प्रकार महावीरचरितम् में रावण का चित्रण साधारण हुआ है।

माल्यवान् का चरित्र

माल्यवान् रावण का मातामह भ्राता एवं मन्त्री है। इसकी योग्यता प्रशंसनीय है। इसके चारगण सर्वत्र सतर्क एवं बुद्धिमान् हैं। माल्यवान् भविष्य की चिन्ता बड़ी सावधानी से करता है। राम-रावण युद्ध अभी दूर है, परन्तु वह उस समय की परिस्थिति का चित्र अंकित करते हुए अपने सहकर्मियों को समझाता है तथा तदनुसार आचरण करता है। बालि एवं परशुराम उसके मित्र पक्ष में है, विभीषण, खर दूषण आदि उसके अपने हैं परन्तु इनके लिये भी उसकी सतर्कता उसकी बुद्धि का प्रबल प्रकर्ष माना जायेगा। इस नाटक में माल्यवान् द्वारा की गयी स्वपक्ष एवं परपक्ष की विवेचना तथा राजनीतिक घात-प्रतिघात की समीक्षा अत्यन्त गम्भीर तथा विवेचनीय हुई है।

बुद्धिमान् होने के साथ ही माल्यवान् का आत्माभिमान भी इस नाटक में सुरक्षित है। वह रावण की सेवा बड़ी निष्ठा के साथ करता है। परन्तु रावण के आलस्य, औद्धत्य, अविचार आदि से वह खिन्न होता है और कहता है–**''साचित्यं नाममहते सन्तापाय यतिभ्चिद्दुर्मदाः स्वैरमाद्रियन्ते जिरर्गलम्। तत्र-तत्र प्रतीकारश्चिन्त्यो वक्रे विधावपि।''**

माल्यवान् को रावण की वीरता पर उतनी श्रद्धा नहीं है जितनी उसे अपनी बुद्धि पर। उसकी विद्या बुद्धि किसी भी मन्त्री के लिये सर्वथा अनुकरणीय है।

परशुराम का चरित्र

'महावीरचरितम्' के पात्रों में परशुराम की भूमिका सर्वाधिक प्रशंसनीय है। स्वाभाविक वीरता, तपस्या

तथा गुरुभक्ति से प्रेरित होकर वे रंगमंच पर आते हैं। उनका क्षत्रविरोध तथा वीरभाव इतना प्रकट है कि वे राम के सामने सत्य परिचय प्रदान करने पर निर्मम भावना को दबाकर राम की प्रशंसा करने लगते हैं–**''सत्यमैक्ष्वाकः खल्वसि''** एक वीर ही तो दूसरे वीर के गुण विशेष का समुचित आदर करता है, किन्तु यह केवल आदर ही है, इससे उनके संकल्प पर कोई प्रभाव नहीं पड़ता है। वह ज्यों का त्यों है। वे कहते हैं–**''रमणीयः क्षत्रियकुमार आसीत्''** इस व्यंजना में कितनी दृढ़ता है। परशुराम की वीरता के भीतर गुरुभक्ति की भावना अव्यक्त रूप में छिपी हुई है, जो कभी-कभी प्रकट हो जाती है। जब महर्षि वशिष्ठ अपने सात्विक उपदेशों से इस नृशंस वीरता से निवृत्त होने के लिये राम को प्रेरित करते है और परशुराम के पास उन यौगिक तर्कों का कोई उत्तर नहीं रह जाता तब वे यही कहते हैं–

शत्रुमूलमनुत्खाय न पुनर्द्रष्टुमुत्सहे।
त्र्यम्बकं देवमाचार्यमाचार्यानीं च पार्वतीम्।।

अर्थात् जब तक मैं शत्रु को जड़ से नहीं उखाड़ फेंकता हूँ तब तक आचार्य शिव और आचार्यणी पार्वती को कौन सा मुँह दिखाऊँगा। इस उक्ति से स्पष्ट होता है कि परशुराम की गुरुभक्ति किस कोटि की है। परशुराम को ब्राह्मणत्व तथा क्षत्रियत्व दोनों प्रकार की सिद्धियाँ प्राप्त हैं और कहते हैं **''धर्मे ब्रह्मणि कार्मुके च भगवानी शो हि में शासिता।''** उन्हें विश्वामित्र की तपस्या तथा पराक्रम दोनों का सामना करना सरल प्रतीत होता है।

परशुराम का दमन हो गया फिर भी उनकी वीरता पर किसी प्रकार की आँच नहीं आयी। वे स्वीकार करते हैं कि मुझसे गलती हुई है। वीर का आत्मसमर्पण भी वीरोचित ही हुआ है। वे दिल खोलकर राम की प्रशंसा करते हैं। इस प्रकार परशुराम का चित्रण बहुत ही उत्कृष्ट बन पाया है। राम को महावीर सिद्ध करने में परशुराम का चित्रण जितनी दूर तक उपयुक्त हो सका है उतनी दूर तक रावण का चित्रण नहीं हो पाया है। परशुराम का चित्रण यदि इस कोटि का नहीं हुआ होता तो शायद इस नाटक को यह गौरव भी नहीं मिल पाता जो इसे प्राप्त है।

विश्वामित्र का चरित्र

विश्वामित्र का चरित्र इस नाटक में मूल स्रोत का काम करता है। वे राम को उसी प्रकार संवारते हैं, जिस प्रकार मुद्राराक्षस का चाणक्य चन्द्रगुप्त को। वे जब धनुष उठाने की आज्ञा देते हैं तब धनुष उठता है, जब ताड़का वध की प्रेरणा होती है तब ताड़का का वध होता है राम-लक्ष्मण का विद्योपदेश होगा, कब विवाह होगा? और कब शेष विधियाँ होगी सबकी चिन्ता विश्वामित्र को है। महावीरचरितम् में विश्वामित्र का व्यवहार नाटक में प्रकर्ष तो लाता ही है साथ ही वशिष्ठ आदि पूज्य जनों के गौरव की प्रतिष्ठा भी बढ़ाती है। उनके द्वारा की गयी स्तुतियाँ यथार्थवाद की सीमा में रहकर भी बड़ी उत्कृष्ट हैं। जिनसे वशिष्ठ का वृद्धोचित गौरव और अधिक संवृद्ध हो जाता है। जब विश्वामित्र के मुख से यह निकलता है कि–

सनत्कुमाराङ्गि रसोर्गुरुर्विद्यातपोमयः।
स्तौषि चेत्स्तुत्य एवास्मि सत्यशुद्धा हि ते गिरः।।

अर्थात् आप सनत्कुमार ओर अंगिरा के गुरु तथा विधा एवं तपस्या के निधान हैं। जब आप

मेरी प्रशंसा करते हैं तब मैं अवश्य ही प्रशंसनीय हूँ क्योंकि आप के वचन सदा सत्यपूत होते हैं। इससे विश्वामित्र के गौरव के साथ ही वशिष्ठ का भी गौरव प्रकट होता है।

वशिष्ठ, शतानन्द एवं जनक के चरित्र

'महावीरचरितम्' में वशिष्ठ, शतानन्द तथा जनक के चरित्र पृष्ठभूमि के रूप में अवश्य चित्रित हैं, किन्तु उनका प्रत्यक्ष चित्रण नहीं हुआ है और न ही अभिप्रेत ही रहा है। वशिष्ठ के द्वारा दिये गये उपदेश उनके शास्त्रज्ञान का परिचायक है और शतानन्द द्वारा किया गया कोपजनक कुल पर उनकी ममता का द्योतन करता है।

रसपुष्टि तथा वर्णन चातुर्य के तारतम्य से विद्वानों का अनुमान है कि भवभूति के तीन रूपकों में से 'महावीरचरितम्' उनकी प्रथम कृति है। तदनन्तर 'मालतीमाधव' और अन्त में 'उत्तररामचरितम्' का प्रणयन हुआ है। यह बात निःसन्देह मानने योग्य तथा युक्तियुक्त है। काव्य की समीक्षा दो दृष्टिकोणों से होती है एक वर्णनपक्ष से और दूसरा हृदयपक्ष से। वर्णनपक्ष में प्रौढ़ि, अभ्यास तथा पाण्डित्य से पायी जाती है परन्तु हृदयपक्ष की प्रौढ़ि केवल अभ्यास से नहीं होती उसमें अन्तस्तत्त्व परखने की सूक्ष्मतम अनुभूतियाँ अपेक्षित होती हैं। इसीलिये हृदयपक्ष वाले कवियों की संख्या वर्णनपक्ष वाले कवियों की तुलना में स्वल्प हुआ करती हैं। भवभूति की कविता में दोनों तरह के चित्र विद्यमान हैं एक ओर–

लोकालोकालबालस्खलनपरिपतत्सप्तमाम्भोधिपूरं,
विश्लिष्यत्पर्वकल्पत्रिभुवनमखिलोत्खातपातालमूलम्।
पर्यस्तादित्यचन्द्रस्तवकमवपतद्भूरिताराप्रसूनं,
ब्रस्मस्तम्बं धुनीयामिह तु मम विधावस्ति तीव्रो विषादः।।

अर्थात् बालि कहते हैं मैं ब्रह्माण्डस्वरूप इस झाड़ी को उलटपुलट कर सकता हूँ, जिससे लोकालोक पर्वतरूप, आलवाल स्खलित हो जायेगा। सप्तम समुद्र का जल गिरने लगेगा। पर्वकल्प ग्रंथिस्थानीय त्रिभुवन ढीले पड़ जायेंगे। पातालरूप जड़ उखड़ जायेगी, चन्द्रसूर्य रूप पुष्पगुच्छ बिखर जायेंगे और तारामण्डल रूप फूल गिरने लगेंगे परन्तु इस राम वध रूप कार्य में मुझे बड़ा कष्ट हो रहा है। इस प्रकार वर्णन नैपुण्य प्रकट होता है और दूसरी ओर हृदयपक्ष का उज्ज्ज्वल चित्र चित्रित करते हैं वे अन्यत्र दुर्लभ हैं। 'महावीरचरितम्' में आदि से अन्त तक हृदय की सूक्ष्मतम भावनायें बड़ी मार्मिकता के साथ प्रस्तुत की गयी हैं। सीता परशुराम के आहवान् पर गमनोद्यत राम के पीछे-पीछे चल रही हैं। उन्हें जाने से रोकना चाहती है सीता के हृदय में उस समय जिन भावों की आँधी चल रही है, उन्हें कितने कम शब्दों में भवभूति ने कुशलता के साथ व्यक्त किया है–

आतङ्क श्रमसाध्वसव्यतिकरोत्कम्पः कथं सह्यतामङ्गर्मुग्धमधूक पुष्पारुचिभिर्लावण्यसारैरयम्।

अर्थात् 'राम कहते हैं' भय, श्रम तथा लज्जा के संयोग से उत्पन्न इस कम्प को सुन्दर मधुप पुष्पा तुल्य और लावण्यमय ये तुम्हारे अंक किस प्रकार सह सकेंगे (अतः हे प्रिय! तुम स्वस्थ रहो और लौट जाओ) कितनी स्पष्ट तथा सरस व्यन्जना है। इसी प्रसंग में राम की मनोदशा का भी कितना सुन्दर चित्रण भवभूति ने किया है। परशुराम से मिलने तथा सीता के साथ रहने का अन्तर्द्वन्द्व कितने मार्मिक प्रकार से चित्रित किया गया है–

उत्सिक्तस्य तपःपराक्रमनिधेरस्यागमा देकतः
सत्सङ्ग प्रियता च वीरभसोन्मादश्चः मां कर्षतः।

वैदहीपरिरम्भ एष च मुहुश्चैतन्यमामीलय
न्नानन्दी हरिचन्दनेन्दुशिशिरस्निग्धो रुणद्धयन्यतः।।

अर्थात् गर्वी तथा तपस्या और पराक्रम से युक्त परशुराम के आने से सत्सङ्ग का लोभ एवं वीररस का उन्माद एक ओर मुझे खींच रहे हैं और दूसरी ओर चन्दन के समान शीतल तथा बार-बार चैतन्य को लुप्त करते वाला सीता का यह आलिङ्गन मुझे रोक रहा है। इस अन्तर्द्वन्द्व की स्थिति का इससे अच्छा वर्णन और क्या हो सकता है?

पिता के आदेशानुसार राम वन जा रहे हैं भरत से बिना मिले जाने में उत्साह नहीं हो रहा है, किन्तु हमारे प्रवास की व्यथा से व्यथित भरत को देखने की इच्छा नहीं हो रही है। इस प्रकार भवभूति के महावीरचरितम् में हृदय के अनेक सूक्ष्मतम अन्तर्द्वन्द्वों के जो वर्णन हुए हैं वे इतने प्रौढ़ हैं कि सहृदयों के हृदय आकृष्ट हुए बिना नहीं रह सकते हैं।

इस प्रकार महावीरचरितम् में राम का चरित्र नितान्त उदात्त एवं वीरभावापन्न है। राम को एक आदर्श पुरुष के रूप में प्रस्तुत करने के उद्देश्य से भवभूति ने राम के अनेक दोषों को भिन्न रूप से प्रदर्शित किया है। उदाहरण स्वरूप बालि रावण का सहायक बनकर राम से लड़ने आया था और इसी कारण से राम ने रावण का वध किया। राम के विरुद्ध जितने कार्य किये गये है। वे सब रावण की प्रेरणा से ही।

'उत्तररामचरितम्'

'उत्तररामचरितम्' इस नाम से ही प्रतीत होता है कि रामायण के उत्तरकाण्डवत् कथा इसमें वर्णित है। परन्तु नाटक के अनुरूप कुछ परिवर्तन भी इसमें किये गये हैं। सात अंकों के इस रूपक में राम के वन प्रत्यागमन के बाद राजसिंहासन प्राप्त करने से लेकर सीता मिलन तक की सम्पूर्ण कथाएँ कुछ कल्पना प्रसूत घटनाओं के साथ प्रस्तुत की गयी हैं। 'उत्तररामचरितम्' भवभूति की कवि प्रतिभा का सर्वोच्च निदर्शन है इसलिए भवभूति के सन्दर्भ में कहा गया है–**''उत्तरे रामचरिते भवभूतिर्विशिष्यते।''**

प्रथम अंक की कथावस्तु

नाटक की नान्दी के पश्चात् सूत्रधार भवभूति का परिचय देता है और नट से पूछता है कि राम के राज्याभिषेकोत्सव में प्रवृत्त गीत-वाद्य आदि क्यों बन्द हुआ? इसके उत्तर में नट ने कहा कि राम ने निमन्त्रित ब्रह्मर्षि आदि सभी लोगों को अपने-अपने स्थान पर भेज दिया। इसी तरह महाराज रोमपाद की दत्तक पुत्री कौशल्या की पुत्री शान्ता के पति ऋष्यशृङ्ग ने बारह वर्ष में सम्पन्न होने वाले यज्ञ का आरम्भ किया है। उनके अनुरोध से वंशिष्ठ आदि गुरुजन की निगरानी में राम की मातायें अरुन्धती को भी साथ में लेकर चली गयी हैं और इसीलिये गीत वाद्य आदि उत्सव बन्द हो गया है। उसी अवसर पर नट यह भी सूचित करता है कि पतिव्रता सीता का भी लोकनिन्दक है। सीता का राक्षस रावण के घर में रहना इस निन्दा का कारण है। उनकी अग्निशुद्धि में तो कोई निश्चय नहीं है। राम इस समय कहाँ है? सूत्रधार के द्वारा इस प्रकार पूछे जाने पर नट कहते हैं कि अपने पिता जनक के मिथिला जाने से खिन्न सीता को सान्त्वना देने के लिए न्यायालय से राम अन्तःपुर में प्रवेश करते हैं।

पिता के वियोग से खिन्न सीता के दुःख को दूर करने के लिये राम सीता को सान्त्वना देते हैं। ऋष्यशृङ्ग के आश्रम से अष्टावक्र नामक ऋषि आते हैं। अष्टावक्र सीता को वीरपुत्र की माता

हो इस प्रकार का गुरु वशिष्ठ का आशीर्वाद तथा राम को अरुन्धती आदि का यह सन्देश देते हैं कि सीता का दोहद पूर्ण करना चाहिए अर्थात् गर्भिणी अवस्था में सीता की जो कुछ अभिलाषा है, उसे शीघ्र पूर्ण करना चाहिए। साथ की अष्टावक्र ऋष्यश्रृङ्ग का यह सन्देश भी कहते हैं कि ''पुत्र के उत्पन्न होने पर तुम्हें देखूँगा।'' पुनः अष्टावक्र वशिष्ठ का ऐसा सन्देश सुनाते हैं कि ''आप प्रजाओं के अनुरंजन में तत्पर हों।'' वशिष्ठ के इस सन्देश पर राम यह प्रतिज्ञा करते हैं कि–

स्नेहं दयां च सौख्यं च यदि वा जानकीमपि।
आराधनाय लोकस्य मुञ्चतो नास्ति मे व्यथा।।

अर्थात् प्रजाओं के अनुरञ्जन के लिए प्रेम दया, सुख यहाँ तक कि यदि सीता को भी छोड़ना पड़े तो मुझको कोई दुःख नहीं होगा। अष्टावक्र के जाने पर कुमार लक्ष्मण आते हैं वे अपने साथ खेदग्रस्त सीता के मनोविनोद के लिये रामचरित्रज्ञापक चित्रपट भी लाते हैं। इस प्रकार राम के द्वारा पूछे जाने पर लक्ष्मण के इस वचन को सुनकर राम सीता को सांत्वना देते हैं। सीता चित्र देखकर लक्ष्मण से पूछती है कि ये कौन हैं? जो ऊपर रहकर जैसे आर्यपुत्र की स्तुति कर रहे हैं। इस पर लक्ष्मण कहते है कि ताड़का को मारने के बाद विश्वामित्र ऋषि द्वारा आर्य को (राम को) उपहार के रूप में दिये गये जृम्भकास्त्र हैं। इस अवसर पर राम ने भी गर्भवती सीता से कहा कि ये अस्त्र तुम्हारे पुत्र के पास रहेंगे। इसके बाद सब लोग चित्रपट में विवाह आदि का चरित्र देखते हैं; प्रार्थना करते हैं कि हे देवि! आप सीता की कल्याण चिन्ता में तत्पर हों इसके पश्चात् सब लोग वनवास के समय पूर्व में देखे गये पर्वत, वृक्ष आदि पदार्थों को देखते हैं। सीता हरण के अनन्तर राम की करुणापूर्ण अवस्था का लक्ष्मण माल्यवान् पर्वत का वर्णन करते हैं। चित्रपट में इस प्रकार के चित्र को देखकर पूर्वानुभूत सीता-विरह से स्मरण के कारण राम लक्ष्मण को रोकता है। सीता भी वन-विहार में तथा गङ्गा-स्नान में अपनी इच्छा को प्रकट करती हैं और राम सीता की दोहद इच्छा को पूर्ण करने के लिए लक्ष्मण को आज्ञा देते हैं। उनकी आज्ञापूर्ण करने के लिये रथ तैयार करने हेतु लक्ष्मण के जाने पर गर्भभार से परिश्रान्त सीता सो जाती हैं। इस बीच लोक-वृन्तान्त जानने के लिये भेजा गया दुर्मुख नाम का गुप्तचर राम के पास आता है। राम के आग्रह के साथ पूछने पर वह अत्यन्त विषाद के साथ सीता के विषय में लोकापवाद को कहता है जिसे सुनकर राम मूर्च्छित हो जाते हैं। पुनः आश्वस्त होकर अनेक प्रकार से विलाप करते हैं। इसी समय रावण से त्रासित ऋषि समुदाय शरण के लिये उपस्थित हैं। ऐसा समाचार राम सुनते हैं और रावण को मारने के लिये शत्रुघ्न को भेजने का विचार करते हैं। तत्पश्चात् हे देवि! अपनी पुत्री सीता की देख-रेख कीजिये इस प्रकार पृथ्वी से प्रार्थना कर राम वहाँ से बाहर निकल जाते हैं। जागकर सीता राम को ढूँढ़ती है इसी समय दुर्मुख आकर वनयात्रा के लिये रथ तैयार है, ऐसा लक्ष्मण का सन्देश सुनाते हैं। सीता रघुकुल के देवताओं को नमन कर जाने का उद्यम करती हैं। इसी के साथ नाटक के प्रथम अंक का समापन होता है।

द्वितीय अंक की कथा

वाल्मीकि के आश्रम से अध्ययन के लिए आयी हुई आत्रेयी सीता की सखी वनदेवता वासन्ती के पास आती है। वासन्ती पूछती है कि महर्षि वाल्मीकि की मौजूदगी में भी यहाँ इतनी दूर अगस्त्य आदि महर्षियों से अध्ययन करने के लिये आपका यह कैसा प्रयास है? इस पर आत्रेयी कहती है कि

वाल्मीकि के आश्रम में किसी देवता से दूध छूटने के अनन्तर की अवस्था में दो बालक लाये गये हैं कुश और लव यह उनका नाम है, उन दोनों बालको मे जृम्भक अस्त्र जन्मसिद्ध हैं। वाल्मीकि ऋषि ने उन दोनों का क्रमशः उपनयन तक सब संस्कार कर दिया है। वे दोनों बालक अतिशय मेधावी हैं इसलिए उनके साथ हम लोगों का अध्ययन नहीं हो सकता। इसी प्रकार किसी समय महर्षि तमसा नदी में गये हुए थे उसी समय एक व्याध ने एक क्रौञ्च पक्षी को मारा। उस शोक से महर्षि को **'मा निषाद प्रतिष्ठां'** इस प्रकार का श्लोक प्रकाशित हुआ तत्पश्चात् ब्रह्मा जी ने महर्षि वाल्मीकि को रामायण रचना की आज्ञा दी और उसके लिये ब्रह्मा जी ने उन्हें सर्वत्र प्रतिबन्धशून्य प्रतिभा रूप नेत्र भी दिये। तब महर्षि वाल्मीकि ने रामायण की रचना की। इस तरह दो-दो विघ्नों के आ जाने के कारण वाल्मीकि के आश्रम में अध्ययन करना असम्भव सा हो गया है। आत्रेयी सीता की स्मृति से दुःखित होती है। वासन्ती के पूछने पर आत्रेयी कहती हैं कि सीता का निर्वासन कर राम ने सोने की सीता प्रतिमा को धर्मपत्नी बनाकर अश्वमेध यज्ञ का आरम्भ किया और यज्ञ के अश्व की रक्षा के लिये लक्ष्मण के पुत्र चन्द्रकेतु को भेजा है। इसी बीच ब्राह्मणकुमार को जिलाने के लिये तपस्या करते हुए शम्बूक नामक शूद्र को मारने के निमित्त राम विमान पर चढ़कर दण्डकारण्य आते हैं और प्राचीन दृश्यों को देखकर मुग्ध हो जाते हैं। पुष्पकविहारी राम जनस्थान में शम्बूक को मारते हैं और वह दिव्य रूप प्राप्त कर राम की स्तुति करते हैं उस समय राम को अनेक बार सीता का स्मरण होता है। शम्बूक के जाने पर सीता के स्मरण से रुद्धकण्ठ होकर राम विलाप करते हैं। शम्बूक पुनः आकर राम को महर्षि अगस्त्य का सन्देश सुनाता है कि मेरे आश्रम में आप पधारें लोपामुद्रा आपकी प्रतीक्षा कर रही हैं। पश्चात् आप पुष्पकविमान से अश्वमेध यज्ञ लिए तैयार होंगे। अगस्त्य की इस आज्ञा को राम स्वीकार करते हैं।

तृतीय अंक की कथा

'उत्तररामचरितम्' के तृतीय अंक में राम पञ्चवटी में प्रवेश करते हैं जहाँ वासन्ती नामक वनदेवता से सीता के परित्याग से उत्पन्न अपनी तीव्र मनोव्यथा का वर्णन करते हैं। वर्णन करते-करते कभी-कभी राम मूर्च्छित हो जाते हैं तब सीता देवी जिसे देवता के प्रसाद से कोई देख नहीं सकता अपने कर स्पर्श से उन्हें पुनर्जीवित कर देती हैं। राम के हृदय में सीता के प्रति विद्यमान गाढानुराग की बात तथा प्रजा की उत्कट भर्त्सना देखकर तथा सुनकर सीता का विषण्ण हृदय कुछ आश्वस्त होता है। सीता के प्रकट न होने के कारण 'उत्तररामचरितम्' का यह तृतीय अंक छायाङ्क नाम से प्रसिद्ध हैं।

चतुर्थ अंक की कथा

चतुर्थ अंक का प्रारम्भ महर्षि वाल्मीकि के आश्रम में दो तपस्वी बालकों की बातचीत से होता है। उनमें से दण्डायन वाल्मीकि के आश्रम की प्रशंसा करते है। सौधातकि दण्डायन से स्त्रियों के साथ में लेकर वाल्मीकि के आश्रम में आये अतिथि का परिचय पूछते हैं। दण्डायन कहते हैं कि ऋष्यशृङ्ग के आश्रम से अरुन्धती और दशरथ की पत्नियों के साथ वशिष्ठ ऋषि आये हुए हैं। वाल्मीकि के आश्रम में जनक और कौशल्या आदि रानियों का भी आगमन होता है। जनक, अरुन्धती तथा कौशल्या के बीच सीता-परित्याग से उत्पन्न स्थिति का मर्मभेदी वर्णन होता है। कौशल्या लज्जा के कारण तथा सीता के विरह से उत्पन्न अतिशय शोक के कारण जनक से मिलना नहीं चाहती अरुन्धती और

कञ्चुकी कौशल्या को समझाते हैं तब जनक समीप जाकर नमस्कारपूर्वक अरुन्धती की स्तुति करते हैं, अरुन्धती उन्हें आशीर्वाद देती है। जनक दशरथ की प्रशंसा करते हुए तथा कौशल्या की सोचनीयता का प्रतिपादन करते हुए सीता के प्रति राम के व्यवहार में अतिशय क्षोभ एवं राम के विषय में क्रोध प्रदर्शन करते हैं। ब्राह्मण बटुकों के साथ वहाँ लव आ जाते हैं कौशल्या और जनक आदि बड़ी उत्कण्ठा के साथ उन्हें देखते हैं और उनमें सीता—और राम के आकार और गुणों की चर्चा करते हैं। जनक कञ्चुकी के द्वारा वाल्मीकि से लव का परिचय पूछते हैं और वाल्मीकि उपयुक्त समय आने पर पता लगेगा ऐसी सूचना देते हैं। लव, जनक आदि के समीप आते हैं उनके साथ कौशल्या आदि की बातचीत होती है अपना परिचय पूछे जाने पर वह भाई कुश के साथ मैं महर्षि वाल्मीकि का शिष्य हूँ ऐसा कहता है। इसी बीच यज्ञ के घोड़े की रक्षा के प्रसंग से लक्ष्मण कुमार चन्द्रकेतु के आगमन की बात सुनकर अरुन्धती और जनक उनको देखने के लिए उत्कण्ठित हो उठते हैं। लव चन्द्रकेतु का परिचय पूछते हैं परिचय प्राप्त करने पश्चात् वह रामायण की कथा में अपनी प्रवीणता दिखलाता है। इस बीच अश्व को देखकर बटुकगण आश्चर्ययुक्त होकर लव को बुलाते हैं। लव भी अश्वमेध के अश्व को देखने के लिए बटुकों के साथ वहाँ से नम्रतापूर्वक निकल जाते हैं। अश्वरक्षकों के दर्पपूर्ण वचन सुनकर सम्पूर्ण क्षत्रियों के तिरस्कार क्रुद्ध होकर लव अश्व का हरण कर लेते हैं। चन्द्रकेतु के अश्वरक्षकपुरुष लव को धमकाते हैं और लव भी निर्भीक रूप से युद्ध के लिये तत्पर होते हैं और सब निकल पड़ते हैं। इसी के साथ चतुर्थ अंक का समापन होता हैं।

पञ्चम अंक की कथा

चन्द्रकेतु अनेक अश्वरक्षक सैनिकों के साथ अकेले लड़ते हुए लव के पराक्रम की सारथि सुमन्त्र से प्रशंसा करते है चन्द्रकेतु अपने सैनिकों के भागने से क्षुब्ध होकर द्वन्द्व युद्ध के लिए लव को ललकारते हैं। लव के चन्द्रकेतु के साथ लड़ने में तत्पर होने पर छिद्र पाकर चन्द्रकेतु के सैनिक लव पर आक्रमण करते हैं लव भी उनको हटाने के लिए जृम्भक अस्त्र का प्रयोग करते हैं। सुमन्त्र सोचते हैं कि गुरु सम्प्रदाय से प्राप्त होने वाले जृम्भक अस्त्रों की प्राप्ति लव को कैसे हुआ? अतः वह विस्मृत होते हैं। इस बीच लड़ाई के मैदान में लव और चन्द्रकेतु का सम्भाषण होता है। सुमन्त्र लव के सीता पुत्र होने की आशा करते हैं परन्तु बाद में वे निराश भी हो जाते है। चन्द्रकेतु लव से कहते हैं कि आप युद्ध के लिये दूसरे रथ पर चढें अन्यथा मैं भी रथ से उतर जाता हूँ। सुमन्त्र चन्द्रकेतु का अभिनन्दन करते हैं। रथ पर चढ़ने का अभ्यास न होने का बहाना कर लव अपनी अनिच्छा व्यक्त करते हैं। चन्द्रकेतु रथ से उतरकर सुमन्त्र का अभिवादन करते हैं सुमन्त्र आशीर्वाद देते हैं तब चन्द्रकेतु और लव का संवाद होता है। लव अश्वरक्षक के कठोर वचनों की निन्दा करते हैं। इसी अवसर में बालि आदि के वध में राम के चरित्र में भी कुछ आक्षेपयुक्त वाक्य कहे जाते हैं। तब दोनों ही युद्ध के लिये तत्पर हो जाते है। इसी के साथ पञ्चम अंक का समापन होता है। वीर रस के प्रकर्ष के लिये 'उत्तररामचरितम्' का यह अंक सब से सुन्दर अंक हैं।

षष्ठ अंक की कथा

षष्ठ के प्रारम्भ में विद्याधर तथा विद्याधरी लव और चन्द्रकेतु के युद्ध को देखने के लिये प्रवेश करते हैं और उनके द्वारा छोड़े गये आग्नेय, वारुण और वायव्य आदि अस्त्रों की प्रशंसा करते हैं। रामचन्द्र

के आने से यह युद्ध शान्त होता है। चन्द्रकेतु प्रणाम करते है और भगवान् राम पुष्पक से उतर कर चन्द्रकेतु का आलिङ्गन कर कुशल पूछते हैं। चन्द्रकेतु भी कुशलक्षेम बताकर मेरी तरह मेरे मित्र लव को भी आप देखें इस प्रकार निवेदन करते हैं तब राम भी शुभलक्षण से भूषित लव की प्रशंसा करते है और उनसें निष्कारण अपने प्रेम का प्रकाशन करते हैं। लव भी राम के अतिशय महत्त्व से विस्मृत हो जाते हैं और वह चन्द्रकेतु से राम का परिचय पूछते हैं। चन्द्रकेतु परिचय का निर्दोष करते हैं। लव राम का अभिवादन करते हैं और राम लव को अपने छाती से लगा लेते हैं। लव अपनी ढिठाई पर राम से क्षमा माँगते हैं और राम भी यह क्षत्रिय का भूषण है, कहकर लव की प्रशंसा करते हैं। लव के जृम्भकास्त्र का संहार करने पर राम लव की अस्त्र प्राप्ति को लेकर विस्मृत हो जाते है। इसी बीच युद्ध का समाचार पाकर क्रोधपूर्वक वहाँ पर कुश आ जाते हैं। लव कुश से कहते हैं कि राम के समीप उन्हें शान्त रहना चाहिए। तत्पश्चात् लव राम का परिचय देते हैं। कुश राम को प्रणाम करते हैं। राम उनका आलिंगन करते हैं और कुश तथा लव मे राजचिह्नों को देखते हैं। इस तरह दोनों में सीता की आकृति का सादृश्य देखकर सीतापुत्र होने की संभावना से हर्ष तथा विषाद का अनुभव करते हैं। राम के अनुरोध से कुश और लव रामायण के श्लोकों को सुनाते हैं जिसे सुनकर राम शोक से आक्रान्त हो उठते हैं। इसी बीच बालकों की संग्राम वार्ता सुनकर अरुन्धती, वशिष्ठ वाल्मीकि कौशल्या और जनक यहाँ आ रहे हैं ऐसा सुनकर राम शोक और भय से अभिभूत हो जाते हैं और उनसे मिलने में संकोच करते हैं। इसी के साथ षष्ठ अंक समाप्त होता है।

सप्तम अंक की कथा

सप्तम अंक में गर्भांक की कल्पना हैं। वाल्मीकि के अनुरोध से लक्ष्मण रामायण नाटक का अभिनय करने के लिये राम की आज्ञा से गङ्गा के तट पर सब दर्शको के लिए समुचित स्थान का प्रबन्ध करते हैं। वहाँ आकर राम भी यहाँ पर कुश और लव की प्रतिष्ठा चन्द्रकेतु की तरह करनी चाहिए, ऐसी आज्ञा देते हैं। इसी बीच हिंसा जन्तुओं से व्याप्त जंगल में छोडी गयी एवं प्रसववेदना से पीड़ित सीता का ''गङ्गा जी में शरीर पात करूँगा'' ऐसा वचन नेपथ्य में सुनाई पड़ता है। नाटक में अभिनय किये गये इस विषय को सत्य जानकर राम आवेग प्रकट करते हैं। लक्ष्मण उन्हें सांत्वना देते हैं। तब एक-एक बालक को गोद में लेकर सीता को सहारा देकर पृथ्वी और गङ्गा प्रवेश करती हैं वे दोनों सीता को यमल पुत्रों की उत्पत्ति की सूचना देती हैं। सीता भी यमल पुत्रों की उत्पत्ति से प्रसन्न होकर मूर्च्छित हो जाती हैं लक्ष्मण भी सीता के पुत्रोत्पत्ति से हर्षित होते हैं। इसी बीच राम मूर्च्छित हो जाते हैं गङ्गा और पृथ्वी सीता को सांत्वना देती है और उनके पूछने पर अपना परिचय देती हैं। तब पुत्री के प्रति अन्यायपूर्ण आचरण से क्षुब्ध होकर पृथ्वी राम को उलाहना देती है। अंग उनसे अनुनय करती है सीता माता से अपने अंग में लीन करने की याचना करती हैं। पृथ्वी उन्हें समझाती हैं पुत्री तुम्हें अपने दोनों पुत्रों की देखरेख करनी चाहिए। तब दोनों देवियाँ ऐसी घोषणा करती हैं कि सीता हम लोगों से भी अधिक पवित्र हैं। इस बीच प्रदीप्त जृम्भकास्त्र सीता से निवेदन करते हैं कि चित्रदर्शन के समय राम के वचन का अनुसरण करते हुए हम लोग आप के दोनों पुत्रों का आश्रय लेते हैं। तब सीता के द्वारा ऐसा कहे जाने पर कि मेरे पुत्रों का क्षत्रिय संस्कार कौन करेगा? गङ्गा इस काम के लिए वाल्मीकि का नाम लेती हैं। लक्ष्मण राम के समक्ष कुश और लव के सीता पुत्र होने की सम्भावना व्यक्त करते हैं तब सीता पुनः अपनी माता से अपने अंग में लीन करने की याचना करती हैं। तब पृथ्वी कहती है कि दूध न घूटने तक तुम्हें दोनों पुत्रों की

देखरेख करनी चाहिए बाद में तुम जैसा चाहो। तब सीता गङ्गा और पृथ्वी के साथ निकल जाती हैं सीता की लोकान्तर प्राप्ति की सम्भावना कर राम पुनः मूर्च्छित हो जाते हैं लक्ष्मण राम की रक्षा के लिए वाल्मीकि से प्रार्थना करते हैं। तब नेपथ्य में वाद्य हटाये जायें, सब लोग वाल्मीकि से आदिष्ट आश्चर्य को देखें ऐसा वाक्य सुनायी पड़ता है। लक्ष्मण कहते हैं पृथ्वी और गङ्गा के साथ सीता जल से निकल रही हैं। पुनः नेपथ्य में ऐसा वाक्य सुनायी पड़ता है कि देवी अरुन्धती हम दोनों गङ्गा और पृथ्वी पतिव्रता वधू सीता को तुम्हें अर्पण करती हैं। राम के चेतन न होने पर सब लोग खिन्न होते हैं। अरुन्धती सीता को आज्ञा देती है कि तुम अपने हाथ से छूकर राम को जीवनदान दो। सीता के द्वारा ऐसा ही किये जाने पर राम होश में आते हैं और सीता को देखकर प्रसन्न होते हैं परन्तु निकट में ही अरुन्धती शान्ता एवं ऋष्यश्रृंग आदि गुरुजनों को देखकर लज्जित भी हो जाते हैं। नेपथ्य में गङ्गा की ऐसी उक्ति सुनायी पड़ती है कि हे रामभद्र सीता के कल्याण चिन्ता में तत्पर हो आप ने जो यह कहा था वैसा ही मैंने किया। पुनः नेपथ्य में पृथ्वी का ऐसा वचन सुनायी पड़ता है कि आयुष्मान् ने सीता के परित्याग के अवसर पर ''भगवति पृथ्वी जानकी की देखरेख कीजिये'' ऐसी जो प्रार्थना की थी ऐसी ही कार्य किया गया तब भगवति अरुन्धती अनेक प्रकार से सीता के पातिव्रत्य की प्रशंसा करती है और प्रजा से पूछती है कि राम के सीता ग्रहण करने में आप लोगों का क्या मत है? तब लक्ष्मण कहते है कि सब नागरिक और देशवासी लोग सती शिरोमणि सीता देवी का प्रणाम कर रहे हैं। लोकपाल और सप्तर्षि पुण्पवृष्टियों से पूजा कर रहे हैं। तब अरुन्धती सीता को स्वीकार करने के लिये राम को आज्ञा देती है और राम उन्हें स्वीकार करते हैं। लक्ष्मण कृतार्थ होकर सीता को प्रणाम करते हैं। तब अरुन्धती के कहने पर वाल्मीकि कुश और लव को ले आते हैं, दोनों पुत्रों को माता और पिता के समागम से अत्यधिक हर्ष होता है। सीता वाल्मीकि को प्रणाम कर उनसे आशीर्वाद प्राप्त करती हैं। वाल्मीकि राम से पूछते हैं कि हे रामभद्र! कहिये पुनः आपके किस अभीष्ट पदार्थ को उपहार के रूप में समर्पित करूँ? राम कहते हैं कि इससे भी अधिक अभीष्ट कुछ है क्या? फिर भी चाहता हूँ कि जगत् की माता और गङ्गा की तरह मंगल के लिये हितकारिणी और मनोहर यह रामायण स्वरूपिणी कथा लोक को पापों से पवित्र करती है और कल्याण की वृद्धि करती है। शब्दब्रह्म को जानने वाले कवि की नाटक रूप से परिणत इस वाणी का विद्वान् लोग विचार करें ऐसी प्रार्थना है। इसी के साथ 'उत्तररामचरितम्' नाटक सम्पूर्ण होता है।

'उत्तररामचरितम्' के तृतीय छायांक में कवि ने जो चमत्कार दिखलाया है वह अन्यत्र दुर्लभ है। एक ओर राम अपने वनवास के प्रिय मित्र पञ्चवटी के सुपरिचित स्थानों को देखकर सीता के लिये विलाप करते-करते मूर्च्छित हो जाते है, तो दूसरी ओर छाया सीता राम के इस प्रेममय स्मरण से वनवास के असहृय दुःखों को भी भूलकर अपने जीवन को धन्य समझती है। राम इस छायासीता के स्पर्श का अनुभव तो अवश्य करते हैं परन्तु अपनी आँखों से सीता को देख नहीं पाते। यहाँ पर सीता को वनवास देने वाले राम के रुदन को दिखाकर कवि ने सीता के अपमानित तथा दुःख भरे हृदय को बहुत शान्त किया है। करुण रस का जैसा प्रवाह इस अंक में परिलक्षित होता है वैसा प्रवाह शायद ही कहीं अन्यत्र दृष्टिगोचर हो। भवभूति ने रामचन्द्र के विलापों से बेजान पत्थरों को भी रुलाया है–

जनस्थाने शून्ये विकलकरणैरार्य चरितै–
रपि ग्रावा रोदित्यपि दलति वज्रस्य हृदयम्।

ऐसा चमत्कार किसी अन्य कवि ने उत्पन्न नहीं किया हैं।

'उत्तररामचरितम्' का आधार तो वाल्मीकि रामायण का उत्तरकाण्ड है परन्तु भवभूति ने अपने नाटक को अलंकृत करने के लिये इसमें अनेक मौलिक परिवर्तन किये हैं। वाल्मीकीय रामायण की रामकथा दुःख पर्यवसायी कथा है क्योंकि उसका अन्त राम के द्वारा परित्यक्ता सीता के पाताल-गमन से होता है परन्तु भवभूति ने नाट्य परम्परा का अनुसरण करते हुए उत्तररामचरितम् को दुःखान्त नहीं अपितु सुखान्त बनाया है। इसके अतिरिक्त इसमें अनेक घटनायें भवभूति की मौलिक कल्पना से प्रसूत चमत्कारिणी सृष्टि है। उदाहरणार्थ प्रथम अंक में चित्रदर्शन का दृश्य, द्वितीय अंक में राम का पुनः दण्डकारण्य में जाना दण्डकारण्य में छाया सीता की सत्ता तथा सप्तम गर्भांक ये सभी भवभूति की मौलिक कल्पना से उत्पन्न चमत्कारिक दृश्य है।

भवभूति स्वभाव से ही गम्भीर प्रकृति के कवि हैं जिन्हें अपनी अनुभूति से संसार में विषाद एवं वेदना अधिक दृष्टिगत होती है। भवभूति भावप्रवण कवि हैं अतः भाव प्रवणता का प्रभाव उनके नाटकों पर विशेषतः उत्तररामचरितम् पर अधिकता से परिलक्षित होता है। उत्तररामचरितम् पर में घटना का संविधान बड़े ही मनोवैज्ञानिक पद्धति से किया गया है। नाटक के प्रारम्भ में चित्रदर्शन की योजना फलप्रद सिद्ध होती है। राम के जैसे एक पत्नी व्रतधारी पति सीता जैसी सती का पूर्ण गर्भावस्था की स्थिति में परित्याग कर देते हैं। इस घटना को स्वाभाविक रीति से सम्भाव्य बनाने के लिये ही भवभूति ने चित्रदर्शन की कल्पना की है। जंगल में पूर्वानुभूत दृश्यों को देखकर सीता के मन में उन्हें पुनः देखने की स्वाभवतः अभिलाषा जाग्रत होती है और वह राम से उसके लिये निवेदन करती है। परिणामतः राम को अपनी ओर से कठोर व्यवहार नहीं दिखलाना पड़ता। राम सीता की गर्भावस्था में होने वाली इच्छा की पूर्ति के साथ ही एक बड़े आवश्यक कार्य का सहजतया सम्पादन कर देते हैं। यही नहीं गङ्गा और पृथ्वी को सीता के लिये शिवानुध्यान परायण होने की प्रार्थना, जृम्भकास्त्र के प्रदर्शन से लव और कुश के राम पुत्र होने की पहचान आदि समस्त घटनाओं का उद्देश्य चित्रदर्शन के द्वारा सिद्ध होता है। तृतीय अंक की छाया सीता की कल्पना भवभूति के मनोवैज्ञानिक अनुभव का एक विशिष्ट प्रतीक है। एक अपमानित नारी के साथ उसी पुरुष का पुनर्मिलन तब तक नहीं सम्भव है जब तक उसकी अपमानजनित वेदना स्वाभाविक रूप से दूर न हो जाय। सीता की मानसिक ग्रंथि का शिथिलीकरण तथा सीता के मन में विद्यमान गुप्त विषाद का दूरीकरण तभी होता है जब वह स्वयं राम के मुख से अपनी प्रशंसा सुनती है। यह प्रशंसा उसके विषण्ण मन पर मलहम का काम करती है जिससे सप्तम अंक में उनका पुनर्मिलन स्वाभाविक रीति से सम्पन्न होता है। सप्तम अंक में गर्भांक की परिकल्पना सर्वथा नवीन है और यह गर्भांक वाल्मीकीय रामायण की घटना के साथ-साथ इसके सुखान्त रूप को मिलाती है। भवभूति ने राम और सीता जैसे परम पावन आदर्श चरित्र पात्रों को अपने नाटक के लिए चुना है। राम का चरित्र बड़ा ही उदात्त, आदर्श तथा प्रख्यात परम्परा के सर्वथा अनुरूप है। राम राज्य का आदर्श स्वरूप अपने पूर्ण वैभव के साथ यहाँ परिलक्षित होता है। राम एक आदर्श राजा हैं और प्रकृतिरञ्जन उनका व्रत है। स्नेह, दया, सौख्य यहाँ तक कि पवित्र चरित्र सीता को भी प्रजा के आराधन के लिये छोड़ते हुए राम को व्यथा नहीं है। यह पवित्र उद्गार जिस राजा के मुख से स्वतः निकलता है उसके चरित्र की पावनता का माहात्म्य शब्दों में बयाँ नहीं किया जा सकता। जानकी के परम पवित्र चरित्र से राम परिचित न हो ऐसी बात नहीं है किन्तु लोकाराधन की वेदी पर अपने सौख्य का तिलांजलि देना राजा के रूप में राम की कर्त्तव्यनिष्ठता का तथा आदर्श भूपतित्व का उज्ज्वल दृष्टान्त है। 'उत्तररामचरितम्' में वासन्ती के सामने राम अपने सच्चे भावों को प्रकट करने में संकोच नहीं करते और वे लोक की पर्याप्त निन्दा करते हैं। लोक के

अमर्यादित स्वरूप से वे अच्छी तरह परिचित हैं किन्तु उनकी कर्त्तव्यनिष्ठा उन्हें लोकरञ्जनार्थ अपने प्रियतम वस्तु का परित्याग करने के लिये बाध्य करती है।

'उत्तररामचरितम्' में सीता एक पीड़िता नारी का प्रतीक है। गर्भावस्था में राम के द्वारा परित्यक्ता होने पर भी वह अपने पति के लिये एक शब्द भी प्रतिवाद के रूप में नहीं कहती। किन परिस्थितियों में राम ने उनका परित्याग किया और उससे राम के मन में किस प्रकार का भाव संघर्ष चल रहा है उसको वह भली भाँति जानती है। सीता अपने दुःख से दुःखित नहीं है अपितु राम की विषम दशा के चिन्तन से वह चिन्तित हैं। राम को संज्ञाहीन देखकर वह स्वयं संज्ञाहीन हो जाती है और अनेक उपायों के द्वारा वह चेतन दशा में आती हैं। राम और सीता का ऐसा आदर्श चरित्र चित्रण भवभूति के अतिरिक्त अन्यत्र दुर्लभ है।

रामकथा की परम्परा में महाकवि राजशेखर प्रणीत बालरामायण

प्रो. मनुलता शर्मा

रामकथा का निबन्धन करने वाले काव्यों की परम्परा में महाकवि राजशेखर की नाट्यरचना बालरामायण का महत्त्वपूर्ण स्थान है। राजशेखर सरस कवित्व सम्पन्न ऐसे विद्वान् आचार्य हैं; जिन्होंने 'काव्यमीमांसा' के प्रणयन द्वारा अपनी भावकत्व क्षमता एवं बालरामायण व बालभारत तथा 'विद्धशालभञ्जिका' के निबन्धन द्वारा अपनी कवित्व शक्ति का सुन्दर प्रख्यापन किया है।स्वयं अपने विषय में उनकी उक्ति है–

पातुं श्रोत्ररसायनं रचयितुं वाचः सतां सम्मता
व्युत्पत्तिं परमामवाप्तुमवधिं लब्धुं रसस्रोतसः।
भोक्तुं स्वादुफलञ्च जीविततरोर्यद्यस्ति ते कौतूहलं
तद् भ्रातः शृणु राजशेखरकवेः सूक्तीः सुधास्यन्दिनीः।।[1]

हे भाई! कानों से यदि रसायन पान करने की, साधु सम्मत वाणी के गुम्फन की, उत्कृष्ट व्युत्पत्ति को प्राप्त करने की,रसप्रवाह की चरम सीमा पाने की तथा जीवन रूपी वृक्ष के मधुर फल के उपभोग की इच्छा हो तो राजशेखर कवि की अमृतवर्षिणी सूक्तियों का श्रवण करो।

बालरामायण दश अंकों में निबद्ध नाटक है; जिसका मूल स्रोत तो वाल्मीकिरामायण ही है तथापि नाटककार ने अनेक नवीन उद्भावनाएँ की हैं; जिनसे वाल्मीकिरामायण की मूलकथा से नाटक के कथाफलक में अन्तर आ जाता है। वाल्मीकिरामायण राम का देवरूप में, अद्वितीय मानव रूप में, मर्यादापुरुषोत्तम रुप में, विष्णु के एक अवतार रुप में, एक आदर्श नीतिमार्गानुगामी नरोत्तम के रूप में चित्रण करने वाला महाकाव्य है; जहाँ कवि को उनके चरित्राङ्कन हेतु पर्याप्त स्थान है। **कोऽन्वस्मिन् साम्प्रतेऽस्मिन् गुणवान् कश्च वीर्यवान्** वाल्मीकि की इस जिज्ञासा से प्रारम्भ हुआ महाकाव्य, राम के अनेकानेक गुणों का वर्णन करते हुए उन्हें एक ऐसे मर्यादापुरुषोत्तम के रूप में चित्रित करता है; जो नाना दैवीय एवं मानवीय गुणों के विग्रहवान् निदर्शन हैं। एक ऐसे महामानव जिनके चरित्र व कार्य मानव मात्र के लिए अनुकरणीय हैं; परन्तु बालरामायण का कलेवर सीमित है, जहाँ रामकथा का निबन्धन एक परिमित परिमाण में अपेक्षित है। राजशेखर ने इस आवश्यकता को समझा भी है। फलतः उनकी नाट्यकथा का आरम्भ सीता-स्वयम्वर विषयक वार्तालाप से होता है। इस अङ्क का नाम 'प्रतिज्ञापौलत्स्य' है; जहाँ रावण यह प्रतिज्ञा करता है कि जो महावीर पृथ्वी, अन्तरिक्ष व स्वर्ग इस त्रैलोक्य को शम्भु के धनुष की प्रत्यञ्चा चढ़ाकर प्रचण्ड ध्वनि की टङ्कार से त्रैलोक्य को

बहरा बना कर उस जानकी से विवाह करेगा उसके कण्ठ की हड्डियों के काटने से उत्पन्न रणत्कार की ध्वनि से मुखरित धार वाली मेरी चन्द्रहास नाम की तलवार उसके रक्त का आस्वादन करेगी–

कुर्वन् मौर्वीनिवेशक्रमनमदटनि स्पष्टटङ्कारटङ्कं
शम्भोः कोदण्डदण्डं बधिरितभुवनं भूर्भुवःस्वस्त्रयेऽपि
यस्तामेनां वरीता रसयति तदसृक् चन्द्रहासो ममासिः
कण्ठास्थिग्रन्थिशक्लीकरण भवरणत्कास्वाचालधारः।।[2]

बालरामायण के प्रथममाङ्क की इस कथा में भी पारम्परिक रामकथा से तनिक पार्थक्य है। रामायण या तुलसी के मानस में ऐसा कोई वृत्त नहीं प्राप्त होता है; जहाँ रावण सीता-स्वयम्वर के स्थल पर शिवधनुष पर प्रत्यंचा का आरोपण करने पहुँचा हो। ने यह परिवर्तन किया है और यहाँ त्रैलोक्यविजयी रावण प्रहस्त के साथ पुष्पकविमान से मिथिलापुरी में राजा जनक के यहाँ स्वयम्वर स्थल पहुँचता है एवं शिवधनुष पर प्रत्यञ्चा-आरोपण की अपनी इच्छा व्यक्त करता है–

यस्यारोपणकर्मणाऽपि बहवो वीरव्रतं त्याजिताः
कार्यं सज्जितबाणमीश्वरधनुस्तद्दोर्भिरेभिर्मया।
स्त्रीरत्नं तदगर्भसम्भवमितो लभ्यं च लीलायिता
तेनैषा मम फुल्लपङ्कजवनी जाता दृशां विंशतिः।।[3]

अर्थात् जिस धनुष् के आरोपण कार्य से ही बहुतों ने वीरव्रत का परित्याग कर दिया; उस शिवधनुष पर मुझे इन भुजाओं द्वारा बाण चढ़ाना है; जिससे अगर्भसम्भूत वह स्त्रीरत्न मुझे यहाँ से प्राप्त होगा। इसलिए फूले कमल के वन के समान ये मेरी बीस आँखे प्रसन्न हो गयी हैं।

रावणागमन का यह समाचार जनक व उनके पुरोहित शतानन्द को सुनायी पड़ता है तो वे विचारमग्न हो उठते हैं। जनक सीता के पिता हैं; अतः उन्हें क्षोभ हैं। अपने क्षोभ की अभिव्यक्ति वे यह कह कर करते हैं कि–

अये तपस्यतामपि न निरत्ययः सुखप्रत्ययः यत् सीतार्थी दशकण्ठोऽपि गृहानुपगच्छति।[4]

अरे तपस्या करने वालों को भी विघ्नरहित सुख नहीं कि सीतार्थी रावण घर आता है। शतानन्द इस घटना को इस रूप में लेते हैं कि एक बड़ा दोष समस्त गुण समूह को कलङ्कित कर देता है–**एकोऽपि गरीयान् दोषः समग्रमपि गुणग्रामं दूषयति।**[5] स्पष्ट है, वे वर रूप में रावण की योग्यता पर विचार करते हैं और कहते हैं–

आज्ञा शक्रशिखामणिप्रणयिनी शास्त्राणि चक्षुर्नवं
भक्तिर्भूतपतौ पिनाकिनि पदं लङ्केति दिव्या पुरी।
उत्पत्तिर्द्रुहिणान्वये च तदहो नेदृग्वरो लभ्यते
स्याच्चेदेष न रावणः क्व नु पुनः सर्वत्र सर्वे गुणाः।।[6]

अर्थात् जिस रावण की आज्ञा इन्द्र के माथे की मणि की प्रणयिनी है। शास्त्र ही जिनके नवीन चक्षु हैं। भूतपति भगवान् शङ्कर में जिनकी भक्ति है। लङ्का नामक दिव्य नगरी जिनका निवासस्थान है और ब्रह्मा के वंश में जिनका जन्म है; यदि वह लोक को रुलाने वाला न होता तो भला सीता को ऐसा वर कहाँ मिलता?

जनक चिन्तित हैं कि रावण को क्या उत्तर दिया जाय? वे रावण को निमिवंशियों के साथ

विवाहसम्बन्ध के योग्य नहीं मानते। वे सोचते हैं कि जिस रावण ने अपने हाथ से कैलाश को उठा लिया उसके लिए शङ्कर के धनुष का तोड़ना भला दुष्कर कैसे है? शतानन्द जनक को यह कह कर समझाते है कि हमें यह तो नहीं पता कि शङ्कर को सीता के पति के रूप में कौन अभीष्ट है; फिर भी प्रचण्ड भुजाओं वाला रावण शङ्कर की इच्छा को अन्यथा नहीं कर सकता। अतः विश्रवा के दुराचारी पुत्र रावण का भी उचित सत्कार करें।

शतानन्द व जनक दोनों रावण का स्वागत करते हैं और उससे पूछते हैं कि आपका आतिथ्य कैसे किया जाए? इस पर रावण यह कहकर उत्तर देता है कि जो धनुष पार्वती के स्तनों को हठपूर्वक ग्रहण करने में निपुण शङ्कर के हाथों में सहस्रों वर्षों तक रहा और जो देवताओं के सारभूत कणों से निर्मित हुआ है; वह सीता का क्रय मूल्य धनुष सामने लाया जाए।

इधर रावण की सीता को देखने की अकुलाहट बढ़ती चली जाती है।वह मन ही मन सीता के सौन्दर्य का विश्लेषण करता सोचता है कि नीलकमल जिसके नेत्रों की शोभा का निर्माल्य है, चन्द्रमा जिसके मुख का दास है एवं उसकी कान्ति जिसके शरीर की आच्छादिका है और जिसकी वाणी मधु की वर्षा करने वाली है, उस जनकात्मजा को देखने के लिए बीसों हथेलियों से हाथ जोड़े रावण तुमसे याचना कर रहा है। हे हृदय! नेत्रों को मित्र बनाओ—

निर्माल्यं नयनश्रियः कुवलयं, वक्त्रस्य दासः शशी
कान्तिः प्रावरणं तनोर्मधुमुचो यस्याश्च वाचः किलः।
विंशत्या रचिताञ्जलिः करतलैस्त्वां याचते रावण—
स्तां द्रष्टुं जनकात्मजां हृदय हे नेत्राणि मित्रीकुरु।।[7]

इधर सीता राक्षसराज रावण के स्वयंवर में प्रत्याशी के रूप में उपस्थित होने से भयत्रस्त है। जब सीता सखियों के साथ स्वयम्वरमण्डप में प्रविष्ट होती हैं तो रावण उसकी सुन्दरता से हतप्रभ हो उठता है। कहता है कि सीता के मुख के सम्मुख चन्द्र ऐसा लगता है; मानों अञ्जन से लिप्त है, मृगियों की दृष्टि जैसे जड़ हो गयी हैं विद्रुम की लता मानों मुरझा गयी है, स्वर्ण की द्युति मानों काली हो गयी हैं, कोयलों के कण्ठ में मधुरता ने मानों कर्कशता का रूप ले लिया है और मयूरों के पंख भी मानो कुत्सित हो गये हैं—

इन्दुर्लिप्त इवाञ्जनेन जडिता दृष्टिमृगीणामिव
प्रम्लानारुणिमेव विद्रुमलता श्यामेव हेमद्युतिः।
पारुष्यं कलया च कोकिलवधूकण्ठेष्विव प्रस्तुतं
सीतायाः पुरतश्च हन्त शिखिनां बर्हाः सगर्हा इव।।[8]

रावण के समक्ष धनुष प्रस्तुत किया जाता है। शतानन्द कहते है—पुलस्त्यनन्दन! यह वह धनुष है और यह वह सीता। रावण का अभिमान इस कथन मात्र से आहत हो जाता है। वह यह कह उठता है कि—**इयं तद्धनुरयं स रावणः** यह वह धनुष है और यह वह प्रसिद्ध रावण है; तुम रावण के लिए असम्भावनायुक्त वचन क्यों बोल रहे हो? जिस रावण ने शिव एवं शिवप्रिया पार्वती के साथ गणेश, कार्तिकेय, नन्दी तथा प्रमथगण से युक्त कैलाश को उठा लिया था। रावण की उन दुर्मद भुजाओं की इस जीर्ण धनुष पर भला क्या परीक्षा होगी?

रावण शिव धनुष पर प्रत्यञ्चा चढ़ाने हेतु तत्पर हो जाता है। शतानन्द एवं जनक दोनों द्विविधा ग्रस्त है। शतानन्द इस बात से आकुल हैं कि पता नहीं क्या घटित होने वाला है? कारण, शिवधनुष का आरोपण भी अत्यन्त कठिन है एवं रावण की भुजाएँ भी दुर्निवार हैं। जनक मन ही मन प्रार्थना करते है कि भगवान् शङ्कर अपने धनुष में स्थित होइए जिससे मेरी पुत्री कुल का अलङ्कार रहे। यद्यपि रावण त्रैलोक्यजेता है; फिर भी जामाता के रूप में उसे पाकर हमें लाज आती है। इधर सीता पृथ्वी माता से प्रार्थना करती है कि पहले वे उन्हें स्थान दें; फिर रावण धनुष चढाए।रावण का सहायक प्रहस्त इस बात से निश्चिन्त है कि शिवधनुष देवताओं के सार भाग से निर्मित है और देव रावण के अनुचर हैं। अतः उस धनुष पर रावण का प्रत्यञ्चा चढ़ाना सहज होगा। वह पृथ्वी, शेषनाग, कूर्मराज एवं दिग्गजों को सम्बोधित कर पृथ्वी को स्थिर रखने की प्रार्थना करने लगता है। रावण धनुष् के आरोपण हेतु सचेष्ट होता है कि अचानक उसके मन में विचार आता है-**'अविमृश्यकारिता हि पुंसः परं परिभवस्थानं यत्प्राकृतवदप्राकृतोऽपि रावणः पणेन परिणेतुकामः'**[9]**। अर्थात् बिना सोचे काम करना ही पुरुष के पराभव का सबसे बड़ा स्थान है; जिससे साधारण लोगों की भाँति असाधारण रावण भी प्रतिज्ञा से विवाह करना चाहता है।** वह कहता है कि कैलाश को उठाना, अपने दसों कण्ठ रूपी वन को काटना, इन्द्र को कारागार में रखना, पुष्पक का अपहरण करना जिसके कार्य है; उस दुर्मद बाँहों वाले मुझ रावण की धुनों द्वारा जर्जर धनुष को चढ़ाने या तोड़ देने से प्रतिष्ठा है? यह कहकर रावण ने धनुष उठा कर फेंक दिया। रावण के इस अनुचित कृत्य को देखकर जहाँ सीता एवं उनकी सखियाँ आश्वस्त हुई वहीं जनक व शतानन्द क्रुद्ध हो उठे। परममाहेश्वर जनक शरसन्धान एवं शाप देने हेतु तत्पर हो उठे। राक्षसराज रावण जनक के इस आचरण को इस रूप में सहन करता है कि वे याज्ञिक है, होने वाले श्वसुर हैं, ब्रह्मर्षि है तथा गुणवान् हैं। जनक के पुरोहित शतानन्द जनक को शान्त करते हैं एवं रावण भरी सभा के मध्य क्रोध से फुफकारते हुए प्रतिज्ञा करता है कि पृथ्वी अन्तरिक्ष एवं स्वर्ग इन तीनों लोकों में जो कोई शम्भु के धनुष की प्रत्यञ्चा के चढ़ाने से प्रचण्ड टङ्कार की ध्वनि से भुवन को बहरा कर उस जानकी से विवाह करेगा। उसके कण्ठ की हड्डियों के काटने से उत्पन्न रणत्कार की ध्वनि से मुखरित धार वाली मेरी चन्द्रहास नाम की तलवार उसके रक्त का पान करेगी।

बालरामायण के द्वितीय अङ्क की कथा भी वाल्मीकिरामायण एवं रामचरितमानस से पार्थक्य लिए हुए है। वहाँ ऐसा कोई प्रसंग नहीं प्राप्त होता कि रावण ने शङ्करप्रदत्त परशु माँगने के लिए परशुराम के पास किसी को भेजा हो पर यहाँ रावण मायामय को परशुराम से परशु माँगने हेतु भेजता है। क्षत्रियों का इक्कीस बार संहार करने वाले वैखानस व्रती परशुराम रावण द्वारा शिवधनुष के प्रत्याख्यान को एवं परशुयाचना को सुन कर कुद्ध हो कह उठते है कि पौलस्त्य रावण प्रेम से शिव धनुष माँग रहा है। यह सुनकर मन प्रसन्न हो रहा है परन्तु शंकर का प्रसाद परशु देना नहीं है; इससे अधिक दुखी हो रहा है; तो रावण से पूछा जाए कि ब्राह्मणों को मैंने पृथ्वी दे दी। तुम बताओं स्वर्ग व पाताल में तुम्हें कौन जीत कर दे दें? इस पर मायामय ने उत्तर दिया कि यद्यपि भगवान् शङ्कर आपके गुरु हैं और आपने इक्कीस बार पृथ्वी को जीत लिया। पर हे भार्गववंशोत्पन्न! तुम इसी कुठार को कण्ठ में बाँध कर सेवा में हाथ जोड़े रावण के आगे खड़े दिखाई दोगे।रावण के कई बार पूछने पर मायामय ने बतलाया कि परशुराम ने परशु देने के प्रस्ताव पर कहा कि इस अदेय परशु को युद्ध

के लिए माँग रहे हो और शंकर धनुष पर प्रत्यञ्चा चढ़ाना चाहते हो तो उस बकवादी पिशाच से यह कहना कि तुम्हारे भुजतरु खण्डों को मेरा यह कुठार अब सहन नहीं कर सकता।

इस सन्देश को सुनते ही क्रोध एवं उपेक्षा इन दो भावों से भरे रावण ने कहा कि निश्चय ही छोटे क्षत्रियों की जीत से उद्दण्ड हुआ वह नीच मुनि इस चपलता का फल पायेगा।इसी मध्य स्वभावतः क्रोधी भृगुश्रेष्ठ परशुराम अपने गुरु शङ्कर के धनुष को तिरस्कृत करने वाले रावण को पूछते एवं ललकारते हुए मिथिला आ फटकते हैं। देवर्षिनारद को इस कृत्य का पता चलता है तो वह भी मनोरथों के भी अविषय इस युद्ध को देखने को तत्पर हो जाते हैं। रावण एवं जामदग्न्य परशुराम का साक्षात्कार होता है। दोनों एक दूसरे के प्रति कठोर, आक्षेप-प्रत्याक्षेपयुक्त वचन-प्रतिवचन कहते हैं। उनमें भयङ्कर युद्ध होने लगता है। इसी बीच शङ्कर के अनुचरगण भृङ्गिरिटि दोनों को युद्ध बन्द करने एवं मैत्रीपूर्ण व्यवहार का आदेश देते हैं जिसे दोनों नतमस्तक होकर स्वीकार कर लेते है।

तृतीय अङ्क का प्रारम्भ चित्रशिखण्ड एवं सुवेगा नामक गृध्र मिथुन के वार्तालाप से होता है; जिसके माध्यम से ज्ञात होता है कि विश्वामित्र राम एवं लक्ष्मण को यज्ञ की रक्षा के लिए अयोध्या से सिद्धाश्रम ले गये थे। वहाँ यज्ञकार्य प्रारम्भ होने पर ताड़का नामक भयङ्कर राक्षसी विघ्नोत्पन्न करने आ पहुँची। प्रथमतः राम ने उसे स्त्री समझकर शरसन्धान में संकोच किया किन्तु बाद में विश्वामित्र के द्वारा उसके भयङ्कर चरित्र के याद दिलाए जाने पर राम ने अपनी बाण-पंक्तियों से उस पर शरप्रहार किया जिससे उसके हाथ विध्वस्त हो गये अँतड़ियाँ बिखर गयी, रक्त की धारा बह निकली, यकृत कट गया व चमड़ी उधड़ गयी। राम के इस वीरतापूर्ण कृत्य को देखकर प्रसन्न हुए विश्वामित्र ने उन्हें कृशाश्व से प्राप्त जृम्भकास्त्रों को प्रदान कर दिया। विश्वामित्र के संरक्षकत्व में राम मिथिलापुरी को चले जहाँ सीता स्वयम्वर आयोजित था। मार्ग में ताड़का के पुत्र मारीच तथा सुबाहु ने राम-लक्ष्मण का मार्ग पुनः रोक लिया। राम ने बाण की धार से सुबाहु को दो खण्डों में कर डाला एवं पँखयुक्त बाणों से मारीच को समुद्र किनारे पटक दिया। सुवेगा एव चित्रशिखण्ड के वार्तालाप से ज्ञात होता है कि सीता के वियोग से त्रस्त रावण के मनोविनोदार्थ भरताचार्य ने इन्द्र की आज्ञा से सीतास्वयम्वर नामक नाटक का प्रणयन किया है और उसे सुरसभा में प्रदर्शित किया। रावण यही देखने के लिए द्रौहिणि से कहता है और नाटक का प्रदर्शन लङ्का में होता है। इस नाटक का अभिनय देखते समय रावण सीता के सौन्दर्य से अत्यन्त आकृष्ट हो जाता है। अभिनय की सजीवता से उसे यह व्यामोह हो जाता है कि—सचमुच सीता स्वयम्वर का घटनाक्रम घटित हो रहा है। वहाँ राम को देख वह कह उठता है; अरे क्या ये वही क्षत्रिय बालक दशरथनन्दन है; जिसने मेरे परिजनों पर भी आक्रमण करने का लड़कपन किया। वह सीता के सौन्दर्य से आकृष्ट हो उसकी सौन्दर्य समर्चा करते हुए कहने लगता है—

तरङ्गय दृशोऽङ्गने पततु चित्रमिन्दीवरं
स्फुटीकुरु रवच्छदंव्रजतुविद्रुमः श्वेतताम्।
क्षणं वपुरपावृणु स्पृशतु काञ्चनं कालिका–
मुदञ्चय मनाङ्मुख भवतु च द्विचन्द्रं नभः।।[10]

हे अङ्गने आँखों को घुमाओं जिससे नीलकमल गिर पड़े, दन्तों की शोभा को स्फुट करो जिससे विद्रुम श्वेतता को प्राप्त हो जाए। क्षणभर के लिए शरीर को निरावृत करो; जिससे स्वर्ण

कालिमा को प्राप्त हो जाए और जरा मुख को ऊपर करो जिससे आकाश में दो चन्द्रमा हो जाए।

नाट्य के मध्य प्रतिहारी की यह घोषणा सुन कर कि हे क्षत्रियों जनक के वचन सुनो। जिस शङ्कर के धनुष में रावण की भुजाओं की शक्ति कुण्ठित हो गयी। उसे जो झुका देगा त्रैलोक्य जयरूपी लक्ष्मी सीता उसी की स्त्री होंगी। धनुर्यात्रा प्रारम्भ होती है।

भार्गवभङ्ग नामक चतुर्थ अङ्क में स्वयम्वरसभा में राम द्वारा शिवधनुष तोड़े जाने एवं विवाहमङ्गल के सम्पन्न होने का विधान वर्णित है। यहाँ राम एवं परशुराम के मध्य हुए क्रोध एवं वीरतापूर्ण वार्तालाप का सुन्दर वर्णन है, जहाँ अन्त में परशुराम अपनी पराजय स्वीकार करते हैं।

बालरामायण के पञ्चमाङ्क की कथा पारम्परिक रामकथा से पुनः पार्थक्य लिए हुए है। यहाँ राक्षसराज रावण कुलपुरुष मायामय को आदेश देते हैं कि अयोध्या जाकर शिवधनुष तोड़ने से उत्पन्न गर्व गरिमा वाले, जानकी का वरण करने वाले राम से जाकर कहना हे राम! यदि सीता की प्राप्ति धनुष चढ़ाने की शर्त हो तो यह तुम्हारा मोह ही है। वह तो त्रिभुवनपति मेरी ही पत्नी होगी और यह भी कहना कि क्या उसने रावण की यह प्रतिज्ञा नहीं सुनी कि सीता से विवाह करने वाले की कण्ठ की हड्डियों के काटने से उत्पन्न रणत्कार की ध्वनि से मुखरित धार वाली मेरी चन्द्रहास नामिका तलवार उसकी रक्तधार का पान करेगी–

यस्तामेनां वरीता रसयति तदसृक् चन्द्रहासो ममासिः।
कण्ठास्थिग्रन्थिशक्लीकरणभवरणत्कारस्वाचालधारः।।[11]

यही नहीं रावण को इस बात का विश्वास है कि मायामय के ऐसा कहने पर राम सीता को दे देंगे एवं राम द्वारा प्रदत्त सीता सम्पूर्ण त्रैलोक्य को जीतकर सुरासुरों को वशवर्ती बनाने वाले रावण के यशःकारक चरित्र को सुनती हुई अपने पति राम पर द्वेषयुक्त एवं मेरे प्रति स्नेहयुक्त रहेगी; क्योंकि स्त्रियों का प्रेम उत्तरोत्तर गुण समूहों की स्पृहा से चलायमान हुआ करता है–

स्त्रीणां प्रेम यदुत्तरोत्तरगुणग्रामस्पृहा चंचलम्।[12]

मायामय को इस बात की चिन्ता है कि वसिष्ठ व विश्वामित्र जिसके संरक्षक हो; उस राम से यह बात कही कैसे जाए? यह तो यम की दाढ़ से शलाका खींचने के समान है। अंततः वह अमात्य माल्यवान् के पास परामर्श हेतु जाता है। माल्यवान् रावण के आदेश को सुनकर हंस पड़ते है और कहते हैं कि वृद्ध बुद्धि वाला व्यक्ति पहले देख लेता है; तदनन्तर कार्य का दुर्योग होता है। मैंने शङ्कर के धनुष के अधिक्षेप के समय ही बुद्धि रूपी नेत्र से जान लिया था कि रावण सीता का हरण करेगा, फलतः मैंने मन्दोदरी के पिता मायाचार्य मय के प्रमुख शिष्य विशारद नामक यन्त्रकार को सीता की यन्त्र प्रतिकृति बनाने के लिए नियुक्त किया। लकड़ी से निर्मित यह यन्त्र जानकी सूत्रधार द्वारा चलेगी और मुख में स्थित सारिका द्वारा बोलेगी। इस प्रकार यह रावण की वंचना करेगी। यह यन्त्र जानकी ठीक उसी प्रकार की है; जैसी सत्यभूत जानकी है। इसी प्रकार सीता की धाय यन्त्र सिन्दूरिका का भी निर्माण किया गया है। माल्यवान् मायामय को उपदेश देते हैं कि जाओ राक्षसराज रावण से जाकर उनके मिथिलागमन के विघ्नों की समाप्ति, सीता द्वारा रावण की प्रशंसा और यन्त्र जानकी आदि उपायों से प्रेम की उत्पत्ति सत्य करने के लिए कहना त्रैलोक्यविजय से उत्पन्न आपके गुणों से अनुरक्त होकर भी वह सीता आपके करग्रहण का निषेध करती है।

इधर रावण मायामय से जानकी के अनुरक्त होने की बात सुनकर इतना प्रसन्न हो जाता है कि कह उठता है; सिर काटने या हवन करने से प्रसन्न शङ्कर के प्रसन्न होने पर, प्रत्यञ्चा से इन्द्र को बाँधकर द्वारदेश की अर्गला पर रखने तथा कुबेर से पुष्पकविमान हरण करने पर भी रावण उतना प्रसन्न नहीं हुआ जितना जानकी के दर्शन से होता है।

रावण के समक्ष सीता, सीता की दासी सिन्दूरिका लाई जाती हैं।यन्त्र सिन्दूरिका रावण से उसके प्रति सीता के अनुराग का वर्णन करते हुए कहती है कि सीता सब कुछ छोड़कर आपके प्रति ही आसक्त है। वह चीनांशुक ओढकर रमणीय चन्द्रिका को बिताती है, स्वर की रचना करने वाले कमलनाल पर कुपित होती है। उसका विरहज्वर जल को भी सुखा देने वाला है, चन्दन एवं औषधियों की प्रयोग विधि को भी व्यर्थ करने वाला है; उसके कामज्वर का दाह इतना अधिक है कि उसके ताप से हार में लगे मोतियों की लड़ियाँ तड़-तड़ाकर टूट जा रही है।

रावण सीता की इस आसक्ति को सिर झुकाकर स्वीकार करता हैं और कहता है कि कामियों का दोनों ओर समान प्रेम नीलकण्ठ के पंख के समान रमणीय होता है; एकतरफा प्रेम मोरपंख की काली पीठ के समान शोभायमान नहीं होता–

प्रेमरम्यमुभयोः समं दिशोः कामिनां यदिह चाषपिच्छवत्।
एकतस्तु न चकास्ति साध्वपि श्यामपृष्ठमिव बर्हिणश्छदम्।।[13]

सीता रावण के इस कथन का इसी उक्ति से समर्थन करती है एवं कहती है–

समप्रेमरसं समरूपयौवनं समविलासविशिष्टम्।
समसुखदुःखं च जनं समपुण्यैर्जनो लभते।।[14]

अर्थात् समानप्रेम रसवाले, समान विलास से युक्त, समान रूप-यौवन वाले, समान सुख दुःख वाले मनुष्य को समान पुण्य से ही मनुष्य प्राप्त करता है।

रावण अत्यन्त हर्षोत्फुल्ल होकर सीता के समक्ष प्रणय प्रस्ताव रखता है कि यदि दृष्टि लीला में तुम्हारा मन कौतुकी है तो मेरी बीस आँखे हैं, यदि गाढ आलिङ्न में रति है; तो मेरी बीस भुजाओं की मण्डली को देखो और यदि चुम्बन में प्रेम है तो सामने दश मुख तैयार हैं। रावण और राम के मध्य यह अन्तर देखो। वह पुनः प्रस्ताव करता है कि यदि इन्द्र के लीलोद्यान में अथवा चन्द्रकिरणों वाले मेरु श्रृङ्ग पर विहार करने की इच्छा है तो मुझे कहो ऐसा कहकर रावण जैसे ही सीता का आलिङ्गन करने का प्रयास करता है तो उसके सामने सच्चाई स्पष्ट आ जाती है। वह कह उठता है अरे! यह स्पर्श तो पत्थर जैसा है, देवाङ्गनाओं में भी ऐसी रूप सम्पति नहीं? उसे यन्त्र सिन्दूरिका एवं यन्त्र जानकी प्रतिकृति निर्माण का पता चल जाता है। वह इन दोनों को मनोविनोदनार्थ मायामय का किया गया प्रयत्न समझ कर इन्हें भवन में रखने का आदेश देता है और स्वयं लीलोद्यान में विहार से मनोविनोदनार्थ चला जाता है।

षष्ठाङ्क की कथा पुनः वाल्मीकिरामायण की मूल धारा से पृथक् है रामायण में कैकेयी मन्थरा की कुबुद्धि से प्रेरित होकर पूर्व में राजा दशरथ द्वारा प्रदत्त दो वरदानों को दिये जाने का प्रसङ्ग याद दिलाकर एक से राम को चौदह वर्ष का वनवास व दूसरे से भरत के राज्याभिषेक की माँग रख देती है।वचन के साथ दशरथ इससे डिग नहीं पाते; फलतः राम का वनगमन होता है एवं लक्ष्मण तथा

सीता उनका अनुगमन करते हैं। परन्तु राजशेखर कैकेयी व दशरथ को सम्भवतः अपयश से बचाना चाहते हैं। फलतः बालरामायण का कथाफलक कुछ इस प्रकार से रचा गया है कि दशरथ एवं कैकेयी देवलोक में इन्द्र के पास जाते हैं। इस अवसर का लाभ उठाकर माल्यवान् की योजनानुसार मायामय व शूर्पणखा दशरथ एवं कैकेयी का कपट वेश बनाकर अयोध्या जाते हैं। वहाँ शूर्पणखा की सखी मन्थरा कैकेयी की दासी मन्थरा का रूप बनाकर दशरथ के पास आकर कैकेयी के द्वारा दो वरों को माँगे जाने की बात करने लगी।इसे सुन दशरथ बना मायामय समग्र चराचर जगत् को रुलाने वाला विलाप करने लगा।कपटी दशरथ की आज्ञा से राम को निर्वासन मिला तदनन्तर पुन; शूर्पणखा व मायामय ने दशरथ व कैकेयी का रूप त्याग कर सामान्य मनुष्यों का वेश बना लिया अयोध्या में चारों ओर कानाफूसी होने लगी कि किन्हीं दो व्यक्तियों ने दशरथ व कैकेयी का रूप धारण कर रामभद्र को छल लिया।यद्यपि वामदेव आदि ऋषियों ने राम को रोकने का बारम्बार प्रयास किया; फिर भी रामभद्र अपनी प्रतिज्ञा से विमुख नहीं हुए। उन्होंने कहा मैंने पिता के समकक्ष उनकी आज्ञा को स्वीकार किया है फिर चाहे वे यक्ष हो, राक्षस हो, भगवान् हों या रघुपति दशरथ। मैं भरत द्वारा रक्षित अपनी पुरी में चौदह वर्ष वन में बिता कर लौटूँगा।

इधर वास्तविक दशरथ व कैकेयी घर लौटते हैं अयोध्या की नीरवता उन्हें व्याकुल करती है। वैतालिकों के गानस्वर, मुरज का वादन, गीतध्वनि का गुंजन, अध्ययन के स्वर, कवियों की समस्यापूर्तियाँ व विद्वानों के वाद-विवाद समाप्तप्राय देखकर उनकी अकुलाहट बढ़ जाती है। ऋषि जन से राम वनवास का समाचार जान कर दशरथ व कैकेयी विक्षुब्ध हो उठे। कैकेयी बारम्बार भगवती वसुन्धरा से स्वयं को स्थान देने की प्रार्थना कर कहने लगी कि रघुकुल की वधुओं के समूह में मैं तिरस्कृत जीवन नहीं धारण कर सकतीा भरत को अपयश देने वाली मुझे बारम्बार दुख प्राप्त होवे। मर्माहत दशरथ ऋषि वामदेव से इस दारुण वृत्तान्त पर राम, लक्ष्मण और सीता की प्रतिक्रिया जानना चाहते हैं। सर्वप्रथम वे लक्ष्मण की प्रतिक्रिया जानना चाहते है तो वामदेव उसे बताते हुए कहते है कि यदि पिता अनुचित प्रेम को कर रहे है तो वे पूज्य होकर भी त्याज्य हैं और यदि कैकेयी का इस प्रकार का कुचरित्र है तो वहाँ मेरी गति बन्द है और यदि आर्य भरत रघुवंश में कलङ्क बन रहे है तो मुखरित प्रत्यञ्चा वाला मेरा धनुष उठाया जाएगा। राम ने इस आदेश को सुनकर कहा कि पिता की आज्ञा से वन में यह निवास भी क्या जहाँ परम श्रेय के भाजन शान्तिनिधि मुनियों की सेवा करनी है। पिता जी के वचन से तो मैं बड़े-बड़े पर्वतों से लवणसागर में सेतु बनाकर भी चल लूँगा। सीता ने बारम्बार वनगमन से रोके जाने पर कहा—

किं तातेन नरेन्द्रशेखरशिखालीढाग्रपादेन मे
किं वा मे श्वसुरेण वासवसभासिंहासनार्द्धासिना।
उद्देशा गिरयश्च ते वनमही सा चैव मे वल्लभा
कोशल्यातनयस्य यत्र चरणौ वन्दे च नन्दामि च।।[15]

राजाओं के सिरों से जिनके पैर चूमे जाते हैं; उन पिताजी से मेरा क्या? और इन्द्रसभा में सिंहासन के अर्धभाग में बैठने वाले श्वसुर से क्या? वे ही पर्वत मेरे देश हैं और भारतभूमि ही मेरी प्रिय है; जहाँ कौशल्या पुत्र राम के चरणों की वन्दना करूँ व प्रसन्न होऊँ।

बालरामायण में रामवनगमन का शेष प्रसङ्ग वाल्मीकि रामायण व रामचरितमानस के समान है। राम ने नन्दीग्राम से भरत एवं शत्रुघ्न को शपथ द्वारा राज्यरक्षा के लिए स्थित कर सुमन्त के साथ प्रस्थान किया। निषादराज गुह के साथ उन्होंने गङ्गा को पार किया और अन्तर्वेदी अर्थात् गङ्गा-यमुना के मध्यवर्ती स्थान में पहुँच गये। जहाँ प्रयाग में पश्चिम में एक रात बिताकर वे रमणीय चित्रकूट पर्वत पर गये तथा पर्णकुटी बनाकर निवास करने लगे।

'असमपराक्रम' नामक सप्तमाङ्क का प्रारम्भ राम की विरुदावलि के गान से होता है। चारण कर्पूरचण्ड राम के अनेक प्रकारक गुणों का गान करते हुए उनके यशः धवल चरित्र को प्रस्तुत करता है। इधर राम ससैन्य समुद्र तट पर विद्यमान है। समुद्र के विशाल विस्तार को देखकर जहाँ वानरगण संशकित है वही राम समुद्र पर शरसन्धान करने हेतु पूर्वजों से क्षमायाचना करते हुए कहते हैं जिसे सगर ने खोदा था। देवनदी गङ्गा को पृथ्वी पर लाते हुए भगीरथ ने जिसे भरा था; जो हमारी कीर्ति का सागर है। उस प्रतिकूलचारी सागर में मैंने बाणों की पंक्तियाँ बिछा दी है। हे मेरे कुलपूर्वजों आपको प्रणाम है, हमारे लिए दूसरा चारा ही क्या था? राम के शरसन्धान से समुद्र में चतुर्दिक् अग्निमय आवर्त फैल जाती हैं। दाह के कारण जलजन्तुओं की दुर्गन्ध फैलने लगती है। मेघ नष्ट भ्रष्ट हो जाते हैं। यह देख समुद्र हाथ जोड़ कर राम के सम्मुख उपस्थित होता है। राम अपने आग्नेयास्त्र का संवरण कर लेते हैं। समुद्र गङ्गा एवं यमुना नामक नदियों के साथ राम की शरण में आकर उनसे आज्ञा मानते हैं। राम उनसे अपनी शरसन्धान रूपी दुर्नीति के विषय में क्षमा माँगते हुए सेतुबन्धन हेतु आदेश देने की प्रार्थना करते हैं एवं संग्रामकार्य में सहायता की याचना करते है। वहाँ उपस्थित गंगा प्रस्ताव रखती है कि समुद्र के जल में बड़े-बड़े पर्वतों से बड़ा पुल बनाना आरम्भ करें; जो स्थिर पोत का कार्य करें। राम इस पर हास्यपूर्वक प्रश्न करते हैं कि समुद्र में पत्थर तैरेगें कैसे? समुद्र ने स्वयं मार्ग सुझाया कि महामुनि से वर प्राप्त महापराक्रमी विश्वकर्मा पुत्र नल के करतल स्पर्श से सेतुबन्धन सम्भव हो पाएगा। समुद्र ने स्वयं सेतुबन्धन का स्थान दिखलाया। भगवान् राम ने अपनी उद्दण्डता से समुद्र को हुए कष्ट हेतु क्षमा माँगी। राम सेतुबन्धन का उपक्रम करने लगे और नागराज, कच्छप तथा मत्स्य सबसे यह कहते हुए उस स्थान को छोड़ने की सलाह देते हैं कि यहाँ राम का कीर्तिकारक एवं रावण का उत्पातभूत पुल बन रहा है। सुग्रीव एवं हनुमानादि के आदेश से समस्त वानर विभिन्न स्थानों से पर्वत उखाड़कर लाते हैं। अंगद उन्हें ग्रहण करते हैं एवं नल उन्हें सेतुबन्ध के निमित्त व्यवस्थित करते है।

बालरामायण में समुद्र पर सेतुबन्ध का अत्यन्त सुन्दर चित्रण है। राम विभीषण, सुग्रीव, दधित्थ, कपित्थ तथा अन्य वानरगण सेतुबन्ध के इस कार्य को देखते हैं। हिमालय, सुमेरु, मन्दरगिरि, कैलास, विन्ध्य, रोहण पर्वतों से शिखर, उखाड़ कर वानर सेतुबन्धन में प्रवृत्त होते हैं। सेतुबन्धन के कार्य के चतुर्थांश शेष रह जाने पर वानर सेना उल्लास में नृत्य करने लगी, राक्षसियाँ यह दृश्य देखने के लिए लंका के राजमहलों पर चढ़ गयी। इधर सेतुबन्धन के कार्य में बाधा देने के लिए पैदल सैनिकों, हाथियों, घोड़ो, रथों के साथ राक्षसी सेना सन्नद्ध हो गयी। युद्ध दुन्दुभियाँ बजने लगीं। सेतु निर्मित हो जाता है और सम्पूर्ण वानर सेना उससे पार हो जाती है। लङ्का में संग्राम वाद्य बजने लगते हैं। घोड़ों की हिनहिनाहट, हाथियों की चिंघाड़, धनुष की कड़कड़ाहट, तलवार की टङ्कार, पैदल सेना के पदाघात व वीरों की गर्जना से युद्धभूमि थर्रा उठती है। इसी के मध्य राक्षसराज रावण माया से सीता

के सिर को राम एवं हनुमान् के देखते देखते काट कर फेंक देता है। राम इस सिर को युद्ध भूमि में लोटते देखते हैं एवं विषण्ण हो स्वयं को धिक्कारने लगते हैं कि मेरे सामने ही देवी का यह सिर काट डाला गया तो मेरा समुद्र को लांघना तथा मेरे द्वारा समुद्र पर पुल बँधवाना निरर्थक हो गया। लक्ष्मण क्रुद्ध हो कह उठे अरे! युद्ध में कुण्ठित रावण तुम्हारे इस कृत्य से उद्दीप्त हमारी शोकाग्नि को रघुपति तुम्हारी स्त्रियों के आँसुओं से सुखाएगें। इसी मध्य लक्ष्मण देखते हैं कि सीता का कटा सिर भी भलीभाँति बोल रहा है। उन्हें पता चलता है कि यह यन्त्र जानकी है जो कि कण्ठस्था शुकी द्वारा बोलने वाली बनाई गयी है। यन्त्रस्थ शुकी द्वारा ही इस रहस्य का भेदन होता है कि उस सिर में स्थित होने के कारण मैं निकल गई और आपके सच्चारित्र्य के कारण आपको समझाने के लिए स्थित रही। सभी प्रसन्न हो जाते हैं। इस युद्ध के मध्य क्रुद्ध सिंहमुख में गजमुख, कुद्ध महिषमुख में अश्वमुख जोड़ता हुआ राक्षसी मुख से गरजता हुआ सिंहनाद नामक राक्षस वानर सेना को आक्रान्त करने लगा। राम लक्ष्मण के साथ उसका वाग्युद्ध होता है। राम उससे नगर द्वार से हटकर लड़ने का प्रस्ताव देते है।

'वीरविलास' नामक अष्टमाङ्क में सुमुख व दुर्मुख नामक राक्षसद्वय के वार्तालाप से ज्ञात होता है कि सिंहनाद का वध हो चुका है। रावण शुक व सारण के मध्यम से राम के समक्ष तुलाद्यूत का प्रस्ताव रखता है। एक ओर लंका का आधिपत्य है और दूसरी ओर सीतापहरण। तब लक्ष्मण, सुग्रीव, विभीषण, जाम्बवान्, हनुमान्, प्रभृति वीरों के मना करने पर भी राम ने अङ्गद को अपना प्रतिनिधि बनाया और रावण ने अपने पुत्र नरांतक को। ऊँचा मंच बनाया गया। पूर्वी मंच की ओर राम-लक्ष्मण सुग्रीव नलादि वानर सेना के अधिपति बैठे तथा पश्चिमी छोर पर शुक-सारण सहित रावण व राक्षस सेना के अधिपति। घोर युद्ध प्रारम्भ हुआ जिसमें तमाम प्रकार के दाँव पेंच चले गये। इसी बीच अङ्गद ने नरान्तक की गर्दन में छुरी से प्रहार किया। वह पृथ्वी पर गिर पड़ा। राक्षसियों के नेत्रों से अश्रुधार एवं देवाङ्गनाओं से हास्य धार फूट पड़ी। रावण ने नरान्तक के मारे जाने पर भी राक्षस सेना को युद्ध न छोड़ने का आदेश दिया। रावण मेघनाद को बुलाने एवं कुम्भकर्ण को जगाने के लिए लङ्का लौट चला। भयंकर युद्ध होने लगा। कुम्भकर्ण सुग्रीव को कांख में दबा कर घुमाने लगा। परन्तु सुग्रीव अपने फुर्तीले दाँव से युद्धभूमि से बाहर निकल आया। दोनों ओर से अस्त्र-शस्त्रों का घात प्रतिघात होने लगा। राम ने अपने बाणों के प्रहार से कुम्भकर्ण के हाथ को मणिबन्ध प्रदेश अर्थात् कलाई से ही काट दिया। तदनन्तर बाणप्रहार से राम ने उसका सिर काट दिया जिसे धरती पर गिरने से पूर्व ही हनुमान् ने आकाश में ही ग्रहण कर समुद्र में फेंक दिया। लक्ष्मण ने अपने शरप्रहार से मेघनाद को भस्मसात् कर दिया।

रावणवध नामक नवमाङ्क में यम दूत के माध्यम से ज्ञात होता है कि यमराज ने गरुड को स्यन्दन, मातलि पुत्र सुनीत को सारथि बनाकर युद्धभूमि में राम का जयसाधन वाहन तैयार किया है। उन्होंने चित्रगुप्त को लङ्का निवासियों के लेखपत्र लाने की आज्ञा दी है; जिससे पता चल सके कि लङ्का में किसका कल किसके साथ युद्ध है; व किसका किससे नाश है? एवं राम रावण युद्ध कब है? इसका प्रयोजन है इस युद्ध को देखने के लिए प्रियमित्र दशरथ के साथ संग्रामभूमि में इन्द्र का जाना। उन्हें ही यह लेखनपट्ट सुनाना है। इस लेखपट्ट के अनुसार सत्ययुग बीतने पर त्रेता के प्रथम वर्ष में कार्तिक कृष्णपक्ष के प्रथम दिन प्रातः समुद्र की अलङ्कारभूत लंका को रामानुवर्ती सुग्रीव के वानरों ने बलात् घेर लिया। धूम्राक्ष और अकम्पन को हनूमान् ने मारा। प्रहस्त को नील ने मारा तथा

दूसरे दिन राम ने कुम्भकर्ण का वध किया।अङ्गद ने नरान्तक को मारा तथा हनूमान् ने देवान्तक और त्रिशिरा को मारा। महापार्श्व को ऋषभ ने मारा तथा तीसरे दिन लक्ष्मण ने अतिकाय को मारा।कुम्भकर्ण के दोनों पुत्रों, कुम्भ और निकुम्भ को सुग्रीव और हनूमान् ने मारा। खर-पुत्र मकराक्ष को राम ने मारा। मेघनाद को लक्ष्मण ने मारा तथा चौथे दिन सुग्रीव ने महोदर और विरुपाक्ष को मारा तथा पाँचवें दिन बड़े प्रयास से राम द्वारा रावण मारा गया। यह वृतान्त देकर दूत चला जाता है, तदनन्तर इन्द्र के साथ दशरथ दृष्टिगत होते हैं। दो चारण भी उन्हें वृत्तान्त बताने के लिये दिखाई पड़ते हैं। राम-रावण का द्वैरथ युद्ध होता है। राम युद्धारम्भ में ही रावण से कहते हैं कि जानकी को लौटा दो अन्यथा खर-दूषण आदि की भाँति मारे जाओगे। रावण ने कटु उत्तर दिया। फलतः युद्ध हुआ एवं दिव्यास्त्रों का प्रयोग हुआ। घोर युद्ध में राम द्वारा रावण के मस्तक काटे जाते हैं; पर वे पुनः उत्पन्न हो जाते हैं। अन्ततः राम मायाहर अस्त्र का प्रयोग करते हैं जिसे उन्होंने विश्वामित्र से प्राप्त किया था और ब्रह्मास्त्र से रावण का शिरःछेद करते हैं। देवताओं द्वारा पुष्प-वृष्टि की जाती है। रावण-वध का विवरण होने से इस अङ्क का नाम 'रावणवध' है।

अन्तिम अङ्क का नाम 'राघवानन्द' है। इस अङ्क में राम पुष्पकविमान द्वारा लंका से चलकर अयोध्या आतें हैं और वहाँ उनका राज्याभिषेक होता है। भीषण युद्ध में राक्षसराज रावण का वध करने एवं तदनन्तर राज्याभिषेक के आमोदमय प्रसङ्ग के कारण इसका नाम राघवानन्द है। यहाँ पुष्पक की यात्रा के क्रम में विमान से युद्धभूमि के अवलोकन कैलास, हिमालय, मन्दर, मेरु, मलय, रोहण आदि दिव्यलोको एवं स्थानों का वर्णन है।अगस्त्याश्रम में अगस्त्य एवं लोपामुद्रा के दर्शन एवं आशीर्वाद के बाद विमान पुनः द्रविड, आन्ध्र ,महाराष्ट्र,लाट,मालवा, उज्जयिनी, पांचाल, कान्यकुब्ज, प्रयाग, वाराणसी, मिथला का अवलोकन करते हुए अयोध्या में उतरता है। राम, भरत, शत्रुघ्न, वसिष्ठादि से मिलने के बाद राज्याभिषेक होता है। आमोद प्रमोदमय वातवरण व्याप्त हो जाता है। कुबेर राम से पुष्पक की याचना करते है। राम उन्हें ससम्मान पुष्पक लौटा देते हैं।

बालरामायण में वर्णित रामकथा वाल्मीकि एवं तुलसी की प्रचलित रामकथाओं से अनेक वैशिष्ट्य लिए हुए हैं। जानकी स्वयम्वर में रावण की उपस्थिति, उसका धनुष् तोड़ने का उपक्रम करना, फिर उसे फेंक देना, रावण एवं परशुराम का परशु को लेकर विवाद, रावण की सीता को वरण करने वाले को मारने की प्रतिज्ञा, दशरथ एवं कैकेयी की अनुपस्थिति में मायामय एवं शूर्पणखा द्वारा दशरथ एवं कैकेयी का वेश वनाकर राम को चौदहवर्ष के वनवास हेतु निर्वासित कर देना, राम का यह जानकर भी कि ये वास्तविक दशरथ व कैकेयी नहीं हैं; वन मे चले जाना,भरत का उस समय मातुलगृह में न रहकर अयोध्या में ही रहना, राम वनगमन के बाद दशरथ, कैकेयी का आगमन एवं समस्त समाचार सुनकर नानप्रकार से क्षोभ प्रकट करना, सुमन्त्र का राम को नर्मदा तक पहुँचाना, जटायु के दूत चित्रशिखण्ड द्वारा सीताहरण तथा जटायु युद्ध की सूचना देना, शूर्पणखा का अयोध्या में ही नासाछेदन, सेतुबन्ध में रावण की बाधा; यन्त्र जानकी की उद्भावना, रावण की सीता के प्रति वियोगव्यथा, यमपुरुष द्वारा पाँच दिन में युद्ध को पूर्ण बताना, तुलाद्युत का प्रकरण, सिंहनाद का विवाद एवं युद्ध, राम युद्ध एवं राम के वापस आते समय विभिन्न स्थलों का दर्शन इत्यादि के प्रसङ्ग विद्यमान हैं।

नाट्यकथा की समीक्षा करें तो एक प्रश्न सहज उठता है कि कवि राजशेखर ने मूलकथा में इतने परिवर्तन क्यों किये? सम्भवतः जिन प्रसङ्गों में उन्हें औचित्य का ह्रास दिखा दिया या

उचित तर्क नहीं प्रतीत हुए, उन्होंने उन घटनाओं का चित्रण पृथक् रुप में किया। रावण को सीता के सौन्दर्य के प्रति आकृष्ट दिखलाकर एवं स्वयम्वर में उपस्थित रखकर उन्होंने सीताहरण की पूर्वपीठिका तैयार कर दी। इसी प्रकार कैकेयी की इतनी दुर्बुद्धि एवं दशरथ का कैकेयी द्वारा वञ्चन उन्हें सम्भवतः सह्य नहीं फलतः उन्होंने दशरथ एवं कैकेयी को दोषमुक्त करने के लिए कथा में परिवर्तन किया। वे दोनों देवलोक में जिस समय इन्द्र के यहाँ गये मायामय एवं शूर्पणखा ने दशरथ व कैकेयी का छद्मरूप धारण कर उनके वनवास का कुचक्र रचा; इसीलिए इस अङ्क का नाम निर्दोषदशरथ रखकर उन्होंने दशरथ एवं कैकेयी के सम्मान की रक्षा की।

संक्षेप में बालरामायण महाकवि राजशेखर का रामकथा को प्रस्तुत करने का अभिनव उपक्रम है; जहाँ मौलिक कल्पनाओं की सुन्दर सन्निधि, अद्भुत् वर्णना, चमत्कारी रसयोजना, प्रभावशाली कथोपकथन एवं चरित्रचित्रण का सुन्दर सनिनवेश है।

सन्दर्भ

1. बालरामायण 1/17
2. बालरामायण 1/61
3. बालरामायण 1/30
4. बालरामायण 1/35 गद्यपङ्क्ति
5. बालरामायण 1/35 गद्यपङ्क्ति
6. बालरामायण 1/36
7. बालरामायण 1/40
8. बालरामायण 1/42
9. बालरामायण 1/50 गद्यपङ्क्ति
10. बालरामायण 3/25
11. बालरामायण 1/61
12. बालरामायण 5/2
13. बालरामायण 5/13
14. बालरामायण 5/15
15. बालरामायण 6/19

'कुन्दमाला' और 'आश्चर्यचूडामणि' में रामकथा का स्वरूप

डॉ. विमल तिवारी

कुन्दमाला

महाकवि दिङ्नागाचार्य की प्रसिद्ध कृति कुन्दमाला है। महाकवि दिङ्नाग के विषय में भी अधिक जानकारी नहीं प्राप्त होती है। उनके ग्रन्थ पर्यालोचन से ज्ञात होता है कि वे सनातन वैदिकपरम्परा के अनुयायी ब्राह्मण थे और आर्यपरम्परा में उनकी प्रगाढ भक्ति थी। आचार्य दिङ्नाग ही धीरनाग और वीरनाग नाम से जाने जाते हैं, परन्तु सुभाषितवल्ली में जो पाँच पद्य धीरनाग के नाम से प्राप्त होते हैं। उनमें से एक भी पद्य कुन्दमाला में प्राप्त नहीं होता है न तो उनके संस्कारचिह्न। अतः धीरनाग कोई अन्य ही हैं यह स्पष्ट होता है। महाकवि भोजदेव (1075-1117 वि.) 'शृंगारप्रकाश' में कुन्दमाला का द्यूतेपणः 4/20 श्लोक उल्लिखित है। इसी प्रकार रामचन्द्र व गुणचन्द्र (1158 वि.) 'नाट्यदर्पण' में कुन्दमाला का स्मरण करते हैं। अतः आचार्य दिङ्नाग का समय विक्रम ग्यारहवीं शती के पूर्व प्रतीत होता है। दिङ्नागविरचित कुन्दमाला छह अंको का नाटक है। इस ग्रन्थ में श्रीराम व सीता के चरित का सुखान्त वर्णन किया गया है। वाल्मीकि-रामायण के सीतापरित्याग कथा को आधार बनाकर इस नाटक में कथा सीतापरित्याग से लेकर लव और कुश के अभिषेक तक चलती है। इस नाटक में करुण रस का प्राचुर्य है। महर्षि वाल्मीकि के आश्रम के समीप गोमती नदी में प्रवहमान कुन्दमाला का अवलोकन करके तथा उसके ग्रथनकौशल से सीता-उपस्थिति जानकर श्रीराम सीता का अनुसरण करते हैं। इसी कथा के आधार पर इस नाटक का नाम कुन्दमाला रखा गया है। नाटक के प्रथम अंक में कथा इस प्रकार वर्णित है। श्रीराम की आज्ञा से कुमार लक्ष्मण सीता को रथ से वन छोड़ने जाते हैं। लक्ष्मण सीता को गंगा के किनारे पहुँचाकर उनके जनपद निर्वासन की रामाज्ञा सुनाते हैं। सीता मूर्च्छित हो जाती हैं। लक्ष्मण प्रतिसन्देश लेकर अयोध्या लौटते हैं। महर्षि वाल्मीकि मुनिकुमारों से सीतावृत्तान्त सुनकर वहाँ पहुँच जाते हैं। लोकापवादभय से परित्यक्ता जानकर सीता को ससम्मान आश्रम ले आते हैं। द्वितीय अंक में वाल्मीकि आश्रम में कुश व लव का जन्म और श्रीराम के अश्वमेधयज्ञ की सूचना प्राप्त होती है। तृतीय अंक में सीता नैमिशारण्य में उपस्थित होती हैं। वहीं पर गोमती नदी के तट पर चिन्तातुर श्रीराम लक्ष्मण के साथ आते हैं। वहीं पर सीता के द्वारा ग्रथित कुन्दमाला को देखकर दोनों उसका अनुसरण करते हैं और सीता के पदचिह्न भी देख लेते हैं। महर्षि वाल्मीकि के प्रभाव से कुन्दपुष्प चुनती हुई अदृश्य सीता उन दोनों को देख लेती हैं परन्तु सीतावियोग से दुःखित श्रीराम नहीं देख पाते। उसके अनन्तर महर्षि वाल्मीकि का शिष्य लक्षणों से श्रीराम को पहचान कर मुनिसन्देश सुनाकर आश्रम ले जाने के लिए आता है। चतुर्थ अंक में

श्रीराम कण्व के साथ प्रवेश करते हैं। श्रीराम आश्रम के सरोवर में जल में सीता की प्रतिकृति देखकर मूर्छित हो जाते हैं। मुनिप्रभाव से अदृश्य सीता अपने प्रावरणक से हवा करती हैं और श्रीराम चेतना पाकर प्रावरणक खींच लेते हैं और अपना प्रावरणक छोड़ देते हैं, जिसे सीता ग्रहण करती हैं। इस प्रकार दोनों के प्रावरणक का विनिमय हो जाता है। विदूषक द्वारा सुना गया तिलोत्तमावृत्तान्त सुनकर श्रीराम सरोवरवृत्तान्त को तिलोत्तमा द्वारा किया मानते हैं। पंचम अंक में रामविदूषकसंवाद मिलता है। तदनन्तर कुश व लव का श्रीराम के साथ संवाद होता है। वे अपने पिता का नाम निरनुक्रोश बतलाते हैं। षष्ठ अंक में कुश व लव रामायण के कुछ अंश गाते हैं। कण्व से सीतापरित्याग के बाद की कथा सुनकर पिता-पुत्र परस्पर परिचित होते हैं। कण्व के समाचार को सुनकर वाल्मीकि व सीता वहाँ उपस्थित हैं। वाल्मीकि मुनि राम को उलाहना देते हुए सीता को शुद्धिप्रमाणन के लिए कहते हैं। सीता की प्रार्थना से पृथ्वी प्रकट होती है और सीता को पवित्र बतलाकर अन्तर्धान हो जाती हैं। वाल्मीकि की आज्ञा से राम सीता का हाथ पकड़कर उन्हें स्वीकार कर लेते हैं। वाल्मीकि मुनि के भरतवाक्य के साथ अंक की समाप्ति हो जाती है। कुन्दमाला नाटक में उत्तररामचरितम् का प्रभाव दिखायी पड़ता है। कुन्दमाला एक उत्तम कृति है। यथार्थमूलक स्वाभाविक कल्पना इसकी विशेषता है।

आश्चर्यचूडामणि

साहित्यमयी सृष्टि में रविसदृश आदिकवि महर्षि वाल्मीकि का उदय होता है। जिनके रविकिरणसदृश रामायण नामक रचना से साहित्यलोक प्रकाशमान हुआ। यह वाल्मीकीय रामायण न केवल भारतीय अपितु विश्व की अमूल्य गौरवनिधि है। संस्कृतसाहित्य में उपजीव्यकाव्य वाल्मीकीय रामायण को आधार मानकर महाकवियों ने गभीरभावांचित रचनायें कीं। इसी रामकथाश्रित काव्यों में महाकवि शक्तिभद्र द्वारा प्रणीत 'आश्चर्यचूडामणि' नाटक का विशिष्ट स्थान है। महान् नाटककार शक्तिभद्र महाकवि कालिदास के समान अपने जीवनवृत्त के सम्बन्ध में मौन धारण करते हैं। महाकवि शक्तिभद्र अपनी कृति से जितने श्रद्धास्पद हैं उतना ही कालनिर्धारण के सम्बन्ध में विवादास्पद। यद्यपि इनके कालनिर्धारण में विद्वानों मे मतैक्य नहीं है। तथापि अन्तर्बाह्य उपलब्ध प्रमाण के आधार पर इनका समय नवमी शती माना जा सकता है। प्रस्तावना के प्रसंग से ज्ञात होता है कि केरल राज्य के राजा थे कुलशेखर, जो केरल के रंगमंच को परिष्कृत करके संस्कृत नाटकों को अभिनय योग्य बनाया। इन्होंने नाटक व कथा की रचना की। इन्हीं के समय में 'क्रमदीपिका' तथा 'अट्टप्रकार' नामक दो ग्रन्थों का प्रणयन हुआ था। अट्टप्रकार नामक ग्रन्थ में आश्चर्यचूडामणि का उल्लेख मिलता है, अतः महाकवि शक्तिभद्र राजा कुलशेखर से पूर्ववर्ती सिद्ध होते हैं। अतः शक्तिभद्र के बाद ही दक्षिण भारत में संस्कृत नाटकों की परम्परा आगे बढ़ी। आश्चर्यचूडामणि नाटक के प्रथम अंक में सूत्रधार द्वारा महाकवि शक्तिभद्र दाक्षिणात्य केरलप्रदेशीय उल्लिखित हैं। यथा **'आर्ये दक्षिणापथादागतमाश्चर्यचूडामणिं नाम नाटकमभिनयाम्रेडितसौभाग्यमभिलषाम इत्यार्यमिश्राणां शासनम्'**। नाटक के प्रथम अंक में ही नटी के वक्तव्य से प्रतीत होता है कि दक्षिण की दिशा से यह प्रथम नाटक है। तद्यथा—**नटी-आर्य! अत्याहितं खल्वेतत्, आकाशं प्रसूते पुष्पम्, सिकताः तैलमुत्पादयन्ति, यदि दक्षिणस्याः दिशः आगतं नाटकनिबन्धम्।** सूत्रधार व नटी के पारस्परिक वार्तालाप से यह प्रतीत होता है कि आश्चर्यचूडामणि नाटक उस समय अतिप्रसिद्ध नाटक व महाकवि शक्तिभद्र एक श्रेष्ठ नाटककार थे। महाकवि अपने नाट्यकौशल से सप्तांकसमन्वित आश्चर्यचूडामणि नाटक में आश्चर्यप्रधान घटनाओं

की रोचक परम्परा प्रस्तुत करते हैं। संस्कृतनाटकों का मुख्य उद्देश्य रसाभिव्यक्ति द्वारा जनमानस को आनन्द प्रदान करना है। अतः नाटककार शक्तिभद्र अपने नाट्यपात्रों के चारित्रिक वैशिष्ट्य को इस प्रकार प्रस्तुत करते हैं कि उसका प्रभाव सहृदयों पर पड़े बिना नहीं रह सकता। वाल्मीकि-रामायण को मूल स्वीकार कर रामकथा के माध्यम से शक्तिभद्र ने भारतीय आदर्श पुरुष-चरित के प्रतीक राम व आदर्श नारी चरित की प्रतीक सीता के सुन्दर चरित्र का उत्तम रीति से वर्णन किया है। आश्चर्यचूडामणि नाटक में रामायण के अरण्यकाण्ड से लेकर युद्ध-काण्ड तक की प्रमुख घटनाओं का नाटकीय रूप प्रदान किया गया है। इस नाटक की प्रमुख चार घटनाएँ इस प्रकार हैं तद्यथा शूर्पणखाप्रसंग, सीता हरण, हनुमान्-सन्देश व अग्निपरीक्षा। नाटक में इन घटनाओं का रोचक व विस्तृत वर्णन मिलता है। कथानक की गतिशीलता में अवरोध न हो अतः अनावश्यक वर्णनात्मक प्रसंगों को छोड़ दिया गया है और संक्षिप्तता की दृष्टि से सीताहरण के बाद राम की शोकाकुल की अवस्था, सुगीव के साथ मित्रता, सीता की खोज, युद्धवर्णनादि की सूचना मात्र दी गयी है। इस संक्षिप्तता से नाटक में अभिनेयता आ जाती है। इसमें वाल्मीकि-रामायण के प्रमुख पात्रों का चयन किया गया है। साधुचरितनायक राम केवल दुःखमय जीवन बिताने वाले मनुष्य के प्रतीक नहीं, अपितु धर्मसंस्थापक मर्यादापुरुषोत्तम वीरपुरुष के प्रतीक हैं और पतिव्रता सीता सम्पूर्ण नारियों की आदर्शस्वरूपा हैं। शक्तिभद्र रामायण की मूलकथा में परिवर्तन कर नूतन कल्पनाओं का पुट भी देते हैं। जिसका उद्देश्य केवल दर्शकों का मनोरंजन करना है। जानकीहरण की जो कथा वाल्मीकि-रामायण में प्रसिद्ध है। उसमें साधुवेष धारक रावण सीता का अपहरण करता है। परन्तु आश्चर्यचूडामणि नाटक में कथा इस प्रकार मिलती है। ऋषियों ने प्रसन्न होकर लक्ष्मण को कवच तथा राम और सीता के लिए अंगूठी तथा चूडामणि दिये हैं। इन रत्नों का धारणफल लक्ष्मण श्रीराम को निवेदित करते हैं कि रत्नों को धारण करने वाले के शरीर से स्पर्श होने पर निशाचरों के कपटवेष का प्राकट्य हो जाता है। वे सभी रत्नों को धारण करते हैं तथा धारण करते ही तपोवन का सम्पूर्ण वातावरण बदल जाता है। तदनन्तर स्वर्णमृग के दिखायी देने पर सीता उस मृग को पकड़ने के लिए निवेदन करती हैं। राम निवेदन को स्वीकार करके सीता की रक्षा का भार लक्ष्मण को सौंपकर स्वयं मृग का अनुसरण करते हैं। इधर उत्तम अवसर देखकर शूर्पणखा व सारथि के साथ रावण का आश्रम में प्रवेश होता है। शूर्पणखा रावण को बताती है कि सीता राम का प्राण है। इसके बिना राम का जीवित रहना सम्भव नहीं है। अतः सीताहरण से शत्रुनाश व त्रिलोक सुन्दरी का सहवास सम्भव है। सारथि राम को साधारण मनुष्य न मानकर राक्षससंहारक अवतारविशेष मानता है। रावण सीता के सौन्दर्य पर आकृष्ट होता है। सारथि पतिव्रता सीता में आसक्त होने से मना करता है। तदनन्तर नेपथ्य में राम के आर्तस्वर को सुनकर सीता लक्ष्मण को राम के पास जाने के लिए प्रेरित करती है। लक्ष्मण राम के पराक्रम पर विश्वास कर सीता को समझाने का प्रयास करते हैं। सीता उत्तेजित होकर लक्ष्मण को भला-बुरा कह देती हैं। सीता के कटुशब्दों से आहत लक्ष्मण सीता को अकेली छोड़कर राम के पास चले जाते हैं और सीता भी राम की आवाज का अनुसरण कर चल देती हैं। इसी समय रावण शूर्पणखा को सीता व सारथि को लक्ष्मण का रूप धारण करने के लिए कहता है। शूर्पणखा सीता का रूप धारण कर राम को मार्ग में विलम्ब करने के लिए चली जाती है। लक्ष्मण के वेश में सारथि रथ लेकर पहुँच जाता है। इस प्रकार स्वाभाविक ढंग से सीताहरण का मार्ग प्रशस्त हो जाता है। सारथि सीतासहित रावण से रथ पर चढ़ने का आग्रह करता है तथा सीता को विश्वस्त करने के लिए अयोध्या में शत्रुभय से भरत

की रक्षा के लिए शीघ्र वहाँ से चलने का निवेदन करता है। रथप्राप्ति का कारण ऋषियों की प्रसन्नता बतलाता है। ऋषियों के द्वारा पहले भी रत्नों की प्राप्ति हुई थी। अतः सीता विश्वस्त होकर रथ पर चढ़ जाती हैं। सभी रथ पर आरूढ होकर चल देते हैं। इधर शूर्पणखा सीता के वेष में राम के सम्मुख खड़ी है। राम उसे सीता समझकर मृगवध व उसके रामरूप धारण की सूचना देते हैं। उधर सीता रावण के साथ आकाशमार्ग से जा रही है। वे नीचे राम को देखकर पहचानने का प्रयास तो करती हैं, परन्तु साथ में सीतारूप में अन्य स्त्री को देखकर उन्हें भ्रम हो जाता है और वे रावण को ही राम समझ लेती हैं। उधर राम रथ में सीता को देखकर पहचानने का प्रयास तो करते हैं परन्तु अन्य पुरुष के साथ देखकर विश्वास नहीं होता। वे शूर्पणखा को ही वास्तविक सीता समझ लेते हैं। इस प्रकार एक साथ सीता और राम राक्षसीमाया का शिकार हो जाते हैं। शूर्पणखा भागने का उपाय सोच रही है और लक्ष्मण मृतमृग को राम समझकर विलाप कर रहे हैं, किन्तु राम यथासमय वहाँ पहुँचकर लक्ष्मण के भ्रम का निवारण करते हैं और मारीच को पैर से उठाकर फेंकते हैं। राम के चरणस्पर्श से मारीच स्वरूप में पृथ्वी पर धराशायी होता है। शूर्पणखा मारीचवध से रोती है। राम सान्त्वना देने के लिए उसके आँसू पोंछते हैं तो वह भी अपने रूप में आ जाती है। सीतास्पर्श से रावण भी अपने रूप में आ जाता है। वहीं पर राक्षसीकपट का भेद खुलता है। शूर्पणखा राम से प्राण की भीख माँगती है और सारी बात बताती है। तदनन्तर राम व लक्ष्मण रावण को युद्ध का सन्देश भेजते हैं। यहाँ पर जानकीहरण की घटना अनायास ही बिना सीताविरोध के सम्पन्न हो जाती है। यह सीताहरण प्रसंग कवि का मौलिक चिन्तन है। हनुमान् सीता-अन्वेषण में लंका पहुँचते हैं और राम का सन्देश सुनाते हैं कि हे सीते! धनुष को झुकाकर मैंने तुम्हारे पिता के घर से ग्रहण किया था। पुनः धनुष चढ़ाकर तुम्हें प्राप्त करूँगा। राम के इस सन्देश को सुनकर सीता प्रसन्नचित्त होकर राम के लिए हनुमान् को चूडामणि देकर विदा करती हैं। युद्धोपरान्त राम सीता के आने की प्रतीक्षा कर रहे हैं। उन्हें सीता की चारित्रिक शुद्धता के सम्बन्ध में जनमत की आलोचना का ध्यान हो जाता है। लक्ष्मण राम को सीता की शुद्धता की परीक्षा लेने का परामर्श देते हैं। राम सीता के आभूषणमण्डित स्वरूप को सुग्रीव को दिखाकर उनके पातिव्रत्य पर आक्षेप करते हैं। सीता राम के वचनों को सुनकर दुःखी हो जाती हैं। सीता का स्वरूप देखकर सभी को सन्देह हो उठता है। इस परिस्थिति में सीता स्वयं अग्निप्रवेश करने की आज्ञा राम से माँगती हैं। लोकमर्यादा की दृष्टि से राम अग्निपरीक्षा के औचित्य का समर्थन करते हैं। अग्निप्रवेश के समय अग्निदेव के प्रकट होने तथा देवताओं द्वारा पुष्पवृष्टि की भी चर्चा की गयी है। इस नाटक में अनसूया-वरदान की कल्पना कवि की मौलिक कल्पना है।

प्रसन्नराघव में वर्णित रामकथा

डॉ. कपिल गौतम

संस्कृत वाङ्मय में रामकथाश्रित रूपकों में प्रसन्नराघव का अन्यतम स्थान है। इस रूपक के प्रणेता कवि जयदेव है। संस्कृत-साहित्य में जयदेव नाम के अनेक विद्वान हुए हैं। इन विद्वानों में एक है—गीतगोविन्द के रचनाकार जयदेव जो उत्कल देश के निवासी थे। ये बंगप्रदेश के राजा लक्ष्मणसेन के सभासद कवि थे। इनका समय लगभग बारहवीं शताब्दी माना जाता है—

गोवर्धनश्च शरणो जयदेव उमापति।
कविराजश्च रत्नानि समितौ लक्ष्मणस्य च ॥

दूसरे जयदेव जिनका अपर नाम कृष्णदास है, 'शृंङ्गारमाधवीयचम्पू' के प्रणेता है। इनके समय एवं स्थान अधुना अज्ञात है। तीसरे जयदेव प्रसन्नराघव के प्रणेता है। इस नाटक के अतिरिक्त कवि जयदेव ने 'चन्द्रालोक नामक' काव्यशास्त्रीय ग्रन्थ की भी रचना की है। चन्द्रालोक के आधार पर यह ज्ञात होता है कि इनके पिता का नाम महादेव तथा माता का नाम सुमित्रा था—

महादेवः सत्रप्रमुखमखविद्यैकचतुरः,
सुमित्रा तद्भक्तिप्रणिहितमतिर्यस्य पितरौ।
अनेनासावाद्यः सुकविजयदेवेन रचिते,
चिरं चन्द्रालोके सुखयतु मयूखः सुमनसः ॥[1]

प्रसन्नराघव की प्रस्तावना के आधार पर यह ज्ञात होता है कि ये कौण्डिन्य गोत्रीय ब्राह्मण तथा मिथिला के निवासी थे—

विलासो यद्वाचामसमरसनिष्यन्दमधुरः
कुराङ्गाक्षीबिम्बाऽधरमधुरभावं गमयति।[2]
कवीन्द्रः कौण्डिन्यः स तव जयदेवः श्रवणयो—
रयासीदातिथ्यं न किमिह महादेवतनयः॥[3]
लक्ष्मणस्येव यस्याऽस्य सुमित्राकुक्षिजन्मनः।
रामचन्द्रपदाऽम्भोजे भ्रमद्भृङ्गायते मनः ॥[4]

जयदेव के एक पद्य कदली **'कदली करभः करभः'** को साहित्यदर्पण में विश्वनाथ ने ध्वनि प्रकरण में उद्धृत किया है। अतः ये विश्वनाथ (1350 ई.) से पूर्ववर्ती सिद्ध होते हैं। 1363 ई. में संकलित 'शाङ्र्धरपद्धति' एवं शिङ्भूपाल के 'रसार्णवसुधाकर' (1330ई.) में भी प्रसन्नराघव के कुछ श्लोक एवं

प्रसंग उद्धृत है। दूसरा तथ्य यह है कि मम्मट कृत **''तददोषौ शब्दार्थौ सगुणावनलंकृती पुनः क्वापि''**[5] इस काव्य लक्षण की स्वकृत चन्द्रालोक नामक काव्यशास्त्रीय ग्रन्थ में आलोचना भी की है–

अङ्गीकरोति यः काव्यं शब्दाऽर्थावनलङ्कृती।
असौ न मन्यते कस्मादनुष्णमनलं कृती ॥[6]

अतः इसको आधार मानक इनका समय 1100 से 1300 ई. के मध्य रखा जा सकता है। विद्वानों के अनुसार जयदेव ने श्रीहर्ष की शैली का अनुसरण किया है अतः इनका समय 1200 ई. के आसपास रखा गया है।

1. पात्र परिचय

1.1. पुरुष पात्र–

सूत्रधार–प्रधान नट
नट–सूत्रधार सहकारी
राम–नाटक के नायक
लक्ष्मण–दशरथ पुत्र राम का अनुज
विश्वामित्र–महर्षि, राम-लक्ष्मण के गुरु
जनक–मिथिलाधीश, राम के श्वसुर
शतानन्द–जनक के पुरोहित
दाल्भ्यायन–याज्ञवल्क्य के शिष्य
ताण्ड्यायन–शतानन्द शिष्य
परशुराम–महर्षि जमदग्नि पुत्र
मञ्जीरक, नूपुरक – स्तुतिपाठक
रावण–लंका का अधिपति। नाटक का प्रतिनायक
बाणासुर–असुरराज बलि का पुत्र
सागर–नदीपति
रत्नशेखर–ऐन्द्रजालिक
सुग्रीव–किष्किन्धा नरेश, पीठमर्द
हनूमान्–सुग्रीव का मन्त्री
माल्यवान्–रावण का मन्त्री
विभीषण–रावण का अनुज
करालक–माल्यावान का परिचारक
प्रहस्त–राक्षस सचिव
विद्याधर–देवयोनिविशेष
तापस भिक्षुक–कुब्ज वामन आदि

1.2. स्त्री पात्र–

सीता–नायिका, राम की पत्नी, जनक तनया

गङ्गा
यमुना
सरयू
गोदावरी
तुङ्गभद्रा

} नदियाँ

त्रिजटा–राक्षसी, सीतासखी

मन्दोदरी–प्रतिनायक रावण की पत्नी

विद्याधरी–देवयोनि विशेष

अन्य–सखी, चेटी आदि

2. कथावस्तु

प्रसन्नराघव रामकथा पर आधारित रूपकों में से एक श्रेष्ठ रूपक है। प्रसन्नराघवम् में रामकथा का बड़ा ही सुन्दर वर्णन किया गया है। कुल सात अंकों का रूपक है। कवि को बालकाण्ड की कथा से इतना अधिक स्नेह है कि आरम्भिक चार अंकों में बालकाण्ड की कथा का समावेश है। अंकानुसार कथा निम्नलिखित है–

प्रस्तावना

नाटक के प्रारम्भ में कवि ने आशीर्वादात्मक मंगलाचरण किया है। भगवान् विष्णु को मंगलाचरण समर्पित है–

चत्वारः प्रययन्तु विद्रुमलतारक्ताङगुलिश्रेणयः,
श्रेयः शोणसरोजकोरकरुचस्ते शाङ्र्गिणः पाणयः।
भालेष्वब्जभुवो लिखन्ति युगपद्ये पुण्यवर्णावलीः
कस्तूरीमकरीः पयोधरयुगे गण्डद्वये च श्रियः ॥[7]

नान्दी के अन्त में सूत्रधार ने अपने सहकारी रंगतरंग से वार्ता करता हुआ प्रसन्नराघव नाटक की प्रशंसा करता है। उसी प्रसंग में वह महर्षि वाल्मीकी का वर्णन कर बहुतेरे कवियों का रामचन्द्र का वर्णन में हेतु दिखलाता है–

चन्द्रे च रामचन्द्रे च नारीणां च दृगचञ्चले।
नीलोत्पलसुहृतकान्तौ कस्य नाऽऽमोदते मनः ॥[8]

प्रस्तुत नाटककार पीयूषवर्ष पदवी वाले जयदेव के कविता के कविता तार्किकत्व का अनुमान दृष्टान्त दिखलाकर सूत्रधार प्रसादगुणगुम्फितत्व और व्यङ्ग्यार्थप्रकाशत्व का भी प्रकाशन करता है। इसी प्रकार से महर्षि याज्ञवलक्य के शिष्य दाल्भ्यायन के आगमन की सूचना करता है।

दाल्भ्यायन ने राजर्षि जनक की पुत्री सीता के लिए आकुलता के कारण ब्रह्मविद्या में तथा कुलक्रमागत राजलक्ष्मी में भी शिथिलता का वर्णन किया है।

प्रथम अंक

प्रथम अंक में मंजीरक एवं नूपुरक नामक बन्दीजनों द्वारा सीतास्वयम्वर में अनेक देशों से आये राजाओं की वेश भूषा और आचरण आदि का तथा शिवधनुष के आरोपण अशक्ति का वर्णन किया है। इस अंक में रावण एवं बाणासुर दोनों सीतास्वयम्वर में प्रवेश करते है। अपने अपने बल की प्रशंसा करते हुए एवं परस्पर संघर्ष करते प्रदर्शित किये गये है। रावण अपने बल की प्रशंसा करता हुआ कहता है–

ये चन्द्रचूडाचलचालनैक
चातुर्यचिन्तामणयो भुजा मे।
तैरेव भूयिष्ठतरैः प्रवृत्त
श्चापाधिरोपाय कथं न लज्जे ॥[9]

द्वितीय अंक

यज्ञरक्षण के लिए अयोध्यापति दशरथ राम एवं लक्ष्मण को कुशिकनन्दन विश्वामित्र के साथ वन भेजते है। तदनन्तर ताडका एवं उसके प्रथम पुत्र सुबाहु के वध एवं द्वितीय पुत्र मारीच के नाराचक से दूर फेंके जाने का वर्णन है। द्वितीय अंक में जनक की वाटिका में पुष्पावचय करते हुए सीता एवं राम के प्रथम दर्शन का वर्णन है। राम द्वारा सीता के सौन्दर्य वर्णन में अनुप्रास की छवि एवं कविता का माधुर्य देखने को मिलता है–

बन्धूकबन्धुरधरः सितकेतकाभं
चक्षुर्मधूककलिकाममधुरः कपोलः।
दन्तावली विजितदाडिमबीजराजि
रास्यं पुनर्विकचपंकजदत्तदास्यम् ॥[10]

तृतीय अंक

तृतीय अंक में विश्वामित्र सहित राम एवं लक्ष्मण के स्वयंवर-मण्डप में पधारने का वर्णन है। विश्वामित्र राजा जनक को राम-लक्ष्मण का परिचय देते है तथा राजा जनक उनकी सुन्दरता पर मुग्ध होकर अपनी प्रतिज्ञा (शिव धनुष उठाने की प्रतिज्ञा) पर मन ही मन दुःखी होते हैं। विश्वमित्र का आदेश प्राप्त कर राम शिव धनुष तोड़ देते हैं। इस अंक में कुब्जक (कुबड़ा) एवं वामनक(बौना) इन दोनों पात्रों के संवाद में हास्य रस स्फुटित होता है। राम एवं लक्ष्मण दोनों क्षत्रियों को ब्राह्मण के वेश में देखकर दोनो जिस रूप में संवाद करते हैं, वह एक अनुपम हास्य है–

वामनक–शान्तं पापम्। अयं हि चिरतपस्यापरितोषितस्य ब्रह्मणो वाचा क्षत्रियत्वं परिहृत्य ब्राह्मणत्वं प्राप्तम्।

कुब्जक–कथं तनुरिव मतिरपि ते वामनी। यदी–शालीकलोकवृत्ताऽपिन्ते प्रत्याय्यते। यदि कस्यापि वाचा क्षत्रि यो ब्राह्मणो भवति तर्हि मम वाचा ब्राह्मणो भवसि।

वामनकः–अरे बालिश! कथं तव गोमुखस्य भगवतश्चतुर्मुखस्यापि नास्त्यन्तरम्।

चतुर्थ अंक

नेपथ्य से ध्रुवागीति का प्रादुर्भाव हुआ। चतुर्थ अंक में शिवधनुष के टूटने से भंग हुए तपस्या जिनकी ऐसे महर्षि परशुराम का स्वयंवर-मण्डप में प्रवेश होता है। वे परशु के प्रतिसन्देश में जनक का अतिशय अविनय विचार कर जगत् को जनकरहित करने हेतु उद्यत हुए। तब शतानन्द के शिष्य ताण्ड्यायन ने प्रवेश किया। इस अंक में लक्ष्मण तथा परशुराम के मध्य वाग्युद्ध को दिखाया गया है। परशुराम के द्वारा राम को युद्ध के लिए ललकारना तथा राम का अपने वाक्चातुर्य से परशुराम के क्रोध को शान्त करना इस अंक की मधुरता है। राम कहते है—हे मुने। अमंगल परशु कहाँ? और आपका पवित्र गोत्र कहाँ? यह धनुष कहाँ और आपका निर्मल शील कहाँ? भयंकर युद्ध में प्रयुक्त नाराचशस्त्र की क्रीडा कहाँ और पल्लवों के विलास से युक्त पर्णशाला कहाँ? अर्थात् युद्धोचित आपका निर्णय उचित नहीं है—

क्व परशुरशुभस्ते? कुत्र गोत्र पवित्रम्?
क्व धनुरिदमुदग्रं? निर्मलं कुत्र शीलम्?।
घनसमरकराला कुत्र नाराचहेला?
कुशकिसलयलीला कुत्र वा पर्णशाला? ॥[11]

पंचम अंक

पंचम अंक में गंगा, यमुना एवं सरयू के संवाद के रूप में राम वनगमन एवं दशरथ की मृत्यु की घटनाओं की सूचना प्राप्त होती है। गोदावरी समुद्र को रावण के भिक्षु रूप में आने स्वर्णमृग रूपी मारीच के मारे जाने एवं रावण के जटायु के युद्ध की कथा सुनाती है। तदनन्तर तुंगभद्रा नदी राम के द्वारा बालि का वध, सुग्रीव का चक्रवर्ती पदलाभ और सीता का अन्वेषण करने के लिए यत्र-तत्र सुग्रीव का वीर वानरों को भेजना इत्यादि वृत्तान्त का वर्णन किया। हंस नामक पात्र सीताहरण की सूचना सुनाता है। इस अंक में ननिहाल से आये हुए भरत तथा माता कैकयी का संवाद अत्यन्त ही चमत्कारिक शैली में वर्णित है—

मातस्तात क्व यातः? सुरपतिभवनं, हा! कुतः? पुत्रशोकात्,
कोऽसौ पुत्रश्चतुर्णा? त्वमवरजतया यस्य जातः, किमस्य?
प्राप्तोऽसौ काननाऽन्तं, किमिति? नृपगिरा, किं तथाऽसौ बभाषे?
मद्वाग्बद्धः, फलं ते किमिह? तव धराऽधीशता, हा ! हतोऽस्मि ॥[12]

षष्ठम अंक

षष्ठम अंक में विरही राम का अत्यन्त मार्मिक चित्र उपस्थापित किया गया है। हनुमान् का लंका जाना एवं लंका दहन की घटना का वर्णन इसी अंक में है। शोकाकुल सीता दिखायी पड़ती है और उनके मन में इस तरह का भय है कि राम को उनके चरित्र के विषय में सन्देह तो नहीं या राम का उनके प्रति अनुराग तो नष्ट नहीं हो गया है? उसी समय रावण आता है और सीता के प्रति अपना प्रेम प्रदर्शित करता है। सीता उससे घृणा करती है। रावण सीता को कृपाण से मारने के लिए दौड़ता है किन्तु उसी समय हनुमान् द्वारा मारे गये अपने पुत्र अक्षय का सिर दिखायी देता है। सीता हताश होकर चिता से अपने को जला देना चाहती है, पर अंगारे मोती के रूप में परिणत हो जाते है। तब हनुमान् वहाँ प्रवेश कर भाई के साथ राम का कुशल, सुग्रीव के साथ मैत्री, बालिवध, सीता विरह से राम की अतिशय कृशता और राम के द्वारा कही गयी वियोगावस्था सभी विषय कहा—

चान्द्री लेखां दशति दशनैर्दारुणः सैहिकेयो,
नव्यां वल्लीं दवदहनकश्चान्दनीं दन्दहीति।
अप्युन्मत्तः कुवलयमयीं मालिकामालुनीते?
मूलादुन्मूलयति नलिनीं दुष्टहस्ती करेण ॥[13]

फिर लंकादहन एवं समुद्र-सन्तरण की कथा का वर्णन है। तत्पश्चात् नेपथ्य से दधिमुख को पीड़ित कर मधुवन में यथेष्ट मधुपान कर हनुमान् नील और अंगद आदि के साथ रामचन्द्र जी के दर्शन के लिए आ रहे हैं। ऐसा सुनकर राम और लक्ष्मण हनुमान् जी की अगवानी के लिए आ रहे है।

सप्तम अंक

पुलस्त्य शिष्य गुरु का सन्देश लेकर विभीषण से मिलने के लिए लंका को चले गये। वहाँ रावण मन्त्री माल्यवान् का परिचारक करालक के साथ उनकी बातचीत होने लगी। इसी प्रसंग में रावण द्वारा विभीषण को त्याग दिये जाने का वर्णन है। रावण की इस गर्वोक्ति में श्लेष और उपमा अलंकार दोनो का सामञ्जस्य देखने को मिलता है—

रावण—आः! क एष चिन्ताविषयः?
इयं लीला लोलाङ्गदभुजलता नीलचिकुरा
समुन्मीलत्तारा कुमुदहसिता चारुनयना।
प्लवङ्गानां सेना युवतिरिव तारापतिमुखी
ममाऽग्रे कन्दर्पं प्रकटयितुमद्य प्रभवति ॥[14]

इसी समय नेपथ्य से रावण के मदनज्वर को शान्त करने के लिए शीतोपचार और उसके सेवक तथा आकाशचारियों से किये गये अनेक कर्मों का वर्णन है। करालक ने राजद्वार में प्रहस्त को देखकर उसके हाथ में चित्र समर्पण करने की इच्छा को प्रकाशित किया और वे दोनों वहाँ से निकल गये। सप्तम अंक में प्रहस्त के द्वारा रावण को एक चित्र दिखाया जाता है, जिसे माल्यवान् ने भेजा है। इस चित्र में सेतुबन्धन एवं शत्रु के आक्रमण का चित्र चित्रित किया गया है परन्तु रावण इसे कोरी कल्पना मानकर ध्यान नहीं देता। राम और रावण का युद्ध होता है। कवि ने विद्याधर एवं विद्याधरी के संवाद के रूप में युद्ध का वर्णन किया है। अन्ततः रावण सपरिवार मारा जाता है। अन्ततः राम, सीता, लक्ष्मण एवं सुग्रीव के द्वारा पौनः-पुन्येन सूर्यास्त तथा चन्द्रोदय का वर्णन करवाया जाता है। तदुपरान्त सीता, राम लक्ष्मण सुग्रीव और विभीषण में परस्पर बातचीत होने लगी। सुग्रीव और विभीषण ने उज्ज्वल रामयश का वर्णन किया। सीता जी के पूछने पर लक्ष्मण ने हनुमान् जी अयोध्या भेजे गये है ऐसा बतलाया और अयोध्या जाने के लिए पुष्पकविमान पर आरूढ होकर रास्ते में सभी लोग यथामति यमुना, भरद्वाज-आश्रम तथा सूर्योदय का वर्णन करने लगे। इसी समय सूर्यमण्डल से राम का अभिनन्दन करने वाले वाक्य उच्चरित हुए और अयोध्या में विमान पहुँच गया। तब श्रीरामचन्द्र जी साथियों के साथ पुष्पकविमान से उतरकर गुरुजन, बन्धुजन और नगरवासियों का अतिशय अभिनन्दन किया।

3. समीक्षा

जयदेव ने स्वयं की काव्यकला को नाटक की प्रस्तावना में नटी के मुख से प्रकट किया है कि उनके काव्य में कविता एवं तार्किकता दोनों का समावेश है—

नटी–एवमेतत्। नन्वयं प्रमाणप्रवीणोऽपि श्रूयते। तदिह चन्द्रिकाचण्डातपयोरिव कविता तार्किकत्वयोरेकाधिकरणतामालोक्य विस्मितोऽस्मि।

सूत्रधार–क इह विस्मयः

येषां कोमलकाव्यकौशलकलालीलावती भारती।
तेषां कर्कशतर्कवक्रवचनोद्‌गारेऽपि किं हीयते ॥[15]

जिन कवियों की वाणी कोमल काव्यकला से विलासती है, उन कवियों के कर्कश तर्कशास्त्र से कुटिल वचनों के प्रकाशन में क्या हानि है?

यैः कान्ताकुचमण्डले कररुहाः सानन्दमारोपिता।
स्तैः किं मत्तकरीन्द्रकुम्भशिखरे नारोपणीया शराः ॥[16]

जिन पुरुषों ने प्रिया के पयोधरमण्डल को आनन्दपूर्वक नाखूनों से क्षत किया है क्या वे लोग मदमस्त हाथी के मस्तकपिण्ड में बाण नहीं छोड़ते है? अर्थात् छोड़ते है। अतःतार्किकता तथा कवित्व दोनों उपादान एक कवि में हो सकते है।

जयदेव रससिद्धकवि है। इस रूपक का अंगी रस श्रृंगाररस है। अन्य रस उसके सहायक है। नाटककार जयदेव ने प्रथम अंक की प्रस्तावना में नट के माध्यम से कहा है कि प्रत्येक अंक में सभी श्रृंगारादि से युक्त, नवीन एवं विकसित होने वाले पुष्पों की तरह शोभित रंग रचना से सम्पन्न, चन्द्र के सदृश कुटिलता से मनोहर अति सुन्दर रचना से मनोरम नाटक का अभिनय किया जायेगा–

प्रत्यंकमंकुरितसर्वरसावतार,
न्नव्योलसत्-कुसुमराजिविराजिबन्धम्।
धर्मेतरांशुमिव वक्रतयाऽतिरम्यं,
नाट्यप्रबन्धमतिमञ्जुलसंविधानम् ॥[17]

इस रूपक का अंगी रस श्रृंगाररस है। अन्य रस उसके सहायक हैं। उदाहरण स्वरूप सीता को देखकर नाटक के नायक राम कहते है कि सीता ने बाल्यावस्थारूप शिशिर ऋतु को छोड़कर तारुण्य रूप वसन्त की शोभा प्राप्त कर ली है। इसके स्तन विकसित नूतन पुष्प गुच्छ है। सुन्दरी सीता की यह देहलता मेरे चित्त में हर्ष उत्पन्न कर रही है। यहाँ राम और सीता आलम्बन विभाव, सीता की देहयष्टि में विद्यमान तारुण्य तथा पुष्पगुच्छ के सदृश स्तनद्वय उद्दीपन विभाव, हर्ष अनुभाव तथा नायक की सीता विषयक रति श्रृंगार रस मे परिणत हो रही है–

निर्मुक्तशैशवदशा-शिशिरा नवीन-
सम्प्राप्तयौवनवसन्तमनोरमश्रीः।
उन्मीलितस्तननवस्तबका निकाम-
मेणीदृशस्तनुलता तनुते मुदं नः॥

इसी प्रकार नाटक के नायक श्रीराम को देखकर सीता कहती है कि हे लोचनों। प्रिय राम के मुख कमल के मकरन्द का पान कर लो। हे चंचल नेत्रों। फिर तुम दोनो कहाँ होगें और प्रियवर कहाँ? इस बात का तनिक विचार कर लो। यहाँ पर सीता और राम आलम्बन विभाव, प्रिय राम के

वदनारविद का मकरन्द उद्दीपन विभाव, चंचलता अनुभाव सीता की रामविषयक रति श्रृंगार रस में परिणत हो रही है–

अमृतमयपयोधिक्षीरकल्लोललोलैः
स्नपयति तरलाक्षी यत्र मां नेत्रपातैः
अपि भवतु सदाऽयं सन्मुहूर्तः
(विमृश्य सविषादम्)
..........कुतो वा?
मधुरविधुरमिश्राः सृष्टयो हा ! विधातुः ॥[18]

प्रसन्नराघव अन्य रसों का भी यत्र-तत्र प्रयोग किया है। उदाहरण स्वरूप सीता स्वयम्वर में रावण के आगमन से विषादपूर्वक मंजीरक कहता है कि हे वत्से सीते। जिसके कुलगुरु स्वयं याज्ञवल्क्य, पिता विदेहराज जनक और जननी पृथ्वी है, ऐसा होते हुए भी तुम आज दुर्भाग्य के विघात से रावण के हस्तगत होगी। यहाँ याज्ञवल्क्य, विदेहराज जनक और पृथ्वी आलम्बन विभाव, दुर्भाग्य उद्दीपन विभाव, आश्चर्यमिश्रित भीति अनुभाव और विस्मयस्थायी भाव रस में परिणत हो रहा है–

यस्याः स्वयं कुलगुरुः किल याज्ञवल्क्य,
स्तातः स एष जनको जननी धरित्री।
साऽपि त्वमद्य बत? दुर्विधिवैशसेन,
वत्से! निशाचरकराङ्गता भवित्री ॥[19]

जयदेव में भवभूति के समान हृदय के भावों का चित्रण नहीं है परन्तु इतनी मंजुल पदावली कि है पढ़ते ही सम्पूर्ण चित्र हमारी आँखों के सामने उपस्थापित हो जाता है। इस नाटक की कथा के वर्णन से स्पष्ट है कि इस रचना में नाटकीयत्व की अपेक्षा कवित्व की ही सत्ता विशेष है। अतः यह अत्यन्त ही सुन्दर, प्रसादमयी एवं लालित्ययुक्त प्रसन्न भाषा में राघव (राम) की कविता है अतः इसका नाम प्रसन्नराघव यथार्थ ही है। कवि में कोमल कविकला की पूर्ण अभिव्यक्ति की पूर्ण अभिव्यक्ति करने की क्षमता है, वह ऐसे ललित अवसरों की खोज में रहता है। जयदेव की शैली प्रसाद गुण से गुम्फित और पद लालित्य से परिमण्डित है। प्रस्तावना में ही अनेक कवियों द्वारा कविता कामिनी के कविता कामिनी के विविध उपादानों की सुषमा निर्मित किये जाने का रम्य वर्णन किया गया है–

यस्याश्चोरश्चिकुरनिकरः कर्णपूरो मयूरो,
भासो हासः कविकुलगुरुः कालिदासो विलासः।
हर्षो हर्षो हृदयवसतिः पञ्चबाणस्तु बाणः
केषां नैषा कथय कविताकामिनी कौतुकाय ॥[20]

प्रत्येक पद में अनुप्रासयुक्त पदलालित्य जयदेव की विशेषता है जो श्रीहर्ष का प्रभाव सूचित करता है, उक्त पद्य में अपने आदर्श कवि श्री हर्ष को उन्होने कविता कामिनी का हर्ष माना है।

हनुमान् सीता को राम की विरह दशा से अनुप्राणित सन्देश सुनाते है–

हिमांशुश्चण्डांशुर्नवजलधरो दावदहनः
सरिद्वीचीवातः कुपितफणिनिःश्वासपवनः।

नवा मल्ली भल्ली कुवलयवनं कुन्तगहनं।
मम त्वत्विश्लेषात्सुमुखि विपरीतं जगदिदम् ॥[21]

अर्थात् हे सुमुखी, तुम्हारे वियोग में यह संसार मेरे लिए विपरीत हो गया है। चन्द्रमा सूर्य बन गया है, नवीन जलधर दावाग्नि हो गया है, नदी की तरंगों से चला पवन कुपित सर्प की श्वास वायु हो गया है। नयी खिली चमेली के समान, नीलकमल वन भालों के जंगल जैसा हो गया है। सभी सुखद पदार्थ संतापकर हो गये है।

अनुप्रासों का आकर्षण कवि को इस प्रकार की रचना के लिए विवश करता है—

वासन्ती रसबिन्दुं सुन्दरमिन्दिन्दिरा इह चरन्ति।
चिरमन्दिरंमरविन्दं मन्दं मन्दं परिहरन्ति ॥

अर्थात् भौरें सुन्दर वासन्तीलता के रस की बूँद को पी रहें हैं और बहुत दिनों के अपने आश्रयस्थल कमल को धीरे धीरे छोड़ते जा रहे हैं।

द्वितीय अंक का वाटिका वृतान्त कवि की निजी कल्पना है और बहुत ही सुन्दर कल्पना है। षष्ठम अंक में राम का विरही रूप अत्यन्त करुणाजनक है, जब जंगल की प्रत्येक वस्तु को सीता के समाचार पूछते एवं बिलखते हुए घूमते है। इसी प्रकार प्रभात एवं चन्द्रोदय का वर्णन भी प्रतिभा सम्पन्न है। प्रसन्नराघव का नाटकीय दृष्टि से मूल्यांकन नहीं किया जा सकता। प्रसिद्ध घटनाओं को केवल यहाँ नाटकीय रूप दिया गया है। उसमें व्यापार की प्रसृति एवं प्रगति खोजने पर भी नहीं मिलती। गोस्वामी तुलसीदास जी ने रामचरितमानस में जयदेव की अनेक सूक्तियों को अपनाया है। वाटिका वाला वृतान्त जो मानस में अपनी चारुता तथा रुचिर कल्पना के लिए प्रसिद्ध है, इसी नाटक के आधार पर निर्मित किया गया है। उदाहरणस्वरूप प्रसन्नराघव में—

चन्द्रहास! हर मे परितापं रामचन्द्रविरहानलजातम्।
त्वं हि कान्तिजितमौक्तिकचूर्णं धारया वहसि शीतलमम्भः ॥

इसी का अनुगमन करते हुए सुन्दरकाण्ड में तुलसीदास कहते हैं—

चन्द्रहास हरु मम परितापं। रघुपति हृदय अनल संजातम्।
शीत निसा तव असिवरधारा। कह सीता हरु मम दुःखभारा ॥

इसी प्रकार प्रसन्नराघव में—

उदर्कभूतिमिच्छद्भिः सद्भिः खलु न दृश्यते।
चतुर्थीचन्द्रलेखेव परस्त्रीभालपट्टिका ॥[22]

रामचरितमानस में—

सो परनारि लिलार गोसाई, तजहु चौथ की चन्द की नाई ॥

यह तो दिग्दर्शनमात्र है इसी तरह अनेक कवियों ने प्रसन्नराघवकार का अनुसरण किया है। साहित्यदर्पणकार ने अर्थान्तरसंक्रमितवाच्य ध्वनि के उदाहरण के प्रसंग में प्रसन्नराघवम् के इस पद्य को उद्धृत किया—

कदली कदली करभः करभः करिराजकरः करिराजकरः।
भुवनत्रितयेऽपि बिभर्ति तुलामिदमूरुयुगं न चमूरुदृशः ॥[23]

जयदेव एक उदात्त कवि है क्यों कि जयदेव का इष्टवाक्य यह है कि कविता दर्शन एवं ऐश्वर्य दोनो से अधिक आनन्दप्रदात्री है। जयदेव की दृष्टि में कविता न केवल ब्रह्मविद्या अपितु राजविद्या से भी अधिकतर आनन्द उत्पन्न करती है—

न ब्रह्मविद्या न च राजलक्ष्मी
स्तथा यथेयं कविता कवीनाम्।
लोकोत्तरे पुंसि निवेश्यमाना।
पुत्रीव हर्ष हृदये करोति ॥

(श्रेष्ठ पुरुषों में प्रतिपादित कुमारी के सदृश लोकोत्तर (राम आदि) पुरुष में उपयुक्त यह कविता कवियों के हृदय में जिस प्रकार हर्ष प्रदान करती है उस तरह का हर्ष न तो ब्रह्मविद्या (वेदान्तशास्त्र) ना ही राजलक्ष्मी उत्पन्न्न कर सकती है।)

वस्तुतः जयदेव का अनुकरण करते हुए अनेक हिन्दी रामभक्त कवियों ने नाटक के भाव प्रसूनों से अपनी कविता का शृंगार किया है। यही जयदेव के अमर कवित्व का प्रमाण है। रामकथा में जो पवित्रता तथा कोमलता विद्यमान है, वह हमें प्रसन्नराघव में देखने को मिलती है। वस्तुतः वे अमर कवित्व के धनी हैं और संस्कृतकविताकामिनी के विलास है।

सन्दर्भ

1. चन्द्रालोक 1/16
2. प्रसन्नराघव 1/14, आचार्य शेषराज शर्मा रेग्मी, चौखम्भा संस्कृत प्रतिष्ठान, नई दिल्ली, 1973, पृ. 4
3. प्रसन्नराघव 1/15, आचार्य शेषराज शर्मा रेग्मी, चौखम्भा संस्कृत प्रतिष्ठान, नई दिल्ली, 1973, पृ. 4
4. प्रसन्नराघव 1/31, आचार्य शेषराज शर्मा रेग्मी, चौखम्भा संस्कृत प्रतिष्ठान, नई दिल्ली, 1973, पृ. 254
5. काव्यप्रकाश, डॉ. सत्यव्रत सिंह, चौखम्भा संस्कृत प्रतिष्ठान, नयी दिल्ली पृ. 10
6. चन्द्रालोक, 1/1
7. संस्कृत-साहित्य का इतिहास, डॉ. उमाशंकर शर्मा ऋषि, चौखम्भा भारती अकादमी, वाराणसी, 1999, पृ. 540
8. प्रसन्नराघव, 1/1
9. प्रसन्नराघव, 1/54
10. प्रसन्नराघव, 2/8
11. प्रसन्नराघव, 4/32
12. प्रसन्नराघव, 5/18
13. प्रसन्नराघव, 6/32
14. प्रसन्नराघव, 7/16
15. प्रसन्नराघव, 1/18
16. प्रसन्नराघव, 1/11
17. प्रसन्नराघव, 1/7
18. प्रसन्नराघव, 2/28
19. प्रसन्नराघव, 1/46
20. प्रसन्नराघव, 1/22
21. प्रसन्नराघव, 6/43
22. प्रसन्नराघव, 2/18
23. प्रसन्नराघव, 1/37

‘उत्तरसीताचरितम्’ और ‘जानकीजीवनम्’ में रामकथा

डॉ. विमल तिवारी

उत्तरसीताचरितम्

दससर्गसमन्वित ‘उत्तरसीताचरितम्’ के रचयिता आचार्य रेवा प्रसाद द्विवेदी जी हैं। आचार्य जी एक श्रेष्ठ विचारक, आलोचक, समीक्षक, काव्यशास्त्र में ‘अलं ब्रह्म’ महावाक्य के उपस्थापक, अभिनव कालिदास के नाम से प्रबोधित हैं। स्वातन्त्र्योत्तरकालीन महान् साहित्यकार आचार्य रेवा प्रसाद द्विवेदी जी का जन्म 22 अगस्त 1935 ई. में मध्यप्रदेश के नर्मदांचल में नादनेर नामक ग्राम में हुआ। इनके पिता का नाम पं. नर्मदाप्रसाद द्विवेदी था। आचार्य प्रवर शिवनगरी काशी में चूडान्त संस्कृत साहित्य का अध्ययन करके 1959 ई. में मध्यप्रदेश में अध्यापन से अपनी सेवा प्रारम्भ की। तदनन्तर काशीहिन्दूविश्वविद्यालय के संस्कृतविद्याधर्मविज्ञानसंकाय में रीडर पद पर नियुक्त हुए और पदोन्नति पाकर संकायप्रमुख पद भी अलंकृत किया। आचार्य श्री अनेक पुरस्कारों से सम्मानित हुए उनमें राष्ट्रपति पुरस्कार, साहित्य-अकादमी, श्रीवाणी, वाल्मीकि, विश्वभारती, व्यासपुरस्कार इत्यादि उल्लेखनीय हैं। आचार्यप्रवर की कृतियों की एक विशाल श्रृंखला है। उनमें प्रमुख तीन महाकाव्य उत्तरसीताचरितम्, स्वातन्त्र्यसम्भवम्, कुमारविजयम् इत्यादि। तीन नूतनसाहित्यशास्त्र काव्यालंकारकारिका, नाट्यानुशासनम्, साहित्यशारीरकम्। अन्य प्रसिद्ध रचनाओं में शतपत्रम्, प्रथमः, श्रीरेवाभद्रपीठम्, संस्कृतहीरकम्, शरभङ्गम्, मतान्तरम्, अवदानलतिका, अमरीकावैभवम्, यूथिका, सप्तर्षिकांग्रेसम् अपि नीलनदी शरशय्या इत्यादि हैं इन रचनाओं में दससर्गयुक्त उत्तरसीताचरित का विशिष्ट स्थान है। इसके सर्गों के नाम क्रमशः राष्ट्रपतिनिर्वाचनम्, जानकीकौलीनम्, जानकीपरित्यागः, साकेतपरित्यागः, कुमारप्रसवः, जानकीमुनिवृत्तिः, विद्याधिगमः, कुमारायोधनम्, मातृप्रत्यभिज्ञानम्, समाधिमाङ्गल्यम् इत्यादि हैं। ग्रन्थ के नाम व सर्गों के नाम से ही विदित है कि इस ग्रन्थ में वाल्मीकि-रामायण के उत्तरभाग की कथा वर्णित है। राष्ट्रपतिनिर्वाचनम् नामक प्रथमसर्ग में श्रीराम रावण का संहार करके अयोध्यापुरी लौटते हैं। श्रीराम, सीता और लक्ष्मण को देखकर अयोध्यावासी अत्यन्त ही आनन्दित हैं। तदनन्तर कौसल्या तीनों का ही महिमामण्डन करती हैं। वे अपनी माता कैकेयी से मिले और श्रीराम ने अपने वनवास के पीछे छिपी मौन नियति जैसी मौन मनोभावना को मुखर शब्दों में स्पष्ट किया और भरत तथा उनके ही जैसे अन्य सभी व्यक्तियों की आँखें प्रमाणित कर दीं। सभी अपने वल्कलवस्त्र हटाकर राजकीय वेष धारण किये। तत्पश्चात् गुरु वसिष्ठ अमृतवृष्टिस्वरूप तत्कालोचित कर्तव्य ’नय’का उपदेश दिया। तत्पश्चात् श्रीराम का राज्याभिषेक किया गया। जानकीकौलीनं नामक द्वितीयसर्ग में

रामराज्य का वर्णन किया गया है। यथा रामराज्य में ईश्वर ने शुद्ध चित्त से धर्मनीति के द्वारा प्रजा को इस प्रकार सन्तुष्ट किया कि उसे यमराज से भी भय नहीं रहा और उसे कल्पवृक्ष से भी याचना की कोई आवश्यकता नहीं रही। तदनन्तर गुप्तचर श्रीराम के सम्मुख सीता के प्रति संशयालुता की बात प्रस्तुत करता है। दूत के द्वारा प्रियातिरस्कारमयी वाणी को सुनकर श्रीराम का हृदय विदीर्ण हो जाता है। दूत को विदा कर अपने को कोसते हुए किंकर्तव्यविमूढ श्रीराम अन्त में लतातुल्य प्रिया को ही छोड़ने का निर्णय लिया। महान् आत्माओं के चित्त दूसरों के हित में ही जो सुख पाते हैं। श्रीराम ने दूत द्वारा प्रस्तुत किया गया वाग्विसर्ग सभी के सम्मुख प्रस्तुत किया। सभी अत्यन्त दुःखित हुए। तत्पश्चात् श्रीराम की विमलचित्ता धर्मपत्नी सीता ने ही अपने आत्मदेवता की साक्षी पर अपने कर्तव्य का निश्चय किया। उत्तरसीताचरित की सीता निर्भीक व कर्तव्यनिष्ठ है। जानकीपरित्याग नामक तृतीय सर्ग में सीता अपना निर्णय सुनाती हैं। तद्यथा—'मैं जहाँ आप चाहें, रह सकती हूँ। केवल विश्वमानव को निष्कण्टक रहना चाहिए, आपकी कीर्ति के साथ। आज जंगल मैं जा रही हूँ और अकेली जा रही हूँ। तुम (लक्ष्मण को सम्बोधित करके) अपने अग्रज की रक्षा पूर्ववत् करते रहना सब प्रकार से सदा ही। जलधारा को छोड़ सकता है, परन्तु शैत्य को नहीं। रघुवंशियों की चेतना सी वह सीता लक्ष्मण द्वारा चालित रथ के द्वारा उस नगरी से चल दी। अपने राजधर्म के पालन में हिमाचल सी निश्चलता लिए निष्काम राम ममत्व का बन्धन तोड़कर मूर्तिमान् कर्मयोगी प्रतीत हो रहे थे। साकेतपरित्याग नामक चतुर्थ सर्ग का विषय इस प्रकार है। लक्ष्मण ऊर्मिला आदि को पूजा का अवसर देने के लिए सीता को अपने घर ले गये। जहाँ सीता-ऊर्मिला संवाद होता है। ऊर्मिला सीता की मनोव्यथा समझ जाती है। सीता कहती हैं कि बहन! मैं अब रघुवंश की परात्पर वधू नहीं रह गयी हूँ। आज मैं इस सम्पूर्ण विश्व की वराटचेटिका (एक कौड़ी रोजी पाने वाली दासी) हूँ। फिर से वनेचरी (वानप्रस्थ आश्रम की) बन गयी हूँ। दुःखिता ऊर्मिला सर्ववृत्तान्त जानना चाहती हैं। वहीं पर माण्डवी और श्रुतकीर्ति का प्रवेश होता है। इनके द्वारा पूरा वृत्तान्त ज्ञात होता है। सभी बहनें प्रसव तक सीता को निश्चय त्याग देने की प्रार्थना करतीं हैं और वन साथ चलने की इच्छा व्यक्त करती हैं। सीता के दुःख से दुःखी बहनों ने सीता से बहुत सी मीठी बातें कहीं, किन्तु सीता अपने साथ वन चलने के प्रस्ताव पर बहनों का अनुमोदन नहीं कर सकीं। क्योंकि गुरुजन स्वार्थपरायण नहीं होते। सीता ने रघुकुल की सुख सम्पत्ति की वृद्धि के लिए बहनों से घर में रहने का अनुरोध किया। कुमारप्रसव नामक पंचम सर्ग में लक्ष्मण सीता को वन में छोड़कर अयोध्या लौटते हैं। सीता गंगातट पर अपने चरणों से गंगा को पवित्र करती हुई विचार करती हैं कि इस वन में कहाँ जाऊँ और मुझ अभागिनी को रहने के लिए कौन सा स्थान मिलेगा। इसी समय सीता प्रसववेदना से पीड़ित हुई। पक्षी चहचहाना बन्द कर क्रन्दन करते दिखलायी पड़ते हैं। हिरन अपनी चंचलता छोड़ स्तब्ध हो जाते हैं। यह सब देख वाल्मीकि जी भी अन्यन्त व्याकुल हो जाते हैं और गंगातट की तरफ बढ़ते हैं। विचित्र प्रकृति सौन्दर्य को देखते हुए वाल्मीकि जी ने देखा कि लताकुंज में सीता के पास ओज से परिवेष्टित दो नवजात शिशु थे। कवि वाल्मीकि का चित्त भी (सद्यःप्रसूता सीता के दर्शन से) जगदम्बारूपी ज्योति में नहा लिया और उनकी बुद्धि विमल हो गयी। उन्होनें निवेदन किया कि इन दोनों पुत्रों के साथ तुम्हारे चरण हम लोगों के स्थान का स्पर्श करें। हमारे आश्रम तो राष्ट्र की आपत्ति दूर करने हेतु निर्मित हैं। जानकीमुनिवृत्ति नामक षष्ठ सर्ग में सीता अपने दोनों पुत्रों के साथ आश्रम

पहुँचती हैं और आर्यधर्म में दृढमति, तप में स्थिरतापूर्वक निरत मुनिवनिताओं ने उत्कृष्ट उपकरणों से खुशी के साथ सीता का सत्कार किया। आश्रम पहुँचकर अपने को धन्य मानती हुई सीता आश्रम के वैभव और माहात्म्य वर्णित करती हैं। मुनि वाल्मीकि के आश्रम की रमणीयता बारीकी के साथ निहारकर राजपत्नी सीता नगरवासियों के बीच फैले अपने जनापवाद को भी स्पृहणीय पुरुषार्थ माना। तदनन्तर आश्रम में सीता का रहन सहन, कुश व लव का पालन पोषण कवि द्वारा वर्णित है। 'विद्याधिगम' नामक सप्तम सर्ग में सीता ने कार्तिकेय जैसे तेजस्वी दोनों पुत्रों को मुनि के चरणों में इनके, स्वयं के और स्वयं की जनता के परिष्कार के लिए अर्पित करती हैं। वाल्मीकि मुनि ने कहा कि जिसकी माता तुम्हारी तरह हो तो उसकी शिक्षा के लिए किस गुरु की अपेक्षा हो सकती है। भारतप्रतिष्ठे सीते! सुनो भारतीय व्यक्ति कहीं भी और किसी के भी सामने अपना सिर नहीं झुकाता। फिर वाल्मीकि मुनि दोनों कुमारों प्रशिक्षित करने का संकल्प लेते हैं और कुश व लव के सिर पर हाथ रखकर सायंकालीन धर्मकृत्य पूर्णकर सभाविसर्जन कर देते हैं। 'कुमारायोधनम्' नामक अष्टम सर्ग में कुश और लव को मुनि वाल्मीकि ने अंगों सहित सभी वेदों और शास्त्रों में भावित देखकर समावर्त्तन संस्कार के लिए अपना काव्य (रामायण) भी सस्वर पढ़ाया। दिव्य प्रभाव वाले कुश और लव ने आश्रमवासियों के स्थानों की रक्षा करना आरम्भ कर दिया और उसी के द्वारा मुनियों के तपोव्यय की भी। मुनि वाल्मीकि के कल्पतरु की छाया जैसे उस आश्रम में पुत्रशिक्षा तथा योगसिद्धि रूपी कामनाओं के पूर्ण हो जाने से सीता पूर्णकाम हो गयीं। इसी बीच श्रीराम ने पृथ्वी को अखण्ड बनाने के उद्देश्य से अश्वमेध का अश्व छोड़ा और उसकी रक्षा करते हुए चन्द्रकेतु बहुत बड़ी सेना के साथ वाल्मीकि मुनि के आश्रम पर पहुँचे। स्वभाव से ही वीर कुश और लव जनघोषों को नहीं सह सके और दोनों में घोर युद्ध होता है। उधर वर्णों के अधिकारों की मर्यादा रक्षित रखने हेतु प्रेरित राम शम्बूक को मुनिवृत्ति से हटाकर उसी उपक्रम में अश्व को देखना चाहा और पुष्पकविमान से वाल्मीकि आश्रम पहुँचे। जहाँ सभी का मिलाप होता है। 'मातृप्रत्यभिज्ञानम्' नामक नवम सर्ग में भरत और लक्ष्मण को लेकर गुरु वसिष्ठ के साथ राम की सभी मातायें और विदेहराज जनक भी दूसरे दिन सबेरे वाल्मीकि आश्रम पहुँचे। मुनि वाल्मीकि सभी की उपस्थिति में प्रश्न करते हैं कि पत्नी को छोड़कर यज्ञ कर रहे श्रीराम का यह अनुष्ठान क्या कोरी विडम्बना नहीं है? यदि सीता की सुवर्णप्रतिमा प्रतिष्ठित कर समाधान कर लिया हो, तो सोचिये कि स्वयं उस सीता ने क्या अपराध किया था। सीता तो राक्षसों वानरों व देवताओं के समक्ष अग्निपरीक्षा में शुद्ध हुई थीं। इस प्रकार अनेक महत्त्वपूर्ण तथ्य प्रस्तुत कर वाल्मीकि मुनि शान्त हो जाते हैं क्योंकि जो आवश्यकता से अधिक बोलता है वह सरस्वती का अपमान करता है। उस समय समाज ने सीता जी की प्राप्ति के लिए तीव्र उत्सुकता का अनुभव किया। महर्षि वसिष्ठ से मुनि वाल्मीकि जी से निवेदन किया कि आप की आज्ञा हम सिर पर धारण करते हैं, परन्तु आप अपने इस वाक्य को सत्य सिद्ध कीजिये कि इस स्वदेश में सीता सुरक्षित है। सबकी उत्सुकता को देखकर वाल्मीकि जी ने सभा के मध्य भाग में बने स्थण्डिल की पूजा में निरत वनदेवियों को संकेत कर दिया। सीता की जयजयकार होती है। आदिकवि की छन्दस्वती प्रतिभा सी प्रसाद सौम्य आशय ली हुई, वह, मुनियों के रक्त की संघशक्ति, वह, पृथ्वीतल की दिव्य पुत्री, वह पुरुषोत्तम की दिव्य पत्नी, वह रावण की कालरात्रि और इसलिए हमारे राष्ट्र की देवी वह सीता पुनः दिखायी दी। उन्हें देखकर सभी हर्षित

होते हैं। उत्तरसीताचरितम् के 'समाधिमाङ्गल्यम्' नामक दशम सर्ग में सभी के मन में सीतादर्शन के उपरान्त सन्तति की जिज्ञासा जागी। सैनिकों ने जृम्भकास्त्रसिद्धि के कारण अनुमान किया कि प्रतिपक्ष से लड़ते दोनों वीर बालक सीता के पुत्र हैं। चन्द्रकेतु के साथ कुश और लव सभा-स्थल पर आते हैं। पिता का नाम ज्ञात नहीं होने के कारण वे दोनों माता सीता का नाम लेकर प्रणाम किया। तब वाल्मीकि मुनि ने दोनों पुत्रों को श्रीराम से परिचित कराया। आश्रम में आनन्द का समुद्र उमड़ पड़ा। श्रीराम ने उन पुत्रों को वसिष्ठ और वाल्मीकि की दृष्टि से सुपरीक्षित पुत्रों के रूप में स्वीकार किया। उस समय अयोध्या का वह राजवंश उन दोनों पुत्रों से मिलकर उसी प्रकार अत्यन्त सुशोभित हुआ जिस प्रकार ब्रह्मपुत्र और सिन्धु से मिलकर यह देश सुशोभित होता है। उस समय विदेहपुत्री सीता में मातृत्व का दर्शन कर सब लोग एक स्वर से बोले 'इस चराचर की माता तो सीता ही है'। तभी पतिपित्रादि सभी की उपस्थिति देखकर सीता जी वाल्मीकि आश्रम जैसा उत्तम स्थान देखकर जीवन का कोई कृत्य शेष नहीं जानकर अपना स्थूल देह अपनी माता वसुन्धरा को लौटा देना चाहा। सीता ने अपना स्थूल शरीर योग से मुक्त कर दिया। अब इन सबने अपनी आँखों के जलों से मिश्रित गंगाजल से अत्यन्त पवित्र तथा श्रद्धा से मिश्रित पुष्पों से अत्यन्त शबलित गर्त खोदा और उस माता के स्थूल शरीर को फिर से महीमाता की ही अंकशय्या पर आसीन कर दिया अर्थात् भूमिसमाधि दे दी, क्योंकि योगमुक्त शरीर मृत नहीं माना जाता। यहाँ पर पातालप्रवेश की घटना वाल्मीकि-रामायण से अलग होती है। आधुनिक संस्कृतकाव्य रचनाओं में आचार्य रेवाप्रसाद द्विवेदी द्वारा रचित उत्तरसीताचरित कथानक की दृष्टि से एवं काव्यशास्त्रीय मानदण्डों के आधार पर आधुनिक संस्कृतसाहित्य की अमूल्य निधि है।

जानकीजीवनम्

आचार्य अभिराजराजेन्द्र मिश्र संस्कृत और हिन्दी भाषा के श्रेष्ठ समालोचक और लब्धप्रतिष्ठ कवि हैं। अभिराजराजेन्द्र मिश्र जी का जन्म जौनपुर मण्डल के अन्तर्गत द्रोणीपुर नामक ग्राम में जनवरी मास में सन् 1943 ई. में हुआ। इनके पिता का नाम दुर्गाप्रसाद और माता का नाम अभिराजी देवी है। आचार्य अभिराजराजेन्द्र मिश्र जी इलाहाबाद विश्वविद्यालय से परास्नातक परीक्षा उत्तीर्ण कर वहीं से शोधकार्य करना प्रारम्भ किया। शोधकार्य के उपरान्त वहीं पर संस्कृत-विभाग में प्रवक्ता पद पर नियुक्त हुए। उसके बाद आचार्य जी शिमला विश्वविद्यालय में प्रोफेसर और संस्कृतविभागाध्यक्ष हुए। तदनन्तर विश्वविख्यात सम्पूर्णानन्दसंस्कृतविश्वविद्यालय के यशस्वी कुलपति हुए। आचार्य अभिराजराजेन्द्र मिश्र का वाङ्मय विपुल और विविध है। इनके द्वारा अल्प समय में मौलिक साहित्य का सर्जन किया गया। इनके द्वारा काव्यशास्त्र, महाकाव्य, खण्डकाव्य, नवगीतसंग्रह, एकांकीसंग्रह, सम्पूर्णनाटिका और कथासंग्रह इत्यादि ग्रन्थ विरचित किये गये। इन्हीं ग्रन्थों में इक्कीस सर्गसमन्वित 'जानकीजीवनम्' नामक एक अद्वितीय महाकाव्य रचा गया। इस महाकाव्य में सीता का जीवन-चरित विस्तार से वर्णित है। सहृदयों के परिज्ञान के लिए 'जानकीजीवनम्' महाकाव्य की प्रतिपाद्य व्यवस्था भी दी गयी है। जो ग्रन्थ का संक्षिप्त परिचय प्रस्तुत करती है, जो इस प्रकार है—

सर्गक्रम	स्वरूप	सर्गाभिधान
प्रथम	अयोनिजा सीता	अवतारः
द्वितीय	जनकनन्दिनी	सीता शिशुकेलिः
तृतीय	नवयौवना सीता	स्मराङ्कुरः
चतुर्थ	लोकविश्रुता सीता	राघवानुरागः
पञ्चम	सौभाग्यवती सीता	रघुराजसङ्गमः
षष्ठ	अनुरागिणी सीता	पूर्वरागः
सप्तम	परिणीता सीता	स्वयंवरः
अष्टम	प्रियानुगता सीता	श्वसुरालयः
नवम	रामप्रिया सीता	वध्वाचारः
दशम	सहचरी सीता	वनवासः
एकादश	अपहृता सीता	रावणापहारः
द्वादश	तपस्विनी सीता	अशोकवनाश्रयः
त्रयोदश	प्रत्युज्जीविता सीता	लङ्काविजयः
चतुर्दश	राजमहिषी सीता	राज्याभिषेकः
पञ्चदश	मनोरमा सीता	रामराज्यम्
षोडश	पुण्यशीला सीता	अपवादनिर्णयः
सप्तदश	वीरप्रसविनी सीता	लवकुशोदयः
अष्टादश	अर्धाङ्गिनी सीता	अश्वमेधः
एकोनविंश	भर्तृमती सीता	गार्हस्थ्यम्
विंश	अश्वमेधसंज्ञकः	
एकविंश	रामायणज्ञानसंज्ञकः।	

जानकीजीवनमहाकाव्य में सीता का जीवनचरित विस्तार से वर्णित है। इसमें देवी सीता को महाकवि पृथ्वीगर्भसम्भवा स्वीकार करते हैं। महाकाव्य के प्रथम सर्ग में इसका वर्णन इस प्रकार है कि प्राचीन काल में विदेह जनपद में वर्षा नहीं हुई। कई वर्ष व्यतीत हो गये और सारी प्रजा दुःखी थी। प्रजा का दुःख समझकर गुरु शतानन्द के समीप आये और इस विपत्ति से निवारण का उपाय पूछा। गुरु शतानन्द ने महाराज जनक को सम्बोधित करते हुए कहा कि हे राजन्! सुवर्णमणिमाणिक्यों से हल का निर्माण करके उसे वृषभवत् चलाओ। इस क्षितिकर्षकर्म से अप्रमेय वृष्टि होगी। इस प्रतिकूल समय में भगवान् इन्द्र को प्रसन्न करो। मेरे इन उपायों का आश्रय कर तुम इस विपत्तिसागर से मुक्त हो जाओगे। गुरु शतानन्द की आज्ञा को स्वीकार कर जब राजा जनक ने जब वह हल खींचना शुरू किया तब प्रसन्नचित्त प्रजा जयघोष करना आरम्भ कर दिया। राजा जनक प्रचण्ड बाहुशक्ति से जब हल खींच रहे थे तभी वहाँ से प्रकाशपुंज प्रकट हुआ। उस हल के अग्रभाग के प्रहार से कुम्भरूपी शय्या पर देवताओं की लक्ष्मी के समान एक दिव्य कन्या की उत्पत्ति हुई और आकाशवाणी हुई कि हे सीरध्वज! संसारशोकविनाशिका देवप्रदत्त यह कन्या स्वीकार कीजिए। यह कन्या तुम्हारे नाम से ही इस संसार में प्रसिद्ध होगी इसका नाम विदेहनन्दिनी, जानकी और मैथिली होगा। कविराज

अभिराजराजेन्द्रमिश्र भी भगवती सीता की उत्पत्ति वाल्मीकि-रामायण के अनुसार पृथ्वीगर्भ से ही स्वीकार करते हैं। जानकीजीवन महाकाव्य में सीतोत्पत्तिसदृश भगवती सीता का विवाहप्रसंग भी विस्तार से पाया जाता है। महाकवि अभिराजराजेन्द्र मिश्र ने स्मरांकुर नामक चतुर्थ सर्ग में सीता की उत्पत्ति का उद्देश्य प्रस्तुत करते हैं। तद्यथा—नूतनजलधरसदृश नारायण की जो चिरन्तनसहचरी लक्ष्मी हैं। वही त्रेतायुग में रावणवंश के विनाश के लिए रामप्रिया सीतास्वरूप में महाराज जनक के प्रासाद में अवतरित हुई और अभिरामचरित, कामदेवसदृश व्यक्तित्ववान्, आजानुबाहु, कमलनयन, समस्त लोकों के अधीश्वर साक्षात् विष्णु भी रामस्वरूप में अयोध्यानगरी में महाराज रघु के वंश में अवतरित हुए। इसी क्रम में मुनिश्रेष्ठ विश्वामित्र के चिन्ता से रहित वातावरण वाले उस आश्रम में विदेहनगर से एक अश्वारोही सन्देशवाहक आया। उस सन्देशवाहक से मिथिलावासियों का कुशलक्षेम जानकर, महाराज जनक द्वारा प्रेषित पत्र देखकर, उस सन्देश वाहक को विदाकर महामुनि विश्वामित्र स्नेहलसित वाणी में श्रीराम को सम्बोधित करके कहा। हे रघुवीर! निश्चय ही ईश्वर कृपालु है। यह इस निमन्त्रण पत्रिका से सिद्ध हो गया। हे पुत्रों! कल प्रातःकाल में ही हम नयनाभिराम मिथिलानगरी के लिए प्रस्थान करेंगे। विदेहराज सीरध्वज के द्वारा पृथ्वीगर्भसम्भवा लक्ष्मीस्वरूपकन्या का प्रख्यात स्वयंवर समारोह आयोजित किया जा रहा है। उस उत्सव को देखकर तुम दोनों अवश्य आनन्द प्राप्त करोगे। चम्पकपुष्प के समान पीतगौरवर्णयुक्त वह कोमलांगी सीता नारायण विष्णु की अनुगामिनी साक्षात् लक्ष्मी है। सुनो रामभद्र! उस सुन्दरी से भगवान् विष्णु स्वयं विवाह करेंगे अथवा कोई उनका अंशभूत महापुरुष। तदनन्तर महामुनि विश्वामित्र सहित राम और लक्ष्मण मिथिलानगरी की शोभा देखते हुए स्वयंवर में पहुँचते हैं। राजा जनक महामुनि का उचित सत्कार करते हैं। राजा जनक ने श्रीराम और लक्ष्मण के अलभ्य सुमनोहर कोमलता को देखकर मुनि विश्वामित्र से पूछा। हे गुरुदेव! कन्दर्प के समान शोभा को धारण करने वाले ये दोनों कुमार कौन है? ये दोनों किस भाग्यशाली नरेश के हृदय के आह्लादकारक और कीर्तिविस्तारक हैं। महामुनि विश्वामित्र बोले, हे प्रजेश्वर! ये दोनों अपने वंशकमल के लिए सूर्यसदृश रघुवंश की वीरसन्तान राम और लक्ष्मण हैं। तदनन्तर दोनों राम और लक्ष्मण मुनि विश्वामित्र की आज्ञा से पुष्प चुनने उद्यान जाते हैं और वहाँ परमसुन्दरी सीता को देखते हैं। अत्यधिक विनीत श्रीरामचन्द्र हतप्रभ होकर राजपुत्री सीता को देखकर किंकर्तव्यविमूढ हो गये अथवा सम्मोहित हो गये। सीता भी सखियों के अनुरोध से श्रीराम को देखती हैं। सीता किसी भी उपाय से स्वयं को छिपा नहीं सकीं। तभी श्रीराम रघुनन्दन ने अपनी प्रीति का प्रकाशन किया। हे अवनिनन्दिनि! जब से मैं तुम्हारे गणसमूह को और तुमको देखा तब से यह राघव श्रीरामचन्द्र की सम्पूर्ण जीवनेच्छा तुम में ही विलीन है। कोशलेन्द्र महाराज दशरथ के आत्मज श्रीराम के मुख से अकस्मात् अपने गुणों को सुनकर कुछ बोलने की इच्छुक होकर भी असाक्त, लज्जा से पीडित, जड़ता को प्राप्तकर मूकवत् स्थित हो गयीं। पुष्पोद्यान से लौटकर जब श्रीराम मुनि विश्वामित्र के पास आते हैं, तो मुनि श्रीराम को स्वयंवर में चलने की प्रेरणा देते हैं।हे राम! अपने पराक्रम को प्रकाशित कर शत्रुमण्डली का गौरवहीन कर दो। विलम्ब उचित नहीं है। अपने बाहुबल से समस्त जगत् को प्रभावित करो। इसके बाद स्वयंवर में अखिल राजलोक के शान्त होने पर पुरोहित महर्षि शतानन्द के आदेश से माणिक्यपीठासीन राजा जनक गभीरवाणी में अपना संकल्प सुनाया। सुदूर देशों से आगत राजागण ध्यानपूर्वक सुनें। पराक्रम प्रदर्शन ही जिसकी प्राप्ति का साधन है। ऐसी सौन्दर्य और शील में प्रख्यात

मेरी शुभलक्षणा पुत्री इस स्वयंवर महोत्सव में अभिलषित वर का पाणिग्रहण करेगी। जो कोई भी वीर इस शम्भुचाप पिनाक को वेगपूर्वक उठाकर प्रत्यंचा को चढ़ा देगा। आज समस्त लोक के समक्ष वही सीता का पति होगा। तदनन्तर महाराज जनक सुस्पष्ट घोषणा करके जब कुमार को धनुष लाने का आदेश दिया तब राजमण्डल विस्फारित नेत्रों से उसको देखना चाहा। वह देदीप्यमान धनुष जो लौहनिर्मित अभेद्य मंजूषा में थी, उसको पाँच हजार लोग खींचकर बाहर ले आये। उस धनुष को देखकर बाहुबल से मदमत्त अनेक राजा क्रमशः आगे आए परन्तु प्रत्यंचारोपण और धनुर्धारण में समर्थ न हो सके। लोक में प्रख्यात राजाओं के कुण्ठित शौर्य को देखकर कई वन्दनशील राजा शम्भुचाप का स्तवन करके भूमिसुता सीता को प्रणाम करके निकल गये।सभी राजाओं के असफलता को देखकर दुःखित राजा जनक बोले कि मेरी सुता सीता का विवाह विधाता के द्वारा नहीं लिखा गया। सुता का अकल्याणकारी मैं ही शठ हूँ। जिसने ऐसी प्रतिज्ञा कर डाली। महाराज जनक को दुःखित देखकर महामुनि विश्वामित्र बोले, हे विदेहराज जनक! दुःखी मत होओ। अभी तुम्हारी इच्छा पूर्ण होगी। अन्धकारराशि सूर्यप्रभा से हटती है न कि खद्योत के प्रकाश से। फिर महामुनि विश्वामित्र श्रीराम को सम्बोधित करते हुए बोले, हे रघुनन्दन! उठो निश्चय ही महाराज जनक विपत्ति में हैं। फसल जलने पर अतिवृष्टि से क्या लाभ? समयानुसार ही किया गया प्रयत्न प्रशंसनीय होता है। महामुनि विश्वामित्र की आज्ञा को शिरोधार्य कर, सभी के हितकार रघुनन्दन श्रीराम ऊँचे पर्वतशिखर से बालरवि की भाँति अपने उच्चासन से उठ गये। तदनन्तर रघुनन्दन श्रीराम मन से ही भगवान् शिव की और पिनाक की और गुरु विश्वामित्र की समर्चना करके पुनः मृगनयनी सीता को देखकर धनुष को स्पर्श किया। मध्य भाग में धनुष को ग्रहण करके जब श्रीराम प्रत्यंचा आरोपित करते हैं, तभी प्रचण्ड घोष से त्रिलोक को कँपाता हुआ वह धनुष टूट गया। भयविहीन आह्लादित देवता आकाश से पुष्पसमूह की वर्षा की। श्रीरामचन्द्र के द्वारा शम्भुचापभंजन का समाचार सुनकर सभी प्राणी प्रसन्न हो गये। तदनन्तर समवयस्क सहचरियों के साथ लज्जासमन्वित जानकी प्राणेश्वर श्रीरामचन्द्र के कण्ठ में शीघ्रतापूर्वक वरमाला डालकर अश्रुमुखी हो गयीं। लोकाचार के सम्पादन के लिए महामुनि विश्वामित्र जनक को सम्बोधित करके बोले। यथाशीघ्र महाराज दशरथ को बुलाया जाय। जिससे दोनों कुलों के लिए सुखदायी विवाह कुतूहल हो। राजादशरथ महर्षि वसिष्ठ को समाचार निवेदित करके सुसज्जित सेना के साथ मिथिलापुरी प्रस्थान करते हैं और श्रीराम और सीता का विवाहमंगल सम्पन्न होता है। महाकवि द्वारा विवाह वर्णन सजीव प्रतीत होता है। कथा वाल्मीकि रामायण से भिन्न नहीं होती। जानकीजीवन के आठवें सर्ग में सीतावर्णन में नारीमहिमा प्रस्तुत करते हैं तद्यथा–यह कन्या ही सुता, पत्नी, गृहवधू, बहन, ननद, सास, पुत्रवधू, माता, सखी नातिन इत्यादि है। विधाता की सृष्टि में अतुलनीय यह कन्या कौन सा गौरवपद नहीं धारण नहीं करती। विवाहमहोत्सव सम्पन्न होने के पश्चात् विदेहजा सीता विभिन्न क्रीडाओं में समय व्यतीत करती हुई वर्षों के गमनागमन को जान न सकी। स्वप्नसदृश बारह वर्ष व्यतीत हो गये। सम्पूर्ण अयोध्यानगरी प्रीतिबद्ध प्रियतमासदृश सुशोभित हो रही है अर्थात् जहाँ तक दृष्टि जा रही है। वहाँ सर्वत्र स्फुट वैभव दिखायी दे रहा है। इससे इस समय राजधानी में श्रीराम की अभिषेक चर्चा स्पष्ट हो रही है। तदनन्तर रुष्ट कैकेयी अपना मनोभाव प्रस्तुत करती है। हे प्रभो! मैं सब कुछ सह सकती हूँ, परन्तु अपना अवमान, छल, धोखा और षड्यन्त्र नहीं सह सकती। मैं कैकेयी हूँ! सभी के स्वप्न क्षण भर में धराशायी कर दूँगी। अपना अपना भावी

कृत्य सोचकर, मन्थरा को सम्बोधित करके कहती है कि तुम मेरे रूपलावण्य के प्रभाव को देखो और कोपभवन में चली जाती है। कैकेयी का कोपभवनवृत्तान्त सुनकर राजा दशरथ कोपभवन आ जाते हैं। महाराज दशरथ को देखकर कैकेयी निवेदन करती है कि हे नाथ! बहुत समय पहले देवासुर के भीषण युद्ध में घायल आप मेरे कौशल से रक्षित हुए थे। तब प्रसन्नचित्त आपने मुझे दो वर दिये थे। आज मैं वे दो वर माँगना चाहती हूँ। कैकेयी के वचनों को सुनकर अट्टहास करते हुए प्रेमपूर्वक महाराज दशरथ बोले। देवि! विलम्ब मत करो। दो क्या तीन चार वर माँग लो। प्रसन्नचित्त नरेश को वचनबद्ध देखकर कैकेयी बोली। हे कोसलेन्द्र! इस राज्याभिषेक में मेरे पुत्र को स्थापित किया जाये। यह मेरा प्रथम वर है। तपोचित वल्कलवस्त्र धारणकर उदासीन राम चौदहवर्ष पर्यन्त अयोध्या से अत्यन्त दूर किसी वन मे निवास करें, यह मेरा दूसरा वर है। कैकेयी के वचनों को सुनकर महाराज दशरथ अत्यन्त दुःखी हुए। इसके दूसरे दिन जन्मदात्री कौशल्या, प्रजाजन को और महाराज दशरथ को मूर्च्छावस्था में छोड़कर वल्कलवस्त्र धारणकर प्रियतमा सीता और लक्ष्मण के साथ पिता के सत्य की रक्षा के लिए रथ पर आरूढ होकर श्रीराम ने वन के लिए प्रस्थान किया। इसके अनन्तर महाकवि ने श्रीराम के वनगमन का सजीव और विस्तार से वर्णन किया है। कथा वाल्मीकि-रामायण का अनुसरण करती है। तदनन्तर जानकीजीवन महाकाव्य में ग्यारहवें सर्ग में सीता-हरण प्रसंग चित्रित है। दशकन्धर से प्रेरित मारीच मृगरूप धारण कर क्षिप्रगति से मैथिली के समीप आया।तप्तस्वर्ण के समान वर्ण वाले विलक्षण मृग को देखकर आह्लादित सीता उसको प्राप्त करना चाहा और श्रीराम से निवेदन किया। हे स्वामी! यह सुवर्ण शरीर विलक्षण मृग मेरे मन को आनन्दित कर रहा है। मेरे लिए आप इसे मारिये, यही मेरी प्रार्थना है। प्रियतमा के अनुरोध को स्वीकार कर श्रीराम धनुष पर बाण चढ़ाकर मृग का अनुसरण करते हुए निकल गये। अपने प्रयत्न की सफलता को देखकर प्रसन्नचित्त मारीच वायुवेग से वन में भागा। उस मायावी हिरण के छलप्रपंचों से रुष्ट राघव ने एक प्राणान्तक बाण छोड़ा। जिससे मारीच चीत्कार करके भूमि पर गिर पड़ा। मेघसदृश आर्तवाणी को सुनकर सीता का विवेक और धैर्य नष्ट हो गया। वह राघव पर विपत्ति की आशंका करके रोती हुई लक्ष्मण से बोली। निश्चय ही संकटग्रस्त राघव अपनी सहायता के लिए सहोदर को बुला रहे हैं। जाओ लक्ष्मण! विलम्ब मत करो। मेरा मन अगाध विपत्तिसागर में डूब रहा है। लक्ष्मण श्रीराम की वीरता का गुणगान करके सीता से निवेदन करते हैं कि हे भूमिसुते! आशंका मत करो। रघुनन्दन राम के द्वारा मैं आपकी रक्षा में नियुक्त हूँ। दण्डकवन में अनेक राक्षस घूमते रहते हैं। आपको यहाँ अकेले छोड़ना उचित नहीं। कालगति के प्रमोहवश जानकी निन्दनीय निराधार वचनों से लक्ष्मण के चरित्र पर आक्षेप करती हैं। सीता के कलंक वचनों से आहत कुमार लक्ष्मण अपनी भाभी को वनदेवताओं, लताओं, वृक्षों, सरिताओं और पक्षियों के आश्रय में छोड़कर गहन वन में प्रवेश किया। सीता को अकेली जानकर धीरशान्त गति से समीप आकर रावण गृहिणीजनोचित धर्म का उपदेश करते हुए, मृदुवाणी से सीता के गुण, रूप और शील की प्रशंसा करते हुए विदेहनन्दिनी सीता से भिक्षा माँगी। सीता साधु को देखकर भिक्षा प्रदान करते हुए अपनी बीती बातें सुनाती हैं। रावण भी सीता को सम्बोधित करते हुए कहता है कि हे जनकनन्दिनी सीते! तुम्हारे हित के लिए मैं अपने वास्तविक स्वरूप को प्रकट करता हूँ। मैं लंकापति रावण हूँ। तुम्हारे दिव्य रूप पर आकृष्ट होकर यहाँ आया हूँ। रावण के पापपूर्णवचनों को सुनकर, वास्तविक स्वरूप देखकर भयविह्वल सीता क्रोध से धैर्यपूर्वक बोलीं। हे

दशानन! तुम्हारे निर्वीर्य पौरुष और निकृष्ट हृदय को धिक्कार है। सीता श्रीराम व लक्ष्मण के पराक्रम का वर्णन रावण के समक्ष करती है। फिर भी रावण सीता का बलपूर्वक हरण करता है। सीता श्रीराम का आह्वान करती है। हे रघुकुलदीपक! कहाँ हो, क्यों मेरी वाणी और क्रन्दन नहीं सुन रहे हो। तुम्हारे रहते हुए यह अधम पौरुषहीन दशानन मुझ विवशा का बलपूर्वक हरण कर रहा है। तदनन्तर जटायु और रावण का युद्ध होता है इसके बाद क्रोधाविष्ट अधम राक्षस रावण अपने खड्ग के सैकड़ों प्रहार से जटायु के पंखों को काट दिया और जटायु के पृथ्वी पर गिर जाने के बाद भयभीत रावण गिरिश्रृंखलाओं, नदियों और जंगलों को पार कर तीव्र गति से लंका चला गया।जानकीजीवन के तेरहवें सर्ग में सीता-अन्वेषण वर्णित है। तद्यथा वानरराज सुग्रीव अपने सेवको को आदेश देते हैं। देवी सीता के अन्वेषण में दत्तचित्त कोटिशः वानरवीर विभिन्न दिशाओं में प्रस्थान किये। गृद्धराज सम्पाति के मुख से सर्ववृत्तान्त जानकर, जाम्बवान् से प्रबोधित हनुमान् सागर पारकर लंका जाते हैं। सीता का पता लगाकर वापस आते हैं। यह कथा इस सर्ग में विस्तार से वर्णित है। इस महाकाव्य के चौदहवें सर्ग में श्रीराम और रावण के घोर युद्ध का वर्णन है। इस घोर संग्राम में श्रीराम द्वारा रावण का वध होता है। रावण के मृत होने पर देवताओं द्वारा पुष्पवृष्टि की जाती है। विजयप्रशस्तिपरक वचनों से रघूत्तम श्रीराम के गुणों का स्तवन होता है। चाहो, जाओ अथवा यहीं रुको। मेरी तरफ से कोई बन्धन नहीं है। युद्धानन्तर पन्द्रहवें सर्ग में सीता की अग्निपरीक्षा वर्णित है। संग्राम के अनन्तर श्रीराम सीता को सम्बोधित करते हुए कहते हैं कि अब मेरा कोई प्रयोजन नहीं है। अतः तुम जहाँ कहीं भी जाना चाहो, जाओ अथवा यहीं रुको। मेरी तरफ से कोई बन्धन नहीं है। श्रीराम के परुष वचन सुनकर सीता अपना पातिव्रत्य प्रस्तुत करती है और ओजपूर्ण वाक्य से अग्निदेव को सम्बोधित ओर करके कहती हैं। हे पावक! यदि मेरे सम्पूर्ण जीवन में मेरा मन राघवचरणकमल को छोड़कर कहीं और न रमा हो, तो सब तरफ़ से मेरी रक्षा करें। यदि यह जानकी मन, वचन, कर्म से विशुद्ध चरित्रवती हो तो त्रिलोक के साक्षीभूत मेरी सब तरफ से मेरी रक्षा करें। अग्निदेव श्रीराम को सम्बोधित करते हुए कहते हैं कि हे राघव! अपनी प्राणप्रिया को स्वीकार कीजिये। सीतादहन की शक्ति अग्नि में नहीं है। अग्नि तो सीता के अंगप्रत्यंग के स्पर्श से स्वयं पवित्र हो गया। अग्निपरीक्षानन्तर सभी विभीषण के प्रबन्ध से अयोध्या के लिए प्रस्थान करते हैं। सीतापरित्याग की चर्चा जानकीजीवन महाकाव्य में सत्रहवें सर्ग में की गयी है। वाल्मीकीय रामायण की परित्याग कथा ग्रन्थकार अभिराजराजेन्द्र मिश्र नहीं स्वीकार करते हैं। यहाँ परित्यागकथा भिन्न है। परित्यागकथा इस प्रकार वर्णित है। रघुनाथाश्रय के प्रति सब प्रकार से समर्पित दुर्मुख नामक राघव का गुप्तचर प्रजावर्ग के समाचार को लेकर आया। अपने कर्तव्य में दत्तचित्त, निर्भय, परीक्षित, सिद्धदायित्व, विश्वासपात्र गुप्तचर को अधोमुख देखकर राघव को ग्लानि हुई। मन ही मन राधव ने सोचा कि निश्चय ही कोई अप्रिय समाचार सुनकर मर्माहत दुर्मुख विवशतावश आया है, परन्तु कुछ बोल नहीं पा रहा है। मुझे राजा होने के नाते यह रहस्य जानना चाहिए। राघव ने कहा। हे दुर्मुख! भय का कारण क्या है? क्या कोई अप्रिय समाचार लाये हो? यदि ऐसा है तो बोलो, मैं राम सब कुछ सहन कर सकता हूँ। दुर्मुख निवेदन करता है कि हे अन्नदाता! प्रजा देवी सीता के चरित्र पर शंका करती है। हे जननाथ! रात्रि के गहनान्धकार में घूमते हुए मैंने एक रजक के द्वारा घर से निकाली हुई गृहिणी को देखा। वह वल्लभसमर्पित और क्लेशमूर्च्छित थी। रजक अपने गृहिणी से बोला, मैं राम नहीं हूँ, जो दशानन

द्वारा अपहृत स्त्री का स्वीकार करता है। जल्दी से मेरे घर से बाहर हो जाओ, अन्यथा तुम्हारे लिए दूसरा दण्ड सोचूँ। हे पृथ्वीपति! अत्यन्तदुःखदायी जो भी मैंने सुना वह प्रस्तुत कर दिया। अब आप ही प्रमाण हैं। इतना कहकर दुर्मुख शान्त होकर चला गया। श्रीराम व्यथा से मूर्च्छित हो गये। उस दिन श्रीराम माताओं को प्रणाम करने भी नहीं गये, न ही भाईयों के साथ वार्ता की। प्राणप्रिया गर्भिणी वैदेही के पास भी नहीं गये, न कुछ खाया न पिया। इसके बाद गुप्तचरों से कुमार लक्ष्मण दुर्मुख आगमनवृत्तान्त जाना। लक्ष्मण शीघ्र ही रघुवंशियों के कुलगुरु महर्षि वसिष्ठ को दुर्मुखवृत्तान्त बताया। उनका धैर्य क्रोध और रोष से नष्ट हो गया। प्रभातवेला में भगवान् वसिष्ठ अयोध्या नगरी के चारों ओर दूतों को भेजकर विशेषरूप से पत्नी सहित उस रजक को आमन्त्रित किया। इसके बाद गुरु वसिष्ठ सम्पूर्ण वृत्तान्त सभी के समक्ष प्रस्तुत करते हैं। अयोध्यानगरी में कोई रजक चरित्र दृष्टि से सीता पर आक्षेप कर रहा है। लंका में समस्त जनता वानरवाहिनी की उपस्थिति में सीता चिताग्नि पर आरूढ़ हुई, वह क्या कथामात्र है या जनश्रुति? इसके अनन्तर रजक क्षमाप्रार्थना करता है। हे राघव! मुझ अपराधी को क्षमा करें। अयोध्यावासी नागरिक मनोव्यथार्त इस रजक को क्षमा करें। जानकीजीवनमहाकाव्य में सीतापरित्याग के साथ पाताल प्रवेश कथा भी नहीं प्राप्त होती। यह ग्रन्थकार की नवीन उद्‌भावना है।

बंगीय कवियों द्वारा रचित संस्कृत रामकथाश्रित काव्यों की परम्परा

डॉ. विवेकानन्द बनर्जी
अनुवादक डॉ. राजेश सरकार (बांग्ला से हिन्दी)

वैदिक-साहित्य से प्रारम्भ हुई संस्कृत की यात्रा जब लौकिक-साहित्य तक पहुँचती है तो हमारा परिचय सर्वप्रथम जिस ग्रन्थ से होता है वह वाल्मीकिरामायण के नाम से सुख्यात है। संस्कृत में रचित इस ग्रन्थ की लोकप्रियता जन-जन में है। श्रीराम का जीवनवृत्त, राजा दशरथ की पारिवारिक घटना इस महाकाव्य में सुन्दर भाषा-भाव-व्यंजना में वर्णित है। वर्तमान में प्राप्त ग्रन्थ के समस्त श्लोक इसके मूल अंश हैं, ऐसा कहना दुष्कर है। किन्तु समय-समय पर ग्रन्थ में अनेक श्लोक संपृक्त होते रहे, इस विषय में कोई सन्देह नहीं है। भारतवर्ष के एकान्नवर्ती परिवार के सुख-दुःख, व्यथा-वेदना, कांक्षित आदर्श इतनी सुरुचिपूर्ण एवं सुन्दर पद्धति में वर्णित है कि जिसका अन्यत्र प्रतिमान नहीं मिलता। राजा दशरथ की पारिवारिक घटना इस ग्रन्थ का मूल विषयवस्तु होते हुए भी इसमें भारतवर्ष के राष्ट्रीय-जीवन का आदर्श नाना रूप में चित्रित है।

न केवल भारतवर्ष अपितु विदेशी भूमि में इस कथा ने व्यापक प्रचार प्राप्त किया है। इस ग्रन्थ में ही इसके कालजयी होने की उद्घोषणा की गयी है—

यावत्स्थास्यन्ति गिरयः सरितश्च महीतले।
तवद्रामायणकथा लोकेषु प्रचरिष्यति।। (वाल्मीकीय-रामायण 1/2/35)

भारतवर्ष के विभिन्न भाषा के आंचलिक कवियों ने वाल्मीकि-रामायण को आधार बनाकर अनेक रामकथामूलक काव्यों की सर्जना की है। इस क्रम में बंगीय कवियों ने भी अपना विशेष आग्रह प्रकट किया है।

प्राचीनकाल में अनेक बंगीय कवियों ने संस्कृत-काव्य रचना करके प्रभूतयश अर्जित किया है। किन्तु अनेक रचनायें कालक्रम से विस्मृति के गर्त में चली गयीं। बंगीय कविगण में मनोरथ, सन्ध्याकरनन्दी, उमापतिधर शरण, धोयी, जयदेव, गोवर्द्धन, श्रीधरदास इत्यादि के सदृश अनेक बंगीय कवि हुए हैं, किन्तु दुर्भाग्य का विषय है कि ऐतिहासिक साक्ष्यों के अभाव में इनके विषय में बहुत कुछ न जाना जा सका।

विगत कुछ समय पूर्व हम लोग एक ऐसे लुप्तप्राय हो चुके बंगीय कवि के विषय में जान सके हैं जिन्होनें वाल्मीकि-रामायण का अनुसरण कर ललित संस्कृत में रामकथामूलक महाकाव्य की सर्जना की। इन कवि का नाम अभिनन्द एवं काव्य का नाम 'रामचरित' है। ये 'गौडाभिनन्द' के नाम से

विख्यात हैं। इस काव्य का वर्णनाविषय वाल्मीकिरामायण के सीता-अनुसन्धान से कुम्भ-निकुम्भवध पर्यन्त छत्तीस सर्गों पर आधारित है।

त्रयोदश शताब्दी के कवि सोमेश्वरदेव ने 'कीर्तिकौमुदी' ग्रन्थ में अभिनन्द की तुलना माघ, कालिदास प्रभृति कवियों से करते हुए उनके काव्य-प्रतिभा की प्रशंसा की है। कवि अभिनन्द रामचरित ग्रन्थ को पूर्ण न कर सके। शेष चार सर्गों को भीम नामक कवि ने पूर्ण किया। जिसे 'कायस्थकुलतिलक' कहा गया है। बड़ोदा के विद्याविलासी अधिपति महाराज सय्याजी राव गायकवाड़ द्वारा प्रवर्तित 'गायकवाड़ प्राच्य संरक्षण सीरीज' ने अभिनन्द रचित 'रामचरित' को 1930 ई. में प्रकाशित किया है। (No.XLVI) यह ग्रन्थ वीरेन्द्र रिसर्च सोसाइटी (कलकत्ता) से 1939 ई. में डॉ. रमेशचन्द्र मजूमदार के सम्पादन में भी प्रकाशित है। कवि ने अपने आश्रयदाता का नाम श्रीहारवर्ष लिखा है जिनका समय नवम शताब्दी का मध्य है–

नमः श्रीहारवर्षाय येन हालादनन्तरम्।
स्वकोशः कविकोषानामाविर्भावाय संभृतः।।[1]

कवि के पिता का नाम शतानन्द था और वे भी कवि थे इनके दस श्लोक 'सुभाषितरत्नकोश' में उद्धृत है।

एक अन्य 'रामचरित' के लेखक एक बंगीय कवि सन्ध्याकरनन्दी हैं। ये एकादश से द्वादश शताब्दी के मध्य पालवंशीय राजा मदनपाल के सभाकवि थे कवि ने इस काव्य में श्रीराम द्वारा सीता-उद्धार एवं राजा मदनपाल के पिता रामपाल (1017 से 1020 ई.) द्वारा बंगभूमि के उद्धार का वर्णन एक ही श्लोक के माध्यम से किया है। श्लेषमूलक द्विसंधानपरक यह रचना अत्यन्त विश्रुत हुई। ग्रन्थ का अपर नाम 'रामपालचरित' है। ग्रन्थ में चार परिच्छेद एवं 220 श्लोक हैं। एक ओर जहाँ श्लोक का अर्थ भगवान् श्रीराम के पक्ष में वही दूसरी ओर राजा रामपाल के पक्ष में घटित होता है। काव्य के द्वितीय परिच्छेद के पैतीसवें श्लोक पर्यन्त टीका प्राप्त होती है किन्तु टीकाकार का नाम अज्ञात है। एकादश शताब्दी में उत्तरबंग में घटित हुई कैवर्त-विद्रोह बंगभूमि की महत्त्वपूर्ण ऐतिहासिक घटना है। कैवर्तजाति का नेता दिब्बोक था। राजा महीपाल द्वितीय के अत्याचार के प्रतिवाद में यह राजनैतिक आन्दोलन खड़ा हुया था। महीपाल द्वितीय को पदच्युत दिब्बोक राजा हुआ। उसके पश्चात् रुदोक एवं भीम राजा होते है। इसी भीम के शासनकाल में अभिजात्यवर्ग की सहायता से राजा महीपाल द्वितीय के भ्राता रामपाल बंगाल की सत्ता पर अधिकार करते हैं। इन्हीं सब ऐतिहासिक विवरणों का उल्लेख इस ग्रन्थ में प्राप्त होता है। यह ग्रन्थ ऐतिहासिक दृष्टि से अत्यन्त महत्त्वपूर्ण है, किन्तु श्लेषाच्छादित होने के कारण बिना टीका के ग्रन्थ अत्यन्त दुरूह सा हो गया है। सन्ध्याकरनन्दी को 'कलिकाल का वाल्मीकि' कहा गया है।

बंगीय शासकों तथा ब्रिटिश-शासन के समय भी प्रतिभा-सम्पन्न बंगीय कवियों के मध्य संस्कृत में रामकथा एवं रामकाव्य लिखने का निदर्शन प्राप्त होता है। बंगीय कवि रामकान्त ने सप्तदश शताब्दी के उत्तरार्द्ध में 'रामलीलोदयम्' नामक काव्य की रचना की। पण्डित रामकान्त संस्कृत के प्रखर आचार्य 'पण्डित बाणेश्वर विद्यालंकार भट्टाचार्य' के पुत्र थे। ये वारेन हेस्टिंग्स के कार्यकाल में थे एवं 'विवादभंगार्णवसेतु' नामक धर्मशास्त्रीय ग्रन्थ लिखने में सहायता की। जिसका प्रयोग हिन्दुओं के क़ानूनी मामलों के लिये न्यायालयों में किया जाता था। न्यायिक कार्यों के लिए ही इस ग्रन्थ का फ़ारसी अनुवाद भी किया गया।

रामलीलोदयम् काव्य बीस सर्गों में विभक्त है, जिसमें रामजन्म से लेकर रामराज्याभिषेक तक

की कथा वर्णित है। यह ग्रन्थ अभी अप्रकाशित है एवं इस पर वर्द्धमान विश्वविद्यालय (प. बंगाल) की प्राध्यापिका सुश्री कृष्णा घोष द्वारा कार्य किया जा रहा है।

आधुनिक युग में अनेक बंगीय कवियों द्वारा संस्कृत में रामकथाश्रित काव्यों की रचना की गयी है। सन् 1888 ई. में पं. कालीपद तर्काचार्य ने रामायण को आधार बनाकर 'सिन्धुनिधनम्' नामक नाटक की रचना की। पं. विश्वेश्वर विद्याभूषण (1909-1965 ई.) द्वारा रचित 'भरतमेलकम्' नामक नाटक उल्लेखनीय है। उनके द्वारा रचित अन्य नाटकद्वय 'राजर्षिभरतम्' एवं 'उत्तरकुरुक्षेत्रम्' उल्लेखनीय है। इनके द्वारा रचित 'दस्युरत्नाकरम्' नाटक महर्षि वाल्मीकि के जीवनवृत्त पर आधारित है। बंगीय संस्कृतज्ञ पण्डित डॉ. जतीन्द्र विमल चौधुरी (1909-1964 ई.) द्वारा रचित 'धृतिसीतम् नाटक एवं डॉ. वीरेन्द्र कुमार भट्टाचार्य (1917-1902 ई.) द्वारा रचित 'शूर्पणखाभिसारम्' नाटक ध्यातव्य है।

वाल्मीकि-रामायण को आधार बनाकर पं. नित्यानन्द स्मृतितीर्थ ने अनेक रामकथामूलक नाटकों की रचना की है जिनमें 'रघुजन्मवृत्तान्तम्', 'तपोबलम्' 'मनःप्रसादनम्' 'भार्गवदर्पनाशनम्', 'बालिवधम्', 'भरतगुणवन्दनम', 'रामानुगामिलक्षणम्', 'सीताहरणम्', 'सीतोद्धारम्' इत्यादि प्रसिद्ध हैं।

आपने रामायण में वर्णित मेघनादवध की घटना का अवलम्बन कर 'मेघनादवधम्' नामक नाटक की रचना। इस प्रकार बंगाली संस्कृत के कवियों ने अनेक रामकथामूलक काव्य, नाटक, चम्पू इत्यादि साहित्यिक ग्रन्थों की रचना करके सुरभारती के भण्डार को समृद्ध किया है। इसका एक समृद्धशाली अतीत है जो भविष्य में भी प्रचार पाती रहेगी। रामायण के उत्तरकाण्ड में हनुमान् ने राम से उचित ही कहा है–

''लोकाहि यावद् स्थास्यन्ति तावद् स्थास्यन्ति मे कथाः''

सहायक ग्रन्थ-सूची

1. संस्कृत वाङ्मयकोश (ग्रन्थकारखण्ड) सम्पादक–वर्णेकर डॉ. श्रीधर भास्कर, प्रकाशक–भारतीय भाषा परिषद् कलकत्ता की ओर से लोकभारती प्रकाशन, इलाहाबाद, वर्ष-1998 (प्रथम आवृत्ति), 2001 (द्वितीय आवृत्ति)
2. संस्कृत काव्य चर्चाये बांगालीः से काल ओ एकाल (बांग्ला) लेखिका, मुखोपाध्याय, डॉ. अंजलिका, प्रकाशक–संस्कृत पुस्तक भण्डार कोलकाता, वर्ष-2013 (प्रथम संस्करण)
3. Sanskrit Culture of Bengal, Author—Banerji Sures Chandra Sharda Publishing House Delhi Year 2004
4. संस्कृत विद्वत्परिचायिका Inventory of Sanskrit scholars, सम्पादक–त्रिपाठी डॉ. राधावल्लभ, प्रकाशक–राष्ट्रिय संस्कृत संस्थान, वर्ष-2012 (प्रथम संस्करण)
5. Sanskrit Learning in BengalAuthor—Vedant Teerth Vanmali, Bhattacharya & Sons college Street Calcutta, Baninagar Decca 1910

सन्दर्भ

1. संस्कृत-साहित्यकोश, लेखक–राजवंश सहाय हीरा, चौखम्बा विद्याभवन वाराणसी 2002 (चतुर्थ सं.), पृ. 14

संस्कृतानूदित वैदेशिक रामकथा की परम्परा

(श्रीरामकीर्तिमहाकाव्य के विशेष परिप्रेक्ष्य में)

डॉ. राजेश सरकार

आर्षकाव्य रामायण हमारी सम्पूर्ण जातीय विरासत का मेरुदण्ड हैं। हमारी परम्परा ने इन्हें 'उपजीव्यकाव्य' माना है। महर्षि वाल्मीकि की इस अपूर्व एवं कालजयी रचना के अनुशीलन के बिना भारतीय इतिहास, परम्परा, संस्कृति एवं सभ्यता का सटीक अवबोध उत्पन्न होना कठिन है। रामायण हमारी जातीय अस्मिता तथा जिजीविषा से हमें परिचित कराता है युग-युगान्तर के व्यतीत होने पर भी रामायण चिरन्तन बना हुआ है। इसकी शाश्वतता के विषय में महर्षि वाल्मीकि की अधोलिखित उद्घोषणा वर्तमान में स्वयं को चरितार्थ करती है–

'यावद् स्थास्यन्ति गिरयः सरितश्च महीतले।
तावद्रामायणकथा लोकेषु प्रचरिष्यति।।[1]

रामायण की आद्यपरम्परा के अन्तर्गत ध्यातव्य है कि वाल्मीकीयरामायण की रचना के पूर्व रामकथा जनमानस में प्रचलित थी। महर्षि वाल्मीकि के पूर्व अन्य ऋषियों ने भी इस मञ्जुल कथा को काव्यस्वरूप में परिणत करने का प्रयास किया था। ऐसे अनेक सन्दर्भित प्रमाण प्राप्त होते हैं। महाभारत में ऋषि भार्गव च्यवन के द्वारा रामायण रचे जाने का उल्लेख प्राप्त होता है। इसके अतिरिक्त अन्य कवियों की रामायणों में नारदकृत संवृतरामायण, अगस्त्यकृत अगस्त्यरामायण, लोमशकृत लोमशरामायण, सुतीक्ष्णकृत मञ्जुलरामायण, अत्रिकृत सौपद्यरामायण, शरभंग कृत सौहार्दरामायण तथा अनेक अज्ञात रचनाकारों की रामायणों के उल्लेख प्राप्त होते हैं, किन्तु इनकी प्रामाणिकता संदिग्ध है। वाल्मीकीयरामायण की रचना होने से पूर्व रामकथा के कहने-सुनने या उसके कथागान की परम्परा चली आ रही थी। हरिवंशपुराण के अनुसार वाल्मीकीयरामायण के अस्तित्व के पूर्व श्रीराम की कहानी सूतों, चारणों या कुशीलवों के द्वारा गायी जाती रही है।[2]

रामकथा का भारतीय-साहित्य में व्यापक प्रचार-प्रसार देखने को मिलता है जिनमें आदिकाव्य रामायण को आधार बनाकर एवं स्वतन्त्र रूप से भी अनेक रामकथामूलक संस्कृत काव्यग्रन्थ रचित हुए जिनमें मुख्य रचनायें इस प्रकार है–महाकाव्यों में महाकवि कालिदास-विरचित रघुवंश, भट्टिविरचित रावणवध (भट्टिकाव्य), कुमारदासविरचित जानकीहरण, अभिनन्द-विरचित रामचरित, क्षेमेन्द्रविरचित दशावतारचरित एवं रामायणमञ्जरी।[3] अद्वैतकविविरचित रामलिंगामृत, अद्वैत (मुरारि) रचित राघवोल्लास साकल्यमल्लरचित उदारराघव।[4] इसी प्रकार नाटकों में भासरचित प्रतिमानाटक एवं अभिषेकनाटक,

भवभूतिरचित उत्तररामचरित एवं महावीरचरित, दिङ्नागरचित कुन्दमाला, मुरारिरचित अनर्घराघव, जयदेवरचित प्रसन्नराघव, राजशेखर का बालरामायण, शक्तिभद्रकृत आश्चर्यचूडामणि। उल्लेखनीय हैं। इसी प्रकार अनेक रामकथाश्रित स्फुटकाव्य, स्तोत्र, नाटक, महाकाव्य, खण्डकाव्य प्राप्त होते हैं, जिनकी विस्तृत चर्चा वहाँ दुष्कर है।

रामकथा वह रत्न है जिसे आदिकवि वाल्मीकि ने काव्य-प्रासाद की पीठ पर अधिष्ठित किया है—विभिन्न विकट परिस्थितियों के मध्य रहकर भी व्यक्ति अपने शील की किस प्रकार रक्षा कर सकता है यह हमें आदिकवि की अजस्र एवं अमर लेखनी से प्रसूत रामायण में सन्निहित रामकथा ही सिखा सकती है। श्रीराम का निर्मल चरित्र संस्कृत-साहित्य की कोमल काव्यप्रतिभा का मनोरम निदर्शन है। यही कारण है कि संस्कृत-साहित्य में रामकथाश्रित रचनाओं का विपुल भण्डार दृष्टिगोचर होता है। रामकथा हमारी जातीय अभिव्यक्ति है। यह मनुष्य जीवन राम के बिना सार्थक हो ही नहीं सकता है। राम जिसको नहीं देखते है, वह लोक में निन्दित है, और जो व्यक्ति राम को नहीं देखता, उसका भी जीवन निन्दित है। उसका स्वीय अन्तःकरण उसकी निन्दा करने लगता है—

यश्च रामं न पश्येत्तु यं च रामो न पश्यति।
निन्दितः सर्वलोकेषु स्वात्माप्येन विगर्हते।।[5]

श्रीराम के निर्मल चरित्र का औदात्य सार्वभौम है। श्रीराम के निर्मल चरित्र से न केवल हिन्दू समाज अपितु अहिन्दूजन भी रामकथा के प्रति अपने साहित्यिक स्वारस्य लोभ का संवरण न कर सके। मध्यकाल में मुग़लसम्राट् अकबर के आदेश पर मुल्ला अब्दुल क़ादिर बदायूंनी ने वाल्मीकीय रामायण का फ़ारसी अनुवाद किया। इसके अतिरिक्त उर्दू,-फ़ारसी एवं अन्यान्य भाषाओं में इसके विभिन्न अनुवाद प्राप्त होते हैं। मुग़लसम्राट् जहाँगीर के शासनकाल में सादुल्लाह मसीही पानीपती के द्वारा फारसी में अनूदित 'मसीही रामायण' में जनकनन्दिनी जानकी के निर्मल चरित्र को लेकर जिस प्रकार का उदात्त आदरभाव व्यक्त किया गया है, उसका एक उदाहरण द्रष्टव्य है—

तनश रा पैरहन उरियां न दीदे।
चू जान तन अन्दर तन जान न दीदे।।

अर्थात् सीता के वस्त्र भी सीता के शरीर को नहीं देख पाते थे उसी प्रकार जैसे आत्मा शरीर में रहती है, किन्तु शरीर प्राण को नहीं देख पाती है।

महाकवि मुहम्मद इक़बाल ने अपने काव्यसंग्रह के खण्ड 'बांग ए द रा' में 'राम' नामक कविता में श्रीराम के विश्वविख्यात निर्मल चरित्र के प्रति जो आदरभाव अभिव्यक्ति किया है, वह रोम-रोम पुलकित कर देने वाला है—

कहता है जिसे आज ज़माना इमाम ए हिन्द
है राम के वजूद पे हिन्दोस्तां को नाज़
अहले नज़र समझते हैं इसको इमामे हिन्द
तलवार का धनी था शुजाअत में फ़र्द था
पाक़ीज़गी में, जोशे मुहब्बत में फ़र्द था।[6]

रामकथा की सरस औदात्य सम्पन्न परम्परा ने इस कालजयी रचना को विश्वव्यापी बनाया है। सनातन परम्परा में श्रीराम धर्म की प्रकट मूर्ति है—

रामो विग्रहवान् धर्मः[7]

श्रीराम शरीरधारी धर्म हैं। राम मनसा, वाचा, कर्मणा जो भी करते हैं उससे हमें धर्म की नवीन एवं युगीन व्याख्यायें प्राप्त होती हैं। रामकथा में श्रीराम की राजव्यवस्था का जो सुखद एवं शुभग चित्रण किया गया है, वह राजनीतिशास्त्र को एक अतुलनीय देन है। श्रीराम राजनीति के आदर्श समुपासक थे। उनके सदृश नीतिपटु कोई दूसरा नहीं है—

'न रामसदृशो राजा पृथिव्यां नीतिमानभूत्'[8]

श्रीराम सशस्त्र एवं सन्नद्ध है। श्रीराम का शस्त्रधारण विध्वंसात्मक न होकर जनकल्याणार्थ एवं मर्यादास्थापनार्थ है। यही कारण है कि श्रीराम शस्त्र-धारियों में श्रेष्ठ हैं। श्रीमद्भगवद्गीता में योगिराज भगवान् श्रीकृष्ण स्वयं को श्रीराम का स्वरूप बताते है—

रामः शस्त्रभृतामहम्[9]
शस्त्रधारियों में मैं राम हूँ।

रामकथा अपने स्वरूप में इतनी उदात्त, आकर्षक तथा उपदेशप्रद है कि न केवल भारत अपितु बृहत्तर भारत के सांस्कृतिक उपनिवेशों में इसका प्रसार हुआ, जो आज भी विविध प्रकार से वहाँ जीवन्त है। इस प्रचार के अनेक रूप प्राप्त होते हैं, एवं रामायण भी विविध रूप में उपलब्ध होते हैं। गोस्वामी तुलसीदास के शब्दों में—

'रामायन सत कोटि अपारा, कहहि सुनहि नर उतरहि पारा'

रामकथा विविध क्षेत्रीय, भाषिक, सांस्कृतिक, सामाजिक, भौगोलिक परिवर्तनों के साथ इन देशों में विकसित होकर वहाँ के समाज में परिव्याप्त हुई।

भारत के उत्तरी देशों चीन, तिब्बत, खोतान (पूर्वी तुर्किस्तान, रशिया एवं चीन में स्थित भूभाग) में रामकथा का व्यापक प्रचार प्राप्त होता है। रामकथा का विशेष प्रचार दक्षिण पूर्व एशिया के राष्ट्रों में प्राप्त होता है। जिनमें म्यांमार (बर्मा), लाओस, कम्बोडिया, थाईलैण्ड, मलेशिया, वियतनाम, इण्डोनेशिया आदि उल्लेखनीय हैं। इन देशों में रामकथा लिखित साहित्य के रूप में ही नहीं प्रत्युत् मञ्चनमय होकर जन-जन में व्याप्त है। इन राष्ट्रों के स्वयं के जातीय साहित्य में रामकथा का अत्यन्त महत्त्व है। इन देशों में रामकथा का भौगोलिक उत्स उसी देश में माना जाता है। रामकथा को स्वयं की राष्ट्रीय धरोहर मानते हुए वे लोग कभी भी इसे विदेशागत देन नहीं स्वीकार करते हैं। रामकथा का प्रचार इन देशों में अष्टम से नवम शताब्दी के अनन्तर हुआ। इन देशों में आज भी प्रस्तरलेख, हस्तलेख एवं पुरातात्विक साक्ष्यों में भी रामकथा के प्रमाण प्राप्त होते हैं।

इण्डोनेशिया में 'रामकथा रामायण ककविन्' एवं 'जावी रामायण', मलेशिया में 'हिकायते सेरीराम', 'जावी रामायण', वियतनाम में 'रामकेर्ति' एवं थाईलैण्ड में 'रामकियेन' कहीं जाती है। इन रामकथाओं में आंशिक या व्यापक परिवर्तन होते हुए भी प्रायः मूलसन्देश अक्षुण्ण ही रहा है।

ये रामकथाएँ मूलरूप से उस देश की भाषा, लिपि एवं छन्द शैली में निबद्ध हैं जिनमें से

कुछ एक संस्कृत में भी अनूदित होकर सुशोभित हैं। जिनमें मेरी सूचना के अनुसार थाईदेश में प्रचलित रामकथा 'रामकियेन' रामकीर्तिमहाकाव्यम्' के नाम से आचार्य सत्यव्रत शास्त्री के द्वारा अनूदित है। वैसे यह अनूदित कम अपितु थाई रामायण पर आधारित मौलिक ग्रन्थ अधिक प्रतीत होता है। इसके अतिरिक्त प्रो. अभिराज राजेन्द्र मिश्र द्वारा 'सुवर्णद्वीपीय रामकथा' के नाम से सुवर्णद्वीप की रामकथा को संक्षिप्त एवं सारगर्भित रूप में प्रस्तुत किया है। चीनी त्रिपिटक में संकलित रामकथा विषयक दो जातककथाओं अनामकर जातक एवं दशरथ कथानक पर आधारित संस्कृत काव्य 'चीन रामायणम्' पण्डित शिवशंकर त्रिपाठी द्वारा सम्पादित होकर 'भारतीय-मनीषा-सूत्रम्' दारागगंज इलाहाबाद से प्रकाशित है।

इसी क्रम में जावी-लिपि में लिखित 'रामायण ककविन् (इण्डोनेशिया) का देवनागरी लिपि में लिप्यन्तरण एवं हिन्दी भाषानुवाद डॉ. राजेन्द्र प्रसाद मिश्र द्वारा किया गया है। यह प्रकाशन विभाग सम्पूर्णानन्दसंस्कृतविश्वविद्यालय वाराणसी (उ.प्र) से प्रकाशित है। रामकथा की इस वैदेशिक परम्परा में थाईलैण्ड की 'रामकियेन' नामक रामकथा अत्यन्त चर्चित है।

थाईलैण्ड यद्यपि धार्मिक एवं संवैधानिक रूप से बौद्धधर्म प्रधान है किन्तु श्रीराम यहाँ जनमानस में परिव्याप्त हैं थाईदेशवासी अपने राजा को राम कहते हैं राजमार्ग, राजप्रसाद, सभागार इत्यादि थाईशैली के रामकथा के चित्रों से सुसज्जित है। ये अपनी रामकथा को 'रामकियेन' अर्थात् राम की कीर्ति के नाम से अभिहित करते हैं। थाईदेशवासी रामकथा को विदेशागत न मानकर स्वयं के देश की सांस्कृतिक विरासत के रूप में स्वीकार करते हैं उनके अनुसार राम की जन्मभूमि अयोध्या (अयुत्थ्या) उन्हीं के देश में हैं। यह ऐतिहासिक एवं सांस्कृतिक स्थान आज भी थाईलैण्ड में है। इन सबकी अनुभूति इन पंक्तियों के लेखक ने षोडश विश्वसंस्कृत सम्मेलन में भागीदारिता के समय अपने बैंकाक प्रवास में किया है।

इस थाईदेशीय रामकथा को प्रो. सत्यव्रत शास्त्री ने 'श्रीरामकीर्तिमहाकाव्यम्' के नाम से पच्चीस सर्गों में निबद्ध किया है। इस कृति पर प्रथम बार किसी संस्कृत रचना को ज्ञानपीठ पुरस्कार प्राप्त हुआ है। श्रीरामकीर्तिमहाकाव्य के रचयिता प्रो. सत्यव्रतशास्त्री दिल्ली विश्वविद्यालय संस्कृत-विभाग से सम्बन्धित हैं जहाँ आप अध्यक्ष भी रहे हैं। आप वर्षों तक थाईलैण्ड के बैंकाक में स्थित शिल्पाकोर्न विश्वविद्यालय के 'संस्कृत-अध्ययन-केन्द्र' में अतिथिप्राध्यापक रहे हैं। थाईदेश के जन-जीवन को आपने निकटता से देखा एवं अनूभूत किया है। थाईदेश की राजकुमारी महाचक्री सिरी-धोर्न आपकी शिष्या है। इस ग्रन्थ का प्राक्कथन भी उन्हीं के द्वारा लिखा गया है। प्रो. सत्यव्रत शास्त्री के सम्मान में शिल्पाकोर्न विश्वविद्यालय के केन्द्रीय ग्रन्थालय का नामकरण आपके नाम से किया है।

प्रकृत ग्रन्थ का आरम्भ कवि थाईलैण्ड के वर्णन एवं वहाँ राजा की प्रशंसा से करते हैं—

अस्त्येशियानामनि सुप्रसिद्धे
द्वीपे विशालेऽतिविशालकीर्तिः।
आग्नेयदिङ्मण्डलमौलिभूतो
देशोऽतिरम्यो भुवि थाइलैण्डः[10]

नवें राम के नाम से जाने वाले महाराज भूमिपोल अडुल्याडेज महाराज (भूमिबल अतुल्यतेज) की प्रशंसा में उद्धृत पद्य—

राजा प्रजारञ्जनमादधानः
सर्वात्मना बुद्धवचःप्रमाणः।
अतुल्यतेजःपदवीं दधानः
प्रशास्ति यं भूमिबलाभिधानः।[11]

बैंकाक नगर का अभिराम वर्णन–

देशस्य तस्यास्ति भृशं विशाला
कण्ठे भुवः शुभ्रतरेव माला।
ऐश्वर्यसौन्दर्यविलासधानी
बैंकाकनाम्नी खलु राजधानी।[12]

ग्रन्थ के अनुसार गानरूप में रामकथा की परम्परा का सूत्रपात चक्रिकुल के महान् राजा बुद्धयोद का द्वारा प्रारम्भ हुई एवं बाद में राजा बुद्ध नाइलर्त ला के द्वारा रचा गया। इसके अनन्तर राजा मंकुट के द्वारा भी निजमति से रामकथा कही एवं व्याख्यायित की गयी। श्रीरामकीर्तिमहाकाव्य द्वितीय सर्ग की कथा के अनुसार पूर्व में चक्रवाल पर्वत पर देवताओं को त्रस्त करने वाला हिरन्तयक्ष नामक असुर निवास करता था। भगवान् शिव के आग्रह पर श्रीनारायण ने हिरन्तयक्ष वध किया। लौटकर उन्हें क्षीरसागर के अपने निवास पर एक शिशु दिखा जिसका नामकरण भगवान् शिव ने अनोमतन् रखा। इस राजा अनोमतन् की नगरी अयोध्या (अयुत्थ्या) हुई यही राजा अनोमतन् के पुत्र दशरथ हुए–

सम्प्राप्तो जननमनोमतन्नृपस्य
सत्पुत्रो दशरथ इत्युदारसत्वः।
तस्याभूदखिलजगन्नमस्यभूतः
श्रीरामो गुणगणमण्डितस्तनूजः।।[13]

उन्हीं राजा दशरथ ने अपनी पुत्रविहीन तीनों रानियों कैकेयी, सुमित्रा, कौसल्या के लिये मृगरूप मुनीश्वर कलैकोटि की सहायता से पुत्रीयेष्टियज्ञ करवाया। भगवान् नारायण श्रीराम एवं माता लक्ष्मी सीता के रूप में जन्म ग्रहण करती हैं भगवान् के शंख, चक्र, गदा भी अवतार ग्रहण करते हैं। चक्र भरतरूप में कैकेयी के गर्भ से, शंख लक्ष्मणरूप एवं गदा शत्रुघ्न के रूप में जन्म लेते हैं। यह प्रसंग वाल्मीकीय रामायण से अपनी पृथक् विशिष्टता रखता है। थाईरामायण में रावण के पूर्वजन्म का वृत्तान्त भी अतिविचित्र है। रावण पूर्वजन्म में नन्दक था जो भगवान् शिव का सेवक होकर कैलास पर निवास करता था। भगवान् शिव की कृपा से उसे यह वर प्राप्त होता है कि वह जिसके सिर पर हाथ रखेगा वह भस्म हो जायेगा। उसके द्वारा त्रस्त देवताओं की प्रार्थना पर श्रीनारायण छलपूर्वक उसका वध करते हैं। श्रीविष्णु मोहिनी अवतार लेते हैं और नन्दक के साथ नृत्य करते हैं। मोहिनी के सौन्दर्य पर मुग्ध होकर नन्दक नृत्य आरम्भ करता है और स्वयं ही विकलांग हो जाता है, और श्रीहरि उसका वध करते हैं। श्रीहरि के समक्ष नन्दक कातरभाव से नतमस्तक हो जाता है एवं श्रीहरि उसे वर देते है कि आगामी जन्म में तुम दशमुख रावण के रूप में जन्म ग्रहण करोगे एवं तुम्हारा वध करके मैं तुम्हें मुक्त करुँगा–

विधानमेवं विदधामि तर्हि
यत्त्वं प्रजातो जननान्तरे स्याः।
दशाननो विंशतिबाहुकश्च
जायेय चाहं द्विभुजैकशीर्षः।।[14]
योत्स्ये त्वायाऽहं च तथास्थितस्त्वां
सम्प्रापयिष्ये च यमस्य धाम।
उक्त्वैमेनं परिसान्त्वपूर्व
नारायणस्तस्य वधं चकार।[15]
स एव नन्दको नाम दशवक्त्रोऽन्यजन्मनि
अभवद्रामभद्रश्च प्रभुर्नारायणोऽभवत्।[16]

इसी क्रम 'रामकियेन' में सीताजन्म की अद्भुत कथा प्राप्त होती है, जिसे पं. सत्यव्रत शास्त्री ने अत्यन्त भावप्रवण शैली में निबद्ध किया है। रामकियेन में सीता को रावण की पुत्री कहा गया है।

कथा के अनुसार मन्दोदरी की इच्छा पर रावण के आदेश से उसकी सेविका काकना सुगन्धित पिण्ड लाकर मन्दोदरी को देती है, जिसे खाकर वह गर्भिणी होती है। मन्दोदरी के गर्भ से एक कन्या का जन्म होता है, जो जन्मते ही तीन बार रावण की मृत्यु हो जाये इस प्रकार कहती है, जिसे उसके माता-पिता नहीं सुन पाते हैं। किन्तु ज्योतिषी उस बालिका के अशुभ होने की भविष्यवाणी कर देते हैं, और यह ज्योतिषी कोई और नहीं बल्कि रावण के अनुज-भ्राता विभीषण थे–

जातमात्रैव सा कन्या रावणो हन्यतामिति।
त्रिरवादीद्वचो नो च पित्रोस्तच्छ्रोत्रमापतत्।।[17]
राध्यन्तोऽस्यै कन्यकायै विभीषणपुरोगमाः।
अनेके शास्त्रनिष्णाता गणकाः समजीगणन्।।[18]

विभीषण की सम्मति से रावण ने उस कन्या को घड़े में बंद कराकर सेवकों द्वारा नदी में फेंकवा दिया। वह कन्या घट सहित नदी की अधिष्ठात्री देवी मणिमेखला की कृपा से नदी के तट पर घोर तपस्या में निरत राजा जनक को प्राप्त होती है किन्तु तपस्या में विघ्न के भय से राजा जनक उस कन्या को घड़े सहित किसी वृक्ष के मूल में देवताओं से प्रार्थनापूर्वक गाड़ देते हैं। देवताओं के आशीर्वाद से गड्ढे में एक सुन्दर कमल का पुष्प उत्पन्न होता है जिस पर घड़े को रखकर वे मिट्टी से दबा देते हैं और आकर अपनी तपस्या में लग जाते हैं। सोलह वर्षों की अनवरत तपस्या के फलस्वरूप जब जनक सिद्धि प्राप्त करने में विफल होते हैं तो उन्हें उस घड़े का स्मरण आता है। वे अपने सेवक सोम की सहायता से घड़े को खोजवाने का निष्फल प्रयास करते हैं। फिर राजा जनक मिथिला से सेना बुलवाकर कन्या को खोजने का असफल प्रयास करते हैं। अन्त में राजा स्वयं हल से जुतवाकर उस कन्या को प्राप्त करते हैं। राजा को वहाँ षोडशवर्शीया कन्या कमलासन पर प्राप्त होती है हल के खीचने से उत्पन्न होने के कारण वह कन्या सीता (हल) के नाम से विख्यात होती है–

यतोऽभवल्लाङ्गलकृष्टसीता।
समुद्भवोऽस्या अत एव नाम।।

सीतेति तस्या अभवत्पितेति।
ख्यातश्च पृथ्व्यां जनको बभूव।।[19]

यद्यपि सीता-स्वयंवर की कथा में वाल्मीकि के भारतीय रामकथा से साम्यता रखती है, किन्तु परशुराम को यहाँ रामासुर कहा गया है। रामासुर (परशुराम) राम पर प्रसन्न होकर उन्हें शिव द्वारा प्राप्त धनुष प्रदान करते हैं जिसे श्रीराम वरुणदेव के समीप भविष्य के लिये न्यास रूप में रख देते हैं। इसी क्रम में अधिकांश कथाएँ वाल्मीकि रामायण से साम्यता रखते हुए काफी अन्तर रखती हैं। जैसे सीता-हरण के समय रावण अनेक प्रयासों के बाद भी जब जटायु का वध करने में अक्षम रहता है तो जटायु ही रावण को बताता है कि उसकी मृत्यु तभी सम्भव है, जब शिव द्वारा प्रदत्त एवं सीता द्वारा धारण की गयी अंगूठी का उस पर प्रहार किया जाये–

माहेश्वरं केवलमङ्गुलीयं
सीताङ्गुलिप्रत्ययमादधानम्।
शक्नोति मा हन्तुमतो वृथा ते
शस्त्राणि चास्त्राणि च मूढबुद्धे![20]

इस थाईरामायण में एक अद्भुत कथा 'बेञ्जकयी उपाख्यान' के नाम से प्राप्त होती है जो इस रामकथा को अन्यों से विशिष्ट बनाती है–

रावण के आदेश से क्रूरस्वभावा बेञ्जकी नाम की दानवकन्या मृत सीता के देह का वेश धारण करके उस नदी के तट पर जाकर लेट जाती है, जहाँ श्रीराम स्नान एवं सन्ध्या इत्यादि कार्यों के लिये आते थे। उसे आशा रहती है कि श्रीराम अपनी प्रिया को नष्ट जानकर या तो प्राणाहुति करेंगे अथवा युद्ध त्यागकर वन में जाकर आश्रय ले लेंगे–

नष्टा प्रिया मे किमु जीवितेन
कार्यं ममेति प्रतिपन्नबुद्धिः।
खिन्नान्तरात्मा विरमेत्स युद्धात्
प्राणांस्त्यजेद्वा वनमाश्रयेद्वा।[21]

जैसा कि राक्षसी ने सोचा था उसी अनुसार श्रीराम, लक्ष्मण एवं वानरादि मायावी सीता के शव को देखकर कातर हो विलाप करने लगते हैं, किन्तु कपिराज हनुमान् समझ जाते है कि जनकनन्दिनी सीता कैसे मर सकती है? वे युक्ति लगाते है और छली मृत सीता के देह को चिता जलाकर उस पर रख देते हैं जिस पर अग्निदग्ध वह असुरकन्या चिल्लाते हुए उड़कर आकाश में पहुँच जाती है। उसी समय हनुमान् उसका केश पकड़ कर श्रीराम के समक्ष प्रस्तुत करते हैं। श्रीराम उसे स्त्री जानकर छोड़ देते है और हनुमान् को उसे सकुशल लंका पहुँचाने का आदेश देते हैं। मार्ग में हनुमान् उसके बुद्धि, बल एवं सौन्दर्य पर मुग्ध हो उठते हैं। आकृष्ट होकर हनुमान् बेञ्जकी से प्रणय निवेदन करते हैं और उन दोनों के दैहिक संसर्ग से असुरफद नामक पुत्र भी जन्म लेता है कुछ समय तक लंका में विलासितापूर्वक बेञ्जकी के साथ समय व्यतीत करते हुए पुनः श्रीराम की आज्ञा से हनुमान् पुत्रसहित विरहकातरा बेञ्जकी का परित्याग करके श्रीराम की सेवा में आ जाते हैं। इस प्रकार जहाँ परम्परागत भारतीय रामकथाओं में हनुमान् के अखण्ड बालब्रह्मचारी स्वरूप के दर्शन होते हैं, वही

थाईरामायण 'रामकियेन' में हनुमान् को मानवीय विकारों से युक्त दिखाया गया है। इस प्रसंग का श्रीरामकीर्तिमहाकाव्य में तोटक छन्द में अत्यन्त सुरुचिपूर्ण वर्णन प्राप्त होता है–

अथ रामवचो हृदये निदधत्
कपिराशु स बेञ्जकयीमनयत्।
पथि यानपरश्च बभूव दृढं
कुसुमेषुशरैरसमैः प्रहृतः।।[22]
कुसमायुध शक्तिरहो! अमिता
हनुमानपि यद्वशमाप कृती।
असुरीमपि स प्रणयं प्रबलः
समयाचत तत्सहितो रहसि।।[23]

इसी क्रम में हनुमान् की शृंगारिक चेष्टाओं से युक्त एक कथा और प्राप्त होती है जो 'सुवर्णमत्स्या आख्यान' के नाम से रामकियेन में वर्णित है। सेतुबन्ध के समय जब सारे पत्थर रातो-रात ग़ायब हो जाते हैं तो रात्रि में हनुमान् जाकर देखते हैं कि समुद्र की सारी मछलियाँ अपनी स्वामिनी के नेतृत्व में विशाल पाषणखण्डों को हटा रही हैं। वह दिखने में नारीमुख एवं मत्स्य के देह वाली थी। हनुमान् को परिचय देते हुए वह कहती है कि वह रावण की पुत्री सुवर्णमत्स्या है और अपने पिता की आज्ञा से यह कार्य कर रही है। हनुमान् उसे उसके पिता के नारीहरण एवं अन्यान्य दुर्गुणों से परिचित कराते हैं, जिसे सुनकर सुवर्णमत्स्या विचलित होकर सोचती है कि सीता और वह स्वयं दोनों ही स्त्री हैं, उसके पिता द्वारा किया गया नारी का अपमान कदापि उचित नहीं है। वह हनुमान् की बात मानते हुए सेतुबन्ध में अवरोध बन्द कर देती है। परस्पर वार्तालाप के फलस्वरूप हनुमान् और सुवर्णमत्स्या परस्पर आकृष्ट होकर रतिसंसर्ग में निरत होते है। हनुमान् द्वारा सुवर्णमत्स्या के गर्भ से मच्छानु नामक पुत्र जन्म लेता है। इस प्रकार थाई रामायण 'रामकियेन' के संस्कृत रूपान्तर श्रीरामकीर्तिमहाकाव्य में दो स्थानों पर हनुमान् को शृंगारिक और विलासप्रिय चित्रित किया गया है।

इस मच्छानु नामक पुत्र का पालन महिरावण, जिसे यहाँ मैयराब कहा गया है, ने किया। जब श्रीराम का अपहरण कर मैयराब पाताल ले जाता है, वहीं हनुमान् एवं मच्छानु में भयंकर युद्ध होता है। इसके अनन्तर वे परस्पर परिचित होते हैं। इस प्रकार स्थान-स्थान पर परम्परागत भारतीय रामकथा से भिन्न कथायें प्राप्त होती है जो इसे विशिष्ट बनाती हैं।

रावण के वध की कथा यहाँ अत्यन्त रोचक रूप में प्राप्त होती है। कथानुसार, श्रीराम के द्वारा अनेक प्रयास करने पर भी जब रावण का वध सम्भव नहीं हो पाता है, तो विभीषण श्रीराम को बताते है कि रावण का नाश तब तक सम्भव नहीं है, जब तक दशानन के गुरु मुनि गोपुत्रक के आश्रम में रखे पंजर (पिजड़े) में निहित उसकी आत्मा को प्राप्त न कर लिया जाये। हनुमान् और अंगद मुनिगोपुत्रक से छल-कौशल से पंजर प्राप्त करते हैं। अंगद पंजर से रावण की आत्मा निकालकर गड्ढे में गाड़ देते है, जिससे रावण का वध सम्भव हो पाता है–

अङ्गदो मूलमात्मानं हनूमत्सम्प्रचोदितः।
समुद्रतीरे न्यखनद्येन नाविर्भवेदयम्।।[24]

अङ्गदेन दृढं तावन्निखाते रावणात्मनि।
असम्भवत्वे तद्योगे रावणेन कथञ्चन।।[25]
रावणो वध्यकोटित्वं जगाम परमास्त्रवित्।
अहन्यत च तीक्ष्णाग्रैः शरै रामाभिवर्षितैः।।[26]

जबकि वाल्मीकीयरामायण विभीषण श्रीराम को बताते हैं कि रावण का वध तभी सम्भव है जबकि उसकी नाभि पर आघात किया जाये। इस प्रकार अनेक इतर कथायें जहाँ परम्परागत संस्कृत रामकथा की परम्परा से 'रामकियेन' को पृथक् करती है, वहीं यह रामकथा पाठकों की उत्सुकता को भी बढ़ा देती है।

रावण-वध के अनन्तर रावण का प्रिय सखा चक्रवाल प्रदेश का अधिपति महिपाल लंका आकर रावण-वध का वृत्तान्त सुनकर अत्यन्त दुःखित एवं क्षुब्ध होता है। मित्र के वध का प्रतिशोध लेने के विभीषण के विरुद्ध युद्ध छेड़ देता है। लंका की प्रथा के अनुसार विभीषण राज्याभिषेक के समय से ही दशग्रीवांश के नाम से प्रसिद्ध था। यद्यपि वह रावण सदृश पराक्रमी एवं सशक्त नहीं था। ऐसी विषम परिस्थिति में विभीषण श्रीराम का स्मरण करता है जिन्होंने लंका का राज्य विभीषण को सौपते हुए उसे सदा-सर्वदा रक्षा करने का वचन दिया था। श्रीराम हनुमान् को विभीषण की रक्षा के लिए भेजते है जिनके सहयोग से रावण के सखा महिपाल का वध सम्भव हो पाता है। हनुमान् को थाईलैण्ड में 'फ्यानुज' के नाम से जाना जाता है इसका वर्णन आचार्य सत्यव्रत शास्त्री ने भुजङ्गप्रयातम् छन्द में किया है।

इमं रामभद्रस्य सन्देशमाप्य
हनूमान नवं फ्यानुजं नाम बिभ्रत्।
नृपालो नवाभिरव्यपुर्या इदानीं
पुरीं रावणभ्रातुराशु प्रतस्थे।[27]

इसी प्रकार विभीषण जब सिंहासनाधिष्ठित होता है तो मन्दोदरी जो कि उसकी भाभी थी, को अपनी पत्नी बना के रख लेता है। उस समय उसके गर्भ में रावण की सन्तान पल रही थी, जो जन्म के बाद वैणासुर के नाम से विख्यात होता है। वैणासुर का एक सेवक वरणीसुर उसे उसके पिता की श्रीराम द्वारा हत्या एवं उसमें विभीषण के सहयोग करने के वृत्तान्त से अवगत कराता है। इस पर क्षुब्ध होकर विभीषण के वधार्थ वह अपने पिता के मित्र मलिवन्नरेश ढिंग की सहायता से लंका में उपद्रव खड़ा कर देता है। उसी समय हनुमान् पुत्र असुरफद इस उपद्रव की विकरालता को देखकर अपने पिता सहायता प्राप्त करने के लिए वहाँ से निकल पड़ते हैं। वन में असुरफद को एक मनुष्य तपस्या करते हुए दिखायी पड़ता है। पूछने पर वह अपने को हनुमान् बताते हैं। इस पर क्षुब्ध होकर असुरफद कहता है कि मैं उनका पुत्र हूँ। आप तो मनुष्यस्वरूप हैं वे तो कपिरूप हैं। इस पर वे कहते हैं कि मैंने तपस्या के लिये मनुष्यरूप धारण किया है। असुरफद को विश्वास दिलाने के लिये हनुमान् अपने मूलरूप में आ जाते है। अभी तक पिता-पुत्र ने एक दूसरे को देखा नहीं था। पिता-पुत्र एक-दूसरे को प्राप्त करके भावुक हो उठते हैं। फिर असुरफद हनुमान् को लंका में हो रहे उपद्रव एवं विभीषण की दयनीय स्थिति से अवगत कराते हैं। श्रीराम अपने भाईयों, हनुमान् एवं सेना लेकर लंका को घेर लेते है। वे रावणपुत्र

वैणासुर का वध करके विभीषण को मुक्त कराते हैं। युद्ध में मल्विन्नरेश ढिंग भी मारा जाता है। इस युद्ध के उपरान्त भरत सुवर्णमत्स्या के गर्भ से उत्पन्न हनुमान्-पुत्र मच्छानुवीर को मलिवत् प्रदेश का अधिपति नियुक्त करते हैं एवं मच्छानुवीर का विवाह ढिंग की कन्या रत्नमाली से हो जाता है—

अन्ते च वीरो भरतो जघान
स्वकष्टजातान्तमिव प्रसन्नः।
प्रचण्डयोधं मलिवन्नरेशं
ब्रह्मास्त्रयोगेन विदां वरेण्यः।।[28]
स्थानेऽभ्यषिञ्चदथ तस्य हनूमतोऽयं
मच्छानुसञ्ज्ञकमपत्यवरं प्रतापी।
रामानुजो भरत, आह च तं प्रवीरं
धर्मेण शाधि नयविन्मलिवत्प्रदेशम्।।[29]
पुत्री प्रिया च नृपतेरथ चक्रवर्ती-
त्याख्यस्य रत्नमिव सम्प्रति रत्नमाली।
पत्नी तवाग्रमहिषी भवतु प्रबुद्धा
सिंहासनं सह तया परिभूषयस्व।।[30]

इसी प्रकार थाईरामायण में वर्णित सीता-परित्याग एवं राम के उत्तर चरित्र का वर्णन भी अत्यन्त रोचक बन पड़ा है जहाँ वाल्मीकीयरामायण के उत्तरकाण्ड में भद्र नामक मित्र के द्वारा सीता विषयक लोकापवाद की सूचना पाकर श्रीराम सीता का परित्याग करते हैं, एवं इस कार्य के लिये लक्ष्मण को आदेशित करते हैं। वही रामकियेन में यह कथा सर्वथा भिन्न है। रामकियेन में शूर्पणखा की पुत्री अतुला अपनी माँ का प्रतिशोध लेने के लिए सीता की सेविका एवं सखी के रूप में अयोध्या में रहने लगती है। एक समय जब श्रीराम अयोध्या से बाहर थे, उसी समय अवसर पाकर घुल-मिल जाने पर अतुला जनकनन्दिनी जानकी से कहती है—सखि! तुम अनेक कालपर्यन्त लंका में रही हो, रावण दिखने में कैसा था? क्या तुम मेरे लिये रावण का चित्र बना सकती हों। उसके ऐसा कहने पर सीता उद्यान में स्थित पाषाणखण्ड पर दशानन रावण का चित्र अंकित करती है। अपना कार्य सिद्ध होते देख अतुला वहाँ से अन्तर्धान हो जाती है। सीता उस चित्र को इस भय से मिटाने का प्रयास करती है कि कहीं श्रीराम मेरे विषय में चरित्रगत सन्देह न कर बैठे। उसी समय श्रीराम का आगमन अयोध्या में हो जाता है, सीता भय के कारण उस चित्र को शयनकक्ष में शय्या के नीचे छिपा देती है। श्रीराम जब शय्या पर लेटते हैं तो उन्हें भयंकर ताप, उद्विग्नता की अनुभूति होती है। लक्ष्मण द्वारा बिस्तर पलटे जाने पर रावण का चित्र मिलता है, जिसे देखकर श्रीराम अत्यन्त क्षुब्ध होते है, और सीता के प्रति चरित्रगत सन्देह से भर जाते हैं। इस क्रम में वे न केवल न केवल सीता परित्याग करते हैं, बल्कि लक्ष्मण को आदेश देते है कि वन में ले जाकर सीता का वध करें एवं उसका कलंकित हृदय प्रमाणरूप में लेकर आये। यह प्रसंग संस्कृत रामकथाओं के इतर सर्वथा नवीन परिकल्पना है—

अधुना नहि वस्तुमालये
क्षणमप्यर्हति मामकेऽधमा।
वधमर्हति चाश्विति क्रुधा
समुवाचावरजं स लक्ष्मणम्।।[31]

अपनेष्व ममाप्रियामथो
वनमेनां च नय त्वमाश्वितः।
जहि चापि न जीविता चिरं
स्थितिभाक् स्यात् प्रमदा प्रमादिनी।।[32]

लक्ष्मण द्वारा सीता को वन में ले जाया जाता है और वे सीता का वध करें न करें इस विषय पर उनके मन में द्वन्द्व होता है, किन्तु अन्ततोगत्वा वे ज्येष्ठभ्राता के आदेश को वरीयता देते हुए करुणार्द्र होकर नेत्र बन्द करके तीन बार सीता पर खड्ग प्रहार करते हैं, किन्तु जानकी वध सम्भव नहीं हो पाता हैं। अन्त में लक्ष्मण रोते हुए श्रीराम को आश्वस्त करने हेतु मृत पड़े हुए हरिण का हृदय लेकर चले आते हैं। परित्यक्ता गर्भिणी सीता भैंस के रूप में आये हुए महेन्द्र का अनुसरण करते हुए महर्षि वाल्मीकि के आश्रम में शरण प्राप्त करती है, जिन्हें यहाँ वज्मृग ऋषि कहा गया है–

स्वैरं व्रजन्नेष वनस्य मध्ये
विदेहपुत्र्यानुगतः समीपे।
स्थितोऽभवद् वज्मृगनामकस्या
श्रमस्य कारुण्यनिधेर्महर्षेः।।[33]
ऋषिस्तदा तद्रुतितानुसारी
विदेहपुत्रीं समावालुलोके।
विद्धेन बाणेन खगेऽस्य यादृक्
चित्तद्रवोऽभूदधुनाऽपि तादृक्।।[34]
मा त्वं शुचं पुत्रि गमः कथञ्चित्
त्यक्ताऽपि भर्त्रा सुतरां निरागाः।
त्वमाश्रमे मे वस यावदिच्छं
न तेऽत्र कष्टं भविता कथञ्चित्।।[35]

लव-कुश जन्माख्यान भी थाईरामायण रामकियेन में अद्भुत बन पड़ा है, जिसे आचार्य सत्यव्रत शास्त्री जी ने सुन्दर एवं चित्ताकर्षक संस्कृत का कलेवर दिया है।

कथा के अनुसार गर्भिणी सीता वज्मृग ऋषि के आश्रम में एक पुत्र को जन्म देती है जिसका नाम वज्मृग ऋषि मंकुट रखते हैं। जहाँ वाल्मीकिरामायण उत्तरकाण्ड में सीता लव-कुश नामक युगलपुत्रों को जन्म देती है, उससे थाईरामायण की यह कथा सर्वथा भिन्न है।

एक समय जानकी स्नान के लिये जाते समय पुत्र मंकुट को ध्यान में लीन वज्मृग ऋषि के समीप लिटाकर चली जाती है। मार्ग में उन्हें अनेक वानरियाँ वृक्षों पर कूदती हुई दिखायी देती हैं, यह सब देखकर भयभीत होकर सीता उन वानरियों से कहती है कि तुम सब कितनी धृष्ट और असावधान हो जो अपने बच्चों को लेकर इस प्रकार कूद रही हो कही ये बच्चे भूमि पर गिर गये तो–

कथं नु भो! यूयमितस्ततः स्वे
नापत्यजातेन समुत्प्लवध्वे।

किं वा न यूयं प्रविचारयध्वे
पतेद्यदीदं प्रसभं पृथिव्यां।।[36]

इस पर वानरियाँ सीता से कहती हैं कि हम तुमसे अधिक सावधान हैं तभी तो हमने तुम्हारी तरह बच्चे को छोड़कर नहीं घूम रहे हैं बल्कि अपने साथ लिए रहती हैं–

विहस्य ता ऊचुरिमां वयं तु
त्वत्तोऽधिकं स्मः खलु सावधानाः
अपत्यजातं हृदये निदध्म-
स्त्वद्वत्समाधिस्थ ऋषेर्न पार्श्वे।।[37]

ऐसा सुनकर लज्जित सीता वज्मृग ऋषि के पास से अपने पुत्र मंकुट को लेकर चली आती हैं जब वज्मृग ऋषि अपनी आँखे खोलने पर मंकुट को नहीं देखते है, तो चिन्तातुर हो उठते हैं। वे सोचते हैं कि सीता सदा से कष्ट सहन कर रही है अब कितना सहन करेगी। इस निमित्त वे पाषाणखण्ड पर एक शिशु का चित्र उत्कीर्ण करते हैं, वे प्राणों का संचार करने ही वाले थे कि सहसा सीता मंकुट को लेकर आते हुए दीख पड़ती है। सारी बातें स्पष्ट हो जाती है। सीता वज्मृग ऋषि को द्वितीय पुत्र प्राप्त करने के लोभ उस चित्र में प्राणों का संचार करने के लिए कहती हैं वही पुत्र लंब नाम से विख्यात होता है। यह प्रसंग बांग्ला भाषा के कृत्तिवासी रामायण से साम्यता रखती हैं। जहाँ वाल्मीकिरामायण में ज्येष्ठ पुत्र का नाम कुश एवं कनिष्ठ का नाम लव है, वही थाईरामायण में ज्येष्ठ पुत्र मंकुट एवं कनिष्ठ पुत्र लव है–

सृष्टं हि तस्मै स्वतपो बलेन
लवेतिसञ्ज्ञां प्रददौ महर्षिः।
आदाय तं च प्रययौ प्रतीता
सीता ऋषेः पादयुगं प्रणम्य।।[38]

एक ओर वाल्मीकीयरामायण का प्रधान रस करुण स्वीकार किया गया है–

'रामायणे हि करुणो रसः स्वयं आदिकविना सूत्रितः'[39]

जबकि थाईरामायण श्रीराम-सीता के पुनर्मिलन से सुखान्त परिणति वाला है। यह मिलन भी अत्यन्त नाटकीयता वाला हो गया है।

एक समय मंकुट और लव दोनों वन में जाते हैं। वहाँ जाकर मंकुट एक विशालकाय वृक्ष पर बाणों ऐसा भीषण प्रहार करते है, कि उसकी भयंकर गर्जना अयोध्या तक पहुँचती है। श्रीराम अयोध्या में इस ध्वनि का श्रवण कर उद्विग्न हो उठते हैं। इसका पता लगाने के लिये वे अश्वमेधयज्ञ का आयोजित करते हुए अश्व छोड़ते हैं। वह अश्व दोनों बालकों के द्वारा बांध लिये जाने पर शत्रुघ्न, भरत, हनुमान् आदि सभी वीरों के प्रयास विफल होते हैं एवं पराजित होते हैं। इसके अनन्तर श्रीराम वन में जाते हैं, जहाँ मंकुट एवं लव से उनका भीषण संग्राम होता है, किन्तु किसी की जय-पराजय नहीं होती है। श्रीराम के द्वारा परिचय पूछने पर वे दोनों अपनी माँ का नाम सीता बताते हैं और वे श्रीराम को श्रीमृग ऋषि के आश्रम में माँ सीता से मिलाने के लिये ले जाते हैं। सीता से मिलने

पर सारे वृत्तान्त स्पष्ट हो जाते हैं। सीता से श्रीराम वापस अयोध्या चलने का आग्रह करते हैं किन्तु सीता श्रीराम पर अविश्वास करते हुए वापस लौटने से मना कर देती हैं, किन्तु उचित पालन-पोषण एवं शिक्षा-दीक्षा, एवं राज्यभार का भावी उत्तराधिकारी बनने के लोभ में दोनों पुत्रों को श्रीराम के साथ अयोध्या भेज देती हैं। सीता कठोर शब्दों में श्रीराम की भर्त्सना करती हुई लौटा देती है। दोनों बालक पिता के साथ जाकर सुखपूर्वक अयोध्या में रहते हैं। कुछ समय बाद बालकों को अपनी माँ का स्मरण आता है और वे भावुक होकर रोने लगते हैं। इस पर माँ से मिलने के लिये वन जाने के लिये उन दोनों का प्रबन्ध कराया जाता है। जाते समय विरह व्यथित करुणार्द्र हृदय श्रीराम पुत्रों के द्वारा सीता को सन्देश भिजवाते है कि यदि सीता न आयी तो श्रीराम प्राणों का त्याग कर देंगे। दोनों पुत्रों से सन्देश पाकर मर्माहत वैदेही पिता के पास लौटते हुए बालकों से सन्देश देती है, कि मैं श्रीराम से मिलने अवश्य आऊँगी।

इसी क्रम में श्रीराम छलपूर्वक हनुमान् के द्वारा सीता को यह सन्देश भिजवाते है कि श्रीराम मृत्यु को प्राप्त हो गये हैं। इस दारुण समाचार को सुनकर करुण क्रन्दन करती हुई सीता हनुमान् के साथ अयोध्या आ जाती है। सीता अयोध्या के राजभवन में विलाप करती ही रहती है कि सहसा छिपे हुए श्रीराम सीता के समक्ष आ जाते हैं। इस प्रकार का असहनीय छल देखकर भयंकर क्रुद्ध एवं क्षुब्ध सीता श्रीराम की कठोर भर्त्सना एवं निन्दा करते हुए वहाँ से जाने लगती हैं। पहले श्रीराम उन्हें सान्त्वना वचनों से मनाते हैं, विफल होने पर श्रीराम राजभवन के चतुर्दिक् द्वार बन्द करके सीता को बन्दी बनाने का प्रयास करते हैं। उसी क्षण अकस्मात् भूमि विदीर्ण हो गयी एवं माँ सीता पाताललोक के अधिपति नाग विरुण्णति की राजधानी चली जाती है। श्रीराम इस घटना को देखकर कातर हो उठते हैं। कुछ समय बाद सौ वर्षों में एक बार आयोजित होने वाले एक महासम्मेलन में सभी देवताओं की उपस्थिति में भगवान् शिव सीता को बुलवाकर पति एवं पत्नी में सुलह का प्रयास प्रारम्भ करते हैं, किन्तु पति के प्रति अविश्वास एवं क्षोभ से भर चुकी सीता समझौते से सहमत नहीं होती है। किन्तु महेश्वर के प्रयासों से सीता इसी प्रतिज्ञा पर श्रीराम के साथ रहने पर सहमत होती है कि श्रीराम भविष्य में किसी भी प्रकार की त्रुटि नहीं करेंगे। भगवान् शिव के प्रयासों से पति-पत्नी में सुलह हो जाती है और वे दोनों सुखपूर्वक अयोध्या में रहने लगते हैं। उनकी कीर्ति दिग्-दिगन्त में फैल जाती है—

सम्प्राप्य तां चापि परं प्रतीतः
सोऽयापयत्स्वं समयं ससीतः।
तस्मिन्प्रतीते सकलास्तदीयाः
प्रजा ननन्दु जर्हसुर्जगश्च।।[40]
जीवनामृतरसाप्लुतिपुष्टो
भार्यया सह परं परितुष्टः।
राघवो रसमयं सहसीतो
ऽयापयत्स्वसमयं ह्यविगीतः।।[41]

थाईरामायण के रचनाकर ने उपर्युक्त प्रसंग के माध्यम से भारतीय रामायणों से पृथक् रामकथा कों सुखान्त परिणति प्रदान की है। मर्यादापुरुषोत्तम श्रीराम के चरित्र को आधार बनाकर रची गयी रचनाओं में कवियों ने उनके विभिन्न स्वरूप का वर्णन किया है। रामकथा की सरसता, नीतिप्रदकथाएँ,

ही इसके वैश्विक प्रचार का कारण हैं। इसकी रोचकता ने जन-जन को इस कथा की ओर आकर्षित किया है जनमानस में लोकप्रियता बल पर यह रामकथा अपनी वैश्विक यात्रा सम्पन्न करत है। डॉ. (प्रो.) सत्यव्रत शास्त्री ने रामकियेन में वर्णित रामकथा को संस्कृत महाकाव्य का कलेवर देकर न केवल संस्कृत-जगत् का महान् उपकार किया है, बल्कि भारत एवं थाईलैण्ड के मध्य सांस्कृतिक सेतु का पुनर्निर्माण करके सांस्कृतिक राजदूत की भूमिका का निर्वाह भी किया है। इस एक विदेशी रामकथा को प्रथम बार सुव्यवस्थित रूप से संस्कृत का स्वरूप देने का स्तुत्य प्रयास किया गया है।

सन्दर्भ

1. वाल्मीकीयरामायण 2/26
2. महर्षि वाल्मीकि–डॉ. राधावल्लभ त्रिपाठी पृ.25
3. रामकथा–फॉदर कामिल बुल्के, पृ. 249-288
4. संस्कृत-साहित्य का इतिहास–आचार्य बलदेव उपाध्याय, पृ. 45-49
5. वाल्मीकीय रामायण 2/17/14
6. कुल्लियात ए इक़बाल, पृ.317
7. वाल्मीकीय रामायण अरण्यकाण्ड 38/13
8. शुक्रनीति 410/1346
9. श्रीमद्भगवद्गीता 10/31
10. श्रीरामकीर्तिमहाकाव्य 1/1
11. श्रीरामकीर्तिमहाकाव्य 1/3
12. श्रीरामकीर्तिमहाकाव्य 1/5
13. श्रीरामकीर्तिमहाकाव्य 2/18
14. श्रीरामकीर्तिमहाकाव्य 4/18
15. श्रीरामकीर्तिमहाकाव्य 4/19
16. श्रीरामकीर्तिमहाकाव्य 4/20
17. श्रीरामकीर्तिमहाकाव्य 4/28
18. श्रीरामकीर्तिमहाकाव्य 4/29
19. श्रीरामकीर्तिमहाकाव्य 4/52
20. श्रीरामकीर्तिमहाकाव्य 6/31
21. श्रीरामकीर्तिमहाकाव्य 10/4
22. श्रीरामकीर्तिमहाकाव्य 10/24
23. श्रीरामकीर्तिमहाकाव्य 10/26
24. श्रीरामकीर्तिमहाकाव्य 17/57
25. श्रीरामकीर्तिमहाकाव्य 17/58
26. श्रीरामकीर्तिमहाकाव्य 17/59
27. श्रीरामकीर्तिमहाकाव्य 18/17
28. श्रीरामकीर्तिमहाकाव्य 19/50
29. श्रीरामकीर्तिमहाकाव्य 19/51
30. श्रीरामकीर्तिमहाकाव्य 19/52
31. श्रीरामकीर्तिमहाकाव्य 20/41
32. श्रीरामकीर्तिमहाकाव्य 20/42
33. श्रीरामकीर्तिमहाकाव्य 21/13

34. श्रीरामकीर्तिमहाकाव्य 21/14
35. श्रीरामकीर्तिमहाकाव्य 21/15
36. श्रीरामकीर्तिमहाकाव्य 21/33
37. श्रीरामकीर्तिमहाकाव्य 21/34
38. श्रीरामकीर्तिमहाकाव्य 21/55
39. ध्वन्यालोक
40. श्रीरामकीर्तिमहाकाव्य 25/27
41. श्रीरामकीर्तिमहाकाव्य 25/28

रचनाकारों के पते

1. प्रो. अभिराज राजेन्द्र मिश्र, विशिष्ट कवि, नाटककार और समीक्षक। सम्पूर्णानन्द संस्कृत विश्वविद्यालय, वाराणसी के उपकुलपति रह चुके प्रो. मिश्र इन दिनों शिमला में रहते हैं।
2. डॉ. विवेक पाण्डेय, युवा समीक्षक। उपाचार्य, हण्डिया पी.जी. कॉलेज, हण्डिया।
3. डॉ. ठाकुर शिवलोचन शाण्डिल्य, युवा समीक्षक एवं सहायक आचार्य, संस्कृत विभाग, काशीहिन्दूविश्वविद्यालय, वाराणसी।
4. डॉ. शरदिन्दु कुमार त्रिपाठी, समीक्षक। सहायक आचार्य, संस्कृत विभाग, काशीहिन्दूविश्वविद्यालय, वाराणसी।
5. प्रो. सदाशिव कुमार द्विवेदी, समीक्षक एवं चिन्तक। आचार्य, संस्कृत विभाग एवं समन्वयक भारत अध्ययन केन्द्र काशीहिन्दूविश्वविद्यालय, वाराणसी।
6. डॉ. शिल्पा सिंह, युवा समीक्षक एवं सहायक आचार्या, संस्कृत विभाग, काशीहिन्दूविश्वविद्यालय, वाराणसी।
7. प्रो. राधावल्लभ त्रिपाठी, प्रतिष्ठित कवि, समीक्षक और चिन्तक। साहित्य अकादमी पुरस्कार प्राप्त, अवकाश प्राप्त विभागाध्यक्ष, संस्कृत विभाग, हरिसिंह गौर केन्द्रीय विश्वविद्यालय, सागर मध्यप्रदेश। पूर्व कुलपति, राष्ट्रीयसंस्कृतसंस्थान, (मानित विश्वविद्यालय), नयी दिल्ली। इन दिनों भोपाल में रहते हैं।
8. प्रो. कृष्णकान्त शर्मा, प्रतिष्ठित समीक्षक एवं चिंतक। पूर्व आचार्य एवं अध्यक्ष वैदिक दर्शन विभाग और संकाय प्रमुख संस्कृतविद्याधर्मविज्ञान संकाय, काशीहिन्दूविश्वविद्यालय, वाराणसी।
9. प्रो. मनुलता शर्मा, चिंतक एवं समीक्षक। आचार्या, संस्कृत विभाग, काशीहिन्दूविश्वविद्यालय, वाराणसी।
10. डॉ. विमल तिवारी, सहायक अध्यापक, केन्द्रीय विद्यालय, क्रमांक 2, पोर्ट ब्लेयर, अण्डमान एवं निकोबार द्वीप समूह।
11. डॉ. कपिल गौतम, युवा समीक्षक। सहायक आचार्य संस्कृत विभाग, मानविकी एवं समाजविज्ञान विद्यापीठ, वर्धमान महावीर खुला विश्वविद्यालय, कोटा, राजस्थान।
12. डॉ. विवेकानन्द बनर्जी, सीनियर मैनूस्क्रिप्ट कैटलॉगर, एशियाटिक सोसाइटी, कोलकाता।
13. डॉ. राजेश सरकार, युवा समीक्षक एवं सहायक आचार्य, संस्कृत विभाग, काशीहिन्दूविश्वविद्यालय, वाराणसी।